JN433025

가족복지론

강마리아 · 김명선 · 현영렬

도서출판 대영문화사

머리말

우리나라는 세계에서 유일하게 0%대(0.88%) 출산율을 기록하고 있으며 유래 없이 빠른 속도로 사회변혁을 경험하고 있는 나라이다. 급속한 도시화와 제4차 산업혁명시대의 영향으로 인한 사회환경과 생활양식의 변화, 여성의 의식과 역할 변화, 1인가족의 급증 등의 결과로서 전통적 가족의식이 약화되고, 새로운 가족의 유형이 나타나며, 가족문제 등에서도 한국의 가족은 급격하면서도 다양한 변화를 겪고 있는 중이다.

심각한 저출산과 급속한 고령화, 이혼율 증가, 독신가구 급증, 가정폭력문제, 한부모가족문제, 빈곤가족문제, 장애인문제, 다문화가정 급증, 노인문제, 미혼모와 그 자녀문제, 가족해체 문제 등 가족과 관련된 문제들이 다양하게 나타나고 있고, 이와 같은 변화속도에 맞추어 개인의 가치관, 법과 제도, 일과 삶의 균형에 대한 욕구 등 사회와 경제의 모든 분야는 급변하고 있다.

이제 가족의 문제는 개인의 책임 이상의 것이 되어버렸다. 왜냐하면 급격한 사회변화로 인하여 전통적인 가족의 의미와 기능, 그리고 가족의 역할이 쇠퇴하고 축소되어 위기의 가족이 급증하는 현실에서도 가족은 여전히 우리 삶의 뿌리이고 사회의 근간을 이루고 있기 때문이다. 건강한 가족의 기능을 발휘하도록 보장하는 책임이 국가와 사회로까지 확대되기에 이르렀다.

가족이라는 제도는 인류가 만들어 낸 가장 오래된 사회제도로서 태어나면서부터 자연스럽게 존재해 온 집단이며, 친밀하고 지속적인 상호작용을 통하여 개인의 발달과 성장을 위한 환경을 제공해 왔다. 끊임없이 가족구성원의 행복을 위해 선한 영향력을 주는 가족은 우리 삶의 원천이고 희망이다. 그러므로 사회적 변화와 요구는 수용하되, 가족이라는 제도가 갖는 장점과 고유성, 유용성은 특정 시대를 뛰어넘어 앞으로도 지속되어야 할 것이다. 따라서 사회복지의 시작은 바로 건강한 가족을 보장하는 것을 목표로 하며, 가족문제의 해결에 있어서도 국가가 적극적으로 개입해야 하는 당위성을 갖게 되는 것이다.

국가의 사회복지정책은 인간의 삶을 이롭게 하는 다양한 가치를 지향하고, 인간의 존엄성과 다양한 가치추구와 그러한 가치들이 실천현장과 정책에 충분히 반영될 수 있도록 하는 역할을 한다. 사회복지사들의 업무 출발점이 가족이고, 가족복지의 긍정적인 미래상을 주도해 가면서 계속 머물게 될 곳도 가족이다.

따라서 이 책에서는 사회복지사들이 가족과 관련된 최신 이슈의 파악과 미래 방향을 살펴보고, 가족관련 종사자로서 전문적인 실천을 하기 위해 필요한 지식과 기술에 관한 내용을 담고자 노력하였다.

이 책은 4부와 13장으로 구성되어 있으며 각 부문 개요는 다음과 같다.

제1부는 가족의 이해를 다루었다. 제1장에서는 가족의 이해, 제2장에서는 가족복지의 이해부문을 통해 기본적인 가족 개념과 기능, 가족생활주기, 가족복지의 접근방법 등을 살펴보았다. 제2부에서는 다양한 가족의 이해를 다루었다. 제3장에서는 빈곤과 가족복지, 제4장에서는 위기(폭력과 학대)가족, 제5장에서는 다문화가족복지, 제6장에서는 1인가구와 가족복지, 제7장에서는 건강(중독) 가족복지부문을 다루었다. 크게 5개 테마로 나누어 현대사회에서 가장 비중을 차지하는 다양한 형태의 가족들에 초점을 맞추었다. 제3부에서는 가족복지정책의 실제에 대해서 다루었다. 제8장에서는 가족복지정책의 이해, 제9장에서는 가족복지정책의 실제, 제10장에서는 가족복지정책 관련법에 대해서 다루었다. 우리나라에서 시행 중인 가족복지와 관련한 정책과 관련법, 외국의 가족복지정책을 비교하며 앞으로 나아갈 방향성을 찾고자 하였다

제4부에서는 가족복지실천 과정에 대해서 다루었다. 제11장에서는 가족복지실천 과정, 제12장에서는 가족치료, 제13장에서는 가족 프로그램에 대해서 다루었다. 가족복지실천 과정을 살펴봄으로써 가족복지서비스 접근방법에 대하여 제시하였고, 가족복지 관련기관의 현황과 프로그램에 대하여 살펴보았다.

가족복지에서 우리가 접하는 가족문제를 예방하고 대책을 강구할 수 있는 기초를 전달하고, 이를 위해 가족문제 현황을 파악하고, 가족복지욕구가 무엇이며, 욕구충족을 위해서는 어떤 서비스가 필요한지에 대한 폭넓은 이해를 돕고자 기획하여 가족복지의 방향을 제시하고자 하였다

본 교재 저술을 위하여 김영화(공저) 교수, 김혜경(공저) 교수, 이윤정(공저) 교수,

임정문(공저) 교수, 박희숙(공저) 교수, 홍봉수(공저) 교수, 박은미(공저) 교수의 가족복지론 등에서 큰 도움을 받았으므로 감사드린다.

이 책이 출판되기까지 저자들은 이 책에 열정과 애정, 정성을 쏟아 부어 최선을 다하여 집필하였다. 가능한 최신의 자료를 근거로 설명하고자 하였지만 부족한 점이 발견되면 계속하여 발전시킬 것을 약속드린다. 막상 탈고하고 보니 여러 가지로 미흡한 점이 많으므로 독자 여러분들의 아낌없는 격려와 조언을 부탁드린다.

끝으로 사회복지에 관한 남다른 열정과 관심을 가지고 이 책이 출간되기까지 도움을 주신 대영문화사 임춘환 사장님과 바쁜 일정에도 불구하고 세심하게 신경 써 편집을 해주신 여러 직원들에게 머리 숙여 진심으로 고마움을 전한다.

이 책으로 가족복지를 공부하는 많은 분들에게 조금이나마 도움이 되기를 바라며, 독자들이 가족에 대한 이해가 깊어지고, 그 이해를 바탕으로 복지를 실현하여 행복하고 밝은 세상으로 만들어지기를 희망한다.

2020년 1월

저자 일동

차 례

PART 3 가족복지정책

CHAPTER 08 가족복지정책의 이해

CHAPTER 09 가족복지정책의 실제

CHAPTER 10 가족복지정책 관련법

PART 4 가족복지실천 과정

CHAPTER 11 가족복지실천 과정

CHAPTER 12 가족치료

CHAPTER 13 가족 프로그램

PART 01

가족의 이해

가족은 개인에게 친밀하고 지속적인 상호작용을 통하여 개인의 발달과 성장하는데 여러 환경체계를 제공하여 왔다. 즉, 가족은 개인의 성장 · 발달과 사회의 유지 · 발전을 위해 다양한 기능을 수행하고 있다. 이러한 가족의 기능은 산업의 발달과 도시화의 영향으로 많은 변화를 겪었다.

가족기능의 일부가 다른 사회기관에 의해 수행됨으로써 그 기능이 축소 · 약화된 반면 자녀를 사회화시키는 기능이나 가족구성원의 긴장과 피로를 회복시키기 위한 기능, 사회발전에 기여할 수 있는 기능은 오히려 확대 · 강화되고 있다. 가족은 사회의 기본단위이며, 사회를 존속시키는 기본 단위인 가족이란 무엇인지를 먼저 살펴보고자 한다. 다양한 시대적 배경을 가진 오늘날의 가족은 복잡한 사회문제의 영향을 받아 가족의 위기라고 할 만큼 심각한 문제에 부딪히고 있다. 사회적 변화와 위기 양상에 반응하고 변화하는 가족의 개념과 기능에 대한 이해 및 가족관련 이론에 대한 학습이다. 여기에서는 변화하는 가족의 개념을 이해하고, 이에 따른 가족의 기능과 가족의 변화특징을 파악하여 미래 가족의 모습을 예측할 수 있도록 가족연구의 관점을 파악한다.

CHAPTER 01

가족의 이해

학습목표

이 장의 학습목표는 변화하는 가족의 개념과 기능에 대한 이해 및 가족 관련 이론에 대한 학습이다. 변화하는 가족의 개념을 이해하고, 이에 따른 가족의 기능 변화를 파악하여 미래 가족의 모습을 예측할 수 있다.

- 가족복지의 개념에 대해 이해할 수 있다.
- 가족의 기능에 대해 설명할 수 있다.
- 현대사회 가족의 형태와 변화특징을 이해할 수 있다.
- 가족생활주기를 파악할 수 있다.
- 가족연구의 관점을 이해한다.

제 1 절 가족의 개념

가족은 사회의 기본단위이며 1차기능인 보호·보건 등 신체적 보호와 사회화를 위한 학습의 장이다. 가족이라는 집단에서 상호작용하며 규범과 가치를 형성해 왔고 양육 및 교육을 담당하는 강력한 제도로 개인의 인격형성에 영향력을 주고 사회공통의 행동특정과 문화규범을 습득시키는 곳이다.

가족의 개념은 문화와 시대에 따라 다르지만 여성의 역할에 의해 규정된다. 그러나 현대에 와서는 산업사회의 급격한 변동으로 혈연과 법적관계에 기초한 생산 및 재생산 기능을 초월하여 정서적 연대 성향이 강한 특성으로 가족규모가 축소되고, 사회제도가 가족기능을 대체하고 있다.

전형적인 가족이데올로기를 뛰어넘어 남성가장이 생계를 유지하는 가정에 대해 문제를 제기함으로써, 양성평등적인 가족 내 역할과 기능을 수행하는 사회적 구성체로 설명된다. 따라서 가족에 대한 전통적 개념을 수정해서 좀 더 포괄적으로 정의할 필요성이 제기되고 있다.

오늘날 가족의 가치는 급속히 변화하고 있다. 이혼과 재혼으로 이어지는 가족해체의 과정에서 복잡하게 나타나는 가족생활에 대한 편견과 낙인을 배제해야 한다. 가능한 모든 가족유형이 가족복지의 대상이 되어야 한다는 점에서 가족에 대한 정의가 좀 더 포괄적으로 접근할 필요성이 있으며, 가족은 여전히 다른 곳에서 발견할 수 없는 가족만의 중요한 가치를 지니고 있다.

1. 가족의 정의

가족의 사전적 정의는 "어버이와 자식, 형제자매, 부부 등 혈연과 혼인관계 등에 의해 한 집안을 이룬 사람들의 집단 또는 그 구성원(새우리말 큰 사전, 2000)"이라고 정의하고, 민법에서는 부부와 자녀 이외에 다세대로 구성된 가족구성원이 포함되는 개념이다. 건강가정기본법도 혼인, 혈연, 입양으로 맺어진 관계라고 규정하고 있는 것을 보면 우리나라의 가족개념은 부모와 자식으로 이루어진 전통적인 가족형태를 전제로 한 정의임을 알 수 있다.

가족의 보편적 정의로는 머독(Murdock, 1949)의 핵가족정의와 레비-스트라우스(Levi-Strauss, 1969) 등의 확대가족적정의가 있다. 그러나 이러한 정의는 최근에 급변하는 사회현상으로 발생한 다양한 가족형태를 포괄하지 못하기 때문에 가족에 대해 지니고 있는 전통적 개념을 수정해야 한다고 도전받고 있다. 예를 들면, 동성애가족, 무자녀가족, 동거가족, 노인단독가족의 정체성 질문을 받게 된다. 부부가족과 1인가구가 증가추세에 있으며, 한부모가족, 미혼모가족, 공동체가족, 재결합가족, 딩크가족 등의 다양한 가족이 출현하고 있다. 이러한 비전통적인 가족을 포괄적으로 규정할 수 있도록 가족에 대한 정의가 확대되고 있다.

1) 전통적 의미의 가족

(1) 머독(Murdock, 1949)

머독(G. P. Murdock)은 가족을 사회적으로 인정받는 성적관계를 유지하는 최소 두 명의 성인 남녀와 한 명 이상의 자녀를 포함하는 혈연, 입양, 결혼 등의 특수한 관계를 지닌 사람들이라고 정의하였다. 그러나 반드시 동거할 필요는 없으며, 생활공동체로서의 연대의식을 가지고 있기 때문에 언제든 동거를 기대할 수도 있는 관계라고 하였다.

가족의 기능을 성적기능, 경제기능, 출산기능, 교육기능으로 보았으며 그 중 어느 한 기능이라도 수행되지 않으면 인류사회의 존속이 불가능함을 강조하였다. 그러나 이른바 핵가족에만 치중하는 경향이 있어 현대에 등장하는 한부모가족, 1인가족, 재혼가족 등 다양한 가족을 정의하는 데는 부적합하다는 문제점이 제기된다.

(2) 레비-스트라우스(Levi-Strauss, 1956)

가족은 결혼과 출산자녀로 구성되고, 가까운 친척이 포함될 수 있다. 법적결속, 종교적, 경제적, 권리와 의무, 성적권리, 사랑, 애착 등 다양한 심리적 감정을 가족의 유대관계와 정서적 결합에 중요한 요소라고 강조하였다. 가족을 넓은 친족집단의 구조로 파악하여 확대가족적 정의라고 하였다. 현대사회의 가족을 정의하는 데 보다 적합하며 머독의 정의보다 확대된 범위를 가족으로 보고 있다.

(3) 듀발(Duvall, 1977)

가족은 결혼, 출산, 입양을 통해 맺어진 상호작용하는 개인들로 구성되며, 가족의 목적은 각 구성원들의 신체적 · 정신적 · 사회적 발달을 창조하고 유지하는 데 있다.

(4) 버저스(Burgess, 1978)

가족이란 한 집에 거주하는 서로 관련된 두 명 이상의 사람들이다.

(5) 구드(Goode, 1982)

대부분의 가족유형을 포함할 수 있는 정의를 다음과 같이 제시하였다.

① 성(性)이 다른 2명의 성인이 같이 주거하며, 서로 같은 일을 하지 않는다.
② 가족은 서로 상대방을 위해 일을 하며 여러 형태의 경제적 · 사회적 교환을 한다.
③ 가족은 음식, 성, 주거, 그리고 재화와 사회적 활동을 공유한다.
④ 부모는 자녀에 대한 권리와 함께 보호와 양육에 대한 의무를 가진다.
⑤ 자녀들은 형제관계가 존재하며 서로 보호하고 돕고, 함께 나눌 의무가 있다.

(6) 국내 학자

최재석(1982)은 가족을 공동가계를 하는 친족집단으로, 유영주(1993)는 부부와 그들의 자녀로 구성된 기본적 사회집단으로 이익관계를 초월한 애정적 혈연집단, 동거동재 집단, 고유한 가풍을 갖는 문화집단, 양육과 사회화를 통하여 인격형성이 이루어지는 근원적 집단이라고 정의하였다. 김두헌(1969)은 가족을 영속적 결합에 의한 부부와 거기에서 생긴 자녀로 구성된 생활공동체라고 하였다.

2) 현대적 의미의 가족

(1) 올슨과 디프레인(Olson & DeFrain, 1997)

가족은 두 명 이상으로 구성되며, 애정과 친밀감을 바탕으로 서로 헌신하고 자원과 가치관을 공유하며, 함께 의사결정에 참여하는 특성을 지닌 집단이다.

(2) 하트만과 레어드(Hartman & Laird, 1983)

가족을 구조보다 기능이나 관계 같은 질적인 면을 강조하였다. 두 명 이상의 사람이 밀접한 감정적 유대와 생활공간, 생물학적, 사회적, 심리적 요구의 충족에 필요한 역할과 과제를 공유할 때 친숙한 가족이라고 할 수 있다고 하였다.

(3) 전미사회복지사협회(NASW, 1982)

가족은 자신들 스스로가 가족으로 생각하면서 전형적인 가족 임무를 수행하는 2인 이상의 사람들을 말한다.

(4) 기든스(Giddens, 1992)

가족은 해제나 붕괴되는 것이 아니라 시대적 상황에 따라 변화하고, 적응해가는 실제이다. 가족구성원 간의 정서적 유대와 관계성에 기반한 비정형적인 가족발생 가능성을 수용하여 전통적 가족개념의 구조 및 역할의 한계를 보완한 정의라고 할 수 있다.

(5) 국내 학자들의 정의

김혜영(2008)은 가족은 외부환경에 좌우되는 사회제도이며 자신들의 욕구충족, 이해조정, 정서적 교감, 친밀성을 통해 외부의 자극과 긴장을 해소하는 사적공간이고, 조흥식 외(2010)는 2인 이상의 친밀한 관계를 갖는 다양한 집단을 구성하여 변화에 역동적으로 적응할 수 있는 중요한 사회제도로 보았다. 이효재(1983)는 일상적인 생활을 공동으로 영위하는 부부, 자녀들, 친척, 입양이나 기타 관계로 연대의식을 지닌 공동체집단이라고 정의하였고, 유영주 외(2000)는 개인으로서의 '나'와 관계로서의 '나'의 욕구를 충족시켜 줄 수 있는 상호작용하는 생활공동체집단으로 보았다. 이러한 개념에 따르면 가족은 사회의 기본단위이며 정서적 단위로서 보편성과 다양성을 지닌다. 정현숙 외(2001)는 사회의 영향을 받기만 하는 집단보다는 적응 · 변화하는 집단이라고 하였으며, 이는 비혈연적인 관계라도 연대의식과 지속적인 관계를 유지하는 집단을 가족으로 볼 수 있는 가족개념을 제시한 것이다.

핵가족은 혈연관계로 이루어진 보편적가족의 형태로 정상가족과 비정상가족을 나누는 기준으로 존재해 왔다. 그러나 제4차 산업혁명시대의 급격한 변화와 가족에 대한 가치관의 변화로 이혼가족, 재혼가족, 무자녀가족, 조손가족, 다문화가족, 미혼모부자 가족, 동성애가족 등 다양한 형태의 가족이 등장하고 있고, 현대가족변화의 주요 요인으로는 사회문화적 환경, 산업화, 도시화 등 다양한 요인들이 있지만 학자들은 산업화, 도시화가 가장 많은 영향을 미쳤다고 보고 있다. 그 결과 가족에 대한 전통적인 개념은 새롭게 등장한 가족을 포괄하기 어렵고, 그러한 가족들을 비정상 가족으로 취급하게 되므로, 가족에 대한 새로운 개념정의가 시도되었다.

2. 가족의 특성

1) 가족은 1차적 집단(primary group)

인간이 출생과 동시에 참여하는 집단이 1차적 집단이며, 가족구성원 간의 관계가 직접적이고 친밀하며, 관계가 항구적으로 지속된다.

2) 가족은 양육과 돌봄집단(care group)

가족구성원간의 관계는 통제나 관리보다는 자녀양육과 노인 돌봄을 기초로 한다.

3) 가족은 공동사회집단(community group)

퇴니스(F. Tönnies)가 가족구성원 간의 애정과 이해로 결합되어 외부적 장애에도 결코 분열하지 않는 본질적 결합관계를 지닌 희생사회라고도 한다.

4) 가족은 폐쇄집단(closed group)

개인이 원한다고 해서 특정가족의 구성원이 될 수 없고, 특정가족에 혈연으로 태어난 이상 그 가족관계를 자유롭게 포기할 수 없다.

5) 가족은 형식적 집단(formal group), 가족관계는 비형식적(in-formal)

가족은 결혼이라는 법적절차에 의하여 부부관계가 성립되므로 형식적이고 제도적인 집단이다. 그러나 가족구성원간의 관계는 형식에 얽매이지 않으며, 인간적 감정으로 연결되어 있는 비형식적인 관계로 비교적 자유스럽고 솔직한 관계이다.

제 2 절 가족의 기능

가족의 기능은 시대, 지역, 문화적 배경, 개인차, 생활환경 등에 따라 달라진다. 가족의 고유기능은 구성원에게 애정과 친밀한 관계로 정서적 지원, 성장, 성숙을 돕고, 자녀의 출산과 양육을 통해 사회성원을 충원하는 것이다.

1. 성적통제, 사회구성원 충원기능

대외적 기능으로 성적통제와 사회구성원 충원기능이 있다. 공인된 결혼제도가 사회의 성을 통제하는 역할을 하며, 사회구성원의 충원은 부부가 자녀를 출산하는 생식의 기능으로 다른 집단에서 대신할 수 없는 가족만의 고유한 기능인만큼 중요한 기능이다. 출산을 통해 인구를 형성하고, 사회의 존속발전에 기여하며, 나아가 인간이라는 종을 유지시키고 있다.

2. 양육과 사회화의 기능

사회화 기능면에서 아이들이 출생하면 가족의 정서적 분위기 속에서 사랑과 보호와 교육을 받아 양육되는 집단으로 사회화가 이루어지고, 교육을 통하여 사회생활을 원만하게 해나갈 수 있도록 지식 · 규범 · 도덕을 익히는 것이므로 가정은 인격형성에 많은 영향을 끼쳐 건강한 사회인으로 길러내는 기능을 한다.

피터스(R. S. Peters)의 가정에서 실행되는 의식적 교육내용을 보면 ① 예법, ② 가정생활을 위한 기술적인 훈련(요리, 세탁, 재봉, 정원 가꾸기), ③ 문학교육(이야기 듣기, 이야기하기, 소설읽기, 읽기와 쓰기, 잡지읽기), ④ 종교적 교육, ⑤ 성적 · 도덕교육, ⑥ 오락교육(놀이종류와 방법지도), ⑦ 직업교육 등을 들고 있다.

3. 보호기능

오늘날 질병과 익명적, 대중적 사회생활 속의 외부환경 위험으로부터의 피해가 심각하므로 가족의 보호적 기능이 보다 중시되고 가족구성원과 재산을 보호해 준다.

4. 경제(생산, 소비)의 기능

가족의 일상생활은 생산기능과 소비기능이 동시에 발생한다. 전통사회의 가족은 자급자족 형태이나, 현대사회는 노동력 제공대가로 임금을 받고 이것으로 필요한 물품을 구입하게 된다. 따라서 생산과 소비에서 수입과 지출형태로 경제적 기능이 가족집단 내의 가정생활로 이루어진다. 따라서 현명한 소비자의 능력과 수입에 대한 합리적인 재정관리가 요구된다. 이것은 국민경제발전과 직결되므로 국민경제순환에 있어서 가계가 차지하는 비중은 매우 크다.

5. 종교적 기능

종교적 의례나 형식을 의미하는 것이 아니라 인간능력의 한계를 겸허하게 인정하고 생활에 감사하며, 삶의 진리를 깨닫고, 기도하는 자세로 살아가는 생활태도이다. 과거에는 종교공동체적인 성격을 지녔으나, 오늘날에는 이 기능이 감퇴되고 있다.

6. 사회안정(휴식)기능

가족은 안정감부여와 수용으로 상호보완 관계를 증진하고 지속성을 발달시킬 수 있는 관계가 되어야 한다. 가족은 사회생활로 지친 몸과 마음을 가정에서 쉬며 심신의 긴장과 피로를 해소하고 심리적 · 신체적으로 안정을 취할 수 있다. 개인의 심신안정은 노동력을 회복시켜서 재생산의 원동력이 되고 그것은 다시 사회안정을 도모한다. 이런 면에서 오늘날 가정은 단순거주지가 아닌 심신의 긴장이나 피로를 회복하기 위한 장소로 따뜻한 가족적인 분위기가 더욱 필요해지고 있다.

7. 오락기능

가족구성원이 모여 시간을 보내는 자체로 마음이 열리고 대화를 하게 되므로 가족이 지니는 오락기능은 교육적 의미도 수반된다. 현대사회는 오락적 욕구가 질적 · 양적으로 복잡하고 다양해지며 동아리 · 모임 · 동창회 등 각종모임으로 가족의 관심이 가정 밖으로 가며, 자녀가 부모의 지배와 간섭에서 점점 벗어나도록 촉진시킨다. 가족적 여가활동을 감소시켜 가족의 오락기능은 점차 사회로 옮겨 가고 있다.

8. 심리적 기능

현대사회는 경쟁위주의 사회이므로 마음의 안정과 건강한 정신을 갖기 위한 가족의 정서적 안정은 육체적 만족보다 중요하여 심리적 기능은 더욱 강화되어야 한다. 가족구성원은 평생 지속하는 동질감 속에 실망과 기쁨을 함께 나누고 공감하는 기능을 갖는다. 가족의 삶을 성공적으로 이끄는 데 필요한 정서적 안정감을 확보해 주며, 애정을 제공해주는 구체화된 기관으로 가족이 활용되어야 한다.

9. 지위부여의 기능

자녀는 출생과 동시에 부모가 속한 사회계층에 속하며, 가정의 사회 · 경제적 지위에 따라 생활양식, 가치관, 사고방식 등에서 형성된 독특한 하위문화가 아동에게 전수되어 전체 사회의 규범이나 역할을 담당하게 된다. 가족은 한 세대에서 다음 세대로 문화유산을 전수시켜 나가는 매개체 역할을 하는 것이다. 가정의 배경에 따라 사회지위가 부여되는 것은 피할 수 없는 현상이며, 따라서 일반적으로 이들은 자신의 생활양식과는 다른 계급의 가치는 거의 이해하지 못한다.

제 3 절 현대사회 가족의 형태와 변화특징

가족유형이란 가장이나 호주 한 사람 또는 부부를 중심으로 가족구성원이 이들과 어떤 관계에 있는지를 조사하여 형태를 분류하는 것이다. 이러한 분류를 기준으로 살펴보면 다음과 같다(이영실 외, 2016).

1. 소가족 · 대가족 및 핵가족 · 확대가족

가족형태 분류에서 가족구성원의 범위를 살펴보는 방법이 가장 기본적이다.

1) 소가족과 대가족

소가족과 대가족의 구별이 식구 수가 많고 적음을 의미하기도 하고, 때로는 혈연관계의 범위와 관련지어 사용되기도 한다. 식구의 수와 혈연관계의 범위가 반드시 일치하는 것은 아니므로 가족의 형태를 대소의 개념으로 구분할 때는 식구의 수와 혈연관계의 범위를 모두 명시해야 한다. 가족구성원의 수를 기준으로 5인 이하를 소가족, 6인 이상을 대가족이라고 한다.

2) 핵가족과 확대가족

미국 인류학자 머독(G. P. Murdock)이 지역과 시대를 초월한 보편적 가족구성요소라고 주장하는 핵가족(nuclear family)이란 용어는 1949년 최초로 사용하였다. 오늘날 산업화 · 도시화에 따른 부부중심, 개인주의 사고방식증가, 사회이동증가, 사회복지증가 등이 핵가족 형성요인이 되고 있다.

핵가족은 부부와 미혼의 직계자녀로 구성된 부부가족, 단순가족, 개별가족이라고도 표현한다. 가족구성원은 부모와 자녀의 2세대로 한정되는 가장 간단한 형태를 나타내는 용어이다. 핵가족은 현대 산업사회에서 나타나는 현상으로 간주되어 왔지만,

이동성이 필요한 원시수렵채취사회에도 존재하였으며, 특정한 경제생활조건과 관련되어 나타나는 가족형태이다. 확대가족은 자녀가 결혼 후에도 부모와 동거하는 핵가족의 확대 또는 복합된 형태이다. 핵가족이 종적으로 확대된 가족을 직계가족이라 하고, 방계가족은 핵가족이 횡적으로 확대되어 다른 세대뿐만 아니라 세대의 형제들이 결혼한 후에도 그들의 부모와 동거하는 가족을 말한다. 또한 확대가족의 한 변형으로 확대가족의 제일 윗세대가 사망하여도 그의 아들들이 계속하여 한 가족을 이루고 사는 경우가 있는데, 이를 복합가족이라 한다.

2. 부부의 결합형태에 따른 분류

1) 부부가족

자녀의 결혼으로 부모로부터 독립·분가하여 가족을 구성하는 핵가족형태이다.

2) 직계가족

전통적인 한국의 가족이나 일본의 가족과 같이 핵가족이 종적으로 확대된 형태이다. 맏아들이 부모를 모시고 가계를 계승하고, 다른 아들은 분가하는 형태이다.

3) 방계가족

중국의 가족유형으로 핵가족이 횡적으로 확대된 형태이다. 같은 세대의 형제들이 결혼한 후에도 부모와 동거하는 형태를 말한다.

4) 과도기적 가족

잠정적 기간이지만 조부모나 부모 없이 형제자매로 구성된 1세대 가족이다.

3. 세대 수에 따른 분류

가족구성 세대 수에 따라 1세대, 2세대, 3세대가족 등으로 분류하며, 남매, 형제로 구성된 가족은 1세대가족, 부부와 미혼자녀로 구성된 핵가족은 2세대가족이다. 조부모, 부모, 자녀로 구성된 직계가족과 방계가족은 3세대가족이다.

자본주의 산업혁명과 근대화 과정은 모든 사회구조에 변화를 일으켰으며, 가족의 형태와 가족생활의 의식도 많은 변화에 직면하게 되었다. 노동인구의 대이동은 세계화를 촉진시켰고, 가족생활도 부부중심으로 변화하였으며, 좋은 일자리, 높은 사회적 지위를 찾아 옮겨 다닐 수 있도록 이동성 있는 핵가족이 요구되고 있다.

이러한 도시사회 성격은 개인의 독립성으로 부모 및 친족에 대한 의존성을 감소시키고 가족형태를 더욱 단순화시키고 있다. 따라서 가족구성원이라도 학업과 취업 등의 이유로 가족구성원 일부가 일시적으로 떠나 있거나, 고용인이나 손님 등 가족구성원이 아닌 사람이 함께 생활하기도 한다. 일부 가족구성원이 출타하여 일시적으로 다른 가구를 형성하거나, 다른 가족의 비가족구성원이 되는 경우도 그들이 생계를 공동으로 하며 한가족의 의식이 있는 한 동일가족의 구성원으로 간주해야 한다.

핵가족화는 특정한 경제생활조건과 관련하여 요구되는 형태로서 다른 형태의 가족과 공존하는 주거단위의 하나로 파악되어야 한다. 같은 사회 안에서 부유한 계층일수록 확대가족의 경향을 띠고, 가난한 계층일수록 핵가족의 형태가 많이 나타난다고 한다. 따라서 핵가족을 현대가족의 유일한 가족형태로 단정 짓기보다는 여러 가지 다른 형태의 가족과 공존하는 것 중의 한 형태로 이해해야 한다.

4. 새로운 가족형태

1) 독신가족

독신가족은 결혼을 해야 한다는 사회적 통념을 거부하고 자신의 가치관과 인생의 목적에 부합되는 자유로운 생활을 원하는 집단이다. 대상을 만나지 못했거나, 이혼, 배우자의 사망 등 비자발적으로 독신상태에 있는 경우는 독신가족에 자신을 동일시하지 않는 경우가 많으므로, 결혼을 하지 않는 사람의 경우만을 독신가족으로 보는 것이 타당하다.

독신가족 증가원인은 교육기간의 연장, 직장생활의 확산, 개인주의 영향, 자아실현 기대상승, 가족가치관의 변화, 생활양식의 변화도 그 원인이 될 수 있다.

독신생활자는 자유감, 성취감이 기혼자보다 강하며, 가족에 대한 구속감 없어 다양한 인간관계를 가질 수 있다. 하지만 독신생활자는 그들을 사회적 이탈자로 보는 사회적 통념으로 인한 합법성 결여, 사회적 지지와 동의 부족 등에서 오는 심리적 불안감과 외로움 등의 부정적 요소를 가지고 있다.

2) 자발적 무자녀가족

자녀를 갖지 못하는(childless) 가족과는 구분이 된다. 부부 동의 하에 자녀를 가지지 않겠다고 결정한 가족(child-free)이다. 결혼을 하면 생산을 위한 노동력과 노후보장을 위한 자녀출산을 필수적인 것으로 생각하였으나 오늘날에는 생산 활동의 경제구조가 변화되고 노후를 위한 사회보장제도가 강화되면서 출산은 필수가 아니라 선택으로 바뀌게 되었다.

무자녀를 선택한 부부를 비정상적이고 사회적 책임감 없는 이기적이고 반사회적으로 보는 사회적 편견이 아니라 개인의 선택영역으로 존중하는 시각이 필요하다.

3) 동거가족

동거가족은 공식적으로 결혼을 하지 않고 가족을 형성하는 것으로, 여성의 혼전순결을 강조하는 전통적 가치관으로 본다면 비도덕적이라 할 수 있다. 일시적 동거나 성적욕구 해결, 경제적 이유 등으로 인한 동거는 동거가족으로 보지 않고, 결혼생활의 대안으로 생각하는 동거만을 동거가족이라 한다.

4) 집단가족

집단가족은 공동체 정신의 구현을 목적으로 책무, 재산 등을 공유하며 함께 사는 집단을 말한다. 자녀의 공동양육과 남녀의 역할구분이 없어 여성의 자율권과 지위가 높은 편이다. 우리나라의 사회적 분위기는 집단가족이 존재하기는 힘들다. 하지만 공동육아, 탁아를 위한 집단가족형태의 요구가 점차 증가하고 있다.

5) 동성가족

동성애는 사회적으로 비정상적이고 병리적인 현상으로 인식되어 왔다. 네덜란드는 2000년에 세계 최초로 동성결혼을 인정했으며 동성결혼 허용국가는 28개 국가에 이른다. 미국의 몇몇 주에서 동성결혼을 합법적으로 인정하고 있고, 그들의 자녀입양에 대해서 보다 포용적으로 변화하고 있다. OECD의 14개 회원국 조사에 따르면 성인 인구의 2.7%가 동성애자로 추정되며, 우리나라에서도 점차 동성애자가 자신의 정체성을 밝히고 있으며 그들의 권리를 주장하고 있다. 그러므로 곧 한국에서도 동성애자의 결혼을 합법적으로 요구하게 될 가능성이 높다.

6) 다양한 가족유형

인류사회에서 가족의 형태는 가족의 크기, 가족구성의 범위, 가족 내에서 권위의 소재, 부부의 결합형태 등 구분요인에 따라서 너무도 다양하다(유영주 외, 2000). <표 1-1>에서 다양한 가족유형을 살펴보고 그 중 몇 가지 대표적인 가족유형에 대해서 살펴보고자 한다.

표 1-1 다양한 가족유형과 결혼유형

	종 류	구 성
가족유형	핵가족(nuclear family) 생식가족(family of procreation)	부부와 그들의 미혼자녀(생식가족, 즉 결혼을 통해 자신이 새로 형성하는 가족)
	확대가족(extended family) 원가족(family of origin)	핵가족과 조부모(자녀들에게는 원가족, 즉 자기가 태어나서 자란 가족이 됨)
	복합가족(composite family)	두 명 이상의 핵가족이 한명의 공동배우자를 공유
	동거가족(cohabitation)	법적 혼인 없이 남녀가 함께 살고 있는 형태
	재혼가족(remarried family)	남편과 아내, 적어도 한 명은 결혼한 경험이 있으며, 이전의 결혼에서 자녀가 있을 수 있음

	한부모가족(single parent family)	부모 한쪽이 사망, 이혼, 별거 등의 이유로 아버지나 어머니 한쪽과 미혼의 자녀로 구성된 가족
	1인가족(single family)	결혼을 하지 않고 혼자 사는 젊은 싱글족 가정해체에 따라 혼자 사는 사람이나 독거노인
	딩크가족 (double income no kids family)	맞벌이를 하면서 아이를 갖지 않는 부부
	위탁가족(foster family)	일정기간 다른 사람의 자녀를 위탁 양육하는 가족
	다문화가족(multi cultural family)	다양한 문화적 배경을 가진 사람들이 결혼한 가족
	공동체 가족(commune)	가족처럼 집단으로 모여서 함께 사는 것 자원, 시설, 가사, 아동양육의 역할을 서로 공유
	동성가족(same-sex family)	동성끼리 결혼을 해서 사는 형태
	자발적 무자녀가족 (child-free family)	부부 동의하에 자녀를 갖지 않기로 결정한 가족
결혼 유형	일부일처제(monogamy)	부부와 자녀
	연속적 일부제(serial monogamy)	결혼, 이혼, 재혼을 한 배우자와 함
	사실혼(common-Law)	법적인 관계가 없는 일부일처제
	복합혼(polygamy)	여러 명의 배우자
	일처다부제(polyandry)	한 명의 부인과 여러 명의 남편
	일부다처제(polygyny)	한 명의 남편과 여러 명의 부인
	집단결혼(group marriage)	두 명 이상 남자와 두 명 이상 여자의 집단 결혼

출처: 전선영 외(2011) 재구성.

5. 현대사회 가족의 변화특징

최근 제4차 산업혁명시대를 맞이하여 정보화, 세계화 등의 영향으로 산업구조가 급격히 변화하였고, 가족은 사회와의 역동적인 상호작용을 통해 끊임없이 변화하면서 사회의 가장 기본적인 제도로 유지되고 있다. 따라서 가족의 변화는 다시 우리사회에 영향을 미칠 수 있으므로 변화하는 가족에 대한 이해가 요구된다. 그러므로 사회적 변화에 따른 가족의 변화를 가족구조, 가족기능, 가족주기, 그리고 가족 가치관의 변화로 나누어 살펴보면 다음과 같다.

1) 가족구조의 변화

우리사회 가족구조는 경제, 사회구조의 변화, 사회구성원의 생활방식과 사고구조의 변화, 여성의 경제활동참가, 교육수준 향상, 출산율 저하, 결혼률 저하, 이혼율 증가에 따라 많은 변화를 가져왔다. 이러한 가족구조의 변화에서 가장 두드러진 변화는 가족규모의 축소와 가족의 형태적 변화로 볼 수 있다.

우리나라 가구 수는 1년 전보다 1.7% 늘어 2017년 처음으로 2,000만 가구를 돌파했으며, 10가구 중 3가구는 1인가구이다. 생산연령인구(15~64세)는 감소하고, 고령사회(65세 이상 14%)에 진입하여, 총인구 증가(0.3%)에 비해 100세 이상 인구는 12.1% 늘었고, 65세 이상 인구 중 인구 증감률은 95~99세가 15.3%로 가장 높았다(통계청, 2018). [그림 1-1]에서 가구유형의 변화를 알아볼 수 있다.

그림 1-1 가구유형 변화

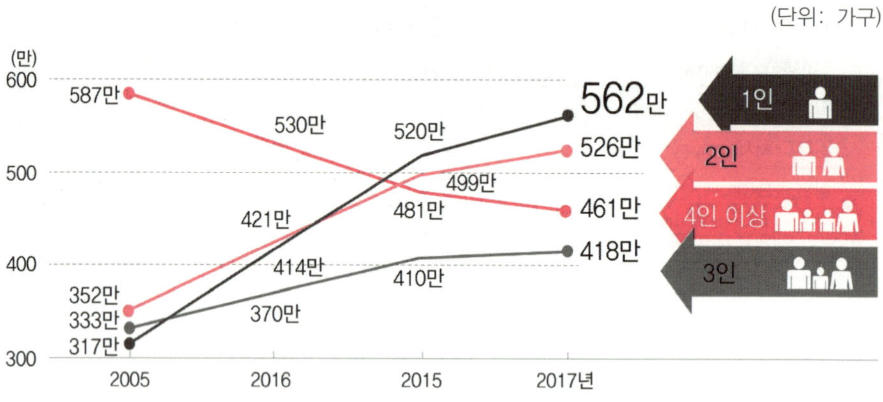

출처: 통계청(2018).

평균 가구원 수는 2.47명으로, 역대 처음으로 2.5명 밑으로 떨어졌다. 2020년은 2.48명, 2030년에는 2.35명으로 줄어들 것으로 전망하고 있다(통계청, 2018). 전체 가구유형은 2005년 4인가구(27.0%), 2010년 2인가구(24.3%), 2017년 1인가구(28.6%)로 바뀌었다. 1990년 이후 가장 주된 유형의 가구는 4인가구였으나, 2010년에는 2인가구, 2015년 이후로는 1인가구로 나타났다. 1인가구 연령대는 70세 이상(18.0%), 30대(17.2%) 순이다.

특히 미혼 독신가구의 증가는 개인주의, 자아실현욕구의 확산, 생활양식 변화, 교육기간 연장 등이 원인으로 지적된다. 서구에서는 개인적 가치실현을 위한 자발적 독신형태가 사회적으로 인정되어 가족의 한 가지 형태로 수용되고 있다(성정현 외, 2011). 1인가구의 증가와 마찬가지로 2인가구의 증가도 지속 될 전망인데, 이 또한 자녀의 분가 이후 성인가구와 노인부부의 증가에 기인한 것이다(김승권, 2011).

가족은 점차 소가족화되어 부부와 미혼자녀로 구성된 핵가족 유형이 점차 줄어들며, 자녀 없는 부부, 1인가구, 한부모가족, 조손가족 역시 <표 1-2>에서처럼 증가할 것으로 파악된다.

표 1-2 가구유형별 전국 가구 추계(2017년, 2030년, 2045년)

연 도	부 부	부부+미혼자녀	부+미혼자녀	모+미혼자녀	부부+부(모)	조부(모)+미혼손자녀	1인
2017	3,130,072	5,932,704	569,619	1,557,134	144,232	114,251	5,562,048
2030	4,270,743	4,654,105	715,777	1,534,384	141,200	131,049	7,196,471
2045	4,741,902	3,540,832	751,487	1,505,740	168,688	190,230	8,098,369

출처: 통계청(2018).

결국 결혼가구의 비율감소와 자녀출산 기피현상, 인구고령화 등은 가족의 규모를 축소시키고 1인가구, 무자녀가족, 한부모가족 등을 증가시키는 원인으로 파악된다. [그림 1-2]에서 나타나듯이 2017년도 많은 정책시도에도 불구하고 평균 초혼연령

그림 1-2 평균 초혼연령 조사(1990~2017)

(단위: 세)

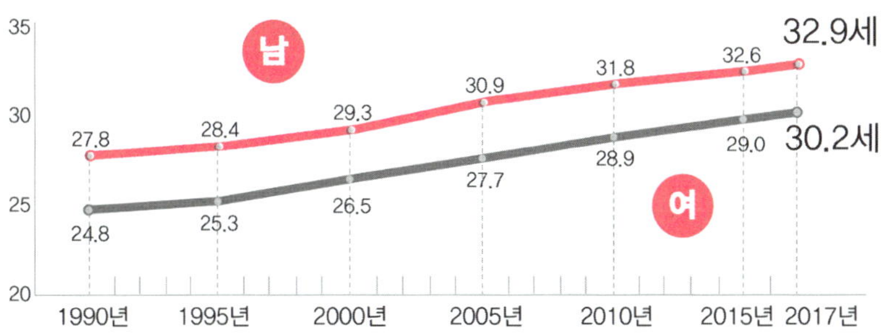

출처: 통계청(2018).

이 상승한 가운데 인구 1,000명당 혼인건수는 역대 최저치를 기록했다. 2017년 평균 초혼연령은 남자가 32.9세, 여자가 30.2세로 전년 대비 각각 0.2세, 0.1세 높아졌으며, 10년 전에 비해서는 남자가 1.8세 높아졌고 여자는 2.2세 상승했다.

국내 혼인 건수는 1년 전보다 6,800건(2.6%) 줄어든 25만 7,622건을 기록했다. 혼인 건수가 1972년 이후 46년 만에 최저수준이며, 인구 1,000명당 조(粗)혼인율도 5.0건으로 전년대비 0.2건 감소한 역대 최저를 [그림 1−3]에서 나타내고 있다.

그림 1-3 혼인 · 이혼 주요통계

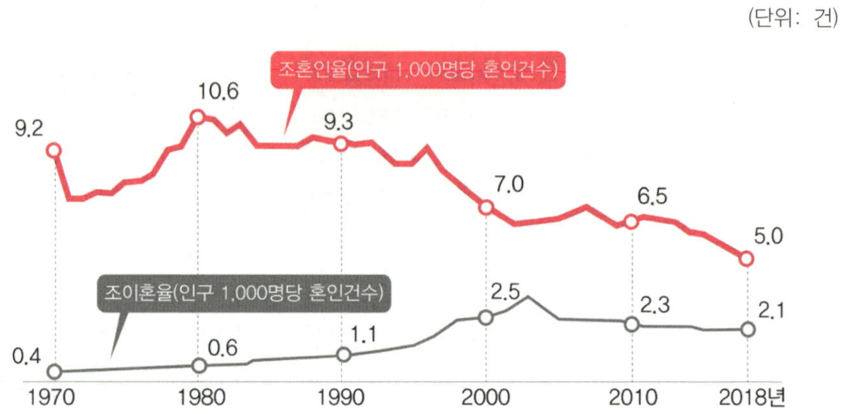

출처: 통계청(2019).

[그림 1−4]에서와 같이 2018년 출산율은 0.98명을 기록하여 '0명대 출산율'은 전 세계에서 한국이 유일하다. 2018년부터 출생아 감소세가 완화될 것이란 정부의 기대와 상반되는 모습이다. 2019년 3분기 0.88명을 기록하여 저출산 문제가 심각하다.

지역별 인구고령화와 저출산 문제가 심각해짐에 따라, 외국인 배우자와의 혼인이 장려되는 사회적 분위기가 조성되었는데 다문화가족의 수가 지속적으로 증가해 왔다. 외국인 배우자와의 혼인과 출산, 그리고 다문화가족의 이혼, 이혼 후 자녀양육 문제 등이 증가함에 따라 또 다른 가족구조와 유형을 만들어 내고 있다.

장남 또는 아들중심의 가부장적 부모부양관도 상당히 약해졌다. 가족 중에서 누가 부모부양을 책임져야 할 것인지에 대해 아들 · 딸 자녀 모두에게 책임이 있다는 인

그림 1-4 출산율(1970~2018)

출처: 통계청(2019).

식이 나왔다. [그림 1-5]에서와 같이 '사회 혹은 기타'가 부모부양에 책임이 있다는 응답은 껑충 뛰었고, 2014년 51.7%, 2018년 54.0%로 오르며 국가와 사회 등에 의한 공적 부양의식이 확산되었다. 부모 스스로 해결해야 한다는 생각도 꾸준히 상승하고 있다. 이러한 노인부양에 대한 의식변화와 사회적 책임에 대한 공감대 형성은 부양

그림 1-5 부모부양책임 인식변화 추이(2002~2018)

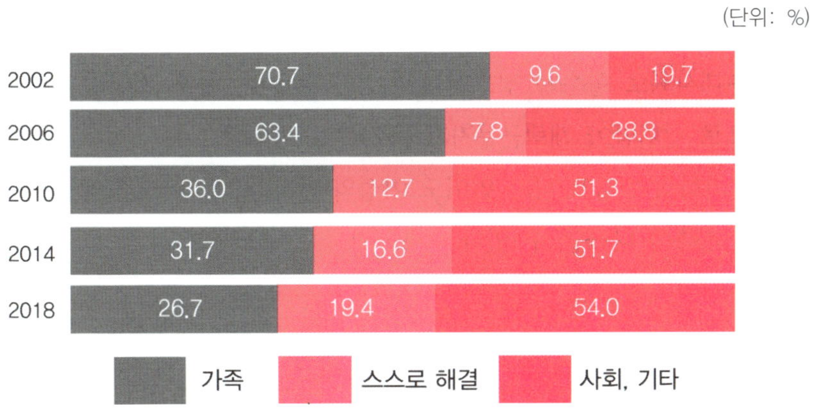

출처: 김유경(2019).

가족에 대한 사회적 지원의 필요성으로 이어져 노인돌봄과 관련된 가족복지정책에 반영되고 있다.

2) 가족에 대한 인식 변화

(1) 가족들(families)

가족의 개념과 유형의 변화는 가족의 호칭을 변화시키고 있는데, 가족들(families)이라는 개념은 1990년대 미국가족관계학회(NCFR)에서 family를 포괄적 의미로 해석하여 Families로 사용하면서 알려졌다. 가족에 대한 생각은 개인의 인식에 따라 달라질 수 있으며, 우리는 가족이란 개념을 '개인이 스스로 정의하는 집단'으로 포괄적으로 해석할 수 있다고 보고, 이것은 가족의 개념이 지속적으로 변화하고 있다는 것을 의미한다(이윤정 외, 2019).

(2) 향후 가족의 미래

첫째, 가족의 다양화로 획일적 가족생활을 영위하는 일이 없이 한 사람이 일생 동안 나름대로의 여러 형태의 가족을 경험할 것으로 보고 있다.

둘째, 맞벌이가족이 새로운 가족유형으로 보인다. 맞벌이가족이 정착하기 위해서는 양성평등의식의 뿌리내림이 기본전제로 확립되어야 할 것이다.

셋째, 동성애가족의 증가이다. 과학의 발달로 동성애부부가 인공수정으로 자녀를 낳을 수 있을 것으로 예상되며, 윤리적 문제가 대두될 것으로 전망된다.

넷째, 현대사회로 올수록 정보화의 위력은 놀랍다. 향후 직장인들의 근무시간을 단축시킴으로 말미암아 재택근무자가 증가할 전망이다.

다섯째, 과학의 발달로 남자 없이도 여성의 난자만으로 아이를 낳을 수 있기 때문에 특수한 가족이 나타날 수 있다.

제 4 절 가족생활주기

가족생활주기는 가족변화 시점이 언제이며, 각 시점별 경험하는 사건들은 무엇이며, 그 원인은 어디에 있고, 이들 사건에 대해 가족구성원은 어떻게 대처해나가는가 등에 관심을 갖는다. 그러나 가족생활주기는 각 단계대로 진행되는 것이 아니라 다양한 가족이 각각 다른 생활주기를 갖게 됨으로써 앞으로는 다양한 가족형태에 맞는 가족생활주기의 기준이 연구되어야 한다.

1. 가족생활주기의 개념

부부가 혼인해서 사망할 때까지 가족이 겪는 주요한 경험을 시간적 차원에서 단계적으로 설정한 것이 가족생활주기이다(이영주 외, 2015). 가족생활주기는 가족형성에서 시작되는 가족생활을 전 생애적 관점에서 각 발달단계별 과업, 기대와 욕구, 잠재된 문제점, 강점 등을 알 수 있고, 예측과 계획이 가능하여 계획적 가족생활을 운영할 수 있는 자료를 제공해주기도 하는 중요한 의의가 있다.

가족주기의 단계에서 가장 많이 활용하는 기준은 자녀의 출산, 자녀 연령, 자녀의 출가나 결혼, 은퇴시기, 그리고 배우자의 사망 등으로 구분하고 있다.

2. 가족생활주기의 단계

가족생활주기는 가족유형과 특성에 따라 다양하지만 가정을 형성하는 시기부터 끝나는 시기까지를 특징적 단계로 구분할 수 있다. 미국의 핵가족을 조사한 듀발(Duvall, 1985)의 8단계는 초혼연령, 출산 자녀수, 출산시기, 자녀교육 시기, 수명의 차이로 우리나라 적용에는 부적절하여(옥선화, 1980), 유영주(1990)는 듀발(E. M. Duvall)의 가족생활주기 8단계 중 각 시기를 조정한 6단계를 제시하였다.

① 형성기는 결혼부터 첫 자녀 출산 전까지 약 1년 간

② 자녀출산 및 양육기는 자녀 출산으로부터 첫 자녀가 초등학교에 입학할 때까지
③ 자녀 교육기는 첫 자녀의 초등학교, 중학교, 고등학교 교육시기
④ 자녀 성년기는 첫 자녀가 대학에 다니거나, 취업. 군복무, 가사에 협조하는 시기
⑤ 자녀 결혼기는 첫 자녀 결혼부터 막내자녀 결혼까지
⑥ 노년기는 막내자녀 결혼부터 배우자가 사망하고 본인이 사망할 때까지

사회변화에 따른 가족생활주기는 전반적으로 만혼의 영향을 받아 출산율이 낮아지고 단산의 연령도 빨라졌으며, 평균수명이 길어짐에 따라 노년기가 길어지는 인구학적 변화를 보이고 있다. 가족형성기는 만혼추세로 결혼 전 독립기가 길어지고 가족확대기는 출산율 감소로 짧아졌다. 양육기는 다산으로 기간이 길었지만, 최근에는 저출산으로 짧아졌고 기혼여성들의 취업에 영향을 준다. 자녀 결혼기는 결혼이 늦어져 자녀를 적게 낳는 반면, 교육 후 독립까지 긴 기간이 소요되어 종래보다 길어졌으며, 이 시기의 부모는 자녀양육과 교육으로 부담이 가장 많은 시기이다.

이와 같은 가족생활주기의 변화는 사회변화, 가족의 생활모습, 가치관변화에 따라 달라지며, 변화현상은 많은 시사점을 내포하고 있다. 즉, 만혼현상과 고학력, 부양의식의 변화, 여성취업의 일반화, 저출산 등의 현상으로 나타나지만, 이러한 현상은 또 가족생활주기의 변화에 계속적으로 영향을 끼친다고 볼 수 있다.

3. 가족생활주기 단계별 발달과업

가족이 형성되면서부터 원만한 가정생활을 위하여 성취해야 할 단계별 발달과업은 가족생활주기에 따라서 단계적으로 적절히 수행될 때 가족이 안정되고 충족감을 느끼며 살아갈 수 있다. 각 단계별 발달과업은 반드시 이루어져야 하는 결정적 시기가 있으므로, 가정생활의 각 단계에 따른 발달과업은 신중하게 계획되어야 한다. 가족생활주기 단계에 따른 과업을 <표 1-3>에서 살펴볼 수 있다.

카터와 맥골드릭(Carter & McGoldrick, 1980)은 부모세대와 자녀세대를 연결하는 결혼한 성인자녀를 포함한 3세대 중심의 6단계 모델을 제시하였다. 카터와 맥골드릭은 ① 결혼전기, ② 결혼적응기, ③ 자녀아동기, ④ 자녀 청소년기, ⑤ 자녀 독립기,

⑥ 노년기의 6단계를 제시하였는데, 특별히 가족생활주기의 첫 단계에 결혼 전기단계를 두었다. 이는 결혼 전 남녀모두가 원가족과의 관계로부터 분화되고, 서로 친밀한 이성관계로 발전시키며, 일과 재정적 독립을 통해 자신을 확립시키는 결혼 전 준비과정이 중요함을 보여 주는 것이다(성정현 외, 2011; 이영주 외, 2015).

표 1-3 부모세대와 자녀세대 6단계 모델

단 계		가족구성	가족의 발달과업
1	결혼전기	원가족	– 태어나서 성장하는 동안 사회적 · 심리적 · 정서적으로 소속감을 갖는 가족. 결혼 이전의 가족을 말한다.
2	결혼 적응기	자녀출산기의 가족	– 새로운 부부관계의 역할과 책임관계의 기준 설정 – 가정의 장기기본계획(교육, 주택, 노후설계) – 만족스러운 소득과 지출체계 수립, 가계부 기록 – 부부역할의 재조정, 가사노동 능률화와 시간의 합리화 – 친인척과 원만한 관계수립, 여가계획 – 신혼기 가족계획(임신, 출산준비) – 유아중심의 생활설계 유치원, 놀이방 활용계획 – 자녀의 성장에 대한 가계설계 – 자녀중심의 교육비와 주택중심의 장기가계계획 재검토
3	자녀 아동기	학령기 아동이 있는 가족	– 아동이 정서안정과 소속감을 갖도록 환경조성 – 자녀잠재력 개발에 대한 교육적 배려, 학업성취 지원 – 자녀성장에 따른 용돈계획 자녀의 공부방 계획 – 자녀의 교육비와 부부의 교양비설계, 여가 지출계획 – 부부역할 재검토, 만족스러운 부부관계 유지
4	자녀 청소년기	청소년 자녀가 있는 가족	– 청소년 자녀의 자아정체감 형성, 진로선택 및 준비 – 사회적 역할 획득, 학업성취, 부모로부터 정서적 독립 – 자녀학습 환경설계, 단체 활동 참가 – 자녀진학과 교육비 계획, 재정계획 및 실천 – 자녀의 역할분담 성인교육 참가계획, 중년기 준비
5	자녀 독립기	성장한 자녀가 독립하는 가족	– 자녀의 취직, 결혼지도(자녀 독립 지원) – 독립한 자녀와의 새로운 관계 적응(역할 기대관계조정) – 부부관계 재조정(외부활동과 단체 활동의 적극 참가) – 재정계획 및 실천(저축, 연금, 퇴직금, 재산소득)설계 유산 분배계획(중 · 노년기 준비)
6	노년기	빈둥지 가족	– 노후생활 설계(노화 및 은퇴 적응, 건강 유지) – 사회적 활동시간(건강, 취미를 위한 생활시간 설계) – 부부관계 유지 및 개선, 친지와의 유대감 유지 – 배우자 사별과 자신의 죽음에 대한 수용

출처: Carter & McGoldrick(1980) 재구성.

제 5 절 가족연구의 관점

앞서 우리는 가족에 대한 다양한 개념과 현대사회에서의 가족의 변화를 살펴보았다. 가족은 사회적 변화에 따라 다양한 형태로 변화하며, 개인적으로도 각기 다르게 경험하므로 가족에 대한 체계적인 연구를 통해 일반화의 수준을 높임으로써 미래가족의 방향을 제시할 수 있어야 한다. 가족을 이해하기 위해 많은 학자들이 다양한 관점들을 살펴보자.

1. 구조기능주의 이론

구조기능주의 이론은 가족이 사회와 개인에 대해 어떤 기능을 하며, 사회와 어떻게 연계되어 있는지를 설명해 주는 진화론적 이론이다. 사회가 가장 잘 기능하고 유지되기 위해서는 가족의 구조와 기능은 어떻게 변화하고 있고 변화되어야 하는지를 본다. 구조기능주의 이론은 핵가족을 친족집단의 기본단위로 보고 산업사회에 가장 잘 기능할 수 있는 가족구조로 생각한다.

첫째, 체계의 구성요소는 상호의존적이다. 사회 내적구조들은 상호의존성을 갖고 있다는 기본적인 가정에서 출발하며 사회체계 내의 부분 간의 상호의존성을 강조한다. 체계 내의 각 부분은 모든 다른 체계의 구성요소에 영향을 주며, 체계의 한 부분이 변화하면 모든 다른 구성요소들도 이러한 변화에 적응해야만 한다는 것이다.

둘째, 사회적 변화는 전체 사회체계에 영향을 미친다. 체계의 구성요소들은 서로 상호의존적이기 때문이며, 어느 한 부분의 변화는 궁극적으로 전체체계에 영향을 미칠 것이기 때문이다. 그러나 사회변화가 그 사회에 긍정적인지 부정적인지에 대한 기능주의자들의 논쟁은 시대에 따라 변화되어 왔다.

구조기능주의 이론은 보수성과 성차별의 측면에서 비판을 받았으며, 사회변화의 부정적 측면에 초점을 두어 강한 비판의 대상이 되었다. 그들은 사회변화를 무시하고, 사회적 갈등을 인식하지 못하고 있다는 비판을 받았다. 현대 기능주의자들은 변화는 피할 수 없으며 계속하여 일어나고 있고, 사회체계는 궁극적으로는 변화에 적응하게 되어 있다고 주장하고 있다.

2. 가족체계 이론

가족체계 이론에서는 가족구성원에게 발생하는 모든 것이 가족 내 모든 사람들이 서로 상호 관련되어 영향을 주며, 그 이유는 가족구성원이 서로 상호 관련되어 있고 각기 하나의 집단이나 체계로서 작용하기 때문이다. 가족관계 분야와 교육 분야, 배우자 선택이나 가족폭력, 가족생활상담의 연구에 유용하게 적용할 수 있다.

미누친(Minuchin, 1974)은 가족을 가족 내 하위체계를 중심으로 기능하는 체계로 보았다. 체계대상은 가족구성원이 되며, 가족구성원은 필요에 따라 연합하면서 가족구성원의 성별, 수, 세대에 따라 다양한 하위체계를 갖는다. 각 하위체계 사이의 경계는 서로 관련되어 상호작용을 한다. 가족의 기능이 원활하게 수행되려면 체계 간의 경계선이 명확해야 하며, 위계질서와 권력의 분배, 부모가 부여한 가족규칙과 부모의 권위가 중요하다. 하위체계들의 가장자리가 경계이다. 효과적인 가족기능이 일어나려면 이 경계가 분명해야 하며 어느 정도 투과적이어야 한다. 심각한 장애를 가진 가정은 가족구성원들의 기능이 미분화되고 역기능에 빠져들기 쉽다. 가정폭력은 경직된 체계 안에서 발생하며, 피드백을 통해 가족체계에서 세대를 거쳐 전수된다.

보웬(Bowen, 1978)은 가족구성원의 지적체계와 정서체계가 분화되지 못한 경우 가족 내에 문제가 발생하며, 개인과 상호작용하는 일련의 가족체계적 증상이라고 보았다. 개인의 지적 · 정서적 체계는 가족체계의 요인이며 가족체계와 관련된다. 가족 간의 삼각관계, 정서적 차단, 가족체계상의 수준과 연합관계, 부부의 정서관계와 체계 간 감정의 밀착과 고립화 정도, 가족의 역사성, 3세대를 통한 가족의 투사과정, 다세대 간의 전달은 가족이 처한 사회 · 문화적 환경과의 관련을 갖고 있다. 또한 가족체계이론은 여타 관점과는 다르게 어떠한 현상을 단선적인 원인과 결과의 관계로 보는 것이 아니라 상호작용을 통한 총체적 맥락에서 이해함으로써 가족체계에서 일어날 수 있는 다양한 현상을 이해할 수 있도록 한다(조흥식 외, 2011).

가족체계 이론은 가족에 대해 다음의 네 가지 전제를 제시한다(장휘숙, 1995).

첫째, 가족은 전체 가족체계의 상호작용이 중시된다. 체계의 한 부분을 변화시키면 다른 부분들의 변화가 일어나므로 상호작용을 통한 총체적 이해가 요구된다.

둘째, 가족은 독특한 상호작용의 패턴을 가진다. 가족은 상당한 기간에 걸쳐 상호작용하게 되고, 이는 습관화되어 패턴을 형성하고 변화되기 어렵다.

셋째, 가족은 대부분 가족체계의 손상 없이 지속될 수 있도록 안정성을 추구한다.

넷째, 가족은 시간의 경과에 따라 변화하는 속성을 가진다.

3. 성평등적 관점

성평등적 관점은 기본적으로 남성과 여성이 동등하므로 사회적으로 동등한 대우와 권리를 보장받아야 한다는 믿음에 기초한다. 성평등적 관점에 기초한 여권주의자들은 가족이 체계화된 권력구조로 되어 있음을 상기시키면서 가족 내 존재하는 여성억압을 세 가지로 정리하였다(윤홍식 외, 2010; 이옥희, 2003).

첫째, 가부장제에 의한 억압이다. 가부장제의 기반은 전통적인 성역할 구분에 의한 여성에 대한 노동억압이다. 즉, 여성에게 사적 영역(가정)에서의 역할을 우선시함으로써 공적영역(노동시장)에서의 노동을 억압한다.

둘째, 여성의 재생산 역할에 의한 억압이다. 여성은 임신과 출산, 양육과 같은 생물학적 재생산 역할을 수행함으로써 가부장제의 통제를 받게 된다.

셋째, 이데올로기에 의한 억압이다. 전통적 성역할을 전제로 하는 가족주의 이데올로기는 가족의 사회화 과정을 통해 유지 · 전수되며, 대중매체 등을 통해 강화된다(이옥희, 2003). 이렇듯 가족주의 이데올로기는 고정적인 성 정체감을 구조화시키고, 전통적인 남성우위가족 및 사회체계를 유지시키는 데 기여하게 된다. 그렇기 때문에 여권주의자들은 가족이 인간 본성에 의한 자연스러운 현상이 아니라 시 · 공간의 제약을 받는 사회적 산물로서 권력관계에 기반하고 있는 구조라고 주장한다.

그러면서 성평등적 관점에서는 다른 관점과는 달리 성역할 구분에 따른 여성억압과 아내구타 등의 가족폭력, 그리고 가부장제적 복지체계 등에 관심을 갖는다.

첫째, 가부장제에 따른 성 역할 구분은 여성의 억압을 심화시키는 기제가 된다. 특히 가부장제적 자본주의 체계에서는 여성의 가사 및 돌봄 노동을 무급의 사적노동으로 간주하여 사회에 대한 경제적 가치를 간과하고 있다.

둘째, 가족 안에서 나타나는 가정폭력 등의 억압이다. 여권주의자들이 가정폭력에 주목하는 이유는 매 맞는 여성들이 보여주는 '학습된 무기력'이 남성에 대한 여성 종속을 병리적으로 보여주는 극단적인 예이며, 남편의 지속적인 학대행동은 아내를 통제하기 위한 행동이기 때문이다(김영화 외, 2011).

셋째, 성평등적 관점에서는 가부장제적 복지체제를 비판한다. 기존의 가족에 대한 복지체제는 남성부양자와 여성주부를 전제로 하여 남성부양자의 사회보장 권리를 통해 가족을 지원하였다. 이는 여성과 가족구성원이 독립된 수급권을 인정받지 못함으로써 여성의 노후빈곤 문제, 아동 및 노인부양 부담 문제 등을 야기하게 된다. 수급자격은 혼인 여부와 상관없이 주어져야 하며 가사노동 및 육아의 가치를 인정해 주는 방향으로 개선되어야 하고, 독립적인 수급권을 인정해 주어야 함을 강조한다.

성평등적 관점에서 본 가족의 근본과제는 가족에 대한 올바른 관점을 제시하는 것이다. 가정을 탈신비화하고, 여성의 경험과 문제의식을 제대로 파악하고 발굴하여 재조명하며, 여성을 가족의 봉사자나 희생자가 아닌 개인으로서의 주체적 위치도 함께 부각해야 한다는 것이다.

4. 상징적 상호작용 이론

상징적 상호작용이론은 가족 간의 상호작용 유형에 관심을 두는 미시적 접근으로 가족을 이해하고자 한다. 인간행동은 인간 상호간의 사회적 상호작용을 통하여 결정되고 개인이 선택적으로 반응하는 주관적 입장에서 사회현상을 파악하고 사회현상을 하나의 과정으로 이해하며, 행위자의 정신적 능력, 행위와 인간의 상호작용에 초점을 둔다. 상징적 상호작용 이론은 가족의 내적인 과정에 중점을 두고 배우자 선택, 역할과 지위관계, 가족 스트레스, 세대 간 가치관의 전이, 취업모 문제, 결혼의 질, 의사소통, 가족 내 권력, 등 다양한 분야에 적용되고 있다.

CHAPTER 02

가족복지의 이해

학습목표

이 장의 학습목표는 우리사회에서 가족의 상황은 가족 내·외적인 변화로 인하여 다양하고 복잡한 문제에 직면하고 있다. 가족생활 전반에 걸쳐 발생하는 많은 변화는 가족문제를 더욱 다양화시키므로, 가족전체를 대상으로 하는 가족문제의 개입에 있어서 가족복지의 개념, 가족복지의 목적, 가족복지의 대상, 가족복지 실천방법을 이해하는 것이다.

- 가족복지의 개념과 기능을 이해한다.
- 가족복지의 필요성 설명할 수 있다.
- 가족복지의 의의와 목표를 설명할 수 있다.
- 가족복지의 접근방법을 이해한다.

제 1 절 가족복지의 개념과 기능

1. 가족과 사회복지의 관계

가족복지의 개념을 정의하기 위해서는 '가족'과 '복지'에 대한 이해가 먼저 필요하다. 가족이란 앞서 살펴본 바와 같이 전통적으로는 혼인, 혈연, 입양을 통해서 이루어진 관계자들의 집단이다. 가족을 정서적 유대, 의식주 공동해결의 공동체적 생활방식을 갖는 집단이라고 정의한다면 현대사회에서는 보다 보편적으로 통용되는 연대의식을 가지고 일상생활을 함께하는 광의의 정의를 의미하는 것이다.

가족(family)은 사회의 유지와 발전을 위해 필요한 제도이다. 건전한 가족생활 보장이 사회의 중요한 의무가 되어가고 있고, 더구나 산업화 과정에서 도시가족의 급격한 핵가족화, 이혼가정, 맞벌이, 농촌지역의 해체현상, 여성취업인구의 증대 등으로 인하여 가족은 사상 유래가 없는 중대한 변동을 일으키고 있다.

복지란 더할 나위 없이 좋고 만족스러운 삶과 건강한 신체 등 행복의 조건들이 만족스러운 안녕의 상태를 말한다. 공적구제(public relief)의 의미가 포함되어 있기 때문에 적극적인 사회적 노력이라 할 수 있다.

가족문제는 사회복지의 주요관심대상이다. 가족구성원을 보호하는 가족의 전통적인 기능은 약화되어 감정적 지원과 만족감을 주는 안식처기능을 가진 가족은 점차 사라지고 있어 더욱 사회복지 제도화의 필요성이 증대되었다.

이와 같이 사회복지에서 가족이 중요시되는 이유는 다음과 같다. 가족은 사회의 기본단위이고 가족구성원을 먼저 보호하며, 복지서비스를 제공하는 대상으로의 기능을 하기 때문이다. 현대사회에서 가족은 상부상조의 기능을 상당 부분 상실하였지만, 사회의 기본제도이자 정서적 욕구충족의 장소로 기능을 하기 때문에 여전히 중시되고 있으며 사회문제의 해결을 가족이 1차적으로 담당하기 때문에 가족에게 기대하는 복지의 책임은 매우 클 수밖에 없다. 그러나 현대사회 가족은 가족폭력문제, 결손가족문제, 노인가구가족문제, 장애인가족문제, 비행청소년가족문제, 알코올중독자가족문제, 다문화가족문제 등의 사회문제에 직면하고 있다.

가족문제 해결을 위한 사회복지적 대책 강구는 가족에 대해 사회복지적으로 접근한다는 것을 의미한다. 사회복지적 접근은 산업혁명 이후 영국, 프랑스, 독일, 스칸디나비아에서 시작되었다. 실천으로서 가족에 대한 사회복지적 접근은 다양한 형태의 서비스 또는 프로그램을 중심으로 미국에서 발달되었다(Munson, 1980).

과거의 가족복지는 가족구성원에 초점을 둔 개별대상자로 노인복지, 장애인복지, 아동복지 등 사회복지와 명확하게 구별되어 접근되지는 않았다. 그러나 가족의 문제가 많이 발생하고 사회문제화 됨에 따라 가족을 하나의 체계로 보고, 관련 이론들을 기초로 가족의 전체성과 통합성에 기반한 접근이 시도되고 있기 때문에 대상별 사회복지와는 구분이 되고 있다.

2. 가족복지의 개념

가족복지란 건강한 가족은 더욱 안정적이고 질 높은 삶을 살 수 있도록 지지하고, 직면한 문제를 극복 또는 해결하기 힘든 위기가족은 다양한 수단과 기관을 통해 도움을 주는 노력이다. 가족복지는 가족이라는 복합성과 사회복지라는 고도의 다양성 때문에 가족복지를 개념적으로 고정화시키기는 매우 어렵다. 가족은 다양한 사회문제와 사회정책에 직·간접적으로 영향을 받을 수밖에 없으며, 가족 내 욕구나 문제를 가지고 있는 구성원들은 아동, 노인, 장애인, 여성 등의 분야와 겹치게 되기 때문에 명확하게 가족과 개별적인 대상자를 구분하는 것 또한 어렵다.

산업화 이후 가족은 생산과 소비주체로서 경제적 기능, 가족구성원의 보호와 부양 등 다양하고 복잡한 가족문제에 직면하고 있으므로, 가족기능에 대한 보완과 대체가 필요하게 되었다(최경석 외, 2003).

세계화와 정보화사회로의 변화는 제4차 산업혁명시대를 초래하였고 무한경쟁의 사회구조에서 심각한 양극화 문제를 발생시켰으며, 가족관계를 포함한 인간관계의 변화를 초래하여 가족규모의 축소, 핵가족제도로 변화, 가족유형의 출현 및 가족 수 변화, 부양기능의 감퇴 등을 초래하였다. 이러한 가족의 변화는 가족해체, 아동과 노인의 유기·방임문제, 주택환경문제, 빈곤문제, 실업문제 등의 가족문제를 확대시켰고, 이로 인해 국가가 개별가족에 개입하지 않으면 안 되는 상황을 초래하였다.

실제 우리나라에서 가족복지란 '가족을 한 단위로 접근하는 가족단위의 사회복지'와 가족구성원에 초점을 두지만 가족전체의 삶이 향상될 수 있는 '가족구성원 단위의 가족복지'를 포괄하고 있다(이인정, 2005). 접근방식도 제도적·정책적 접근을 중심으로 하는 가족정책과 개별적이고 심리사회적 지원을 중심으로 하는 가족복지서비스를 포괄하여 가족복지에 대한 정체성을 구분하고 있다.

가족복지 개념에 대한 학자들의 정의를 살펴보면, 펠드만과 세르츠(Feldman & Scherz, 1968)는 사회적 기능수행을 효과적으로 증진시켜 가족구성원 모두가 행복을 추구하도록 하는 사회복지의 한 분야로 가족복지를 정의하였다.

콜린스 외(Collins et al., 2001)는 가족복지란 모든 가족구성원의 발달적·정서적 욕구를 충족하면서 보다 유능하게 기능하는 것을 배울 수 있도록 돕는 것이라고 하였다.

양옥경(2002)은 가족복지정책을 가족의 기능과 역할을 보완해 주고, 가족 내 개개인들의 삶의 질 증진을 위하여 국가적 차원에서 수행되는 일련의 사회적 제도라고 정의했다. 가족복지 대상은 가족전체와 가족 내 개개인을 포함하고 있다.

최경석 외(2003)는 모든 가족구성원들이 경험하는 문제를 해결하여 가족이 건강하고 행복한 생활을 유지하도록 하는 미시적·거시적인 사회적 대책으로 정의하였다.

김영화 외(2011)는 가족복지란 가족의 역할과 기능을 활성화시켜 가족 스스로 잠재력을 개발함으로써 욕구와 문제를 충족시킬 수 있도록 여러 가지 형태로 사회가 개입하는 것이라고 정의하였다.

조흥식 외(2011)는 가족복지를 목적면에서 국민의 생활권의 기본이념에 입각하여 가족의 행복을 유지시키고, 주체면에서 가족을 포함한 사회구성원 전체를 포함하며, 대상면에서 가족구성원 전체의 특성을 보고, 수단측면에서는 제도적·정책적·기술적 서비스 등의 제반활동이 이루어지고, 범위면에서 사회복지의 한 분야를 의미하는 것으로 여러 학자들의 정의를 요약·정리하기도 하였다.

1) 가족복지의 대상

가족복지의 대상은 광의의 개념과 협의의 개념으로 나눌 수 있으며, 광의의 대상은 모든 유형의 가족들이 앞으로 당면할 가능성이 있거나 현재 당면하고 있는 모든 가족문제가 대상이 된다. 협의의 대상은 주로 가족생활상의 문제에 봉착하고 있는 위기의 가족들이 그 대상이 되는데(조흥식 외, 2002; 최경식 외, 2003), 소위 말하는 결손가정과 해체가족 및 가족생활주기에 따라 발생되는 발달적 및 상황적 스트레스를 겪고 있는 가족들을 예로 들 수 있다.

가족복지 대상은 구조, 기능, 주기에 따라 분류할 수 있다(김혜경, 2016).

첫째, 가족 구조상 특성에 따른 대상이다. 취업부모가족, 미혼모가족, 이혼 및 재혼가족, 소년소녀가족, 노인가족, 독신가구 등 가족구조상의 다양화를 고려하여 가족이 지닌 특성에 따라 복지개입을 달리하는 경우로 분류한다.

둘째, 가족 기능상 문제에 따른 대상이다. 알코올중독, 약물중독, 학대, 청소년비행 및 실직으로 인한 소득의 상실 등 가족이 지닌 병리적이거나 경제적인 측면에서 기능상의 결손을 경험하는 가족과 장애로 인한 심리적 및 의료적 문제를 겪고 있는 가족의 경우를 말한다.

셋째, 가족의 주기에 따라 발생하는 다양한 변화와 위기, 욕구에 따른 대상이다. 부부만의 시기, 자녀출산 및 양육기, 미취학 아동기, 학동기, 청소년기, 독립기, 중년기, 노년기 등 가족생활주기에 따라 가족구성원인 개개인은 물론 가족자체가 당면하게 되는 복지욕구는 다양하며, 이에 따라 복지개입을 달리하는 경우를 말한다.

2) 가족복지의 주체

가족의 복지를 담당하는 주체는 크게 개인 및 가족, 국가, 기업 및 민간단체로 나누어진다. 가족복지는 가족기능이 마비되고 해체되면 가족구성원 개인이 개별적으로 해결하였거나, 최소한의 가족복지 유지를 위해 국가의 정책으로 가족을 보호하는 수준에서 이루어졌다. 하지만 복지의 주체는 국가도, 가족자체도 아니며 민간차원의 노력만으로는 불가능하다. 국가의 가족복지에 대한 개입은 지속될 전망이지만 자본주의 사회에서 민간복지의 주체는 기업복지이다. 따라서 국가는 민간의 복지 참여를 더욱 유도할 것이고, 가족의 복지 또한 기업복지와 직결되므로 기업은 가족복지를 위해 더 많은 참여를 하도록 유도될 것이다.

3) 가족복지의 기능

짐머만(Zimmerman, 1995)은 가족복지란 가치이면서 가족정책의 목표가 되는 것으로 ① 건강과 행복을 추구하며 결핍으로부터 자유로운 상태, ② 사회화의 발달과 환경적 조건에 따른 충족, ③ 결혼, 가족, 노동, 여가, 주택, 이웃 등 생활영역에서의 만족, ④ 공유되는 삶에 대한 광범위한 태도, ⑤ 생존을 위한 기본적인 욕구 충족이나 생활상의 위험에서 탈피할 수 있는 적절한 기능을 수행할 수 있도록 하는 것이라고 구체적인 가족복지의 대상까지 제시하였다. 가족복지의 기능에 관한 여러 학자들의 견해의 공통점은 다음과 같다(이영실 외, 2016).

(1) 의뢰적 기능

의뢰적 기능은 가족문제의 진단에 의해서 가족복지기관이 직접서비스를 제공하는 것이 아니고, 그 문제에 대해 가장 효과적인 서비스를 줄 수 있는 지역사회의 자원을 발견하여 사례를 소개하고 활동하도록 돕는 기능이다. 즉, 개인이 제도적 집단을 효과적으로 이용하여 문제를 해결하는 기능을 사회복지의 의뢰적 기능이라고 한다.

(2) 조정적 기능

조정적 기능은 개인의 기본적 욕구에 관련된 사회관계 전체가 조화를 유지하도록 원조한다. 사회관계의 조정에 앞서 사회관계 전체에 대한 평가가 행해지며, 평가결과, 조화가 깨진 부분에 대해 조정이 이루어진다. 서비스단위인 가족전체가 기능을 발휘하는 데 목적을 두고 동일가족에 대해서 가족복지기관 이외의 다른 전문기관인 의료기관, 아동상담소, 부녀상담소, 보건소, 학교, 직업안정기관에서 가족생활의 일부 혹은 가족의 일원을 대상으로 원조한다.

(3) 개발적 기능

지역사회활동이 소집단활동, 그리고 개별 활동을 통해서 각 가족 내 모든 구성원이 그 지위에 맞는 역할을 수행할 수 있는 기회, 능력, 태도를 발전, 촉진시키는 기능을 의미한다. 예를 들어, 사회보장제도, 주택문제, 복지시설, 교육시설, 법제의 개선 등을 사회행동 및 지역주민의 자발적 협력을 보조해서 이루는 것을 의미한다.

(4) 회복적 기능

가족이 정상기능을 하도록 장애요인인 빈곤, 실업, 신체적·정신적 장애, 중독, 장시간노동 등의 환경적요인과 부부불화, 형제 간의 갈등 등 인간관계 문제를 가진 가족구성원과 가족을 직접 원조함으로써 가족기능을 회복시킨다. 이러한 회복적 기능은 공공부조에 의한 원조나 아동상담지도, 직업지도 및 알선, 주택알선, 가임보조, 가정지도 및 가족계획지도, 가족진단 및 가족치료를 통해서 달성할 수 있다.

제 2 절 가족복지의 필요성

가족의 상황은 가족 내·외적인 변화로 인해 다양하고 복잡한 문제에 직면하고 있다. 특히 사회, 경제적 변화와 더불어 가족의 관계, 구조기능, 역할, 가치관을 비롯하여 가족생활 전반에 걸쳐 발생하는 많은 변화는 가족문제를 더욱 다양화시킨다. 이러한 상황 속에서 가족복지의 필요성이 그 어느 때보다 강조되고 있다. 예를 들면, 1997년 외환위기 이후 가족의 부양기능 약화, 위기가족의 증대, 저출산·고령화에 따른 인구구조의 변화, 돌봄의 위기 등의 상황 속에서 가족의 기능은 축소되었으며, 가족복지서비스가 가족기능을 보완·대체하게 되는 필요성이 부각되면서 사회가 함께 책임지고 분담해야 한다는 사회적 공감대가 확산되고 있다(최경석 외, 2003). 이러한 가족복지의 필요성을 구체적으로 살펴보면 다음과 같다(이영주 외, 2015).

1. 가족기능의 약화

제4차 산업혁명시대의 가족은 정보화에 의하여 사회와의 관계성은 더욱 긴밀해지고 있으나 과거에 비해 가족에게 기대되었던 주요기능들이 전체적으로 약화되어 스스로의 힘만으로는 해결할 수 없는 문제를 안게 되었다. 평균수명의 연장, 취업모의 증가, 가족규모축소, 탈시설화 정책, 비용절약정책 등의 변화를 겪으며, 가족기능은 약화되나 책임은 오히려 가중된다(김성천, 2001). 탈시설화 정책으로 가족의 책임이 예전보다 강조되고 있다(Zimmerman, 1995). 따라서 가족이 책임을 잘 수행할 수 있도록 하기 위해서는 다양한 가족복지서비스 지원에 대한 요구가 증가하고 있다.

2. 국가의 가족문제 개입에 대한 관점변화

1980년대 이후 신자유주의 복지개혁은 기존의 가족제도를 강화하여 가족구성원의 보호는 가족책임으로 간주하여 제3자인 국가가 개입하는 것이 오히려 문제를 일으킨다는 입장을 보이고 있다(이영실 외, 2016). 그러나 오늘날에는 신자유주의자들 조차도 가족에 대해 국가개입이 필요한 방향으로 바뀌어 가고 있다. 하지만 또 한편으로는 사회적 · 경제적 구조의 변화와 더불어 혼인 및 자녀에 대한 가치관의 변화, 성평등 가치관의 변화, 그리고 여성경제활동 참가율의 지속적인 증가 등의 가족환경 변화로 인해 가족과 사회에 대한 관점에 변화가 요구되고 있다(김승권, 2011).

여성의 사회진출 증가는 부부관계의 변화, 부모자녀관계의 변화, 여성의 가족 내 역할의 변화를 요구하고 있다. 하지만 사회적 요구와 이러한 변화를 수용해야 하는 가족 간의 현실적인 격차는 가족 내 갈등 심화를 초래하고, 가족의 보호기능을 약화시키면서 심각한 사회문제가 되기도 한다(Esping−Andersen, 1999; 김성천, 2000).

이에 따라 가족복지 영역으로서 가족의 돌봄기능 및 가족의 보호기능에 대한 사회화 논의가 본격화되고 있다.

3. 다양한 가족형태의 등장과 욕구변화

다양한 가족형태 등장에 맞추어 발생한 다양한 욕구충족을 위한 가족복지서비스가 필요해졌다. 최근 전 세계적으로 별거, 이혼, 동거, 혼외출산율의 증가 등으로 여성가구주가 급격히 증가하였고(Gucciard, Celasun, & Stewart, 2004), 더불어 재혼가족도 증가하고 있다. 그 외에도 맞벌이가족, 재혼가족, 노인단독가구, 다문화가족, 1인가구, 한부모가족, 소년소녀가족, 독신가족, 동성부부가족, 집단가족 등 다양한 가족이 점차 증가하면서 사회적 취약 및 위기가족이 증가하는 추세에 있으며, 기존의 가족복지정책으로는 가족구성원들의 다양한 욕구를 충족시키기 어렵게 되었다.

그러므로 가족에 대한 사회적 보호기능 강화, 돌봄 및 가사지원 서비스의 사회화, 취약 · 위기가족에 대한 통합적 지원체계 강화, 성평등적이고 민주적인 가족관계의 확립과 같은 가족의 복지욕구가 표출되고 있다(김승권, 2011). 즉, 획일적인 가족구조를 전제로 한 가족복지는 다양한 가족의 욕구와 문제에 접근하는 데 한계가 있기 때문에 이를 극복할 수 있는 새로운 접근이 요구되고 있다.

4. 가족문제에 대한 가족 단위의 접근변화

인간과 사회문제를 해결하는 데 가족이 효율적인 단위라는 사실이 강조되고 있다. 사회주의 국가에서 전통적인 가족제도를 대신하는 공동체(콜호츠, 인민공사, 집단농장)를 건설하려던 시도가 있었으나, 경제적 비효율성과 건강한 아동양육의 실패로 후퇴하게 되면서 가족이 사회체계의 핵심단위이고, 문제해결을 위한 효과적인 단위임을 인정한 사례라고 볼 수 있다. 또한 인간의 문제를 해결하기 위한 접근방법으로 개인을 대상으로 한 개별적인 접근보다 가족을 단위로 한 가족치료가 문제해결에 보다 효과적이라는 결과가 나온 것도 한 예라고 할 수 있다(이영실 외, 2016).

제 3 절 가족복지의 의의와 목표

1. 가족복지의 의의

가족은 사회구성원 중 가장 작은 단위의 사회이므로 그 사회의 영향을 받고 사회의 성향, 정치, 문화, 전통에 따라 가족에게 필요한 복지적인 부분에서 차이가 발생할 수밖에 없다. 루소의 사회계약론에 따르면, 개인과 국가는 서로 의무와 책임을 주고받는 관계이다. 개인은 사회구성원으로서 납세의무가 부여된다면, 가족은 개개인을 품고 있는 구성단위로서 안전한 보존, 건강한 가정유지로 사회구성 조직원으로 참여하도록 요구되고, 국가는 개인이나 가족에게 안전과 교육, 의료, 사회보장이라는 책임을 다하게 된다. 이러한 계약 관계적인 위치에서 국가는 가족의 양육과 사회화, 다양성을 인정하고 그들이 사회의 구성조직으로서 원활하게 활동할 수 있는 기반을 제공한다.

현대사회에서 가족의 의미는 더 강조되고 있다. 가족은 개인의 기본적이고 일상적인 욕구를 충족시키면서 개인의 발전과 복지를 뒷받침하는 역할을 하는데 본질적인 의의가 있다. 가족복지의 목표는 한 사회의 경제, 정치 및 역사적 · 문화적 배경에 따라 다양할 수 있지만(성영혜 외, 1997; 한국가족학회, 1995), 가족은 더 이상 사적영역으로 한정될 수 없으며 공·사가 함께 공존하는 영역으로 존재하게 되었다.

사회는 가족을 기본적이고 핵심적인 단위로 삼아 발전하기 때문에, 가족 자체의 생존과 복지를 보장해 주는 기능을 수행하게 된다. 가족기능의 일부를 사회의 다른 제도가 수행할 수는 있지만, 급변하는 사회변동에 따라 가족의 기능을 제대로 수행할 수 없게 되는 경우가 많아짐으로써 그 다양하고 복합적인 기능을 지속적으로 수행할 수는 없다. 그러한 이유로 인하여 사회를 대표하는 실체인 국가가 가족의 복지기능을 더욱 여러 각도로 강화, 보완 또는 대리하기 위한 제도적인 노력이 필요하게 되었다.

2. 가족복지의 목표

개인과 가족의 복지는 자유, 권리 보장, 정의, 사회적 통합, 효율성, 평등성 등이 가족복지의 목표가 될 수 있으며, 사회의 경제, 정치 및 역사적 배경에 따라 그 목표에도 다양한 변화가 있을 수 있다. 그러므로 사회의 기본구성요소인 가족복지의 기본적인 목표를 생각해 본다.

가족복지의 목표는 첫째, 가족의 안녕이다. 가족이 갖고 있는 문제와 욕구에 개입하여, 가족의 욕구를 자력으로 충족할 수 있도록 그 잠재력을 개발시켜 주거나 가족문제를 예방하고 해결할 수 있어야 한다.

둘째, 가족구성원 간의 권리보장과 평등을 실현한다. 다양한 가족구성원 간의 문제(학대, 방임, 유기문제 등)를 해결하고 예방할 수 있는 법적, 제도적 장치가 가족구성원의 권리와 평등을 보장하는데 목표를 둔 정책이 되어야 하며, 실천되어야 한다.

셋째, 새로운 가족형태의 인정이 필요하다. 산업화와 가치관 등의 변화에 따라 나타나는 새로운 가족형태의 출현을 인정하고, 전통적인 직계가족, 핵가족뿐만 아니라, 한부모가족, 소년소녀가족, 노인단독가족, 1인가족 등의 가족형태에 대한 인정과 이들의 기능을 보완하는 정책을 적극적으로 시행해 나가야 한다.

넷째, 가족복지는 사회문제의 근본해결에 기여해야 한다. 가족복지의 시작은 바로 가족문제 해결에 기여하며, 사회의 변화를 유도할 수 있어야 한다. 인간이 끊임없이 추구해 온 가치, 즉 평등과 자유의 개념을 실현하는 수단이 되며 이를 통한 사회변화를 유도할 수 있어야 한다. 사회복지의 시작은 바로 가족문제의 해결이다.

가족복지가 추구하는 목표는 한 사회의 경제, 정치 및 역사적 배경에 따라 그 목표에도 다양한 변화가 있을 수 있다.

제 4 절 가족복지의 접근방법

가족복지의 접근방법은 크게 거시적(간접적) 측면과 미시적(직접적) 측면 가족복지서비스로 구분할 수 있다. 거시적 접근방법은 가족문제를 사회전체의 맥락에서 접근한다. 즉, 가족이 전체사회의 제도 및 구조 하에서 잘 존속할 수 있는 방법으로서 제도적이고 경제적 지원을 중심으로 한 가족복지정책적 측면을 포함한다. 이에 비해 미시적 접근방법은 문제 혹은 장애로 고통당하고 있는 가족에게 직접적으로 접근하는 방법으로서 서비스 차원에서 논의될 수 있다(조흥식 외, 2011). 이러한 두 가지 접근방법에 대해 자세히 살펴보자.

1. 가족복지정책적 접근방법

가족복지정책적 접근이란 그 대상이 가족으로서, 국민전체이며 사회적 위험으로 나타난 사회구조적 문제를 개인이 아닌 사회와 국가책임으로 접근하는 방법이다.

1) 가족복지정책의 관점

가족복지를 위한 정부개입은 정부가 어떤 시각을 갖고 개입하느냐에 따라 그 개념이 달라지며(조흥식 외, 2011), 가족복지에 대한 정부의 관점은 크게 보수주의적 관점, 진보주의적 관점, 여권주의적 관점으로 나누어 볼 수 있다.

(1) 보수주의적 시각

보수주의적 시각은 가족에 대한 구조기능적 시각에 기초하여 가족을 사회통제의 기본단위로 인식하고 전통적인 가족을 유지하는 것을 목표로 한다(Dominelli, 2002). 이러한 시각은 전통적인 가족유형 이외의 다른 형태의 가족을 다소 병리적으로 간주하는 경향이 있으며 전통적인 가족의 형태 및 역할, 기능에 대한 확신이 있다. 예를 들어, 보수주의적 시각에서는 일부일처제의 가족을 지지하고, 전통적 성 역할 구분에 따른 남성의 생계부양 의무와 여성의 가사 및 돌봄 의무를 당연시하며, 취업모에 대해서 부정적으로 인식하는 경향이 있다(김성천, 2007).

따라서 현대사회의 변화로 발생하고 있는 다양한 가족형태의 출현, 가족기능의 변화 등을 사회적 위협으로 간주한다. 이러한 시각에서 가족복지정책 목표는 전통적인 가족구조를 유지하는 데 있고, 이를 위한 사회적 지원 및 통제를 강조한다. 우리나라의 경우 2004년 건강가정기본법 제정이 그 대표적인 사례라고 할 수 있다.

(2) 진보주의적 시각

진보주의적 시각에서는 현재 가족의 변화, 구조적 혹은 기능적 변화를 사회적 위기로 바라보지 않는다. 오히려 가족구조 및 기능의 변화에도 불구하고 가족은 여전히 일차적이고 친밀한 관계를 강조하는 중요한 사회제도로 인식한다. 따라서 사회적 변화에 대응하기 위한 다양한 가족형태를 인정하고, 이러한 가족의 요구에 대응하는 국가적 · 사회적 지원에 대하여 긍정적 시각을 가지고 있다. 최근 가족복지에 대한 진보주의 시각에서의 주된 관심은 아동의 이해와 성인의 이해가 균형을 이루도록 하고, 여성의 노동시장 참여를 통한 경제적 자립을 위하여 남성의 가사 및 육아노동 분담 등과 관련한 정책이 개발되어야 함을 강조하고 있다.

(3) 여권주의적 시각

여권주의적 시각에서는 사회적 성(gender)을 기준으로 가족을 분석하며, 특히 사회적 성을 기준으로 한 권력관계에 가족분석의 초점을 둔다. 즉, 여성이 불이익을 당하는 구조적 측면을 개선해야 한다는 데 중점을 두며, 정책방향이 성평등적이어야 한다. 여권주의적 시각은 기존의 가족복지정책이 여성의 재생산기능을 보호하는 데

에만 중점을 두고 있다는 면에서 비판을 제기하였다. 가족복지 증진에 대한 정부의 개입을 적극적으로 지지하는 입장을 취함으로써 진보주의적 시각과 유사한 특성을 보인다. 다만, 기존의 가족복지정책이 출산보호주의, 부계중심의 온정주의를 반영하고 있기 때문에 고정적인 성역할 관념과 가부장적 사회에서 발생하는 현실적인 가족 혹은 가족구성원의 욕구 및 문제에 대응하는 것에는 한계를 가진다는 입장이다. 따라서 여권주의적 시각에서는 가족복지정책의 방향이 고정적인 성역할에 기반한 가부장적 사회의 한계를 극복하기 위한 성평등적, 성인지적 관점을 강조한다.

이처럼 보수주의적 · 진보주의적 · 여권주의적 시각에 따라 가족에 대한 정책의 방향이 달라지지만, 다른 한편으로 가족복지정책의 영역을 나눌 때 일반적으로 명시적 가족복지정책과 묵시적 가족복지정책 두 가지 영역으로 분류될 수 있다.

명시적 가족복지정책은 정부가 특정한 기획과 정책을 행할 때 그것이 가족들과 관계가 있는지를 관찰하여 분명하게 관여되는 것이며, 가족복지정책의 목표라는 승인을 얻을 수 있는 것으로서 생활부조, 가족계획, 보육서비스, 아동복지서비스, 가족상담, 각종 조세혜택, 주택정책 등을 들 수 있다.

반면에 묵시적 가족복지정책은 여러 가지 목표 모두가 승인되지 않더라도 적어도 가족에 대하여 관여하고 있는 기획이나 정책으로서 성립되는 것을 말한다. 직접적인 개입으로 가족에게 특정적이고 일차적으로 관여하는 것이 아니라 정부나 행정기관이 행하는 활동이 간접적으로 가족을 위해서 실행된다는 사회적 중요성을 가지는 것이다. 예를 들면, 사회복지기관을 어디에 설립해야 하는지, 또는 지역의 도로나 역사(역이나, 지하철 등)의 위치 등을 어떻게 배치해야 하는가? 등을 들 수 있다. 이와 같이 가족복지정책은 가족문제에 대하여 사후복구적 처우라기보다는 사전 예방적 처우라는 관점에서 사회의 구조적 문제에 대하여 제도적 · 환경적 · 거시적으로 접근하는 것으로서 정부가 가족을 위해 시행하는 모든 활동을 의미한다고 볼 수 있다.

2. 가족복지의 서비스적 접근

가족복지서비스의 목적은 건강한 가족의 지향이다. 가족과 가족구성원들을 지지하고 교육을 통해 임파워먼트하여 환경과 잘 적응하고 사회적으로 건강한 힘을 발휘하도록 지원하는 것에 목적을 두고 있다. 즉, 가족기능을 회복하고 지속적인 자원연결을 통하여 사회에 적응해나가며, 나아가 사회에서 건강한 역할을 담당하도록 지원하는 역할이 가족서비스가 목적으로 하는 것이다.

가족복지서비스의 개입대상은 '개인'으로 개인의 문제를 인간관계의 조성기술로 보고 문제의 원인을 심리적 · 사회적 원인에서 찾는다. 인간욕구에 대한 부러움과 불만, 마약중독, 청소년비행, 갈등이 문제의 초점이 되며, 개인의 정신병 등과 같은 탈선행위의 원인과 치료, 예방 등의 실천과정에 전문적 기술과 지식을 가진 사회복지사가 개입하여 사례관리 등 사회복지실천 방법과 기술로 활용 · 접근한다. 접근방법에는 가족상담, 가족치료, 가족사례관리 등이 포함된다.

1) 가족에 대한 직접적 개입

가족서비스에서 가족에 대한 직접적 개입의 대표적인 것이 부부 간의 문제, 부모 · 자녀 간의 관계문제, 세대 간의 갈등문제와 관련하여 가족전문가가 개입하는 가족사회복지실천 방법이다.

2) 가족보호

가족보호는 가정 내에서 발생하는 각종 경제적 · 심리적 문제와 폭력 등 장애문제에 대해 보호를 제공함으로써 가족의 역할수행과 능력을 고취시키는 기능을 수행하는 것이다. 예를 들어, 발달장애아동을 양육하는 가족, 치매노인가족, 만성질환자 부양가족들에 대한 서비스 등이 있다.

3) 가족치료 및 가족상담

가족치료(family therapy)는 가족체계 관점에서 가족구성원의 역기능은 그 개인의 문제가 아니라 가족전체의 역기능이며, 그 구성원은 단지 가족의 문제를 지니고 있는 한 사람으로 간주된다.

즉, 가족치료는 문제가 있는 가족구성원에서 가족전체로 옮겨 모든 가족이 변화에 참여할 수 있도록 유도하는 것이다. 가족진단을 기초로 가족문제를 해결하며 정상적 기능을 수행할 수 있도록 원조하는 전문적인 개입활동에 그 개입의 초점을 둔다.

가족상담은 가족치료와 같은 맥락에서 파악되고 있는 편이므로 명확히 정의하기에 어려운 점이 있다. 그러나 문제의 심각성 내지 개입의 수준 및 방법에 따라 그 차이를 어느 정도 구분할 수 있으며, 가족상담은 개인중심의 문제해결 과정에서 벗어나 그 가족을 한 단위로 보고 가족 내에 존재하는 문제를 해결하고자 하는 접근방법이다.

4) 가족옹호

가족옹호는 지역사회에서 필요로 하는 변화를 일으키기 위하여 사람들로 하여금 사회행동의 사명을 가지고 가족욕구에 대하여 직접적이고 전문적인 지식을 이용하도록 함으로써 가족의 생활조건을 향상시키도록 계획된 전문적 서비스이다. 서비스의 목표는 공공 및 민간 서비스와 그 전달체계의 향상뿐만 아니라 더 나아가 그 지역사회에 적합한 새롭고 변화된 형태의 서비스를 개발하는 데 있다.

또한 지역사회 내의 많은 가족에게 영향을 미치는 알코올중독, 약물중독, 지적장애 및 인권의 남용과 같은 공통의 문제해결을 위하여 그 지역의 가족이 협동적 사회행동을 하도록 하는데 목표를 두고 있다.

5) 가족조성서비스

가족조성서비스(home maker service)는 가족이 가족구성원을 양육 · 보호 · 부양하거나 가사를 적절히 처리하는 기능을 제대로 수행할 수 없을 때, 사회복지기관에서 파견된 가족사회복지사가 가족구성원에게 적절한 도움을 제공하는 것을 말한다. 이 서비스는 가족생활의 강화를 위해 가족복지 분야뿐만 아니라 아동 · 노인 · 장애인복지 등의 분야에서 광범위하게 활용되며 사회복지기관이 중심이 되어 실시된다. 그 과정은 먼저 가족구성원은 주로 사회복지기관을 통하여 채용되고, 기타 각종 민간단체나 직업소개소, 각종 모임 등을 통해서도 채용된다. 가족구성원의 훈련은 사회복지기관의 계획 하에 일련의 훈련과 교육이 진행된다.

6) 가족계획사업

가족계획사업은 재생산적 건강보호서비스의 일종으로 임신중절, 성병에 대한 보호, 영양, 피임법, 자녀수에 대한 계획, 임신을 위한 서비스 등을 제공함으로써 건강한 가족생활을 하도록 한다.

7) 가족보존과 가정기반서비스

가족복지기관은 다양한 가족의 욕구를 충족하고 가족의 보존을 위하여 여러 가지 가족보존과 가정기반서비스를 개발하고 있다. 가정법률상담, 학령 전 아동 및 노인을 위한 주간보호 등의 가족보존과 가족기반서비스는 다양한 접근방법 및 치료방법, 상호보완적 서비스의 결합형태로 행해지고 있기 때문에 여러 다양한 전달체계에 의해 수행되고 있다. 모두는 인간사회의 기본적 제도가 되는 가족을 강화시키는 것에 의하여 체계보다는 오히려 체계 내의 사람을 돕기 위한 가족서비스라는 공통의식에 의거하고 있다. 따라서 모든 가족서비스기관은 인간의 존엄성과 가치에 입각해서 개인의 인권 및 가족의 권익을 보호할 수 있어야 한다.

3. 가족복지정책의 범주

가족복지정책은 궁극적으로 가족의 기능을 지원·보완하거나, 변화를 유도하거나 대리해 주는 목적을 지닌다고 할 수 있다(김성천, 2000). 따라서 가족복지정책을 이해하기 위해서는 가족복지정책에 어떠한 내용이 포함되는지와 관련된 논의가 필요하다. 가족복지정책 범주의 유형화 논의는 크게 두 가지로 구분한다. 하나는 가족기능을 중심으로 한 가족복지정책 범주화이고, 또 하나는 성인지적 관점에서 가족복지정책을 범주화한 것이다(윤홍식 외, 2010).

1) 가족기능을 중심으로 본 가족복지정책의 범주

가족의 사회적 기능에 대한 논의는 다양하지만 가족복지정책이 요구되는 가족의 기능으로는 일반적으로 재생산기능, 경제적기능, 사회화기능, 성적·정서적기능, 돌봄기능 등이 <표 2-1>과 같이 포함된다.

표 2-1 가족기능 중심의 가족복지정책의 범주화

가족의 기능	관련 가족복지정책
재생산기능	출산전후휴가, 육아휴직, 방과 후 보호, 양육비지원, 보육서비스
경제적기능	가족수당, 아동수당, 가족에 대한 각종 소득공제, 공적연금, 공공부조, 주택보조
사회화기능	교육비지원 및 공제
성적·정서적기능	가족치료, 가족상담, 가족교육을 비롯한 대인적 사회서비스
돌봄기능	노인장기요양보험, 간병휴가

출처: 윤홍식 외(2010).

따라서 이러한 가족의 기능에 대응하여 가족복지정책을 범주화할 수 있다. 가족에 대한 정책으로는 소득지원정책으로 사회보험과 조세정책, 빈곤가족을 위한 국민기초생활보장제도를 들 수 있고, 건강지원정책으로 건강보험과 빈곤가족을 위한 의료급여를 들 수 있다.

2) 성인지적 관점으로 본 가족복지정책의 범주

여권주의적 시각에서는 고정적인 성역할에 기반한 가부장적 사회에서 사회적 변화에 따른 가족 및 가족구성원의 욕구와 문제에 대응하는 데 한계를 가지고 있기 때문에 성인지적 가족복지정책이 요구된다는 점을 강조한다. 성인지적 관점에서 가족복지정책을 유형화함에 있어서는, 특히 부모권보장과 시장영역에서의 노동권보장이 강조된다(김인숙 외, 2004). 부모권보장을 위한 가족복지정책은 가족구성원이 가정 내에서 가족구성원을 돌보는 데 장애가 되는 요인들을 제거하거나 완화하는 것을 목적으로 하며, 노동권보장을 위한 가족복지정책은 가족구성원이 노동시장에서 일하기 위해 장애가 되는 가족 내 요인을 제거하거나 완화하는 것을 목적으로 한다.

(1) 부모권보장과 관련된 가족복지정책

부모권보장과 관련된 가족복지정책은 부・모가 가족 내에서 아동양육을 포함한 가족과 관련된 책임을 수행할 수 있도록 하는 정책과 관련된다(윤홍식, 2006). 부모권보장의 주요정책으로는 부모의 역할을 수행할 수 있도록 지원하는 모성휴가, 부성휴가, 육아휴직, 아버지할당제 등과 자녀양육을 위한 부모의 부담을 완화해 줄 수 있는 양육수당, 아동수당 등이 해당된다. 최근 부모권보장과 관련된 논의의 핵심 중 하나는 아동을 위한 양육교육이나 돌봄에 필요한 비용의 제공이다(윤홍식, 2006). 이는 출산전후휴가 및 육아휴직 등의 부모휴가에서 노동지위의 안전한 확보와 함께 임금을 대체할 수 있는 급여를 제공하느냐와 관련되어 있다. 또 다른 논의는 아동양육이나 돌봄을 수행할 수 있도록 요구되는 시간과 노동을 위해 누구를 지원할 것인가와 관련된 것이다. 왜냐하면 부모휴가가 부・모 중 누가 이용해도 관계없다고 이해될 때 대부분 여성이 이용자가 되고, 결국은 공・사 영역에서 젠더 불평등을 강화시키고(윤홍식, 2006), 실질적으로 부모휴가의 효과가 제한되기 때문이다. 따라서 보다 적극적으로 아버지할당제와 같은 논의가 요구되고 있다.

(2) 노동권보장과 관련된 가족복지정책

가족의 노동권보장과 관련된 가족복지정책은 가족구성원에 대한 돌봄 부담의 완화를 통해 부・모가 임금노동 또는 여가 및 재교육 등을 할 수 있도록 지원하는 정책과 관련된다. 즉, 노동권은 부・모, 특히 모가 노동에 참여하기 위한 조건으로 이해할 수 있다(Orloff, 1993; 윤홍식, 2006). 부・모의 노동권을 보장하는 대표적인 가족복지정책은 아동양육교육의 사회화 정책, 즉 공공보육, 방과 후 보육, 직장보육, 노동시간선택제도 등의 아동보육제도와 고용평등법 등에 관한 법률 등이 해당된다.

여기서는 돌봄에 요구되는 비용과 함께 현실적으로 부모가 근로를 할 수 있도록 돌봄의 사회화가 보편화될 수 있도록 하는 것이 강조된다. 즉, 여성의 사회진출 증가로 점차 보육의 중요성이 강조되는 상황에서 국가주도 보육서비스는 보편적 서비스를 지향하게 된다는 것이다. 이와 더불어 돌봄의 사회화가 국가주도 지향인지, 시장주도 지향인지에 대한 논의도 중요하게 인식되고 있는데(송다영, 2010), 이는 시장주도 돌봄은 국가주도 돌봄보다 부모의 시장구매 능력에 의존하게 되고 그에 따라 차별의 결과를 초래할 수 있기 때문이다(Korpi, 2000; 송다영, 2010).

가족의 노동권보장과 관련된 가족복지정책은 가족구성원에 대한 돌봄 부담의 완화를 위하여 기업 및 공공기관에서 가족친화인증를 시행하고 있다.

가족친화인증이란 「가족친화 사회환경의 조성 촉진에 관한 법률」 제15조에 의해 가족친화제도를 모범적으로 운영하는 기업 및 공공기관에 대하여 심사를 통해 인증을 부여하는 제도이다. 2019년 현재 가족친화인증 기업・기관은 총 3,328개사이며, 대기업은 364개사, 중소기업은 2,028개사, 공공기관은 936개사가 인증을 획득하였다. [그림 2-1]은 여성가족부에서 추진 중인 가족친화제도를 소개하는 그림이다. 이 그림을 보면, 가족복지 실현을 통한 가족친화사회가 되기 위해서 부모권보장과 노동권보장이 중요하게 요구되고 있음을 알 수 있다.

그림 2-1 가족친화제도의 유형

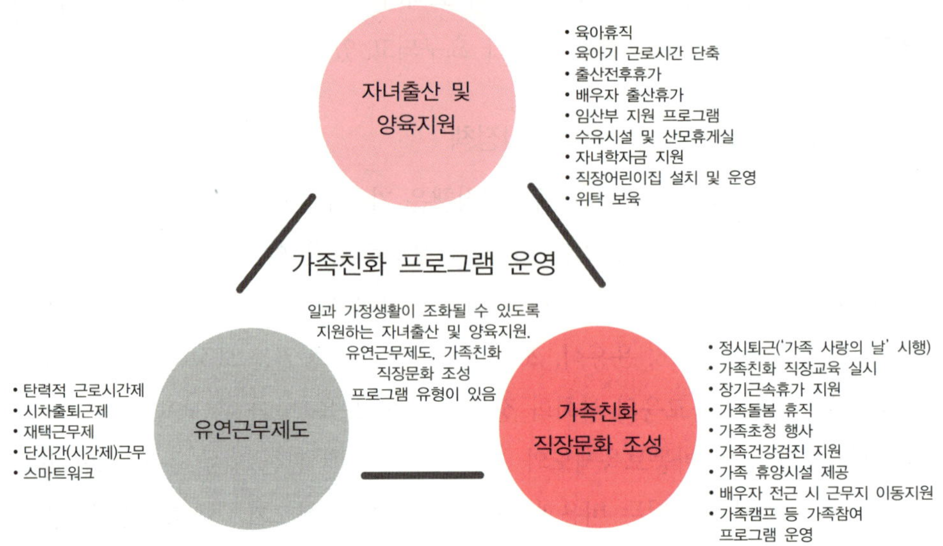

출처: 여성가족부(2019).

3) 가족복지서비스 유형

가족복지서비스는 문제가족에 대하여 개별적·심리적·미시적으로 해결하고 치료하는 서비스로 사후적·회복적 차원에서 진행되는 성격을 띤다. 그러나 특수한 욕구를 가진 가족문제가 나타나고 그것이 일반화됨에 따라 사전적·예방적 관점의 가족복지프로그램의 실시가 필요하게 되었다. 가족복지서비스를 기능상의 특성에 따라 세 가지 유형으로 구분할 수 있다(김혜경, 2016).

(1) 가족기능 지원서비스

가족기능 지원서비스는 가족에 대한 지지적 서비스(supportive service)로 가족이 생활하고 있는 시대와 사회가 요구하는 가족의 기능을 가족 스스로가 보다 잘 수행할 수 있도록 기능의 일부를 지지하는 서비스이다. 가족의 기능을 보편주의적 관점에서 지원하는 서비스이다. 제공되는 각종 종류에는 가족정책(소득보장, 주택보장, 교육보장, 보건 및 의료보장), 가족상담과 가족치료서비스, 가족생활교육 및 부모교육서비스, 문화 또는 여가생활 및 각종 생활정보를 제공하는 서비스(supplementary service) 등이 있다.

(2) 가족기능 보충서비스

가족의 내부적 원인이나 가족을 둘러싼 여러 가지 사회환경 때문에 가족 스스로 가족의 기능을 원활하게 수행하지 못할 때 가족문제가 발생하게 되는데, 이렇게 발생된 가족문제를 해결하여 가족이 안정을 찾을 수 있도록 사회가 가족의 기능을 일부 보충해 주는 서비스이다. 가족의 기능을 보충해 주는 서비스로는 보육서비스, 노인과 장애인을 위한 재가서비스 혹은 케어(care)서비스, 가정조성사업(홈메이커 서비스), 노인보호서비스 등을 들 수 있다.

(3) 가족기능 대리서비스

가족 스스로 당변한 문제를 해결할 수 없을 경우, 가족의 기능을 전적으로 대리하는 서비스(substitute service)로 일시 동안 또는 장기간의 가정위탁보호, 입양, 노인 및 장애인이나 아동을 수용하는 시설보호 등을 들 수 있다.

PART 02

다양한 가족의 이해

전통적 시각에서 보면 지탄의 대상이 될 가족의 모습들이 대중매체에 다양하게 재현되고 있다. 이것은 가족의 다양성에 대한 사회의 전반적인 인식이 바뀌고 있으며 기존에 '비정상적'이라고 하던 가족유형에 대해서도 수용의 폭이 넓어졌음을 나타내는 것이다.

가족의 변화현상은 무엇보다도 산업화로 인한 급격한 사회환경과 생활양식의 변화, 여성의 의식과 역할변화에서 그 원인을 찾을 수 있다. 즉, 가족은 사회와 경제구조가 변화함에 따라 다양성을 띠게 되는 것이다. 따라서 다양한 가족의 출현에 대하여 정상 또는 비정상의 평가를 할 수 없다. 가족유형에 대하여서도 이론적으로 접근할 때 모든 가족은 평등하게 인정되어야 하고, 유형에 따라 차이는 있다 하더라도 차별 없이 사회적으로 수용되어야 한다. 가족이 위기나 불안정성을 내포하고 있다면 그 원인은 사회구조와 유기적으로 연결되어 있으므로 해당 가족을 위해서 사회적 차원에서 안정을 찾을 수 있도록 지원해야 한다는 점에 대해서는 사회적 합의가 도출되고 있다. 이상의 내용을 배경으로 하여 여기에서는 가족유형의 다양성에 대해 구체적으로 살펴보고 파악한다.

CHAPTER 03 빈곤과 가족복지

학습목표

이 장의 학습목표로 빈곤은 우리사회 전반에 역기능적 문제를 발생시키는 주요한 원인이며 사회의 기본단위인 가족을 해체시키는 요인으로 작용한다. 빈곤은 사회구조적 요인을 그 근본원인으로 보고 있으므로 가족복지 이슈로서 빈곤가족을 살펴보고자 한다.

- 빈곤의 개념을 이해한다.
- 빈곤가족의 특성 및 문제점을 설명할 수 있다.
- 빈곤가족을 위한 지원정책을 설명할 수 있다.
- 빈곤가족 예방방법과 복지대책을 이해한다.

제 1 절 빈곤의 개념과 현황

1. 빈곤의 개념

전통적으로 소득의 부족을 빈곤으로 간주한다. 그러나 사회가 발전할수록 빈곤을 보는 관점이 단순히 '물질적인 부족'에서 사회·문화적 차원을 포함하는 '상대적 결핍' 개념으로 확대되는 경향을 보인다. 우리나라도 1960~1970년대의 경제성장으로 절대빈곤이 완화되면서 상대적 결핍과 사회적 배제가 사회적 이슈로 등장하고 있다. 특히 외환위기와 금융위기 이후 사회문제를 동반한 신빈곤 문제의 등장은 소득빈곤의 해결만으로는 빈곤해소가 불가능함을 보여주고 있다.

빈곤은 심각한 사회문제이며 빈부의 격차는 사회적 통합을 해치는 심각한 사회문제로 인식되고 있다. 빈곤은 경제적 측면에서의 결핍, 사회문화적 측면에서의 결핍, 상대적 박탈감이나 불평등까지 포함하여 다양하게 정의내릴 수 있다. 빈곤가족은 인간으로 생활해 가는 데 있어서 기본적 자원이 결핍된 상태로 심리·정서적, 정신적 손상과 박탈상태에 처한 가족이라고 정의할 수 있다(김수환, 1987).

비행, 범죄, 알코올중독 등 수많은 사회병리현상이 빈곤의 원인이 되기도 한다. 빈곤을 예전에는 개인의 문제로 보았지만 오늘날에는 오히려 사회구조적인 문제로 받아들여 이에 대한 다각적인 대책들을 내놓고 있다. 우리나라는 1997년 경제위기를 경험하면서 빈곤문제를 자본주의의 구조적 모순에서 파생되는 사회적 위험으로 새롭게 인식하게 되었다. 시대와 지역을 막론하고 개인의 발달과 삶의 전반에 거쳐 직접적 또는 간접적으로 부정적인 영향을 미치고 있는 빈곤은 가족과 사회의 역기능적 문제를 야기하는 주요원인으로 인식한다.

우리나라 빈곤층의 기준은 최저생계기준을 요건으로 하므로 절대빈곤개념에 가깝다. 빈곤의 구분에 대한 관점이 중요한 이유는 빈곤을 어떤 시각으로 보는가에 따라서 정책적으로 빈곤을 측정하는 척도 및 빈곤정책에 접근방법이 달라질 수 있기 때문이다. 빈곤에 대한 경제적이고 객관적인 관점의 접근은 절대적 빈곤과 상대적 빈곤, 그리고 주관적 빈곤의 개념으로 정의된다. 최근 문화적 관점에서 본 빈곤의 정의도 주목받고 있다.

1) 절대적 빈곤

절대적 빈곤(absolute poverty)이란 고전적인 빈곤개념으로 국가나 지역사회가 가정의 최저생활을 보장하기 위하여 설정한 최소한의 소득수준 이하의 상태를 말한다. 일반적으로 빈곤은 기본적 욕구를 충족시킬 수 있는 능력이 부족한 상태이며 재화와 서비스를 사용할 수 있는 능력이 부족한 상태로 정의된다(김기원, 2000). 그러나 절대적 빈곤은 한 개인이 그 사회가 요구하는 최소한의 생활수준에도 미치지 못할 경우를 지칭하는데, 최소한의 생활수준은 시대와 장소 및 국가발전단계에 따라 달라질 수 있다(홍봉수 외, 2018). 그러므로 절대적 빈곤은 국가적으로 정해놓은 평균적인 최소 소득수준 이하의 상태를 의미하는 것이라 할 수 있다.

우리나라는 빈곤에 대해 절대적 빈곤개념을 기준으로 규정하고 있다. 영세민가족, 저소득층가족, 빈민가족, 기초생활보장 수급대상자 가족 등이 해당한다. 절대적 빈곤이란 최저생활을 유지하는 데 필요한 최소한의 물질적 지원, 즉 생계비를 충족시키지 못하는 상태를 의미하며 인간이 살아가는 데 절대적으로 필요한 최소한의 자원이 부족한 상태이다. 이러한 개별가구의 경제적인 능력을 나타내는 지표로는 재산수준, 소득수준, 소득인정액, 소비수준 등이 있다(김미곤 외, 2007).

2) 상대적 빈곤

상대적 빈곤(relative poverty)이란 소득수준으로 볼 때, 동일사회 내의 다른 사람과 비교하여 중위소득의 절반 이하를 기준으로 구분하고 있다. 특정사회의 전반적인 생활수준과 관련 있으며 상대적 박탈과 불평등의 개념을 중요시한다.

상대적 빈곤은 개인 또는 한 가구가 생존유지를 할 수 있는 소득이 되어도 소속되어 있는 사회 내의 평균소득에 비해 상대적으로 낮아 상대적인 박탈감을 갖게 되는 상태를 의미한다(Brady, 2003). 타운센드(Townsend, 1972)는 상대적 빈곤에 대하여 개인과 가족이 속한 사회에서 관습이 되어 있는 수준에 미달되거나 물리적 기준이 결핍되어 있고, 가족활동이나 사회적 활동에 참여할 수 없는 경우라고 정의하였다. 따라서 상대적 빈곤은 중간계층의 가족소득비율을 빈곤선으로 단정하나 절대적 빈곤은 최저생계비에 의해 결정된다. 세계적으로 빈곤은 상대적으로 규정되는 추세이며, EU의 경우 각 회원국의 평균소득의 50% 미만을 빈곤으로 규정하고 있다(홍봉수 외, 2018).

3) 주관적 빈곤

주관적 빈곤(subjective poverty)이란 개인이 스스로 느끼는 상태의 개념으로 체감빈곤이라고도 한다. 타인과 동일한 소득수준이라 해도 해당 가족의 욕구와 소비 선택에 따라 부족함을 느끼는 정도에 따라서 중산층에 속하지만 주관적인 체감에서는 빈곤층에 속한다고 생각할 수 있다. 즉, 개인의 체감정도를 반영한 개념이다. 주관적 빈곤은 복지수혜자가 체감하는 빈곤이라는 측면에서 복지정책의 실효성을 평가하는 지표로 사용되기도 한다(이진영, 2017).

2. 빈곤가족의 특성

1) 경제적 결핍

빈곤가족은 우선 경제적으로 매우 큰 어려움을 겪고 있다. 대체로 빈곤가족은 무직이 많으며 직업을 갖고 있다 하더라도 단순노동, 행상, 노점, 영세자영업 등 소득이 낮고 비영속적 이어서 생계안정이 어렵다. 최근에는 이혼율의 증가와 더불어 빈곤현상이 특히 여성한부모가구에서 두드러지는 경향이 있으며, 이들은 기본적인 생계유지 이외에도 자녀양육을 위한 비용부담으로 경제적 어려움을 겪고 있다.

빈곤가족은 최저생계비 이하인 기초생활보호법 대상자 가족과 최저생계비 120%에 속하는 차상위계층 정도를 의미하며, 수급자로 선정되기 위해서는 소득인정액 기준과 부양의무자 기준을 동시 충족시켜야 한다. 소득인정액 제도 도입에 따라 종전의 수급자 선정기준이 소득평가액 기준과 재산기준, 부양의무자 기준에서 소득인정액 기준과 부양의무자 기준으로 통합되었다.

표 3-1 생애주기별 일반수급자 현황

(단위: 명, %)

구 분	영·유아기	학령기	청소년기	청년기	중년기	노년기
수급자 수	28,371	101,574	237,971	165,452	577,157	543,256
수급자비율	1.7	6.1	14.4	10.0	34.9	32.8
총인구 수	2,415,349	2,852,684	4,166,182	14,094,116	20,647,320	7,650,408
총인구 수 대비 수급자율	1.2	3.6	5.7	1.2	2.8	7.1

출처: 통계청(2018).

주: 1) 생애주기는 영·유아기(0~5세), 학령기(6~11세), 청소년기(12~19세), 청년기(20~39세), 중년기(40~64세), 노년기(65세 이상)로 분류함.

2) 통계청(행정자치부 주민등록인구현황), 주민등록인구(51,826,059명).

<표 3-1>에서 수급자를 생애주기별로 보면, 중년기가 가장 높고, 노년기, 청소년기의 순으로 나타났다. 총인구 수 대비 수급자 비율은 노년기가 가장 높은 반면, 영·유아기 및 청년기가 가장 낮다.

2) 만성적 건강문제

빈곤가족의 질병발생률 및 장애비율은 일반가구보다 현저하게 높은 수준을 보이고 있어 빈곤가족과 그들의 건강문제가 커다란 연관성이 있음을 보여 주고 있다. 아울러 장애나 만성적인 건강질환은 실직과도 깊은 연관성을 가지고 있다.

3) 심리사회적 위축과 소외

빈곤으로 인한 물질적 결핍은 인간다운 삶을 살고자 하는 개인의 기본적 욕구를 제한한다. 빈곤층은 열등감을 가지고 대인관계를 유지할 수밖에 없는 경우가 많아 자아존중감이 대부분 결여되어 있다. 또한 빈곤은 아동들로 하여금 사회 정서적 문제를 유발시키는데, 우울증, 또래관계 어려움, 낮은 자아존중감, 행동문제, 높은 수준의 사회부적응과 심리적 장애 등이 포함되어 있다. 최근 들어 빈곤은 정보로부터의 차단 및 소외를 포함하기도 한다.

4) 복합적 가족문제

빈곤가족의 불충분한 소득으로 인해 가족들은 늘 긴장상태이며, 취업부부 가족의 경우 취업과 가사, 자녀양육 등의 역할과중으로 육체적·정신적 피로가 누적될 뿐 아니라 가족해체의 원인이 되기도 한다. 한편으로는 해체된 가족의 자녀를 통해 빈곤의 세습화를 초래하고 있어 그 심각성이 증대되고 있다.

제 2 절 빈곤가족의 종류

1. 소년소녀가족

1) 소년소녀가족 개념

소년소녀가족이란 부모가 사망했거나 생존해 있어도 질병, 심신장애, 가출, 이혼, 별거, 결손, 재혼, 복역 등으로 인해 부모 또는 보호자로부터 부모의 보호 및 부양을 받을 수 없거나, 노동능력이 없는 직계혈족을 모시고 있거나 생활능력이 없는 방계가족과 더불어 생계가 곤란한 세대로서 만 18세 이하(부득이한 경우 20세까지)의 소년소녀가 실질적으로 가계를 책임진 세대를 말한다. 즉, 생활보호법이나 기타 관련 규정에 의하여 정부나 사회단체가 지원하여 정상적인 가정으로 육성될 수 있도록 보호 및 후원해야 하는 요보호 소년소녀가족을 말한다.

소년소녀가장에서의 가장은 실질적인 가장권을 행사할 수 없는 미성년자이지만, 가족구성원 중의 연장자 또는 주민등록표상의 세대주로 되어 있는 자를 말한다. 세대는 가족과 동일한 개념으로 사용되고 있으나 혈연의 가족만이 아니라 함께 생활하는 하나의 공간적 개념이라 할 수 있다.

2) 소년소녀가족 발생원인

부모의 이혼, 별거, 가출, 행방불명 및 사망 등으로 인하여 소년소녀가족의 증가를 가져오게 하였다. 소년소녀가족은 부모의 가출이나 행방불명, 이혼, 기타 복역과 같은 자발적 요인으로 발생하거나 부모의 사망, 폐질・심신장애, 고령 등의 비자발적 요인으로 발생하기도 한다(김혜경 외, 2019).

3) 소년소녀가족 현황

1985년 소년소녀가장 돌봄사업을 시작할 당시 11,125가구였으며 지속적으로 증가하다 2000년부터 시작된 가정위탁으로 소년소녀가장은 빠르게 줄었으며, 2017년의 경우 92명(62세대)으로 줄어든 데 반해, 가정위탁보호아동은 12,896명(10,197세대)으로 늘어났다. 2018년 소년소녀가족의 발생유형을 보면, 부모사망, 부모폐질 심신장애, 부모가출 또는 행불, 부모이혼 순으로 나타난다, 소년소녀가족의 연령별 현황은 총 33명 중 18~20세가 가장 많은 비율을 차지하고 있다.

4) 소년소녀가족의 문제

(1) 심리 · 정서적 문제

한 집안의 가장이라는 역할이 부여되자 소년소녀가족의 구성원들은 가족 내 역할변화에 따른 심리적 불안감과 부담 등 갈등과 정서적 기능 등의 문제를 경험한다. 새로운 환경에 적응해야 하는 어려움, 자긍심과 신뢰감에도 손상을 겪게 되며, 감정적인 부적응 현상을 초래하게 된다.

(2) 경제적 문제

생활에 있어 가장 큰 애로는 경제적 문제다. 대개의 경우 함께 거주하는 부모, 직계가족, 방계가족 역시 경제적 능력이 없기 때문에 국민기초생활보장법에 의해 정부로부터 지원, 또는 개인, 사회복지기관, 단체로부터 지원받고 있으나 소년소녀가족의 월평균 소득은 44만 7천 원이며, 이 중 소년소녀만 사는 가구의 월평균 소득은 38만 3천 원에 불과하고 친척과 동거하는 경우도 월평균 소득은 50만 9천 원 수준으로 전반적인 빈곤의 문제가 심각하다.

(3) 교육문제

<표 3-2>에서 고등학교 재학 18명, 중학 재학, 대학재학 5명(15.1%), 미재학자는 4명(16.6%)으로 15세 이상 소년소녀들이 거의 모두 학교에 다니고 있다. 그 중 44.0%는 대학이상의 학력을 가져야 한다고 생각하고 있는 소년소녀가족들도 상당수

표 3-2 소년소녀가족 세대 재학 현황

계	미취학	초등재	중재	고재				대재	미재학
				소계	실업	인문	기타		
33	0	1	5	18	6	8	4	5	4

출처: 보건복지부(2019).

인 것을 생각할 때 이들의 교육문제 해결을 위한 대책이 요구되고 있다.

(4) 사회적응 문제

소년소녀가족의 경우 적절한 역할모델의 대안이 없기 때문에 가정교육의 기회가 없어 가치판단이나 자존감에 문제를 일으켜서 사회적응에 부정적 영향을 받게 된다. 부모의 결손으로 발생하는 가족을 둘러싼 사회적 관계망의 축소와 그에 따른 사회적 지연 같은 경험을 하게 되므로 이들의 인간관계의 폭이 상당히 제한적으로 형성된다.

(5) 생활환경 문제

소년소녀가족은 가사일, 동생 보살피기, 돈 관리, 중요한 집안일의 결정, 질병 있는 부모나 조부모 돌보기 등 가정관리에 어려움이 많다. 그 중 주거형태에서 자가 또는 정부지원주택에 사는 소년소녀가족은 전체 54.1%에 불과한 불안정한 주거상태를 보이고 있다. 정부지원인 영구임대주택의 경우도 입주보증금이나 관리비를 부담해야 되기 때문에 주택문제는 어려운 경제적 문제를 더욱 가중시키고 있다. 소년소녀가족의 주거형태 현황도 <표 3-3>에서와 같이 정부지원주택 거주가 가장 많고, 그 다음이 친지, 월세 순이다.

표 3-3 소년소녀가족 세대 주거 현황

(단위: 세대)

합 계	자 가	전 세	월 세	친 지	정부지원주택	기 타
24	2	1	3	5	11	2

출처: 보건복지부(2019).

2. 한부모가족

1) 한부모가족 개념

부모 중의 한쪽의 사망 · 이혼 · 유기 · 별거, 정신 또는 신체장애로 인하여 장기간 근로를 상실한 배우자를 가진 여성, 부 혹은 모와 자녀로 이루어진 가족으로 정의하고 있다. 한부모 용어는 결손, 결핍의 의미가 강한 편부모가족 용어 대신에 한부모만이 있는 정싱직인 가족의 빔주로 보기 위한 멍칭의 개녕이 이루어셨다.

2) 한부모가족 발생원인

한부모의 발생 원인이 배우자의 사망에 의해 발생하지만 최근에는 이혼, 별거, 유기, 미혼부모발생 등으로 한부모가족 발생 비율이 급격하게 증가하고 있다. 부모사별보다 이혼이나 사고 · 재해로 발생하는 경우가 증가하고 있는 것이 특징이다. 여성의 사회진출이 활발해지면서 여성의 경제적 독립이 용이해졌고, 이혼을 억제하던 사회적 · 도덕적 장치의 약화, 가족을 둘러싼 가치관변화, 경제 불황으로 인한 남성의 경제력 약화 등으로 결혼보다 이혼비율이 꾸준히 증가하고 있다. 자녀교육을 위한 기러기가족의 경우 국내 · 외에서 한부모가족으로 지내는 경우가 증가하고 있으며, 미혼모의 출산이나 입양을 통해 한부모가족이 형성되기도 한다.

3) 한부모가족 현황과 문제점

(1) 한부모가구 연령, 가구 수 현황

2013년(188만 가구)에서 2017년(212.7만 가구)까지 4년 동안에 13.1%(24.7만 가구)나 증가하였으며, 한부모가구비율은 10.9%까지 급속하게 증가하였다. 이는 10가구 중 1가구가 한부모가정이라는 의미이다(통계청, 2019). 구성은 모자가구가 가장 많으며, 평균 가구원 수는 2012년(3.1명)에서 2015년(3.0명), 2018년(2.9명)으로 자녀수도 평균 1.5명으로 구성되어 있다. 가족연령은 40대가 가장 많으며 전체 한부모가족의 원인은 이혼 한부모(77.6%)가 가장 많으며, 사별 15.4%, 미혼 4.0%, 별거

2.9%, 기타 0.1%의 순으로 나타난다.

(2) 한부모가족의 경제활동

한부모가족의 가장 큰 고충은 경제적 궁핍으로 보고되고 있다. 한부모의 84.2%는 취업 중이지만, 근로빈곤층(워킹푸어, working poor) 특성을 보였고, 근무시간이 길어 일·가정 양립이 어려운 것으로 나타났다. 84.2%가 근로활동 중으로 경제활동인구 전체 고용률(60.2%)보다 높았으며, 취업한 한부모의 41.2%가 10시간 이상 근무하며, 주 5일제 근무하는 한부모는 36.1%에 불과, 정해진 휴일이 없는 경우도 16.2%로 나타났다. 그 중 여성 한부모 경제활동 참가율은 70% 이상인데 과반수 이상이 대부분 저임금 직종에 종사하고 있어 경제적 어려움이 크다. 이들 가족에서 비중이 가장 큰 지출항목은 자녀양육과 교육비이며 다음으로 생계비였다.

한부모가족 중 모자가족은 가장 심각하다. 모자가족이 겪는 경제적인 문제는 취업이 쉽지 않고, 서비스업 종사자 및 저임금의 직종에 종사하는 비율이 높으며 전의 배우자로부터 78.8%가 양육비를 제대로 받지 못하는 경우가 많다.

(3) 한부모가족의 주거환경

모자가족의 주거형태는 대부분 월세이고, 그 다음은 전세로서 주택문제 역시 심각한 것으로 나타나고 있다. <표 3-4>에서 자가 소유 24.1%, 전세 16.4%, 보증부 월세 22.7%로 나타나고 있다. 2015년 대비 공공임대 및 자가 소유는 늘어난 반면, 전·월세는 감소된 것으로 볼 때, 한부모가족 복지시설, 공공임대 및 공공분양, 주거비지원 등 주거지원정책 인지도가 상당히 향상된 것으로 보인다.

표 3-4 주거 현황

(단위: %)

구 분	공공임대	자가 소유	전 세	보증부 월세	보증 없는 월세	가족 또는 친구집	기 타
2018년	24.5	24.1	16.4	22.7	1.8	10.0	0.3
2015년	11.4	21.2	22.6	26.4	2.0	15.2	0.6

출처: 여성가족부(2019).

(4) 자녀양육의 문제

한부모가족의 부모가 이혼이나 사별의 충격에서 벗어나지 못한 상태일 경우 자녀를 돌봄에 있어 신체적 · 정서적 학대가 발생할 가능성이 높다. 또한 자녀들도 학교생활에 잘 적응하지 못하고, 주의가 산만하거나 자신감이 없고 위축된 행동을 보이기도 한다. 모자가정의 경우는 낮은 학업성취도와 학교부적응 · 이상행동 등으로 어려움을 겪는 반면, 부자가정의 경우는 빨래 · 청소 등 가사부분에 대한 불편, 학교 준비물 챙기기, 자녀 머리손질, 목욕시키기 등의 문제로 어려움을 겪는다.

(5) 심리 · 사회적 문제

한부모가족은 비정상적 혹은 건강하지 못한 가족이라는 사회적인 편견과 차별을 당하기 쉽다. 편견과 차별의 문제는 자녀들에게도 영향을 주며, 직장뿐 아니라 원가족과 친구관계에도 영향을 미쳐 가족 간의 관계도 소원해지는 것으로 나타났다. 한부모가족은 역할에 대한 갈등, 혼란과 배우자가 없음으로 해서 오는 애정결핍, 고독감, 사회적 위축감 등 많은 정서적인 문제와 배우자와 관련된 사회관계망도 아울러 잃게 된다. 이혼으로 인해 자녀와 보낼 수 있는 시간이 부족하고, 자녀는 슬픔, 절망, 두려움, 공포, 분노, 외로움, 불안정한 정체감으로 학업에서 무력함이 야기되고 있다.

3. 치매노인가족

1) 치매노인가족의 개념과 특징

(1) 치매노인 개념과 특성

치매(dementia)라는 용어는 라틴어 'dement'에서 유래된 말로서, '없다'라는 'de'와 '정신'이라는 'ment'가 합해져 '제정신이 아니다. 정신이 나갔다'라는 의미를 지니고 있다(권중돈, 2004). 나이가 들면 누구나 겪게 되는 정상적 노화과정(normal aging)의 일부로 간주해 왔으나 지금은 치매가 치료와 간호를 필요로 하는 노년기의 대표적인 정신장애로 받아들여지고 있다. 치매는 후천적으로 기억 · 언어 · 판단력 등 인지기능이 떨어져서 일상생활을 제대로 수행하지 못하는 임상증후군으로 정의되며,

최근에는 뇌 질환으로 인식되고 있다.

치매는 뇌 질환의 일종으로 기억력, 사고력, 지남력, 이해력, 계산력, 학습능력, 언어 및 판단력 등을 포함하는 고도의 뇌 피질 기능이 저하되는 다발성장애로 정의한다. 또한 의식의 장애 없이 정서적 조절, 사회적 행동의 감퇴, 동기 결여현상이 나타나는 것이 특징이다(김명옥, 2001).

치매가 진행되어 지적기능의 감퇴가 뚜렷해지면 식사, 세면, 개인위생, 배뇨, 배변 등 일상생활능력의 저하로 자립적으로 생활할 수 없는 상태에 도달한다. 성별에 따라서는 여성이 남성보다 오래 생존하여 많고, 원인질환에 따라서는 알츠하이머형 치매노인이 혈관성 치매노인보다 좀 더 오래 살며, 일찍 치매가 발병할 경우 인지기능의 악화가 더욱 빨리 진행되는 것으로 알려져 있다.

보건복지부에 따르면, 2020년에는 65세 이상 노인의 9%가 치매를 앓고 있는 것으로 추정하고 있으며, 이로 인해 치매로 고통받고 있는 인구는 가족을 포함하여 110만 명에 이를 것으로 추정한다.

(2) 치매노인가족 현황

우리나라는 65세 이상 노인인구가 2000년에 전체인구의 7.2%로 고령화사회에 진입하였고, 2017년 8월 말 기준 65세 이상 인구가 14%를 넘었다고 밝혀 고령사회로 진입하였다. 앞으로도 유례없이 빠른 속도로 고령화가 진행되어 2026년에는 20.8%에 이르는 초고령사회에 도달할 것으로 전망하고 있다. 이와 함께 노인의 대표적 질환인 치매유병률 또한 가파르게 증가하고 있다. <표 3-5>를 보면 2020년 우리나라 치매환자는 70만 명을 넘어서고, 2030년에는 100만 명을 넘어설 것으로 예상된다.

표 3-5 65세 이상 노인 치매유병률 및 치매환자 수

연 도	2012년	2020년	2030년	2050년
치매환자 수(명)	521,516	749,719	1,135,441	2,127,491
치매유병률(%)	9.08	9.74	9.61	13.17

출처: 홍봉수 외(2018).

2) 치매노인 부양부담

치매가족 부양부담은 부양의 영향이나 결과로서 나타나는 신체적, 심리적, 정서적, 사회적, 재정적 문제들을 의미하며, 치매노인 부양을 담당한 이후로 부양자가 전체 생활영역에서 겪는 주관적 어려움이나 불편함으로 규정할 수 있다. 권중돈(1996)은 치매정도가 심해짐에 따라서 전체부양부담, 사회적 활동제한, 심리적 부담의 수준이 높아지는 것으로 나타났다. 가족규모에 따라서는 대가족의 주부양자가 소가족의 주부양사에 비해서 심리적 부담수준이 낮았는데, 대가족의 경우 가족구성원들 간의 정서적 지지의 양이 상대적으로 많기 때문에 나타난 결과라 할 수 있다.

부양부담에 관한 정의는 정서적 부담을 비용으로 계산한 것에서부터 일상적인 업무의 혼란과 같은 부양자의 일상생활에서의 특별한 변화를 일컫는 것까지 다양하다. 부양부담에 대한 정의가 매우 다양한 것처럼 부양부담과 동의어로 사용되거나 혼용되고 있는 용어로는 고통(distress), 스트레스, 중재요인으로서의 부담(burden), 부양의향 또는 결과(outcome), 일상적 부양과업 수행상의 애로(hassles), 긴장(strain) 등의 용어들이 사용된다(권중돈, 1996).

3) 치매노인가족의 문제점

치매노인의 부양은 거의 전적으로 가족에게만 떠맡기고 있는 사회적 상황 하에서 치매노인의 주부양자를 비롯한 가족구성원들은 가족갈등과 재정적인 어려움을 겪게 되며, 사회적 고립과 기회 박탈 등 치매로 인한 희생자가 될 수 있다. 그로 인하여 가족 내 불화가 생기고 가족해체 등의 심각한 가족, 사회문제를 일으키게 된다. 권중돈의 연구(1999)에 의하면, 치매가족의 부양부담은 ① 사회적 활동의 제한, ② 치매노인과 주부양자 관계의 부정적 변화, ③ 가족관계의 부정적 변화, ④ 심리적 부담 ⑤ 재정 및 경제 활동상의 부담, ⑥ 건강의 악화라는 6개의 차원으로 분류된다. 치매가족이 겪는 부양부담의 구체적인 내용을 살펴보면 다음과 같다.

(1) 사회적 활동의 제한

치매노인의 일상생활 기능저하로 노인의 개인위생관리를 위한 수발이 늘어나고,

노인의 문제행동을 방지하기 위한 지속적인 관찰과 사후처리에 많은 시간을 투여해야 한다. 따라서 부양자는 친구접촉 기회의 제한, 가족외출의 제한, 이웃관계에 있어서 많은 제한을 받게 된다. 또한 치매노인의 인지기능 저하와 문제행동으로 치매노인의 행동을 늘 주시해야 하고, 장시간 주의를 집중해야 하기 때문에 교우관계 및 친척과 교류, 그리고 사회적 접촉이 단절되고 기타 사회적 활동과 경제활동을 하는데 제한을 받게 되어, 그로 인한 정신적 스트레스가 상승한다. 부양자는 치매노인의 부양으로 인하여 사회적 역할수행에 필요한 개인적 자유를 가질 수가 없다. 이와 아울러 여가활동, 자원봉사활동, 사회적 모임 참석 등에 많은 제한을 받게 되며, 부양책임과 개인적 자유 사이에서 심한 심리적 갈등을 겪게 되므로 역할피로와 자아상실을 경험하게 된다.

(2) 치매노인과 주부양자 관계의 부정적 변화

치매노인의 경우에는 가족에게 제공할 수 있는 자원이 결여된 관계로 의존적인 서비스 소비자의 역할을 수행하는 비율이 정상노인에 비해 훨씬 높은데, 이러한 역할 전환과정에서 노인들은 부정적 감정을 경험하게 된다. 치매노인의 부양자는 대부분이 여성인 관계로 부양자는 가사, 자녀양육 및 교육, 직업 활동에 따르는 역할, 배우자로서의 역할 등을 동시에 수행해야 하므로 역할 가중현상을 경험하게 된다. 따라서 치매노인 부양자는 노인을 대할 때 긴장감, 분노감, 우울감, 조작당하는 느낌, 노인에 대한 원망, 불쾌감 등의 부정적 감정을 경험하며, 극단적인 경우에는 부양자가 치매노인을 유기하는 경우도 발생한다. 치매노인의 의식이 살아있는 경우에는 자기 자신이 쓸모없는 존재이며, 아무 것도 할 수 없는 사람이며, 더 이상 살아야 할 가치를 느끼지 못하는 등의 부정적 감정을 갖게 되고, 가족이나 부양자에 대해서는 죄의식 또는 배신감 등을 경험하게 된다. 이에 반해 부양자는 노인의 과도한 보호욕구에 직면하게 될 때 다양한 부정적 감정 경험이 높아져 양자 간의 관계가 악화될 가능성이 높아진다. 특히 치매발병 전에 관계가 나빴던 관계일수록 치매발명 후 부양자와 노인과의 관계는 더욱 나빠지는 것으로 나타났다(우국희, 1997).

(3) 가족관계의 부정적 변화

치매노인의 신체 및 정신장애 정도의 판정, 치매노인을 대하는 적절한 태도나 상호작용 유형, 부양자의 태도나 부양전략에 대한 가족구성원들의 의견차이로 가족갈등을 경험하며, 부양자들은 가족구성원들이 자신의 어려움을 이해하지 않는 것에 대해 섭섭한 감정을 갖기도 한다. 가족들이 치매노인을 돌볼 수 있는 상황에도 불구하고 주부양자에게 모든 것을 일임하는 경우에 가족 간의 갈등은 더욱 강화된다.

이러한 가족갈등은 부부관계, 부모와 자녀관계, 형제관계에 부정적으로 작용한다. 가장 흔히 나타나는 갈등은 형제 · 자매와의 갈등이다. 주부양자는 자신의 노력이나 희생을 인정받지 못하는 것과 적절한 도움은 주지 않고 지나치게 간섭한다고 느낄 때 형제 · 자매와의 갈등을 피할 수 없다. 부모 · 자녀의 갈등은 부양자가 자녀양육 및 자녀욕구를 충족시켜 주지 못하는 데서 주로 발생한다.

부양자 유형에 따르는 부양스트레스인지에 관한 연구(김태헌, 1994)를 보면, 전반적으로 며느리 부양자가 배우자 부양자보다 더 많은 부담과 스트레스를 갖는 것으로 나타나고 있다. 즉, 노부모를 모시는 자녀부양자가 배우자를 부양하는 노부부 부양자보다 더 많은 스트레스를 지각하고 있다.

(4) 심리 · 정서적 문제

부양자들은 치매노인을 부양한 결과로 심리적 안녕상태에 부정적인 영향을 받는다. 부양자들은 치매노인 부양을 시작한 이후로 아무것도 아닌 일로 다른 사람을 비판하고 신경질을 부리며, 한번 화가 나면 자신을 통제할 수 없는 상태에 이르기도 한다. 자신이 아무 쓸모가 없는 존재라는 생각을 하는 등의 우울증세를 경험하기도 하고, 그 외에 불안감 · 죄의식 · 허무감 · 무력감 · 좌절감 · 소외감 등을 경험하게 된다.

(5) 재정 및 경제활동 문제

치매질환은 평균 유병기간이 6년으로 장기간의 부양으로 인한 부양비용에 어려움이 있다. 치매노인의 치료 및 보호비용에 따른 문제와 주부양자의 경제활동에 지장을 가져오게 되는 문제가 그것이다. 치매가족의 경우 치료와 간호에 대한 비용부담이 증가함으로써 가계에 압박을 받게 되어 수입보전에 대한 요구가 증가하며, 소득수준이 낮은 가족이 높은 수준의 재정적 부담을 경험하게 된다. 그리고 경제활동에 참여하는 치매노인의 부양자들은 부양과 경제활동에 따르는 역할긴장을 경험하며, 부양으로 인하여 경제활동시간의 단축, 재교육 및 훈련기회 상실, 잦은 결근과 외출, 업무방해, 경제활동의 중단, 승진기회 상실 등의 부담을 겪게 된다.

치매노인의 보호·관리가 장기간 동안 이루어져야 하나 치매전문병원이나 시설의 부족으로 적절한 서비스를 받지 못하고, 정부지원으로 치매노인을 보호하는 시설은 대상자선정에 있어 생활보호노인 우선이기 때문에 일반노인은 저렴한 비용의 시설을 이용하기 어렵다. 반면에 유료노인시설은 치매질환의 특성상 비용이 많이 들고, 장기간의 보호가 필요한 이유로 가족들에게 커다란 부담을 주게 된다.

(6) 건강악화 문제

치매노인 부양자의 경우 신체적 질병이나 장애를 경험하는 비율이 더 높고, 다양한 역할을 수행하는 과정에서 신체적 피로를 경험할 가능성이 매우 높아서 건강에 부정적인 영향을 받는다. 특히 치매노인 부양자들은 부양역할뿐만 아니라 가사, 경제활동, 자녀양육 등의 다양한 역할을 동시에 수행하고 있다. 치매노인 주부양자의 경우 치매노인을 부양한 이후로 요통, 심장질환, 고혈압, 관절염, 소화기질환 등의 신체적 질환을 한 가지 이상 앓고 있는 부양자가 60% 정도인 것으로 나타나, 신체적 질환으로 인한 건강상의 부담이 매우 높았다. 치매노인 부양자의 경우 다른 노인부양자에 비해 신체질병이나 장애를 경험하는 비율이 더 높고, 다양한 역할을 수행하는 과정에서 신체적 피로를 경험할 가능성이 매우 높으며, 수면방해, 건강유지 및 건강증진활동을 위한 시간부족, 건강에 대한 불안, 질병이환 염려 등을 경험하게 된다(권중돈, 1996).

4. 장애인가족

1) 장애인가족의 개념

1975년 UN의 장애인 권리선언에 의하면, "장애인이라 함은 선천적이든 후천적이든 신체적 · 정신적 능력이 불완전하여 일상의 개인적 또는 사회적 생활에서 필요한 것을 확인하는데 자기 스스로 완전히 혹은 부분적으로 확보할 수 없는 사람을 의미한다"라고 정의하였다. 1979년 UN에서 "장애는 개인과 그 환경과의 관계로 파악해야 한다"고 하여 기능상의 장애와 사회적 불리(handicap)도 포함되는 장애의 정의를 명시하고 있다.

장애의 개념을 크게 협의와 광의의 개념으로 구분한다. 협의의 개념은 신체나 정신의 기능저하, 이상, 상실 또는 신체일부의 훼손 등을 지칭한다. 광의의 개념은 의학적 관점으로 인해 발생하는 개인능력의 저하(disability)와 사회적 불리(handicap)를 포함하는 개념이다.

장애인가족의 개념은 장애를 가진 구성원 1명 또는 그 이상의 구성원과 가족을 구성한 경우이다. 장애인이 포함된 가족이라고 해도 장애인의 유무보다는 장애인과의 동거 여부에 중점을 두고 동거를 안 할 때는 장애인가족에서 제외시킨다. 그 이유는 가족의 고유기능을 위해 물질적 거주지를 공유하는 것이 선행되어야 한다고 보기 때문이다. 이러한 관점에서 장애인이 시설에 수용됨으로써 가족과의 일상적인 또는 장기적인 접촉을 하지 않을 경우, 장애인가족의 범주에 포함하는 데 무리가 있다.

2) 장애인가족 현황

(1) 장애인 수

지금부터 30년 전인 1990년도에는 24만 명 정도였던 등록 장애인이, 2000년 102만 명, [그림 3-1]에 의하면 2005년 178만 명, 2010년 252만 명으로 꾸준히 증가하다가 2015년 249만 명으로 하락 중에 다시금 2016년은 251만 명, 2018년은 258만 명으로 소폭 증가되는 것으로 집계 된다. 출현율은 5.0%로서 장애인 수와 출현율이 증가하는 이유는 장애에 대한 인식개선 및 장애인복지시책의 다양화 등으로 장애인 등록이 증가하고 있기 때문이다.

장애인구의 증가원인으로는 인구고령화 및 각종 사고의 증가, 만성질환의 증가로 인해 장애발생률 자체도 높아지는 것으로 유추된다. 현재 장애유형은 지체 · 뇌병변 장애가 가장 많으며, 시각 · 청각 · 언어 · 지적 · 정신 · 자폐성 · 신장 · 심장 · 호흡기 ·

그림 3-1 등록 장애인 추이

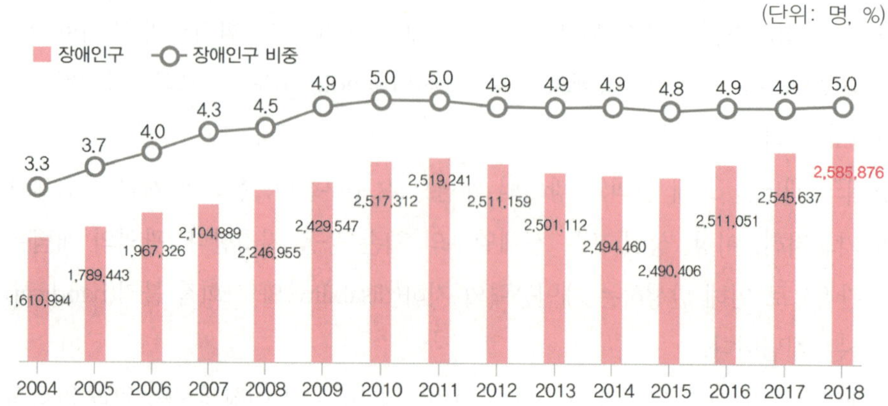

출처: 보건복지부(2019).

간·안면·장루·요루·뇌전증 등의 15가지 유형이 있다.

(2) 가구구성 및 가구규모

장애인가구는 조사대상 전체가구의 약 15.9%이며, 가구구성은 '1인가구'(26.4%), '부부'(26.4%), '부부+미혼자녀'(24.6%)의 순서로 조사되었다. 비장애인 가구의 구성은 '부부+미혼자녀'(38.1%), '1인가구'(28.2%), '부부'(18.8%)의 순으로 나타난 것과 차이점을 보였으며, 장애인 1인가구의 비중이 가장 높게 나타난 것은 사회적 차원에서 이들에 대한 일상생활 지원의 필요가 증가하고 있음을 나타낸다.

3) 장애인가족의 문제점

(1) 가족간병의 문제

우리나라 장애인 중 약 43.1%는 일상생활에서 타인의 도움을 받아야 하며, 13.9%는 대부분 혹은 거의 남의 도움을 필요로 한다. 이들 중 실제로 도움 제공자가 있는 경우가 84.0%이며, 없는 경우도 16.0%나 된다. 도움의 제공자는 배우자(37.4%), 부모(23.3%), 자녀(18.6%)순으로 도움제공자가 되며, 대부분은 가족구성원(84.2%)인 것으로 보고되고 있다.

장애인에 대한 간병 및 수발은 일상화되고 장기화되는 경향이 있으므로, 가족 내의 주된 간병인이 이를 도맡아 하게 된다. 동시에 장애인을 돌보기 위해 가족구성원의 개인적 희생이 강요될 수밖에 없다는 사실은 장애인 본인에게 매우 고통스러운 죄책감을 갖게 만든다. 또한 가족구성원이 장애인 자신을 부담스럽게 여기거나 거부할 것에 대한 두려움은 장애인의 행동과 정서에 부정적 영향을 줄 수 있어서 중증장애인일수록 또 다른 정신건강의 문제까지 발생하고 있다. 나아가 빈곤한 가족의 경우에 장애인은 종종 치료와 재활의 기회로부터 차단되면서 가족에게만 전적으로 의존해야 하는 경우가 있는데, 이럴 때는 극단적으로는 방임과 유기를 경험하기도 한다.

(2) 경제적 문제

한국장애인고용공단(2019)에 의하면, 지난해 15세 이상 장애인 고용률은 34.5%이며, 전체인구 고용률은 61.3%로 전체인구 고용률 대비 장애인 고용률은 약 56.2%로 겨우 절반 정도 수준이다. 장애인 10명 중 일자리가 있는 장애인은 불과 4명도 채 되지 않는다. 지난해 전체인구 실업률은 0.4%로 소폭 증가한 반면, 장애인 실업률은 6.6%로 2017년 실업률 5.7%에 비해 0.9%로 무려 2배 이상 대폭 증가한 것으로 나타났다.

월평균 소득분포를 보면, 50~99만 원(22.6%), 100~149만 원(13.7%), 500만 원 이상(11.3%), 150~199만 원(11.2%), 50만 원 미만(3.2%)의 순으로 나타났으며, 여전히 전체장애인의 43.6%가 월 150만 원 미만의 소득상태에 있었다. 월평균 소득은 242.1만 원이었으며, 평균지출액은 190.8만 원으로 나타났다. 장애인가구의 월평균 지출분포는 50~99만 원(24.4%), 100~149만 원(15.8%), 150~199만 원(13.2%)의 순으로 조사되었다. 장애인가구의 주된 수입원은 가구주소득(46.2%), 가구원소득(14.6%), 기타 가족지원(11.9%)순이며, 국민기초생활보장급여 11.2%로 국가와 기타 가족지원이 수입원의 23.1%인 것은 장애인 가구의 경제적 어려움이 여전히 크다는 것을 알 수 있다.

특히 장애인이 집안의 가장이거나 주 소득자일 경우 빈곤정도는 더욱 심각할 수밖에 없다. 장애인의 소득수준에 비해서 장애인의 건강유지를 위한 보호비용 측면에서 보면 재가 장애인의 72.0%가 월평균 약 16만 7백 원을 추가로 지출하고 있다. 이를 장애유형별로 분석해 보면, 간장애인이 약 59만 7천 원으로 가장 많고, 자폐성장애 약 50만 3천 원, 뇌병변장애 27만 4천 원의 순이다. 비목별로 보면, 의료비가 56만 8천 원으로 가장 많고, 장애인보조기구 구입 · 유지비가 31만 7천 원, 교통비가 22만 8천 원, 보호 · 간병비가 14만 1천 원 등으로 조사되었다.

여기서 보장구를 소유하고 있는 장애인은 45.8%이고, 필요한 재활보조기구는 있지만 소유하지 못한 장애인도 48.9%나 된다. 보장구가 필요한 장애인 중 약 61.1%가 구입비용 때문에 보장구를 구입하지 못하고 있는 것으로 나타났다. 이외에 적합한 장애인보조기구가 없어서(17.2%), 사용이 불편해서(5.3%)가 증가하였다. 장애인의 보호와 수발에 대한 비용부담의 증가와 이로 인한 수입 감소는 가족이 모두 감내해야 하는 부분이며 이로 인해 가족전체의 빈곤화를 초래하기도 한다.

(3) 결혼생활

2018년 보건복지부의 장애인 실태조사 보고서를 보면 장애인 전체의 58.1%가 배우자가 있는 것으로 나타났으며, 사별, 이혼, 별거까지 포함하면 결혼을 경험한 장애인이 전체의 86.5%로 많은 장애인이 결혼을 경험한 것을 알 수 있다. 다른 장애유형에 비해 자폐성장애, 지적장애의 미혼비율이 높게 나타났는데, 장애원인이 선천적인 경우가 많아 선천적 장애를 가진 장애인들이 결혼에 어려움이 있는 것으로 파악된다.

장애인 전체의 82.5%가 자녀가 있다고 응답하였다. 본인의 장애 때문에 겪는 자녀양육의 어려움에 대해서 자녀양육 · 교육비용이 가장 높게(44.6%) 나타났고, 자녀교육 시 애로사항 또한 '교육비 등 경제적 부담'이 가장 높았다.

자녀와의 의사소통이 어려워서가 언어장애(33.4%)와 청각장애(26.8%)의 경우 다른 장애유형에 비해 높게 나타났다. 자녀교육 시 애로사항으로 언어장애는 '자녀와 의사소통의 어려움'이 64.6%로 높게 나타났다.

이혼을 경험한 장애인에 대한 이혼사유에 대해서 학대 또는 폭력 때문이라고 응답한 비율이 지적장애(39.9%), 정신장애(22.3%)의 경우 다른 장애유형에 비해 다소 높게 나타났다. 특히 지적장애의 경우 이혼을 경험한 10명 중 4명이 학대 또는 폭력 때문인 것으로 나타나 장애인을 대상으로 배우자로부터 학대와 폭력에서 보호할 수 있는 예방 및 모니터링 시스템의 개발과 보급이 필요함을 보여주고 있다. 여성장애인이 가장 필요한 서비스는 '자녀양육지원서비스' 15.5%, '여성 · 장애인 임신출산 지원' 11.2%, '가사도우미' 9.8%, '출산비용 지원'이 9.6% 등으로 나타났다. 이는 여성장애인에 대한 자녀양육지원서비스, 임신 · 출산 및 산후조리 지원 서비스, 출산비용 지원, 가사도우미 지원 등의 프로그램을 강화하는 것이 필요함을 보여준다. 여성장애인으로서 어려웠던 점으로는 취업 등 경제적 자립의 어려움이 가장 높게 나타나 여성장애인의 역량강화, 취업지원 등의 서비스가 필요함을 시사하며, 이외에 사회인식 개선, 친구 및 동료와의 교제 등 사회참여 활동에 대한 지원이 필요함을 보여 주고 있다.

(4) 사회참여와 이동문제

지역사회의 장애인에 대한 편견 역시 가족이 감당해야 하는 심리적 부담이다. 장애인가족을 지역사회로부터 정서적으로 고립시키는 결과를 초래하기도 한다. 이웃과 친지의 방문이 거의 없어지고, 장애인을 둔 가정의 자녀나 형제자매의 결혼이 힘들 뿐 아니라 장애인을 동반하여 외출할 시에는 대중교통수단이나 음식점을 이용하는 데 많은 어려움을 겪어야 한다. 특히 장애로 인하여 차별을 가장 많이 받는 분야는 '보험계약 시'(53.7%), '학교생활 중 또래 학생으로부터'(49.2%), '취업차별'(34.0%) 순이었다. 결혼과 관련해서도 26.5%가 차별을 경험한 것으로 나타나 차별이 장애인의 사회적 정착을 저해하는 주된 요인으로 지적되었다(한국보건사회연구원, 2011). 최근 장애인복지재단이 장애인 맞선 프로그램을 개발하여 장애인의 결혼알선을 시도하기도 하였다.

장애인의 40.7%가 집 밖 활동에 불편을 느끼고 있으며, 불편을 느끼는 원인은 장애인 관련 편의시설 부족(54.9%), 외출 시 동반자가 없어서(31.9%), 주위사람의 시선(11.1%) 등이 가장 큰 이유인 것으로 나타났다(한국보건사회연구원, 2011). 사회적 제약 때문에 장애인의 사회참여가 제한되는 것은 그만큼 장애인이 가족 내에 머물고 가족에게 의존하는 정도가 높음을 말해 준다.

제 3 절 빈곤가족 예방방법과 복지대책

1. 소년소녀가족의 복지대책

1) 정부의 지원 및 후원

정부는 1985년부터 소년소녀가족에 대해 최저생활비, 주거비, 학비 등의 지원을 전담하고 있지만, 요구를 만족시키기에는 어려운 실정이다. 경제적 지원, 정서적 지원을 위하여 정부는 지역사회 주민, 사회단체, 종교단체, 기업체 및 교육기관 등을 결연대상으로 한 후원자 및 후견인을 발굴하고 결연을 맺도록 유도하고 있다.

(1) 가정보호사업

2018년 보건복지부의 아동복지사업안내에 명시된 소년소녀가족 지원사업의 목적은 실질적으로 가정을 이끌어 가는 소년소녀가족의 아동에 대한 생활보호를 통하여 자립능력 배양 및 건전한 사회인으로 육성하고자 하는 것이다. 동거하지는 않으나 주변에 친인척 등이 거주하여 수시로 보호를 받고 있어 가정위탁이나 시설(그룹 홈) 입소가 적절하지 않다고 판단되는 때에는 예외적으로 지정된다. 결연기관인 초록우산 어린이재단과 긴밀한 협조체계를 강화하여 소년소녀가족을 위한 프로그램 활용이 중복되지 않도록 운영한다.

(2) 공공부조

정부에 의한 공공부조는 주로 생계비, 학습비 및 의료보호비 등으로 시·도청의 사회과를 거쳐서 읍·면·동사무소 사회과 담당직원을 통해서 보호대상인 소년소녀가족에 지급하고 있다.

2) 민간부문 복지대책

(1) 초록우산 어린이재단

정부는 초록우산 어린이재단에 결연사업을 위탁하여 후원자의 발굴과 후원금의 관리를 전담토록 하고 있다.

(2) 민간지원

시·군·구나 읍·면·동사무소의 추천이나 안내로 기업 또는 개인들이 사회복지기관을 거치지 않고 소년소녀가족을 지원하는 경우이다.

(3) 대중매체를 통한 지원

대중매체의 홍보효과 이점도 있으나 그 지속성에 문제가 있다. 사적인 지원형태로 신상 노출을 꺼려 대중매체 출현을 기피하므로 접근 용이성이 낮다.

(4) 정서적 지원

초록우산 어린이재단은 협동캠프, 생활수기공모 등 정서적 지원과 후원 프로그램을 활성화하여 다양한 지원프로그램을 실시하고 있다.

(5) 지역사회복지관

학업증진을 위해 공부방프로그램과 지원봉사자를 활용한 학습지도프로그램, 진로지도, 경제생활지원프로그램, 취업알선, 취업훈련프로그램 등이 실시되고 재가복지봉사센터에서는 가사지원, 청소, 세탁, 정서지도서비스 등을 제공하고 있다.

3) 가정위탁보호 제도

2000년부터 가정위탁으로 전환하기 시작했고, 2013년 소년소녀가정제도를 폐지하고 추가지정을 금지하면서 가정위탁으로 보호조치토록 했다.

(1) 가정위탁보호 제도

친부모의 질병, 사망, 가출, 실직, 수감, 학대, 방임, 알코올 및 약물중독 등으로 정상적으로 양육할 수 없을 때 18세 미만의 아동(18세 이상 고교재학생 포함)의 보호를 위하여 일정기간 위탁하는 것을 말한다. 가정적인 분위기에서 건전한 사회인으로 자랄 수 있도록 하는데 그 목적이 있다.

(2) 가정위탁의 유형

친조부모, 외조부모에 의한 대리양육가정위탁, 친조부모, 외조부모를 제외한 친·인척에 의한 가정위탁(8촌 이내의 혈족), 일반인에 의한 가정위탁, 지방자치단체 예산 편성으로 전문 가정위탁, 일시 가정위탁 등으로 운영가능하다.

(3) 가정위탁 대상 아동

보호자가 없거나 보호자로부터 이탈된 18세 미만 아동, 그리고 아동을 학대, 양육하기 부적절할 때 등의 아동이다(18세 이상 고등학교 재학 중인 아동 포함).

(4) 가정위탁보호의 지원내용

아동 1인당 300만 원 이상의 대학등록금을 지급, 양육보조금은 아동 1인당 월 20만 원 이상을 지급한다. 위탁아동 및 부양자 1인의 후유장해, 위탁아동 입원·.통원 의료비 등의 지원을 위해 1인당 연 65,000원 이내의 보험료 지원, 가정위탁아동의 심리정서치료비 월 20만 원, 심리검사비 20만 원(1회), 교통비 월 20,000원 이내, 국민기초생활보장법에 의한 생계비 등도 지원한다. 생계·의료·교육 등의 해당 급여를 별도가구로 보장하는 개인단위로 실시한다.

2. 한부모가족의 복지대책

1) 주거지원

저소득 한부모가족의 주거지원을 위해서는 무주택자에 한해 지역 내의 영구 임대주택을 우선 공급하고 있다. 임대 아파트의 경우 수요대비 공급이 부족하여 장기간 대기를 해야 하는 어려움이 있다.

2) 취업 · 창업 및 직업훈련지원

창업지원을 위한 복지자금은 저소득 한부모가족의 근로능력 및 자립 · 자활 의지가 뚜렷하고, 현실성 있는 사업계획을 제시할 경우에만 지원이 이루어진다.

직업훈련 중에 생계비가 지원되고 있기는 하나 액수가 적어서 직업훈련을 받으면서 자녀와 생활유지가 어려우므로 취업지원 및 고용보장을 위해서는 전문직종의 교육이 확대되어야 하고, 인식개선의 홍보가 강화되어야 한다.

3) 양육비 지원

여성가족부는 2020년부터 한부모가족에 지급하는 자녀양육비를 13만 원에서 20만 원으로 늘리고 지급연령도 기존 만14세에서 만18세 미만으로 확대한다. 이를 위해 한부모 지원예산을 두 배 증액할 계획이지만, 한부모가족이 인간적인 삶을 유지하도록 돕기에는 턱없이 부족하다.

청소년 한부모 아동양육비는 월 35만 원, 추가 아동양육비는 조손가족 및 만 25세 이상 미혼 한부모가족의 5세 이하 아동에 한해 자녀 1인당 월 5만 원, 중 · 고등학교 자녀의 경우 학용품비도 자녀 1인당 연 54,100원을 지원받을 수 있다. 만약 복지시설에 입소한 저소득 가정이라면 생활보조금으로 가구당 월 5만 원 혜택을 받을 수 있으며, 이 밖에도 임신이나 출산에 관련한 지원비, 학업지원, 주거지원 등 다양한 혜택이 있다(여성가족부, 2019).

4) 한부모가족상담사업

1366 상담전화, 건강가정지원센터, 한부모가족지원센터 등 공공 또는 민간기관을 통한 한부모가족상담사업이 이루어지고 있다. ① 생활 안정과 자립촉진을 위한 사업자금, 의료비, 주택자금, 아동교육비 등 장기 저리로 지원, ② 생계비, 아동교육비 지

원, 아동양육비 지원, ③ 한부모가족의 직업능력개발을 위한 훈련제공, 고용지원 연계, 공공시설매점 설치 시 우선 제공, ④ 아동양육 및 지원서비스, 장애인 · 노인 · 만성질환자 등의 부양서비스, 취사 · 청소 · 세탁 서비스, 교육 · 상담 등 가족관계증진 서비스, 법률 상담 등을 제공하고 있다.

5) 복지서비스 지원

한부모가족지원서비스는 저소득 한부모가족 또는 조손가족의 가족기능 유지와 생활안정을 위해 아동양육비, 학용품비, 생활보조금을 지급하는 복지제도로서, 저소득 한부모가족 및 조손가족 또는 청소년 한부모가족이 해당된다. 국민주택을 분양할 때 우선 분양을 받을 수 있으나 대상에서 제외되는 경우로, ① 국민기초생활보장법에 의한 생계급여를 지원받는 경우, ② 긴급복지지원법에 의한 생계지원을 받는 경우, ③ 아동복지법에 의한 아동 위탁 수당을 받는 경우에는 제외된다.

6) 의료지원

저소득 한부모가족의 생활안정과 복지증진을 위하여 생계비, 아동교육지원비, 아동양육비 등 복지급여를 지원하고 있으나 의료비는 지원되지 않고 있다. 부모의 이혼 · 사별 등의 과정에서 스트레스 등 질병에 쉽게 노출되고 있다. 따라서 저소득 한부모가족 아동의 건강권보장을 위해 의료비 등을 지원해야 한다. 현재 의료급여는 급여대상 항목에 대한 의료비 중 수급권자 본인 부담 금액을 제외한 전액을 지원한다.

3. 치매노인가족의 가족복지 지원정책

1) 노인치매상담센터

최근 우리나라에서도 치매인구가 폭발적으로 증가하여 가족해체 등 치매가족의 고통 및 치매로 인한 사회적 비용부담 등을 감소하기 위하여 전국 보건소에 치매안심센터가 설치되어 치매어르신과 가족에 대한 정보제공, 1 : 1 맞춤형 사례관리, 치매

핫라인 구축, 장기요양확대 검토, 치매환자 의료지원 강화 및 의료비 부담 완화, 치매 친화적 환경조성 등 치매국가책임제를 실시하고 있다.

치매상담센터는 치매관리사업에 대한 원활한 수행과 치매노인등록에 따른 관리 및 상담 · 지원 등의 서비스를 제공함으로써 치매노인이 보다 건강한 삶을 누릴 수 있게 하는 것을 목적으로 설치되었다. 치매상담센터는 '치매간이인지기능검사도구(MMSE)'를 활용하여 노인의 인지기능감퇴 여부와 일상생활동작에 대한 평가 등을 실시하고, '치매등록카드' 및 '치매환자상담대장'에 의거하여 노인상태에 따른 관리체계를 수립, 필요한 경우 전문의에게 의뢰한다. 주요서비스는 치매노인에 대한 올바른 간호요령, 치매가족구성원 간의 역할분담에 관한 상담 · 지원, 치매노인에게 신원확인용 명찰보급 등을 통해 치매가정의 간호부담을 완화하는 양질의 서비스를 제공할 수 있도록 한다.

재가치매노인에 대한 시설보호 위주의 사후 치료적 서비스제공에서 요양보호사 파견시설, 주 · 단기보호시설, 지역 내 자원봉사자 및 자원봉사단체 등과 연계하여 서비스를 제공하는 예방적 보건서비스체계로 전환하는 방문 · 관리사업을 적극적으로 실시한다. 치매노인의 상태에 따라 주간보호시설과 관내 복지관 재활프로그램 이용, 전문요양시설 · 치매전문요양시설 · 노인전문병원 등의 입소 등을 안내한다.

2) 노인장기요양운영센터

2008년 7월부터 시행된 노인장기요양보험제도에 의하여 장기요양인정을 받고자 하는 자는 장기요양인정신청서를 국민건강보험공단에 제출해야 한다. 제출한 날부터 30일 이내에 등급판정을 받게 되는데, 국민건강보험공단은 해당직원이 신청인의 심신상태, 필요한 장기요양급여의 종류와 내용 등을 조사하고, 심신상태와 장기요양이 필요한 정도에 따라 장기요양등급을 판정한다. 등급판정결과에 따라 수급자는 요양시설이나 재가복지시설에서 서비스를 받을 수 있다.

고령이나 노인성 질병으로 독립적인 일상생활의 영위가 불가능한 노인 등에게 신체활동과 가사지원서비스를 제공하여 가족의 부담을 완화하고 노인의 삶의 질을 향상시키려는 데 목적을 두고 있다. 장기요양급여에는 재가급여, 시설급여, 특별현금급여가 있다. 재가급여비용의 경우 15%, 시설급여비용의 경우는 20%를 이용자가 부담하여야 한다. 의료급여수급권자나 소득 및 재산이 일정금액 이하인 자 등은 부담금을 감경 받는다.

3) 치매전문병원 · 치매요양원 · 재가노인복지시설

치매노인전문병원에서는 입원, 통원의 치료서비스, 재활서비스를 제공한다. 치매요양원은 치매노인에 대한 케어중심 서비스가 제공되는데, 여기서는 주로 간호 · 요양 · 재활서비스를 비롯하여 일상생활 서비스가 제공된다. 재가노인복지시설은 치매노인이 자신의 집에 거주하면서 필요한 서비스를 제공받는 시설이다. 이외에도 그룹홈으로 현행법상 노인요양 공동생활가정과 소규모 요양시설 등이 치매노인을 중심으로 서비스를 제공하는 시설로 구분될 수 있다.

4) 노인장기요양보험제도 분석

노인장기요양보험제도는 고령이나 노인성 질병 등으로 목욕이나 집안일 등 일상생활을 혼자하기 어려운 노인들에게 신체활동, 가사활동지원 등의 서비스를 제공하

표 3-6 치매노인을 위한 서비스 유형

구 분	서비스 형태
재가노인복지시설	재가노인을 대상으로 한 의료 · 복지서비스를 제공하는 시설을 말하며, 노인이 일상생활에 관련된 물질적 비물질적 사회적 서비스를 포함. 세부유형으로 주 · 야간보호, 단기보호, 방문요양, 방문목욕이 있음
그룹 홈	소규모시설에서 공동 생활하는 형태로 집단활동을 통한 치료에 의미를 두는 유형과 개인공간을 통하여 과거의 기억을 되살리는 자극으로 증상의 진행을 늦추려는 유형으로 구분
장기요양시설	만성질환자나 정신적 · 신체적 장애가 심화되어 정신착란과 더불어 거의 혼자서 생활할 수 없는 노인환자 및 치매환자를 보호하고 치료하기 위한 시설로서 의료 및 간호 서비스 제공
치매전문요양병원	치매노인을 주 대상으로 운영하는 요양병원의 일반적 명칭, 치매환자에 대한 전문적 치매요양 서비스를 제공하여 치매질환의 악화 방지 및 치매환자 가족의 고통 경감이 목적

출처: 홍봉수 외(2018).

고 노후생활의 안정과 그 가족의 부담을 덜어주어 국민의 삶의 질을 높여주는 제도이다. 단, 외국인근로자 등이 신청하는 경우 장기요양보험가입자에서 제외할 수 있다. 국민건강보험료액에 장기요양보험료율을 곱한 보험료를 부담한다. 의료급여수급권자의 장기요양보험료는 정부가 부담한다. 65세 이상의 노인이나 노인성 질병을 가진 64세 이하의 자도 신청이 가능하며 장기요양보험료율 등의 사항을 심의하기 위해 보건복지부 장관 소속으로 장기요양위원회를 둔다. 이를 근거로 <표 3-6>에 구체적인 서비스 유형을 분석하였다.

4. 장애인가족의 가족복지 지원정책

1) 경제적 지원

국민기초생활 보장법에 따른 보장시설에 입소한 국민기초생활보장 수급자 장애인은 연령과 상관없이 장애수당을 지급한다. '2010년 국민기초생활 보장법안내'에 의한 특례수급 장애인도 국민기초생활 보장법에 의한 일반수급 장애인과 같이 장애수당을 지급받고 있다. <표 3-7>에서 국민기초생활 보장법에 의한 수급자 및 차상위계층의 18세 이상 등록된 장애인에게 지급하고 있다.

초·중·고등학교 또는 이에 준하는 특수학교 및 각종 학교(교육과정은 고려치 않음)에 장애아동이 재학 중일 때 국민기초생활 수급자와 차상위계층으로 구분하여 장애아동수당을 <표 3-8>과 같이 지급하고 있다.

표 3-7 장애수당 유형별 비교

구 분	장애수당(생계, 의료)	장애수당(시설)	장애수당 (주거, 교육, 차상위)
성격	의무지급(별도의 신청 불필요)		재량지출(신청주의)
급여액	월 4만 원	월 2만 원	월 4만 원
관련보장	장애인복지	장애인복지	차상위 장애인
관련서비스	장애수당(생계, 의료)	장애수당(시설)	장애수당 (주거, 교육, 차상위)

출처: 보건복지부(2018).

표 3-8 장애아동수당

구 분	생계 또는 의료급여	주거 또는 교육급여 수급자	차상위계층	보장시설 수급자 (생계 또는 의료)
경증장애인	월 10만 원	월 10만 원	월 10만 원	월 2만 원
중증장애인	월 20만 원	월 15만 원	월 15만 원	월 7만 원

출처: 보건복지부(2018).
주: 주거 또는 교육급여 수급자(생계 또는 의료급여 미수급자)는 법적으로 기초생활수급자나 차상위계층에 해당하는 해택을 부여.

장애인 양육지원 서비스는 돌봄지원서비스로 지원대상은 만 18세 미만의 자폐성장애, 지적장애, 뇌병변장애아 등 모든 중증장애아와 생계·주거를 같이하는 도시근로자가구 월평균 소득 100% 이하 가정에 해당한다. 지원내용은 사회활동 등으로 일시적인 돌봄서비스가 필요한 때 일정 교육과정을 수료한 돌보미를 파견하여 장애아동 보호 및 휴식을 지원하며 아동의 가정과 돌보미 가정에서 돌봄서비스를 제공한다. 휴식지원서비스로 지원대상은 소득기준과 관계없이 만 18세 미만의 모든 장애아가족으로 한다. 돌봄서비스를 받지 않는 가정도 참여가능하며 돌봄서비스를 받는 가정을 우선 지원하고 있다. 지원내용은 가족관계 회복 및 돌봄노동 분담을 위한 가족상담서비스 등을 포함하여 연 2회 이상 가족캠프 등의 휴식지원 프로그램을 운영한다. 이때 단순 캠프나 소풍형식은 지양하며 가족치유상담, 돌봄노동 부담교육 등 전문 프로그램을 포함하여 구성한다. 돌보미를 통한 장애아가족 상담서비스, 생활지도 등 제공 및 자조모임 결성지원 등을 통해 양육의 어려움을 경감시키고, 장애양육 정보 등을 공유하고, 심층상담에 필요한 전문 관련기관과 연계하고 있다.

장애인 생계수당은 장애인복지법 기준으로 장애의 정도, 경제적 부담능력 등을 고려하여 생계보조수당을 지급한다. 국민기초생활보장법상의 수급자로서 1, 2급 장애인이 해당된다. 경제적 부담완화 급여는 장애인가족의 경제부담을 완화하기 위한 급여로서 장애정도와 경제적 부담능력 등을 고려한 의료비, 자립훈련비 등이 있다. 이외 장애인 보장구 교부, 보장구 건강보험 적용, 요금할인, 각종 세금감면과 소득공제 조치 등을 실시하고 있다.

2) 심리 · 정서적 지원

장애인의 가족구성원은 장애인의 보호를 직접 담당하는 경우가 많기 때문에 장애인을 불편한 존재로 인식하며, 가족구성원 간의 의사소통을 소원하게 만들기도 한다. 이를 위해 가족봉사원을 충분히 활용하여 일상적인 가족상담, 가족사회사업, 가족치료 등 전문적인 서비스가 정기적으로 이루어져야 한다.

장애영 · 유아 프로그램은 3세 미만의 영 · 유아 대상으로 특수교사, 사회복지사, 작업치료사, 물리치료사, 언어치료사 등이 한 팀을 이루어 참여한다. 아동의 신변처리, 소근육 운동, 대근육 운동, 인지 및 사회성과 언어영역 등 다양한 영역에 대한 개입을 통해 조기교육 및 예방 목적을 동시에 지닌다. 이 중 사회복지사는 가족과 관련된 서비스를 제공하며, 가족의 강점과 욕구를 파악하고 부모상담 및 정보제공을 하는 역할을 담당하고 있다.

장애인복지관의 고유기능으로 장애인에 대한 사정이 있다. 일반적으로 장애인복지관은 아동이나 성인의 장애상태와 잠재력, 장애인 중심의 사정을 하게 되지만, 사회복지사의 경우 가족의 경제력, 교육력, 강점, 자원에 대한 가족사정 역시 부분적으로 하게 된다. 가족사정은 장애인에 대한 서비스를 제공할 때 가족자원을 발견하며 필요시에 부족한 자원을 지원 및 원조하는 창구역할도 하게 된다. 이밖에 부모의 장애수용, 가족관계상의 불화, 스트레스, 정서적 욕구와 관련된 것이 많다. 또한 장애인 등록, 타 기관 안내, 각종 재활정보, 정보전달형태도 다수 차지한다. 상담의 형태는 전화, 방문상담 등이 있다.

3) 신체적 지원

중증장애인에게 신체적 또는 정신적으로 일상생활과 사회활동이 가능하도록 활동보조서비스를 제공하고 있다. 장애인의 자립생활과 사회참여 증진을 돕는 사업으로 소득과 무관하며 지원대상은 1급 등록장애인으로 만 6세부터 만 64세까지 해당된다.

CHAPTER 04

위기(폭력과 학대)가족

학습목표

이 장의 학습목표는 위기가족에 대한 학습이다. 최근, 가족 및 가족구성원의 생존과 안전을 위협하는 가정폭력은 더욱 다양해지고 심각해지고 있다. 가정폭력이란 가정에서 가족구성원 간에 일어나는 지속적이며 반복적인 폭력의 특성으로 위기가족으로 대두된다.

- 위기가족의 정의와 원인을 설명할 수 있다.
- 위기가족의 현황과 문제점을 파악하고 관련 사회복지서비스를 설명할 수 있다.
- 위기가족의 지원현황과 향후 대책에 대해 설명할 수 있다.

제 1 절 위기(폭력과 학대)의 개념과 특징

1. 폭력 및 학대가족의 개념

1) 가정폭력과 학대의 개념

가정폭력과 학대가족은 유사한 용어로 가족구성원 중에서 한 사람이 다른 가족구성원에게 의도적으로 물리적 힘을 사용하거나 정서적으로 고통을 주는 행위로 정의할 수 있다(Strong, 1992). 위기란 아동의 신체적 폭력(신체학대), 심리적 학대, 정서적 학대, 유기(태만, 의무불이행), 아동방임, 아동 성적학대, 성폭력, 가정폭력 및 노인학대를 포함하며, 가정폭력이란 가족구성원 사이의 신체적, 정신적 혹은 재산상 피해를 수반하는 행위를 말한다.

2) 가정폭력과 학대 관련법령

가정폭력은 부모, 배우자, 자식, 형제자매, 친척, 사실혼 관계에 있는 사람 등을 대상으로 행해지는 폭력과 가족구성원이나 근친자에게 행하는 폭력적인 행위 또는 폭력에 의해 지배하는 행위 전반을 일컫는 범죄로서, 폭행죄 중의 하나이다.

우리나라는 1997년에 가정폭력방지 및 피해자보호 등에 관한 법률, 가정폭력 범죄의 처벌 등에 관한 특례법을 제정하여 제도적 개입의 근거를 마련하였다(여성가족부 홈페이지, 2019). 2011년과 2013년에는 범 부처차원에서 가정폭력방지를 위한 종합대책이 발표되어 피해자보호, 관련수사 및 사법기관 지원체계 개선노력도 이어져 왔다. 가정폭력과 관련된 주요법령을 소개하면 <표 4-1>과 같다.

표 4-1 가정폭력 관련 주요법령

법 령	특 징
가정폭력범죄의 처벌 등에 관한 특례법	• 가정폭력에 대한 정의 • 가정폭력 신고의무자, 임시조치, 긴급조치 및 처벌 등
가정폭력방지 및 피해자보호 등에 관한 법률	• 가정폭력피해자 방지 및 보호 • 가정폭력 예방교육, 피해자 지원체계 등
아동복지법	• 아동에 대한 학대금지 • 아동에 대한 학대 가해자에 대한 법칙
아동학대범죄의 처벌 등에 관한 특례법	• 아동학대의 정의 • 아동학대 가해자에 대한 법칙
아동·청소년 성보호에 관한 법률	• 아동·청소년 대상 성범죄 정의 • 아동·청소년 대상 성범죄자에 대한 법칙
노인복지법	• 노인에 대한 학대금지 • 노인에 대한 학대 가해자에 대한 벌칙

2. 위기(폭력과 학대)의 특징과 문제점

1) 위기(폭력과 학대)의 특징

가정폭력은 가해자와 피해자 모두 친밀한 가족구성원이다. 특징은 은폐되기 쉽고 연속적이며 상습적이다. 또한 세대를 거쳐 전수되는 폭력이라는 데 그 특징이 있다.

가정폭력 유형은 정서폭력, 언어폭력, 신체폭력, 성폭력, 아동방임 등으로 나누어진다. 가족관계를 기준으로 분류할 때는 부부폭력, 상호폭력, 아동학대, 부모학대, 형제폭력 등으로 구분할 수 있다(여성가족부, 2018).

위기(폭력과 학대)가족의 특징별 내용은 <표 4-2>와 같다.

표 4-2 가정폭력의 특징

특 징	특징별 내용
은폐성	가정은 사적인 영역으로 가족 외 다른 타인이 개입하거나 관여하기 어려운 상황으로 인식하기에 많은 폭력문제가 장기화되며 발생
연속성	신체적 · 정서적 · 성적 학대행위가 초기에는 가벼운 구타에서 시작하여 점차 심각한 수준으로 변화
상습성	폭력이 반복될수록 부부 간 혹은 가해자와 피해자 간의 화해단계가 줄어들거나 없어지고 폭력이 주기적으로 발생
세대 전수성	가정폭력은 세대 간 대물림 되는 특성, 이전 세대 폭력 경험률이 50% 이상

출처: 권신영 외(2017); 여성가족부 홈페이지(2019).

가정폭력 유형은 <표 4-3>에서와 같이 분류할 수 있다.

표 4-3 폭력 유형에 따른 분류

유 형	내 용
정서폭력	• 위협, 조종, 통제와 같이 말이나 몸이 아닌 눈빛 · 몸짓으로 정서적 위협감을 느끼도록 하는 폭력
언어폭력	• 심한 욕설이나 모욕 등 말로 하는 폭력
신체폭력	• 상대방의 의지에 반해 의도적인 힘을 사용하는 폭력
성폭력	• 야한 농담, 성적인 비난, 성행위 요구, 구타 후 성관계 강요
아동방임	• 고의적 · 반복적 아동양육 및 보호소홀

출처: 여성가족부 홈페이지(2019).

2) 위기(폭력과 학대)의 문제점

가정폭력피해자와 목격자인 아이 양쪽 모두에 대한 학대이다. 학대를 받는 어머니는 약 70%의 아이들이 가정에서 폭력을 목격하고, 그 중 30%의 아이들이 실제로 아버지 등으로부터 폭력 행위를 당하고 있다는 보고가 있다.

가정폭력은 폭력에 대한 법적 죄의식과 사회적 인식이 다른 형사법규 위반보다 낮다. 그러나 가정폭력은 가출이나 가정파탄 및 자녀의 폭력성 세습 등을 가져오기 때문에 근절되어야 한다.

(1) 폭력 후 상처

가정폭력피해자는 직접적인 외상 및 심리적 · 정신적으로 후유증이 심각하게 나타난다. 외상 후 스트레스장애는 무기력, 자기비난, 고립감, 우울, 낮은 자존감, 분노, 사회부적응의 원인이 되고 가족 기능장애까지 미치는 영향이 광범위하다(이영주 외, 2015). 아버지나 남편으로부터 폭력을 경험한 여성과 자녀는 장기적인 외상을 겪게 된다. 이때 피해여성이 가해남편으로부터 분리되지 못한다고 지각되었을 경우 자살 위험도 높아지는 것으로 나타났다(이화여자대학교 사회복지연구회, 2003).

(2) 불안정한 경제상태 문제

학대하는 남성들은 대부분 아내에게 경제적 자율권을 주지 않으며, 경제활동을 하는 아내의 경우도 남편에 의해 자신의 소득을 통제 당한다. 가해자를 폭력으로 고소할 경우 벌금형으로 처리하여 피해자를 경제적으로 더 어렵게 만들고 있는 실정이다. 구타당한 여성들이 남성과의 폭력관계를 종결하지 못하는 가장 큰 이유는 경제적 자립의 문제에 있다. 그 결과, 구타당한 여성들은 남성의 폭력을 종결하고 새로운 생활을 시작하겠다는 적극적인 태도를 보이지 못하게 된다(박희숙 외, 2019).

(3) 자녀학대로 인한 문제

폭력에 노출된 자녀는 내재적 문제, 외형적 문제, 사회발달 문제 등이 전반적으로 나타나 성인이 되면 가정폭력의 가해자가 될 가능성이 높다. 부모로부터 학대를 경험한 자녀는 신체적 · 심리적 취약성을 보이고 문제해결 능력이 떨어진다(조은정 외, 2004). 이 밖에 정서불안으로 인한 불안정한 애착관계를 보이며 폭력을 자주 경험할수록 경쟁 · 공격적 대인관계 성향을 보인다(김민정, 2009).

3. 폭력 및 학대가족의 유형

1) 배우자(아내) 폭력 및 학대

(1) 배우자(아내)폭력 및 학대개념

우리나라의 경우 남편의 아내에 대한 폭력의 비율이 5배 정도 높기 때문에 부부폭력, 아내구타, 아내학대, 배우자학대 등의 용어가 더욱 익숙하다고 할 수 있다.

워커(L. Walker)는 아내학대 정의를 아내의 권리가 고려되지 않은 상태에서 폭력주기가 2회 이상 반복적으로 행하는 무력이라고 하였다. 아내폭력과 학대의 현대적 개념은 부권상실, 경제적 부담, 가족역할의 변화 등에 부부갈등이 심화되면서 물리적 힘이 강한 남편에 의하며, 남편의 폭력은 신체적인 폭력, 언어적 · 경제적 · 정서적 · 성적폭력으로 협박 · 위협 · 고립화 · 자녀이용 협박 등 모든 폭력행위를 포함한다.

(2) 배우자 폭력 및 학대유형

배우자폭력 및 학대는 배우자에게 상해를 일으키는 의도적 · 반복적 행동으로 신체적 · 정신적 · 성적측면 모두를 포함한다(Wallace, 2009).

① 신체적 폭력

신체적 폭력은 감금하기, 발로차기, 질식시키기, 주먹으로 때리기, 밀치기, 침 뱉기, 물기, 꼬집기, 손바닥(슬리퍼) 등으로 때리기, 담뱃불로 지지기, 흉기로 찌르기, 잡기, 무기사용 등이 여기에 해당된다. 신체적 학대가 굴욕적인 폭력수준에 이르면 가해자는 폭력을 가하면서 피해자에게 특정한 요구를 하는데, 예를 들어 때리기 전에 배우자의 옷을 벗김으로써 무력감을 더하게 한다.

신체적 폭력은 시간이 흐를수록 심각한 폭력의 형태로 바뀌어 가는 경향을 지니며, 남편의 폭력이유에 대한 아내의 생각은 권위적인 사고방식, 열등감, 성격의 난폭함, 폭력가정에서 자라남 등의 순으로 나타났다.

② 성적학대

성적학대란 남편의 외도, 굴욕감을 주는 성행위, 성적의심(의처증), 의도적으로 배우자에게 상해를 입히기 위한 폭력적 성행위, 신체적 학대로 이어지는 성관계 등 부부 간의 성적학대인 부부강간 등이 포함된다. 성적폭력은 눈에 띄는 신체적 외상은 남기지 않을 수 있지만, 더욱 심각하고 오래 지속되는 정서적 외상을 남긴다.

③ 정서적 학대

정서적 학대는 피해자의 감정과 의견을 고려하지 않은 언어적 지배와 비난, 아내에게 저주스러운 욕, 무시하는 언어, 폭력에 대한 협박, 공포분위기 조성, 재산손괴행위, 억압적이고 지시적인 태도, 협박, 거부, 위협적인 제스처, 피해자의 의사결정을 침해하는 행위, 적절한 보호를 받지 못하는 위험한 환경에 처하거나 홀로 방치되는 경우까지 다양한 형태가 있다.

정서적 학대는 피해자에게 무력감을 야기하며, 장기간의 정신치료를 요하는 심리적 외상을 남길 수 있다. 그러나 이러한 학대를 가하는 남편의 대부분은 그 원인을 아내가 제공했다고 주장하여 책임과 비난을 아내에게 돌리고 있다.

④ 경제적 학대

경제적 학대는 남편이 모든 경제권을 소유하여 생활 전반을 통제하고 생활비를 관리하면서 가족구성원에게 생활비를 지급하지 않고, 아내에게 경제적 자율권을 주지 않는 경우이다. 또는 가족부양을 하기 위하여 돈을 벌기 위한 그 어떤 노력도 기울이지 않은 채 태만하거나, 도박중독, 쇼핑중독과 같이 반복적으로 낭비벽이 있어 돈을 탕진하여 가족의 일상적 영위를 힘들게 하는 것 등이 있다.

아울러 경제활동을 하는 여성이라 할지라도 남편에 의해 자신의 소득을 통제 당하는 경우도 경제적 학대의 범주에 포함된다.

2) 아동폭력 및 학대

(1) 아동학대 개념

자녀폭력은 부모나 주 양육자가 자녀에 대한 적절한 양육과 보호 의무를 수행하지 못하거나 신체적·정신적 상해를 가하는 행위로 볼 수 있다. 아동학대의 고전적인 정의는 "보호자에 의해 가해지는 심각한 손상"이라 할 수 있다(Kempe, 1962). 가정에서 학대받은 아동들의 학습되어진 폭력은 학교폭력과 사회폭력으로 발전되어 사회폭력지수를 높이게 된다. 그들 자신이 학대를 가하는 부모가 되는 세대 간 악순환의 문제를 초래하게 되는 것이다.

따라서 아동학대의 문제는 가정 내의 문제보다 사회가 적극적으로 개입해야 할 심각한 사회문제로 인식하여야 하며, 이에 대한 적극적인 대처와 개입이 필요하다.

(2) 아동학대 유형

아동학대는 아동을 훈육하는 방법으로 가볍게 매를 드는 것에서부터 구타에 의한 상해 · 사망에 이르기까지 다양한 형태로 나타나고 있으며, 아동학대의 유형은 신체적 학대, 성적학대, 정서적 학대, 유기, 방임 등으로 구분할 수 있다.

① 신체적 학대

보호자나 양육자가 체벌이라는 이름으로 가해하는 신체적 손상행위를 신체적 학대라 한다. 신체적 손상에는 구타나 폭력에 의한 멍 · 화상 · 찢김 · 골절 · 장기파열 등이 있다. 특히 생후 12개월 이하의 영아에게 가해진 체벌은 용납될 수 없는 심각한 신체적 학대로 간주한다.

② 정서적 학대

정서적 학대란 보호자나 주 양육자가 아동에게 부정적인 태도로 언어적 · 정신적 · 정서적으로 공격하는 것을 의미한다. 아동이 보호를 받지 못하거나, 충분한 영양을 공급받지 못하며, 홀로 방치되거나, 위험한 환경에 처한 경우이다.

정서적 학대의 결과는 발육부진 현상으로 성장과 발육이 현저하게 낮아지며, 건강한 정신, 사고, 감정표현을 발달시키는 데 실패할 확률이 높다.

③ 방 임

보호자나 주 양육자가 음식 · 의복 · 위생 · 의료보호 · 난방 · 감독 · 안전주의 등 아동의 건강과 행복, 안전을 위해 필요한 것들을 제공해 주지 않는 것이다.

④ 성적학대

성적학대란 가족 간의 사회적 금기를 어기고 성적활동에 개입시키는 것을 의미한다. 성적학대의 유형으로는 아이 음부애무, 성교, 근친상간, 아이 앞에서 성기노출, 성적착취 등이 포함된다. 이러한 성적학대 행위는 강압적인 힘이 들어가며, 사회적으로도 부적절하기 때문에 피해 아동의 신체적·정신적 타격이 매우 심각하다.

⑤ 아동학대 증후

아동학대의 원인은 부모의 성격적인 특성이나 병력, 실직, 빈곤, 가정 내 갈등 등 사회적·환경적 요인들이 복합되어 일어난다. 학대받은 아동은 특별한 이유 없이 상처를 입었거나, 성인을 두려워하거나, 의기소침해 있거나, 행동문세를 나타내며 평소와는 다른 모습을 보일 때 학대의 가능성을 생각해 볼 수 있다.

3) 노부모에 대한 폭력 및 학대

(1) 노인학대 개념

노인에 대하여 신체적·정신적·정서적·성적폭력 및 경제적 착취 또는 가혹행위를 하거나 유기 또는 방임을 하는 것으로 정의하고 있다. 노부모에 대한 폭력은 일반적으로 노인의 부양이나 수발을 담당하고 있는 부양자가 의도적 또는 비의도적으로 노인에게 신체적·언어·정서적·경제적 손상을 가하는 학대와 보호가 필요한 노인에게 의식주 및 의료제공을 기피하거나 방치하여 부양의무를 소홀히 하는 방임으로 설명된다. 그리고 노인 스스로 자기를 돌보지 않아 심신의 건강악하 또는 기본생활을 위협하는 자기방임 등을 포함하는 개념으로 폭넓게 정의할 수 있다.

(2) 노인학대 유형

노인학대는 신체적, 심리적, 정신적, 언어적, 물질적, 의료적 성적학대 및 경제적 착취, 열악한 주거환경까지 포함하고 있으며, 노인이 자신의 의지와 상관없이 타인의 강요에 의해 행해지는 인권침해의 영역까지도 학대의 범주에 포함된다.

① 신체적 학대

가해자 자신의 신체나 물건을 이용하여 꼬집기, 밀기, 입으로 물기, 물건 던지기, 손이나 물건으로 구타하여 타박상·화상·찰과상·골절상을 입게 하는 행위 등이다. 또한 이러한 행동을 할 것 같은 동작을 취함도 신체적 학대에 해당된다.

② 경제적 학대

노인의 재산 · 금전 · 자원의 오용으로 노인의 연금이나 현금 · 저축 등의 착취, 노인 자산의 매매, 노인의 물건을 함부로 처분하는 행위 등을 포함한다.

③ 방 임

방임은 무의식적, 의식적으로 부양하지 않거나 보호하지 않는 것을 의미한다.

④ 그 밖의 학대

정서적 학대는 노인에게 위협 · 모욕 · 협박 혹은 다른 형태의 언어적 · 비언어적 행위를 통한 정신적 가해를 주는 행위로 정의한다.

노인의 동의 없이 발생되는 성행위에 관련된 모든 행위를 성적학대로 규정지을 수 있으며, 방임과 구별되는 노인학대의 유형으로 감금과 격리를 들 수 있다.

⑤ 노인학대의 증후

노인학대의 다양한 증후의 형태는 <표 4-4>와 같다.

표 4-4 노인학대의 증후

구 분	증 후
보편적 증후	• 수면장애(정상인보다 매우 많거나 부족한 상태) • 섭식장애(식욕의 증가나 감소) • 의료원조요청의 지원, 빈번한 응급실 방문 • 쉽게 놀라거나 당황함 • 받아들이기 어렵거나 모호한 설명 • 고의적으로 남겨진 화상상처 • 골절, 염좌, 찢긴 상처, 찰과상
정서적 학대	• 불면, 수면장애 혹은 과다수면, 식욕변화 • 일상적이지 않은 체중변화(급격한 체중저하 혹은 체중증가) • 눈에 눈물, 설명되지 않는 신경불안증세, 초조, 낮은 자기수용성 • 지나친 공포, 상반되는 감정의 교차 혼돈, 주저함, 돌출행동
신체적 학대	• 긁히거나 멍든 상처, 골절, 타박상, 화상, 찰과상 등 • 머리 쥐어 뜯긴 흔적(두피의 혈흔) • 영양실조, 탈수, 건조한 피부, 푹 꺼진 눈, 체중감소 • 더러운 옷, 침구류

	• 체온저하 과다약물복용 흔적, 혹은 적절하지 못한 약물복용, • 평소에 사용하던 보조도구(안경 · 의치 · 보정기 등)가 보이지 않음 • 예상치 못했던 건강악화
방임의 신체적 증후	• 처방전과 불일치하는 혈액수준 • 야뇨증, 창백한 피부, 눈동자의 함몰 • 안경 · 보청기 의료도구의 부족 • 비위생적이거나 열악한 주거환경
경제적 학대의 증후	• 은행계좌의 이상 • 노인의 집에 우송되는 은행통지서의 정지 • 노인 자신이 제공할 수 있는 원조 이하의 원조 제공 • 노인 재정 상태에 관한 보호제공자의 과도한 관심 • 최근 노인과 친분을 과시하는 친지의 행동 • 노인에 대하여 평생을 보장하는 보호에 대한 약속 • 집 혹은 주요자산에 대한 양도의 요구 • 수표 · 문서 등 사인의 불일치

출처: 홍봉수 외(2018).

4. 위기(폭력과 학대)가족의 발생요인

1) 음주 및 폭음

가정폭력행위자의 33%가 음주상태였다고 보고되고 있으며(Maffli & Zumbrunn, 2003), 가정폭력의 발생원인으로 가정폭력 행위자들의 잦은 음주와 폭음의 습관을 지적했다(Smith & Allen, 2004; Zhang et al., 2000).

2) 성 역할 태도

가정폭력 행위자들은 가부장적이며 남성우월적인 태도가 아내에 대한 학대행위로 나타났으며(Ahmad, 2004), 김경신과 김경란(2002)의 연구에서는 가정폭력 행위자들 중 절반 정도(43.3%)가 가부장적 사고를 뚜렷이 보인 것으로 나타났다.

3) 폭력에 대한 허용적인 태도

디블과 스트라우스(Dibble & Straus, 1980)와 김재엽(1998)의 조사에서 폭력에 대한 허용적인 태도와 폭력행동과의 강한 관련성을 제시하였다.

4) 부부 간의 의사소통

부부 간의 대화가 원만히 진행되지 못하면 의사소통의 한 수단으로 폭력이 사용될 가능성이 높다. 김재엽(2007)의 연구에서 부부 간의 의사소통 유형 중 남편이 공격형이거나 산만형일 때 아내에게 폭력을 행사하는 경향이 높다고 제시하였다.

5) 성장기 학대경험

16개의 가정폭력 문헌을 고찰한 호탈링과 슈거만(Hotaling & Sugarman, 1986)은 14개의 연구에서 성장기 학대경험과 아내폭력과의 유의미한 관련성을 발견하고, 가정폭력 가해행동에 미치는 성장기 학대경험의 영향력은 인종과 민족을 막론하여 지지된다고 보고하였다(Ehrensaft et al., 2003).

제 2 절 위기(폭력과 학대)가족의 현황

여성가족부는 3년마다 가정폭력 실태조사를 시행하고 있다.

1. 부부폭력 현황

1) 부부폭력 피해율

<표 4-5>에 의하면 여성이 2016년 1년 간 배우자로부터 경험한 폭력 피해율은 12.1%, 신체적 폭력 3.3%, 정서적 폭력 10.5%로 나타났으며, 여성의 배우자폭력 가해율 9.1%, 남성의 배우자폭력 가해율 11.6%이며, 남녀 모두 신체적 폭력보다 정서적 폭력 피해가 많았다.

표 4-5 지난 1년 간 부부폭력률(전체)

(단위: %)

구 분	전 체	여 성			남 성		
		피 해	가 해	상호폭력	피 해	가 해	상호폭력
부부폭력률(1)	14.1	12.1	9.1	6.5	8.6	11.6	6.2
부부폭력률(2)	41.5	34.4	33.1	25.1	33.3	35.6	25.3
신체적 폭력	3.7	3.3	1.9	0.9	1.6	2.1	0.6
경한 폭력	3.6	3.2	1.8	0.9	1.6	2.1	0.6
중한 폭력	0.4	0.5	0.2	–	0.1	–	–
정서적 폭력	12.5	10.5	8.4	6.2	7.7	10.5	5.9
경제적 폭력	2.5	2.4	1.1	0.3	0.8	1.5	0.4
성적폭력	2.2	2.3	0.3	0.1	0.3	1.8	0.1
통제	37.7	29.7	29.8	22.8	30.4	31.8	23.5

출처: 여성가족부(2017).

주: 1) 부부폭력률(1)은 신체적, 정서적, 경제적, 성적폭력 중 하나라도 경험한 비율임.
2) 부부폭력률(2)는 신체적, 정서적, 경제적, 성적폭력, 통제 중 하나라도 경험한 비율임.
3) 유형별 폭력률은 각 유형에 해당하는 폭력행동들 중 하나라도 경험한 비율임. 신체적 폭력률은 경한 신체적 폭력이나 중한 신체적 폭력행동 중 하나라도 경험한 비율임.

2) 부부폭력 발생원인

부부폭력이 일어나게 된 주된 이유는 여성과 남성, 부부폭력 피해와 가해 경험 모두에서 '성격차이'와 '경제적인 문제'라는 응답이 가장 많았다. 여성피해자는 성격차이(45.3%), 경제적인 문제(25.7%), 배우자의 음주문제(9.6%), 시가 · 처가 문제(9.3%) 순이며, 남성피해자는 성격차이(47.5%), 경제적인 문제(22.4%), 본인의 음주문제(7.5%), 이유를 모르겠다(6.3%) 순이었다. 부부폭력 발생 시 '항상' 남편이 먼저 폭력행동을 시작했다는 응답이 48.4%, 아내가 먼저 시작했다는 응답은 15.8%로, 남성이 폭력행동을 먼저 시작한 비율이 훨씬 높았으며, 여성이 남성에 비해 더 심각한 수준의 신체적, 정신적 고통 및 위협 · 공포심을 겪는 것으로 조사되었다.

표 4-6 부부폭력이 일어나게 된 이유(여성)

(단위: %)

구 분	피 해	가 해
경제적인 문제	25.7	22.6
성격차이	45.3	45.3
시가, 처가 문제	9.3	11.0
자녀문제	1.8	3.1
배우자의 음주문제	9.6	10.7
귀하의 음주문제	4.4	2.0
배우자의 이성문제(외도 또는 외도의심)	1.1	1.4
귀하의 이성문제(외도 또는 외도의심)	0.4	0.3
이유를 모르겠다	2.2	2.9
기타	0.3	0.8
계	100.0	100.0

출처: 여성가족부(2017).

3) 부부폭력 피해경험

부부폭력의 첫 발생 시기는 결혼 후 5년 미만(50%), 결혼 후 1년 미만(18.1%), 결

그림 4-1 부부폭력으로 인한 피해경험 여부

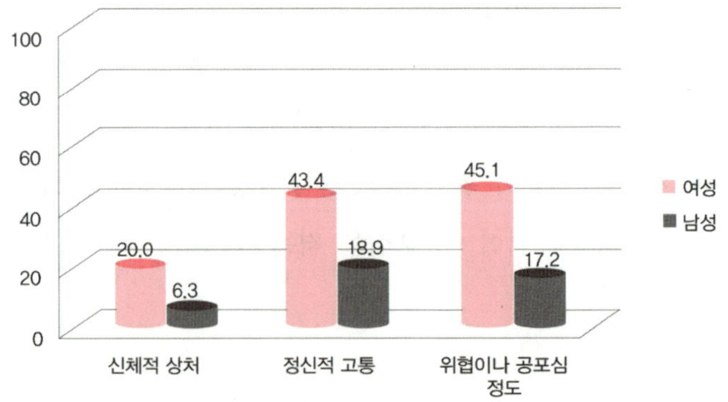

출처: 여성가족부(2017).

혼 후 1년 이상 5년 미만(44.2%)으로 여성의 62.3%가 결혼 후 5년 내에 처음 폭력을 경험했고, '결혼 전 교제기간'에 처음 데이트폭력을 경험했다는 여성도 2.0%였다.

부부폭력 피해를 경험한 여성 20.0%, 남성 6.3%는 신체적 상처, 여성 43.4%, 남성 18.9%는 정신적 고통, 여성 45.1%, 남성 17.2%는 위협이나 공포심을 느꼈다.

4) 부부폭력 후 대응방법

부부폭력에 대한 대응 및 주위로부터 도움 요청여부는 폭력이 발생한 상황에서 그냥 있었다(66.6%), 자리를 피하거나 집밖으로 도망(24.1%), 함께 폭력행사(8.1%), 주위에 도움 요청(1.0%) 순으로 나타났다.

도움 요청한 대상은 가족이나 친척(12.1%), 이웃이나 친구(10.3%), 경찰(1.7%) 순이었다. 경찰에 도움을 요청하지 않은 이유는 폭력이 심각하지 않다고 생각해서(41.2%), 집안 일이 알려지는 것이 창피해서(29.6%) 순이며, 여성긴급전화 1366이나 상담소 및 보호시설 등 지원기관에 도움을 요청하지 않은 이유는 부부 간에 알아서 해결할 일인 것 같아서(27.6%), 폭력이 심각하지 않다고 생각해서(18.6%)라고 답했다.

2. 자녀학대 현황

1) 아동학대율

'2019년 아동학대 예방 포럼'에서 최근 5년 간 아동학대로 132명 사망하였으며 작년 아동학대 사례는 2만 4천 건에 이른다. 자녀를 학대한 비율은 27.6%이다. 응답자의 배우자가 자녀를 학대한 비율 19.2%, 응답자가 학대한 비율 35.6%로 나타났다.

2) 유형별 아동학대

자녀학대의 행위자 77%가 부모이며 유형별로는 자녀에 대한 정서적 학대 25.7%, 신체적 학대 7.3%, 방임 2.1%이었다. 여성응답자의 자녀학대율 32.1%는 남성응답자 22.4%에 비해 높게 나타났다.

표 4-7 폭력유형별 자녀학대율

(단위: %)

구 분	전 체		여 성		남 성	
	본 인	배우자	본 인	배우자	본 인	배우자
자녀학대율	27.6	19.2	32.1	18.5	22.4	19.9
신체적 학대	7.3	3.1	9.8	3.2	4.5	3.1
정서적 학대	25.7	18.5	30.1	17.6	20.6	19.5
방임	2.1	1.6	2.3	1.3	1.9	1.9

출처: 여성가족부(2017).

3. 노인학대 현황

1) 노인학대 현황

만 65세 이상 응답자를 대상으로 배우자를 제외한 가족구성원(자녀, 사위, 며느리, 손자녀 등)으로부터 신체적, 정서적, 경제적 학대 및 방임 피해 경험을 조사한 결과, 2016년 가족으로부터 노인학대를 경험한 비율은 7.3%이며, 신체적 학대(0.4%), 정서적 학대(6.5%,), 경제적 학대(1.5%), 방임(1.4%)이었다. 주 가해자는 아들·딸(69.5%),

그림 4-2 노인학대의 주 가해 가족구성원

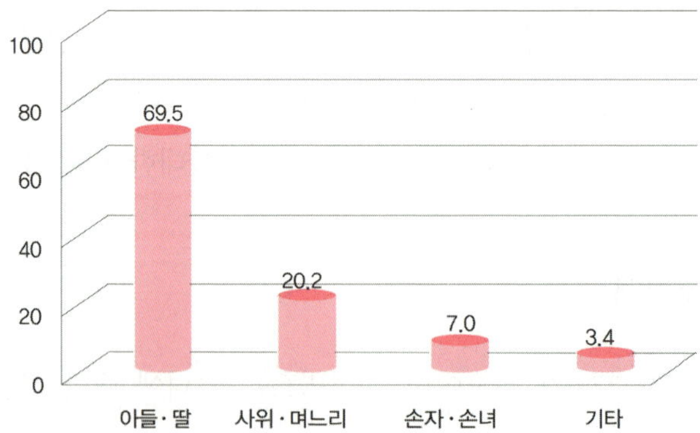

출처: 여성가족부(2017).

사위 · 며느리(20.2%), 손자 · 손녀(7.0%) 순이었고, 가해자와 동거하는 비율은 28.6%이었다.

2) 노인학대 이유 및 유형

가족구성원의 학대 이유는 해당 가족구성원의 나에 대한 부양부담으로(36.4%), 해당 가족원의 스트레스(29.4%) 순이었으며, 여성피해 경험 6.2%, 남성피해 경험 8.6%로 남성노인의 피해경험이 여성노인보다 조금 더 많은 것으로 나타났다.

학대 유형별로 여성노인의 경우 정서적 학대(5.7%), 방임(0.7%), 신체적 학대(0.6%), 경제적 학대(0.4%) 순이며, 남성노인의 경우 정서적 학대(7.5%), 경제적 학대 (2.9%), 방임(2.3%) 순으로 나타났다.

노인학대 발생 시 도움을 요청한 응답자는 없었으며, 이유는 가족이라서(61.1%), 창피하고 자존심이 상해서(23.3%), 그 순간만 넘기면 되어서(15.6%)라고 응답했다.

제 3절 위기(폭력과 학대)에 대한 이론적 접근

가정 내의 폭력은 가족이 처한 환경에 따라 다르게 작용할 수 있기 때문에 정확한 원인을 규명하기 어렵다.

1. 개인병리적 관점

가정폭력을 정신병리학적 산물로 보는 관점으로 알코올 또는 약물중독과 그 외 비정상적인 행동의 결과라고 본다. 배우자의 잔소리나 지적하는 자극이 폭력 가해자인 자신에게 가학적 충동과 심리적 불안정과 더불어 자아통제성을 상실하게 만들어 폭력을 행사하게 된다는 이론이다. 폭력가해자는 대부분 남성이며 정신병적 증세를 보이는 것으로 판단하나 모든 폭력남성을 정신병 환자라고 볼 수 없다.

2. 생태학적 관점

폭력은 개인적 병리나 또는 학습결과가 아니라 체계의 산물로 본다. 부모, 자녀, 남편, 부인 등이 주변의 환경이 다른 체계와 조화를 이루지 못하며 발생되는 갈등현상으로 본다(Garbarino, 1977). 아동폭력이나 학대는 부모와 자녀 간의 부적응 내지는 갈등환경에서 기인하는 현상이라고 본다.

3. 페미니즘적 관점

가정폭력을 성차별적 사회구조로 보는 이론으로(Dobash & Dobash, 1979), 폭력이 개인적인 성향이나 학습에서 야기되는 것뿐만 아니라, 폭력을 허용하는 사회문화적 규범, 가부장적 이데올로기에 근거한 남성의 권위적 태도와 남성 우월적인 구조화된 사회에서 발생하는 행위로 본다. 즉, 이러한 사회문화구조에서 여성의 억압형태로 표현되는 가정폭력은 근본적으로 해결할 수 없다고 보는 관점이다.

첫째, 남녀차별적 노동시장구조를 꼽는다. 둘째, 생물학적으로 여성은 남성보다 열등하다는 이데올로기를 들 수 있다. 셋째, 성역할의 사회적 규범으로서 여성은 표현적인 역할을 담당하고 순종적 · 희생적 · 의존적인 존재로 보는 관점이다.

가정폭력은 여성이나 아동에게만 체계적으로 행해져 왔다(Dobash & Dobash, 1979).

4. 사회심리적 관점

사회학습이론에 의하면, 가정폭력은 인간의 모든 행동과 마찬가지로 학습된다는 관점이다(Bandura, 1973). 폭력에 대한 태도는 먼저 자신의 원가족, 사회적인 가치관, 문화적 영향에 좌우된다고 하였다(Steinmetz, 1977). 폭력행위는 자신이 직접 경험한 폭력으로부터도 학습될 수 있기에 성장기 폭력경험의 빈도가 높을수록 피해자는 폭력적인 배우자나 부모가 될 확률이 높다.

제 4 절 위기(폭력과 학대)에 대한 개입방안

1. 개인 및 사회망을 통한 지원

평소 폭력에 대한 이성적인 의식을 기르며 폭력의 습관화를 방지한다. 폭력이 발생하였을 때 주위에 즉각적으로 자신의 폭력 피해사실을 알린다. 또한 폭력이 발생했을 때 도움을 청할 수 있는 전화번호 및 장소 등을 알아둔다.

2. 법적 지원

일반적으로 가정폭력은 가정 내에서 처리하고자 하는 경향이 있으나 피해자를 보호하고 폭력발생을 감소시키기 위해서는 법적 보완장치가 절대적으로 필요하다.

가정폭력에 대한 법적대응책에 대하여 강력한 법집행을 요구하는 경우가 13.2%로 낮게 나타났다. 가정폭력이 발생하여 법적대응을 행하는 경우에도 가해자의 구속이나 형집행・형사적 대응보다는 민사적 대응을 바라고 있다(한국형사정책연구원, 1992). 이와 같이 가정폭력에 대한 우리사회의 정서를 고려해 볼 때 구속이나 처벌이 아닌 예방이나 위협적 수준에서 다루어질 때 효과가 나타날 것이다.

3. 경찰제도 지원

가정폭력의 초기단계에서 적절한 조치를 취할 수 있다면 이후 더 큰 불행이 발생하지 않도록 막을 수 있다. 폭력이 발생했을 때 최초 접촉기관은 경찰기관이다. 경찰기관은 가정폭력 대응과정에서 매우 중요한 역할을 맡게 된다. 그러나 현실적으로 상당수의 가정폭력피해자들은 경찰의 무관심・방임・개입하려는 의지부족을 지적한다. 경찰기관은 다음 단계의 대응행동을 취하기보다는 가정폭력을 개인적 불행으로 치부하도록 사회화한다. 경찰관들이 가정폭력에서 파생되는 위험을 인식하여 긴급

상황으로 중재・분쟁 해결기술을 배울 수 있는 기회를 가질 필요가 있다.

4. 의료 지원

가정폭력은 신체적 손상・정신적 손상 등 의료적 지원이 필수적이다. 가정폭력을 당한 피해자가 의료보험 적용조차 받기 힘든 현실을 고려해 볼 때 피해자는 사회적으로 보호를 받지 못하는 자신에 대해 무력감을 갖게 될 수밖에 없다. 폭력의 증거 확보를 위한 진단서 발급조차 쉽지 않는 현실에서 대응행동을 하기란 거의 불가능하다. 가정폭력피해자들은 의료계와의 접촉을 선호한다. 이때 의사와 간호사 및 의료 종사자 요원들의 역할은 매우 중요하다. 피해자들을 진단하고 치료하는 데 그치는 것이 아니라 그들을 보호하는 등의 심리적 지원도 제공할 수 있어야 할 것이다.

5. 가정폭력 예방과 대책을 위한 대응방안

가정폭력에 대한 효과적인 예방을 위해서는 개인과 사회망, 관련기관들과 연계된 복합적 대응방안이 강구된다. 여성의 전화(1992)를 토대로 살펴본 폭력피해자들이 원하는 대응방안은 정신적 치료 6.9%, 물질적・재정적 지원(피난처제공 등) 40.2%, 법률적 정보제공 및 협조 41.3% 등으로 나타났다. 폭력피해자들은 자신을 위한 외부 지원을 요구한 반면, 가해자에 대한 처벌이나 치료프로그램에는 거의 관심을 보이지 않았다. 일반적으로 폭력피해자들은 현실감각과 대처능력을 상실하게 된다. 따라서 객관적 입장에 있는 전문 상담원의 개입이 요구된다. 특히 폭력의 재생산을 방지하기 위한 가해자 대상으로 치료전문 기관도 설치해야 할 것이다.

CHAPTER 05 다문화가족복지

학습목표

이 장의 학습목표는 다문화가족에 대한 학습이다. 정보통신 및 교통기술 등의 발달은 지구촌이 하나의 생활권을 형성하게 되어 체류 외국인이 증가하였고, 결혼이민자 등과 같이 국내 정착 이민자들도 꾸준히 증가하고 있다. 다문화가족은 국제결혼가족, 북한이탈가족, 외국인근로자가족 등 다양한 유형으로 구분할 수 있으며, 지원정책 및 서비스도 가구 규모와 유형의 다양성으로 인해 다각적으로 접근되고 있다.

- 다문화가족의 개념과 유형에 대해 설명할 수 있다.
- 다문화가족의 현황 및 문제에 대해 설명할 수 있다.
- 다문화가족 정책 및 서비스를 이해할 수 있다.

제 1 절 다문화가족의 개념과 현황

1. 다문화가족의 개념과 정의

1) 다문화가족의 개념

다문화는 언어, 문화, 관습, 성별, 종교, 직업, 계층, 인종 등의 차이에 의해 발생하는 다양한 문화를 의미하고, 그러한 특성을 가진 사회를 다문화사회라 한다. 이러한 사회의 최소 단위를 가정이라 하고, 그 가정을 구성하는 구성원들을 가족이라 한다. 교육인적자원부(2006)에서는 다문화가정을 '우리와 다른 민족·문화적 배경을 가진 사람들로 구성된 가정을 통칭하는 것으로 사용되고 있으며, 그에 따른 정책대상으로는 국제결혼가정, 외국인 근로자를 포함하고 있다'고 규정하고 있다.

다문화사회에서는 각 하위문화 집단마다 자기문화중심의 사고가 형성되며 타문화와의 의사소통에 있어서는 장애물이 되어 갈등의 원인이 되기도 한다(조기제, 2006).

2) 다문화가족의 정의

다문화가족지원법에 의하면, 다문화가족이란 "결혼이민자와 한국인으로 이루어진 가족"과 "국제법에 의해 귀화허가를 받은 자와 한국인으로 이루어진 가족"으로 정의하고 있다. 2008년에 제정된 다문화가족지원법에서 말하는 다문화가족의 개념은 협의의 개념을 사용하여 결혼한 이민자, 귀화허가를 받은 자와 출생 시부터 대한민국 국적을 취득한 자로 이루어진 가족을 의미한다. 그러나 이후 2011년 4월과 2015년 12월 두 차례 거쳐 개정된 다문화가족은 결혼이민자 외에 귀화자와 출생 · 인지 · 귀화에 의한 한국인으로 구성된 가족으로 확대된 범위에 속한다(법제처, 2018).

우리사회에서는 증가하는 북한이탈주민, 외국인 노동자, 유학생 부부와 같이 구성된 가족 등이 현행 다문화가족지원법의 지원대상에서 벗어나는 경우가 발생하기 때문에 다문화가족 지원대상에 대한 개념 규정에 대한 새로운 논의가 필요한 실정이다.

(1) 다문화가족

재한외국인 처우 기본법 제2조 제3호의 결혼이민자와 국적법 제2조부터 제4조까지의 규정에 따라 대한민국 국적을 취득한 자로 이루어진 가족, 국적법 제3조 및 제4조에 따라 대한민국 국적을 취득한 자와 같은 법 제2조부터 제4조까지의 규정에 따라 대한민국 국적을 취득한 자로 이루어진 가족이다.

(2) 결혼이민자

재한외국인 처우 기본법 제2조에 따르면, "결혼이민자란 대한민국 국민과 혼인한 적이 있거나 혼인관계에 있는 재한외국인"을 의미한다. 현행 국적법은 혼인에 의한 귀화를 간이귀화로 설정, 일반귀화보다 다소 완화된 기준을 적용하여 국적으로 부여하고 있다.

2. 다문화가족의 현황

1) 다문화가족 형성배경

우리나라 다문화가족 형성 초기에는 아메리칸 드림을 꿈꿔 온 한국여성과 주한 미군과의 결혼이 중심이었다. 독일에 광부 및 간호사 등을 파견한 1960~1970년대, 중동에 건설기술 및 노동인력을 파송한 1970~1980년대, 1980년대 이후에는 한국의 급속한 경제발전에 따른 노동력의 필요에 따라 외국인의 국내유입과 한국인의 해외신출이 늘어 외국전문직 남성과 한국 여성의 결혼이 증가하기 시작하였다.

2) 다문화가족 현황

(1) 다문화가족 가구 수 및 유형

'다문화가족 실태조사'는 여성가족부에서 3년마다 실시하는 국가승인 통계조사로, 네 번째로 2018년 실시되었다. 2008년 다문화가구 수는 14만 4천 명이었으나, 2017년에는 33만 명으로 집계되어 지난 십여 년 간 두 배 이상 증가하였다. 2020년에는 다문화가족의 수는 백만 명에 이를 것으로 전망된다(여성가족부, 2019). <표 5-1>에서 유형별로 살펴보면, 전체 다문화가족 중 혼인 귀화자를 포함한 결혼이민자 가구 수는 85.7%이며, 혼인 외 방법으로 한국 국적을 취득한 기타 귀화자 가구는 14.3%이다.

표 5-1 유형별 다문화가구 분포

(단위: %, 가구)

		비 율	가 구
전체(2015)		100.0	278,036
전체(2018)		100.0	306,995
다문화가구 유형	결혼이민자	85.7	262,969
	기타 귀화자	14.3	44,026

출처: 여성가족부(2019).

결혼이민자의 국적은 중국과 조선족의 비율이 가장 높고, 그 다음으로는 베트남 · 일본 · 필리핀 등이 증가하고 있는 것으로 나타났다. 그러나 최근에는 국제결혼 대상국이 우즈베키스탄, 캄보디아, 몽골 등으로 다변화되고 있다(홍봉수 외, 2018).

2018년도 통계를 보면 외국인과의 혼인은 22,698건으로 전년대비 1,863건(8.9%) 증가하였으며, 외국남자와 혼인 비중은 26.8%를 차지하여 전체결혼 중 다문화결혼 비중은 7.7%로 전년대비 3.4% 감소한 것으로 나타났다. <표 5-2>에서 다문화결혼의 유형은 외국인아내, 외국인남편 순으로 나타났다.

표 5-2 다문화가족 비율

(단위: 명, %)

구 분	2016	2017	2018
계	20,591(100%)	20,835(100%)	22,698(100%)
외국인아내 (한국인남자 + 외국인여자)	14,822(71.9%)	14,869(71.3%)	16,608(73.2%)
외국인남편 (한국인여자 + 외국인남자)	5,769(28.0%)	5,966(28.6%)	6,090(26.8%)

출처: 통계청(2019).

[그림 5-1]에서 다문화혼인을 한 남편과 아내의 연령별 실태를 살펴보면 남편의

그림 5-1 국제결혼 다문화가정의 남자(남편)의 혼인 연령 비중

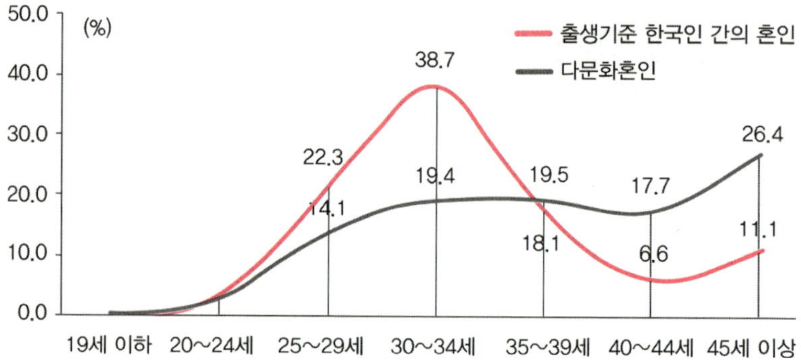

출처: 통계청(2018).

경우 45세 이상의 비율이 24.6%로 가장 높고, 30대 초반(20.4%), 30대 후반(19.2%) 순으로 높았다.

20대 초반의 비율은 감소추세인 반면 40대 초반의 비율은 증가추세를 보이는데, 그 이유는 만혼뿐 아니라 재혼이 많기 때문으로 볼 수 있다.

국내 남성의 결혼 평균연령이 30~34세(38.7%)로 30대 중반인데 국제결혼 한국남성은 이보다 11살 많은 45세가 가장 많았다.

[그림 5-2]에서 이민자들 중 결혼 등을 이유로 10년 이상 국내에 거주하는 이들이 60.6%에 달한다. 2015년에 비해 12.7% 상승했다. 15년 이상 거주한 비율도 27.6%였으며, 이 비율도 2015년에 비해 7.0% 올랐다. 반면 10년 이하 단기 거주 비율은 2015년에 비해 하락하여 장기 정착자가 증가하고 있음을 나타냈다. 다문화가족의 평균 가구원 수는 2.92명으로 전체 국민 평균 가구원 수 2.47명보다 많았다.

그림 5-2 결혼이민자 · 귀화자 국내거주 기간

(단위: %)

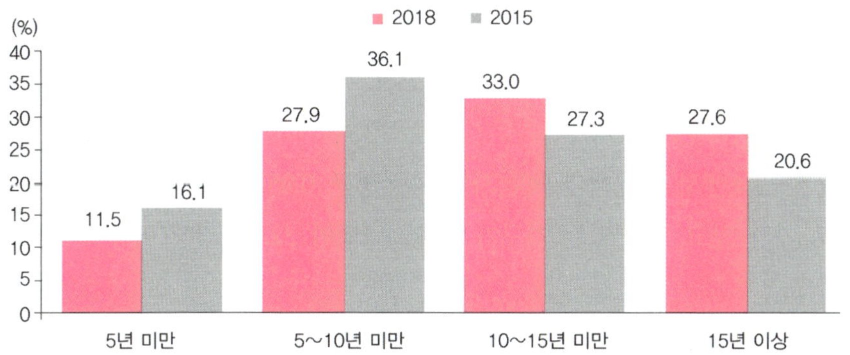

출처: 통계청(2019).

(2) 다문화가족 자녀 현황

① 가구별 자녀수

다문화 출생아 수는 지난해에도 전년(1만 9,431명) 대비 5.1%(991명) 줄었지만 한국인 부모의 출생아 수 감소폭(12.3%)이 더 크다 보니 전체 출생아에서 차지하는 비

그림 5-3 **다문화가정 출생아 수 및 다문화 비중**

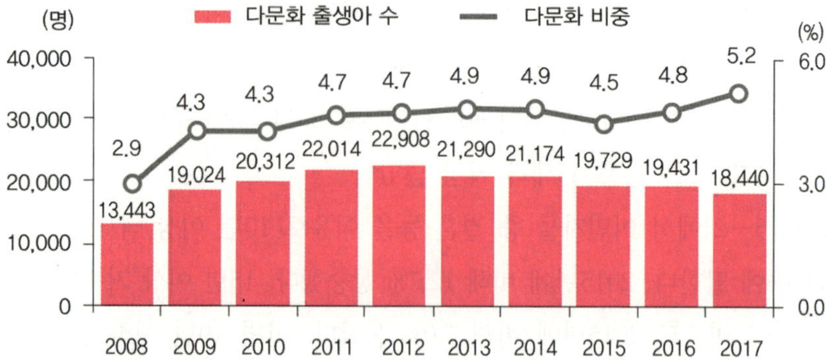

출처: 통계청(2018).

중은 늘어난 것이다.

[그림 5-3]에서 다문화 출생 건수는 계속 감소함에도 불구하고 출생 비중이 계속 상승하는 것은 우리나라 출생 건수 자체가 급감하기 때문이다. 그러나 다른 한편으로 국내 출생 신생아 100명 중 5명 이상이 다문화자녀라는 사실은 향후 이들 세대의 성장과 함께 우리나라 이주배경을 가진 국민의 비중이 급속히 팽창될 것임을 전망하게 한다(여성가족부, 2019).

<표 5-3>에서 다문화가구의 자녀수는 평균 0.95명으로 자녀가 없는 가구가 36.7%로 가장 많고, 1명 있는 가구가 36.5%, 2명이 22.5%, 3명 이상이 4.3%이다.

표 5-3 **다문화가구 자녀수(2018)**

(단위: %)

	0명	1명	2명	3명 이상
비율	36.7	36.5	22.5	4.3

출처: 통계청(2019).

가구소득별 자녀수 분포를 분석한 결과, 가구소득이 높을수록 자녀수가 많은 경향을 띤다. 가구소득 100만 원 미만 가구의 평균 자녀수는 0.58명에 불과하나, 600만 원 이상 가구의 자녀수는 1.14명이다.

② 자녀의 연령 분포

<표 5-4>의 가구조사표에 학령 전기에 해당하는 6세 미만 자녀의 규모비율(39.0%)이 크게 증가해 왔으나, 최근 1~2년을 기점으로 초등학령기에 해당하는 만 6~11세 자녀의 비율(38.2%)규모가 크게 증가하여 기존 만 6세 이하의 자녀 세대의 일부가 초등학령기인 만 7~12세로 진입하여 이들의 비중이 확대된 것으로 보인다.

표 5-4 다문화가구 자녀 연령(2018)

(단위: 명, %)

	6세 미만	6~11세	12~14세	15~17세	18세 이상
인원	103,372	101,137	22,787	15,469	21,968
비율	39.0	38.2	8.6	5.8	10.7

출처: 통계청(2019).

그림 5-4 다문화가정의 학교별 학생 수 비율

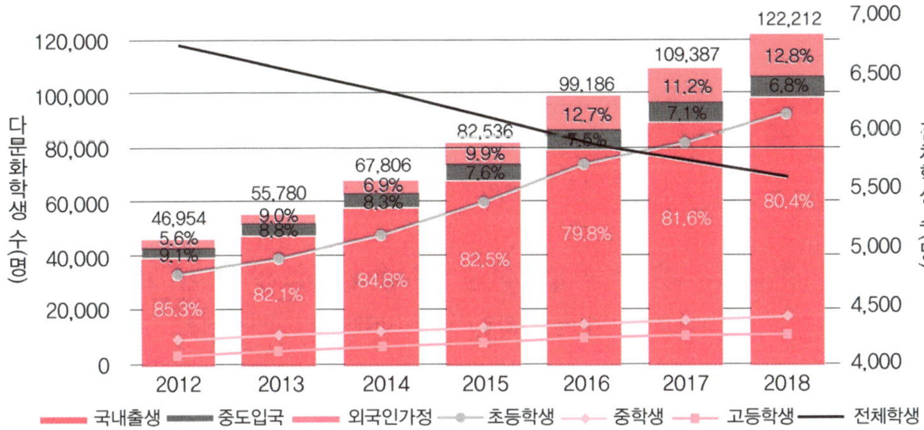

출처: 국회입법조사처(2018); 교육천지개벽(2019).

주: 1) 다문화가정 학생수 = 국제결혼가정(국내 출생자녀 + 중도 입국자녀 + 외국인 자녀가정.
2) 국내출생자녀: 한국인과 결혼한외국인배우자 사이에서 태어난 자녀 중 국내에서 출생한 자녀.
3) 중도입국 자녀: 국제결혼가정 자녀 중 외국에서 태어나 부모와 함께 중도에 국내로 입국한 자녀.
4) 외국인 가정 자녀: 외국인 사이에서 출생한 자녀(외국인 근로자 자녀, 재외동포 자녀 등) 한국교육개발원, 2018년 교육기본통계를 토대로 재구성.

[그림 5-4]를 분석하면 국내 초·중·고교 다문화학생은 2018년 12만 2,212명(2.2%)으로 2017년(109,387명) 대비 1만 2,825명(11.7%)이나 급증했다.

③ 지역별 다문화가정학생 수 현황

[그림 5-5]에서 전체 학생 중 다문화학생의 비율이 가장 높은 지역은 전남이며, 충남, 전북, 경북, 충북 순이며, 도 지역은 다문화학생의 비율이 전국 평균(2.2%)을 초과하였으며 전북, 전남, 강원의 경우 그 비율이 약 95%에 달하여 도 지역의 경우 국내출생 자녀가 절대적 비중을 차지하나 시 지역은 평균 미만으로 나타났다.

다문화학생이 가장 많은 지역은 경기(23.8%)와 서울(13.3%)이며, 경남, 전남, 충남, 경북 순으로 전체 다문화학생의 42.8%가 수도권에 거주하고 있으며, 전체 중도입국 학생의 62.1%, 외국인가정 학생 73.1%가 수도권 공단 인근을 중심으로 다문화가정이 밀집되어 있다.

그림 5-5 다문화가정의 지역별 학생 수 비율

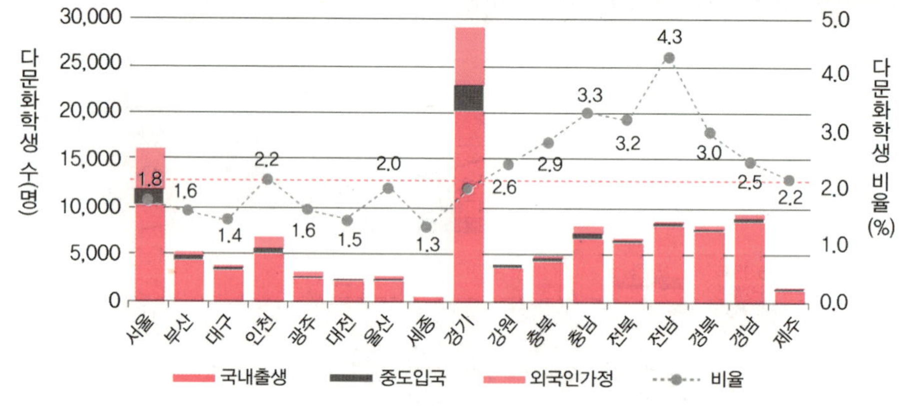

출처: 국회입법조사처(2018); 교육천지개벽(2019).

④ 다문화가정학생 취학률

다문화학생은 비 다문화학생에 비해 취학률은 낮고 학업중단율은 높으며, 학교급이 높아질수록 그 격차가 벌어져 고등교육으로의 진입이 취약한 것으로 나타났다.

그림 5-6 다문화가정의 학생취학 비율

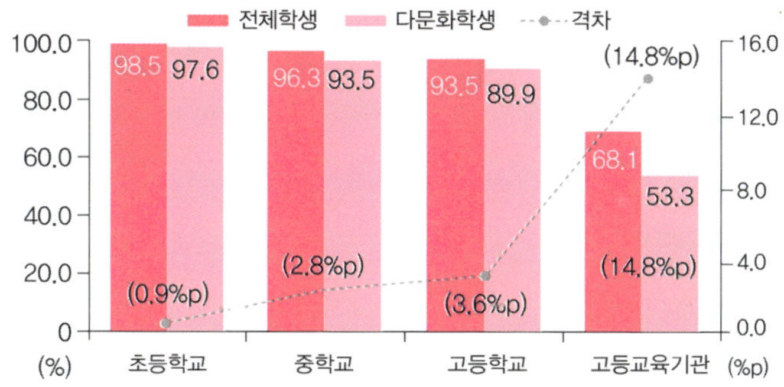

출처: 국회입법조사처(2018), 교육천지개벽(2019).

주: 1) 취학률(%): (해당연령대 취학아동/취학적령인구)×100

2) 재적학생: 재학생과 휴학생의 합(졸업, 중퇴, 수료 등은 제외)

3) 취학적령: 초등학교(만 6~11세), 중학교(만 12~14세), 고등학교(만 15~17세), 고등교육기관(만 18~21세).

[그림 5-6]에서 2018년 기준 취학률 격차는 초등학교 단계에서는 0.9%로 미미하나, 상급 학교로 갈수록 격차가 심화되어 중학교(2.8%), 고등학교(3.6%), 고등교육단계(14.8%)에서는 취학률 격차가 많이 벌어지고 있다(국회입법조사처, 2019).

2018년 전체 국민의 취학률과 비교해 보면, 초등학교의 경우 전체국민의 취학률은 97.4%로 다문화가족 자녀의 취학률이 0.7% 더 높게 나타난다. 그러나 중학교부터는 다문화가족의 취학률이 전체 국민에 비해 눈에 띄게 낮은데, 중학교에서는 5.1%, 고등학교에서는 4.5% 낮고, 이러한 격차는 고등교육에서 극대화되어 고등교육의 경우, 국민 전체(67.6%)에 비해 다문화가족의 취학률은 18.0%가 낮다.

(3) 주거 및 경제상태

① 주택 종류

다문화가구의 주거유형은 단독주택(40.9%), 아파트(37.5%), 다세대주택(13.7%) 순이다. 이민자 가구는 기타 귀화자 가구에 비해 단독주택(41.5%)과 아파트(38.3%) 거주비율이 더 높은 반면, 기타 귀화자 가구는 다세대주택(18.0%)과 기타(9.1%) 거주 비율이 결혼이민자 가구보다 더 높다. 가구소득별로는 가구소득이 높아질수록 아

표 5-5 다문화가구의 주택 종류

(단위: %, 가구)

		단독 주택	아파트	연립 주택	다세대 주택	기 타	합 계
전체		40.9 125,435	37.5 115,123	2.5 7,561	13.7 42,200	5.4 16,676	100.0 306,995
다문화 가구유형	결혼이민자	41.5	38.3	2.4	13.0	4.8	100.0
	기타 귀화자	37.3	32.9	2.7	18.0	9.1	100.0
거주 지역	동부 읍면부	34.5 61.6	40.6 27.3	2.8 1.4	16.2 5.7	5.9 5.5 4.0	100.0 100.0
가구 소득	100만 원 미만	45.9	28.9	2.1	17.6	5.5	100.0
	100~200만 원 미만	50.7	26.3	2.4	14.8	5.9	100.0
	200~300만 원 미만	42.9	34.6	2.6	14.2	5.7	100.0
	300~400만 원 미만	37.5	42.2	3.1	12.8	4.5	100.0
	400~500만 원 미만	32.8	46.3	2.0	13.0	5.9	100.0
	500~600만 원 미만	29.2	52.9	2.9	9.9	5.1	100.0
	600만 원 이상	20.7	64.5	1.1	8.9	4.8	100.0

출처: 여성가족부(2019).

파트에 거주하는 비율이 높아져서 600만 원 이상에서는 64.5%가 아파트 거주로 나타나는 반면, 소득이 낮을수록 단독주택과 다세대주택 거주 비율이 높아지는 경향을 보인다. 가구소득 100만 원 미만(45.9%)은 단독주택 거주로 <표 5-5>에서 나타난다.

② 가구소득

다문화가구의 가구소득은 200~300만 원 미만(26.1%), 100~200만 원 미만(22.4%), 300~400만 원 미만(20.1%), 400~500만 원 미만(11.5%), 500만 원 이상(10.2%) 순이다. 2015년 결과와 비교할 때, 300~400만 원을 기준으로 그 이상의 구간에서는 전반적으로 비율이 상승한 반면, 그 이하 구간에서는 비율이 하락한 것으로 나타난다. [그림 5-7]에서 훨씬 완만해지면서 전반적인 구간별 편차가 줄어들었음을 알 수 있다.

그림 5-7 다문화가구 월평균 가구소득(2015, 2018)

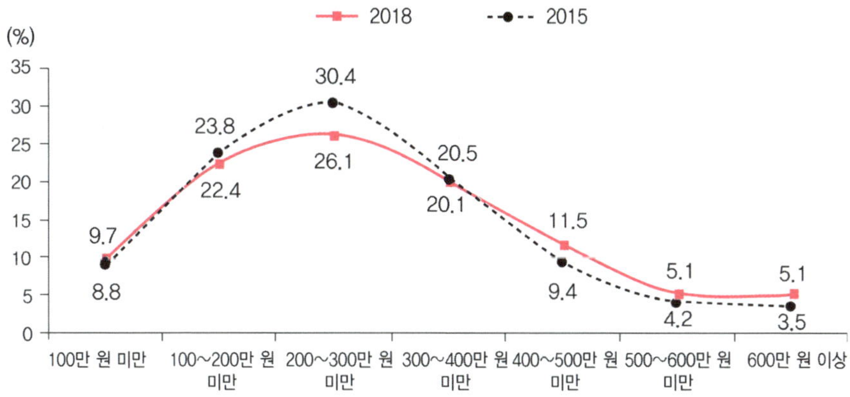

출처: 여성가족부(2019: 55).

<표 5-6>에서 200~300만 원 미만은 결혼이민자 가구, 기타 귀화자 가구가 각각 26.1%, 26.3%로 거의 비슷하게 나타났으나, 이 구간을 중심으로 결혼이민자 가구와 기타 귀화자 가구의 경향이 갈리는 것으로 볼 수 있다. 결혼이민자 가구의 200만 원 미만(30.6%), 기타 귀화자 가구(41.1%)로 기타 귀화자 가구가 결혼이민자 가구보다 저소득 비율이 훨씬 높다는 것을 알 수 있다. 거주지별로는 약간 다른 양상을 보

표 5-6 다문화가구 월평균 가구소득

		100만 원 미만	100~200만 원 미만	200~300만 원 미만	300~400만 원 미만	400~500만 원 미만	500~600만 원 미만	600만 원 이상	합 계
전체(%)		9.7 29,901	22.4 68,781	26.1 80,225	20.1 61,727	11.5 35,232	5.1 15,584	5.1 15,544	100 306,995
가구유형	결혼이민자	9.1	21.5	26.1	20.9	11.9	5.2	5.2	100.0
	기타 귀화자	13.5	27.6	26.3	15.3	8.7	4.1	4.4	100.0
거주지역	동부	10.4	21.5	25.4	9.9	11.6	5.5	5.8	100.0
	읍면부	7.6	25.5	28.6	20.7	11.0	3.7	2.8	100.0

출처: 여성가족부(2019).

이는데, 100만 원 이상부터 400만 원 미만까지는 읍면부의 비율(74.8%)이 동부(66.8%)보다 높으나, 100만 원 미만과 400만 원 이상부터는 동부의 비율이 훨씬 높다. 즉, 동부 다문화가구가 읍면부 다문화가구보다 최저소득 및 고소득 비율이 상대적으로 더 높은 양극화 경향을 보이고 있으며, 다시 말해 도시지역거주 다문화가구 사이에 소득불평등이 상대적으로 더 심화되었음을 보여준다. 다문화가구 전체의 국민기초생활보장급여 수급가구 비율은 5.7%로 2015년(5.1%)에 비해 소폭 증가하였다.

제 2 절 다문화가족의 특징과 문제

여성가족부 2018년 다문화가족의 실태조사(2019)를 중심으로 그들이 경험하는 주요 문제들을 구분하여 정리하였다.

1. 한국생활 어려움

다문화가족이 직면한 어려움에는 경제적 어려움을 지적한 이들이 26.2%로 가장 많으며, 그 다음으로 외로움(24.1%), 언어 문제(22.3%)의 순으로 나타났다.

[그림 5-8]에서 한국생활 중에 어려운 점이 없다는 응답이 2015년 25.7%에서 2018년 29.9%로 4.2% 증가하여 큰 어려움 없이 생활을 영위하는 결혼이민자·귀화자가 다소 늘어난 것으로 보인다. 그러나 외로움을 어려움으로 지적한 이들도 지난 3년 간 5.6% 증가했으며, 2018년 조사에 새롭게 포함된 친구사귀기를 어려움으로 지적한 이들(7.1%)도 적지 않은 점 등을 고려하면, 한국생활 중에 사회적 관계형성의 어려움이나 이와 관련된 정서적 문제에 직면한 이들이 늘어난 것으로 보인다.

그림 5-8 결혼이민자 · 귀화자의 한국생활 어려움

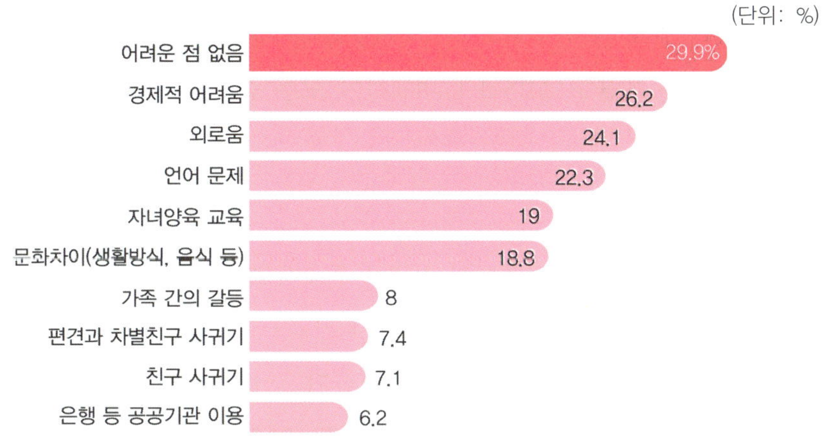

출처: 여성가족부(2019).

1) 사회적 관계망

거주 기간이 늘면서 한국생활 적응력은 높아졌지만 '도움 · 의논 상대가 없다'고 답한 비율도 함께 늘어나 사회관계망 부족이 심화된 것으로 나타났다. [그림 5-9]

그림 5-9 결혼이민자 · 귀화자의 사회직 관계없음

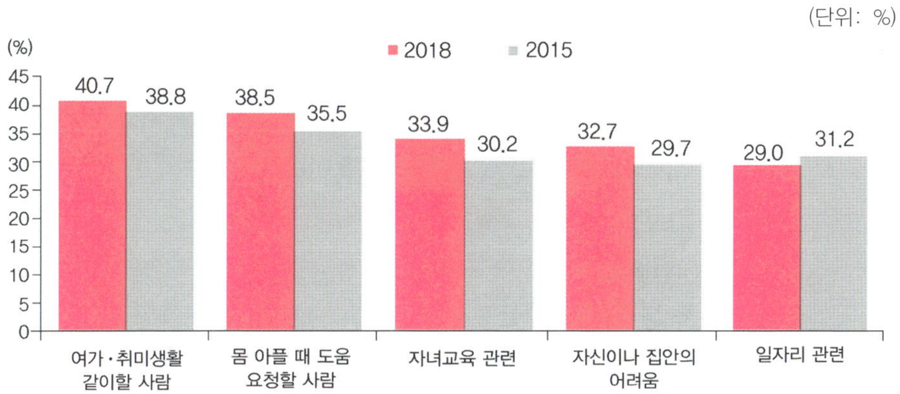

출처: 여성가족부(2019).

에서 '외로움'(24.1%)을 어려움으로 꼽는 비율도 함께 증가(5.6%)한 것으로 나타난다. '여가 · 취미 생활을 같이할 사람'(40.7%), '몸이 아플 때 도움을 요청할 사람'(38.5%), '자녀 교육 관련 사회적 관계'(33.9%) 등 사회적 관계를 묻는 항목에 '(관계가) 없다'고 답한 비율도 2015년에 비교하여 모두 증가했다.

2) 차별 경험

다문화가정 증가에 따라 1세대의 차별은 감소하고 2세 자녀들이 겪는 차별문제는 점차 증가하는 것으로 밝혀졌다. 다문화 1세대의 차별을 경험한 비중은 30.9%로 2015년(40.7%)보다 약 10% 감소한 반면, [그림 5-10]에서 다문화가정 자녀 중 사회생활을 하면서 차별을 경험한 비중은 9.2%로 2.3% 증가하였다. 주로 친구(64.0%)나 고용주 · 직장동료(28.1%)로부터 받는다고 응답했다.

특히 청소년 중 학교폭력을 경험한 비율은 2015년에 비해 3.2% 증가한 8.2%로 나타났으며, 대응방법도 그냥 넘어감(18,2%), 그냥 참음(30.4%)이 2015년 조사 때보다 각각 4.6%, 7.9% 늘었다. 학교폭력을 경험해도 특별한 조치 없이 그냥 참는다고 답

그림 5-10 다문화가족 자녀의 학교생활

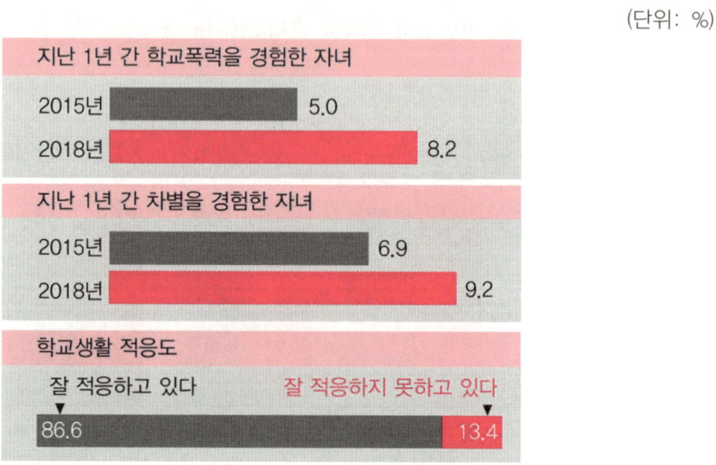

출처: 여성가족부(2019).

한 비율은 절반 정도(48.6%)이다.

3) 다문화가족 어려움의 종류

결혼이민자·귀화자의 한국어, 생활문화 등의 초기 적응단계는 성공적으로 보이며, 이제 한국사회는 다문화가족의 정착단계로 접어들었으며, 다양한 사회적 관계를 발전시켜야 하는 과제에 직면하였다. 다문화가족이 한국사회의 구성원으로 단단하게 뿌리 내리기 위하여 사회전체의 포용과 노력이 필요한 시점이다.

여성가족부는 이번 조사결과에서 나타난 결과를 토대로 장기적인 관련 정책을 전환하겠다는 뜻을 밝혔습니다. 특히 정착단계의 다문화가족과 학령기로 접어든 다문화가족 청소년을 위해 '다문화 수용성 제고, 청소년기의 심리·정서 위기 지원, 학교생활 적응 및 진로역량강화' 등이 포함된 지원방향을 마련할 예정이다.

표 5-7 다문화가족 어려움 종류

		어려움 없음	외로움	가족 갈등	자녀 양육 교육	은행 기관 이용	경제적	생활 음식 문화	편견과 차별	친구 사귀기
전체(%)		29.9	24.1	8.0	19.0	6.2	26.2	18.8	7.4	7.1
가구 유형	결혼이민자	26.6	25.4	8.8	20.4	6.7	25.6	20.7	7.3	7.4
	기타 귀화자	48.7	16.2	3.9	10.9	3.4	29.3	8.0	8.0	5.0
출신 국가	중국	28.6	25.2	8.2	19.9	5.4	26.7	16.2	7.7	8.7
	중국, 한국계	43.8	19.2	5.4	11.4	2.8	34.9	7.0	8.8	5.0
	일본	30.4	17.7	14.7	20.1	10.7	16.4	24.2	4.0	11.3
	대만·홍콩	62.3	10.9	4.5	4.5	11.9	9.2	10.3	5.5	4.8
	베트남	16.3	27.9	10.4	29.6	6.4	22.3	30.3	5.4	6.7
	필리핀	14.4	30.8	9.2	23.8	6.9	26.2	29.4	5.6	6.1
	태국	18.4	29.1	7.5	16.2	13.8	17.6	28.9	5.6	8.8
	캄보디아	11.5	35.6	11.0	32.0	7.4	25.2	30.2	6.3	6.9
	미주·유럽	39.0	17.2	5.3	7.7	20.9	5.8	20.0	11.9	9.6
	중앙아시아	28.1	32.1	8.4	16.7	6.8	23.8	23.3	6.1	11.5

출처: 여성가족부(2019).

<표 5-7>에서 한국생활에 어려움이 없다는 응답은 기타 귀화자(48.7%)가 결혼이민자(26.6%)에 비해, 남성(43.3%)이 여성(27.1%)에 비해 많으며, 교육수준이 높을수록, 국내 체류기간이 길수록, 미혼자(63.7%)가 어려움 없는 이들이 많았다. 배우자 있는 이들(28.9%)이 사별(27.5%), 이혼·별거(24.1%) 상태에 있는 이들보다 어려움 없는 이들이 다소 많다. 대만·홍콩(62.3%) 출신들이 어려움 없는 경우가 현저히 많으며 한국계 중국(43.8%), 미주·유럽·대양주(39.0%) 출신들도 다른 출신국적보다는 어려움 없는 경우가 많은 편이다.

결혼이민자·귀화자의 출신국적에 따라 한국생활 상에서 직면하는 구체적인 어려움이 비교된다. 베트남, 캄보디아, 필리핀 등 동남아 출신은 외로움, 언어문제, 문화차이, 자녀양육 및 교육 등과 관련해 한국생활에 어려움을 겪는 경우가 많은 편이다. 한국계 중국 출신은 어려움 없는 경우가 많기는 하지만, 이와 동시에 경제적 어려움을 겪는 경우도 많다. 일본 출신은 외로움을 호소하는 경우가 적기는 하지만, 가족갈등, 친구 사귀기 등에서 어려움을 겪는 경우가 다른 국가 출신보다 많은 편이어서 가족생활이나 사회관계와 관련해 특징적인 면이 있는 것으로 보인다. 미주·유럽·대양주 출신은 어려움 없는 경우로 보인다.

2. 문화적 측면 문제

우리나라는 타 문화권에 대한 문화감수성이 높지 않다. 국제결혼한 가족들의 경우에도 한국문화에 동화되며 한국의 전통적 가족문화에 따르기를 요구받는 예가 많다. 따라서 결혼이주 여성과 한국의 가족구성원 간의 문화적 충돌로 갈등이 발생하기도 한다(이무영, 2010). 서로 다른 언어를 사용하거나 또는 의사소통이 제대로 되지 않는 상황에서 결혼을 할 경우 의사전달의 어려움으로 서로간의 이해부족이 나타날 수 있다. 남편과 시댁중심으로 살아갈 수밖에 없는 생활을 통해 이주여성들은 사회적 고립과 지역사회에서 외로움을 경험하게 된다.

<표 5-8>에서 결혼이민자·귀화자에게 지난 1년 간 부부 간 문화적 차이를 전혀 느낀 적이 없다는 응답은 44.1%이며, 55.9%는 어떤 식으로든 문화적 차이를 느낀 적이 있다고 답하였다. 성별로는 여성(39.5%)보다 남성(67.9%)들이 부부 간 문화적

표 5-8 다문화가구 부부 간 문화적 차이 정도

		전혀 없다	가끔 느꼈다	자주 느꼈다	매우 자주 느꼈다	합 계
전체(%)		44.1 (90,721)	44.5 (91,566)	9.1 (18,667)	2.4 (4,932)	100 (205,887)
가구 유형	결혼이민자	41.7	46.2	9.6	2.5	100.0
	기타 귀화자	71.9	24.2	3.3	0.6	100.0
거주 지역	여성	39.5	47.8	10.1	2.7	100.0
	남성	67.9	27.3	3.8	1.0	100.0

출처: 여성가족부(2019).

차이를 느끼지 않는다고 응답했다. 한국생활을 시작한지 얼마 되지 않은 초기의 부부관계에서 문화적 차이를 더 많이 느끼고 있다. 또한 부부 간 연령 차이가 벌어질수록 문화적 차이를 더 자주 경험하는 것으로 나타난다(배우자와 나이 차이 5년 미만 1.49점, 15년 이상 1.91점).

부부 간에 문화적 차이는 절반 정도가 식습관(50.7%)에서 차이를 느끼고 있으며, 자녀양육방식(28.2%), 가족행사 등 가족의례(28.0%)에서 차이를 경험했다는 응답도 높은 편이다.

3. 경제적 측면 문제

거주기간이 경과할수록 경제적 어려움으로 인하여 경제활동에 대한 욕구가 매우 높은 것으로 나타났다(여성가족부, 2019). 경제적 어려움은 결혼생활의 만족도에 영향을 미치는 요인으로 소득이 낮을수록 결혼만족도와 향후 자녀출산 계획에도 부정적인 영향을 미치게 된다.

따라서 다문화가족 부모가 가진 사회경제적 취약성은 자녀의 언어학습 능력의 지체와 일반인 가정자녀와 교육의 양극화를 야기할 수 있기 때문에 이로 인한 빈곤의 대물림 가능성까지 높이게 된다. 다문화가족의 약 60%가 저소득층으로 분류되었다. [그림 5-11]에서 결혼이민자 · 귀화자의 경제활동참가율은 69.5%, 비경제활동인구 비율은 30.5%이며, 18세 이상 일반국민과 비교하면 경제활동참가율은 3.9% 높고, 비

그림 5-11 결혼이민자 · 귀화자의 경제활동 비교

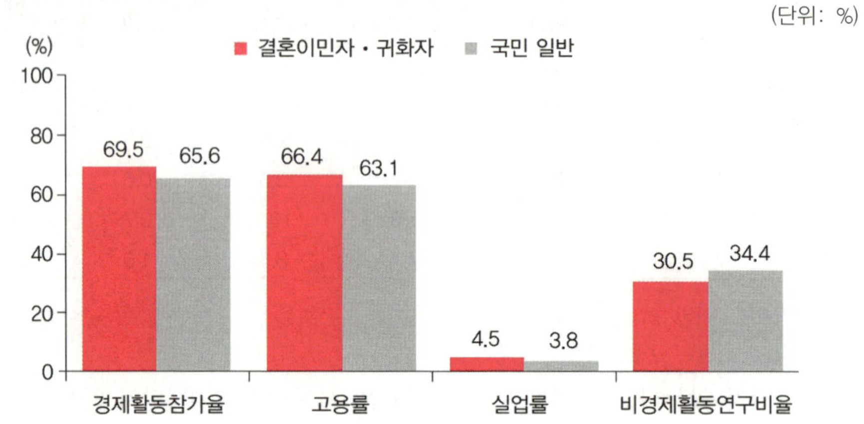

출처: 여성가족부(2019).

경제활동인구비율은 낮은 것으로 나타난다.

4. 자녀양육 문제

1) 만 5세 이하 자녀양육의 어려움

5세 이하 자녀가 있는 응답자들이 가장 많이 지목한 어려움은 내가 바쁘거나 아플 때 자녀를 돌봐줄 사람을 찾기 어려워서(26.9%), 자녀에게 한국어를 직접 가르치기 어려워서(26.3%), 양육 관련하여 배우자나 다른 가족과의 의견 차이(12.8%), 한국어린이집, 유치원, 학교에 대해 잘 몰라서(9.1%) 등의 순이다. 한편 어려움이 없다는 응답은 21.8%이다.

2) 만 6 ~ 24세 자녀양육의 어려움

복수응답을 기준으로 가장 많은 응답자들이 꼽은 어려움은 자녀의 학업, 진학, 진로 등에 관한 정보부족(47.1%)이었으며, 교육비, 용돈 등 비용부담(40.9%), 게임, 스마트폰 · 인터넷사용 등에 대한 자녀와의 갈등(25.1%), 자녀와의 대화 부족(16.3%), 학부모활동 참여의 어려움(14.9%)의 순으로 나타난다. 자녀양육에 어려움이 없다는 응답은 12.8%이다. 여성들은 진학 · 진로에 대한 정보부족(48.0%), 게임, 스마트폰 · 인터넷사용 등에 대한 갈등(25.6%)으로 인해 어려움을 느낀다는 응답이 높고, 남성들은 경제적 비용부담(46.8%)을 지목하는 경우가 많다. 특히 자녀의 진학 · 진로에 대한 정보 부족으로 느끼는 어려움은 한국에서 오래 생활한 응답자에게서도 완화되지 않는다(체류기간 5년 미만 48.0%, 15년 이상 47.4%).

다문화가족의 가족해체 이후 경제적 취약성이 빈곤으로 이어져 다문화가정의 자녀에게 부정적인 영향을 미칠 가능성이 높음을 볼 수 있다. 2018년 교육부 기준에 따르면 다문화가정 2세의 중학생 대상 학업중단율은 2%가 넘는 것으로 나타난다. 이는 일반 학생의 3배에 달한다. 특히 고등학교의 경우 학업중단율이 20%가 넘는 것으로 추산되고 있다(서울경제, 2019). 학업중단 사유로 학교공부의 어려움, 경제적인 어려움이 꼽힌다. 다문화가족의 초등학생의 경우 부모와 의사소통 부족과 돌봄의 결여 등으로 한국어능력 부족에 따라 학업중단율 증가로 이어지기도 한다.

5. 법적신분 불안 및 불이익

결혼이주 여성들은 한국의 저출산 문제해결을 위한 대상이나 한국의 결혼시장에서 낙오된 남성들의 결혼상대자로 인식되고 있기도 하다. 이들은 국적취득 과정에서 사각지대에 놓여 결혼이주 여성에게 불이익과 불편한 상황들이 나타난다.

결혼이주 여성들이 한국국적을 취득하기 위한 심사기준(2016년 기준)에 따르면 무(無)자녀의 결혼이주 여성의 국적심사에 소요되는 기간은 약 19개월이다. 그러나 자녀가 있는 결혼이주 여성의 경우 약 10개월 이상으로 단축된다. 이혼 시 결혼이주 여성이 한국인 미성년자의 양육권을 가지고 있으면 합법적 체류가 가능하다. 이와 같이 우리나라의 다문화가족 지원정책과 서비스는 자녀양육자와 부양자일 경우 혜택이 주어진다는 것을 볼 수 있다.

제 3 절 다문화가족의 지원정책

우리나라는 다문화가족지원법에 따라 다문화가족정책 기본계획을 수립하여 2018년 제3차 기본계획을 <표 5-9>와 같이 시행하고 있다. 제3차 기본계획은 참여와 공존의 다문화사회 비전을 두고 세 가지 목표를 수립하였다. 첫째, 모두가 존중받는 차별없는 다문화사회구현, 둘째, 다문화가족의 사회경제적 참여확대, 셋째, 다문화가족 자녀의 건강한 성장도모이다. 여성가족부 제3차 다문화가족정책 기본계획을 중심으로 살펴보고자 한다(여성가족부, 2018).

표 5-9 제3차 다문화가족정책 기본계획 비전 및 목표

비 전	참여와 공존의 열린 다문화사회	
목표	• 모두가 존중받는 차별 없는 다문화사회 구현 • 다문화가족의 사회·경제적 참여확대 • 다문화가족 자녀의 건강한 성장도모	
정책 과제	다문화가족 장기정착 지원	• 결혼이주 여성 인권보호 강화(가정폭력 예방·대응체계 구축) • 국제결혼 피해예방 지침 • 안정된 가족생활 지원 • 서비스 연계 활성화
	결혼이민자의 다양한 사회참여 확대	• 자립역량강화 • 취업 및 창업지원 서비스 내실화 • 사회참여기회 확대
	다문화가족 자녀의 안정적 성장 지원과 역량강화	• 안정적인 성장을 위한 환경조성 • 학업 및 글로벌 역량강화 • 진로준비 및 사회진출 지원 • 중도입국 자녀 맞춤형 지원
	상호존중에 기반한 다문화 수용성 제고	• 정책환경에 대한 주기적 모니터링 실시 • 다문화 이해교육 활성화 • 다문화수용성 제고를 위한 미디어 환경조성
	추진체계 강화	• 정책추진 체계 간 협력강화 • 다문화가족 지원체계 내실화

출처: 여성가족부(2018).

1. 다문화가족 장기정착 지원

다문화가족의 정기적, 안정적 정착을 위한 지원으로 첫째, 결혼이주 여성 인권보호 강화(여성가족부와 경찰청), 가정폭력 예방 및 대응체계 구축을 위하여 다누리콜센터 운영 · 폭력피해여성쉼터 · 보호시설 확대운영 등을 실행하고 있다. 둘째, 국제결혼 피해예방지원(법무부와 여성가족부)은 이주여성이 한국입국 전 생활에 필요한 사전교육 프로그램 추진 · 국제결혼 안내 프로그램 교육시수 확대 · 국제결혼 피해자 지원체계강화 등이 해당한다. 셋째, 안정된 가족생활 지원으로 다문화가족이 안정된 가족생활을 영위하기 위한 사례관리 · 미성년 자녀양육 청구와 이행확보 지원 등이 해당한다. 넷째, 다문화가족 지원 서비스 간의 연계 활성화를 하기 위한 결혼이민자 정보를 다문화가족지원센터와 공유하여 다누리포털(온라인)을 통해 지원한다.

2. 결혼이민자의 다양한 사회참여 확대

우리나라에 거주하는 결혼이민자의 자립을 강화하기 위한 프로그램 확대 및 취업과 창업서비스를 내실화하여 경제적 자립과 사회참여를 위한 정책에 해당한다. 주무부처로는 교육부, 문화체육관광부, 여성가족부, 법무부, 행정안전부, 농림축산식품부, 고용노동부, 중소벤처기업부, 농업진흥청 등이 있다.

결혼이민자의 자립역량을 강화하기 위해 자립지원 패키지프로그램 확대추진 및 내실화와 부처 간의 사업 중복을 조정하여 통합된 한국어교육 체계를 마련한다.

또한 취업 및 창업지원 서비스 내실화에서 결혼이민자가 취업 및 창업하기 위해 취업지원기관에서 교육을 받기 위해 필요한 기초소양교육을 운영하고, 결혼이주 여성의 직무역량강화를 위한 다문화 새일역량 교재 및 프로그램 보급, 직업교육훈련 실시, 집단상담, 내일배움카드제, 취업성공 패키지를 통한 맞춤형 취업지원 서비스를 제공하고 있다.

마지막으로 사회참여기회확대에는 다문화가족의 사회참여기회를 확대하기 위한 정책수립 및 추진과정에서 주체적으로 참여할 수 있도록 제도화하였다. 자원봉사활동 확대(386,000명 목표)를 통해 지역사회 내 소통 및 정서교류 활성화, 다양한 자조

모임을 통해 결혼이민자 잠재 역량 향상 및 지역사회 참여촉진을 지원한다.

3. 다문화가족 자녀의 안정적 성장 지원과 역량강화

해마다 증가추세에 있는 다문화가족과 그들의 자녀인 청소년의 안정적인 정착과 성장을 위한 환경조성 및 학업과 글로벌 역량강화를 지원하는 정책으로 첫째, 안정적 성장을 위한 환경조성, 둘째, 학업 및 글로벌 역량강화 지원, 셋째, 진로준비 및 사회진출 지원, 넷째, 중도입국 자녀의 맞춤형 지원확대 등이 해당한다.

4. 상호존중에 기반한 다문화 수용성 제고

① 인권 및 다양성이 존중되는 사회환경 조성을 위해 다문화 수용성 조사 및 다문화가족 실태조사를 통해 정책현황에 대한 주기적 모니터링 및 환류 추진, 유아용, 교사(부모)용 이해교육 컨텐츠 제공 및 어린이집 교원(원장 · 보육교사) 대상 다문화 이해교육, 대상별 찾아가는 다문화 이해교육 실시(120천 명 목표) 및 교육 콘텐츠 개발 및 배포를 하고 있다.

② 다문화 수용성 제고를 위한 미디어 환경 조성을 위해 방송심의규정의 위반여부 심의, 다문화 시대 사회통합에 이바지할 수 있는 다양한 장르의 프로그램을 개발할 수 있도록 제작비 지원, 방송영상 콘텐츠 제작 시 외국인 차별을 줄일 수 있는 제작 가이드라인(법 · 제도적 측면 포함)을 제공한다.

③ 지역환경 조성 및 참여 교류 프로그램 활성화를 위해 다문화 인식개선 및 사회통합을 위해 지역사회의 우수 프로그램을 발굴 및 포상, 이를 공유하고 확산, 이주청소년 통합캠프 및 다문화 감수성 제고 프로그램 운영, 문화 다양성 체험을 위한 전시 상자 및 학습자료 '다문화꾸러미' 개발 및 교육(27회) 등을 지원하고 있다.

5. 협력적 다문화가족정책 운영을 위한 추진체계 강화

① 정책추진체계 간 협력강화를 위해 다문화가족 정기포럼 개최, 지역별 다문화가족 지원 지역협의체 운영, 합동평가를 통한 지역 우수사례 발굴, 지역의 다문화교육 지원센터 운영확대를 통한 지역 다문화교육 활성화를 지원한다.

② 다문화가족 지원체계 내실화를 위해 통합서비스 제공기관을 확대함으로써 세부적으로 다양한 가족형태, 생애주기별 가족서비스, 지역적 특성을 고려한 가족지원 서비스를 강화하고 있다.

CHAPTER 06

1인가구와 가족복지

학습목표

이 장의 학습목표는 가장 많은 비율을 차지하고 있는 1인가구에 대한 개념과 특징을 이해하고, 현황 및 문제점과 장·단점 등 정책 및 서비스를 이해하는 것이다. 여기에서는 1인가구의 다수를 차지하고 있는 청년 1인가구와 노인 1인가구로 구분하여 대상에 따른 현황파악과 가족복지의 문제와 정책서비스를 이해한다.

- 1인가구의 특징과 개념에 대해 설명할 수 있다.
- 1인가구 현황에 따른 문제점을 파악할 수 있다.
- 1인가구 정책 및 서비스를 파악할 수 있다.

제 1 절 1인가구의 개념과 특징

1. 1인가구의 개념

우리나라의 1인가구는 「건강가정기본법」 일부개정을 기반으로 2018년부터 복지정책 대상이 되었다. 일반적으로 1인가구는 독립적으로 생계를 유지하고 있는 가구로 정의한다. 과거에는 배우자가 없이 혼자 생활하는 가구를 1인가구로 인식했지만 최근에는 배우자가 있어도 독립된 거주지에서 혼자 생활하는 사람도 1인가구로 간주한다(강은나 외, 2017).

1인가구는 단독가구, 독거가구, 독신가구 등의 용어와 혼용되어 사용되고 있다. 통계청은 1인가구에 대해 "혼자서 살림하는 가구, 즉 1인이 독립적으로 취사, 취침 등 생계를 유지하고 있는 가구"로 정의하고 있다. 즉, 포괄적 의미에서 보면 단독가구,

독거가구, 독신가구 모두 1인가구에 해당된다. 성인 한 명이 단독으로 가구를 구성하는 것이다. 다만, 고시원이나 원룸, 오피스텔은 해당되나, 단체생활 성격이 있는 회사 기숙사나 학교 기숙사 생활은 보통 1인가구로 포함시키지 않는다. 1인가구 하면 보통 독신자를 먼저 떠올리고 실제로 독신인 비율이 적지 않지만, 항상 그런 건 아니다. 직장이나 학교문제로 홀로 나가서 생계유지를 위한 생활을 하는 직장인이나 학생 등 혼자서 살고 있는 가구를 포괄하며 주말부부, 월말부부, 기러기 가족 등도 1인가구라고 할 수 있다. 이혼 후 혼자 사는 사람, 사별한 사람, 노인 등도 폭넓게 해당된다. 여러 가지 요인으로 고아원이나 보육원, 보호소를 나와 독립한 고아도 1인가구로 볼 수 있다.

2. 1인가구의 등장 배경

1인가구 증가는 전 세계적인 현상으로 이미 세계 여러 국가나 대도시가 직면한 현실이다. 미국의 경우 1970년 17.1%, 2010년 26.7%로 약 40년 간 약 10% 상승한 반면, 우리나라는 15년 만에 약 12% 상승하여 속도가 매우 빠른 편이다. 유럽연합통계청(Eurostat)에 따르면, 2016년 기준 유럽의 32.5%가 1인가구인 것으로 나타났다. 국가별로 살펴보면, 덴마크, 노르웨이, 스웨덴, 핀란드, 독일은 10가구 중 4가구 이상이 1인가구인 것으로 나타났다.

통계청에 따르면, 우리나라 전체가구 중에서 1인가구가 차지하는 비중은 2010년 23.9%, 2019년 29.6%로 빠르게 증가하면서 전체가구의 30%에 육박했다. 2019년 1인가구는 590만 7천 가구로 1년 전 578만 8천 가구보다 11만 9천 가구가 늘어났다. 특히 65세 이상 노년 1인가구 취업자가 전년과 비교하면, 3만 6천 가구(10.3%) 늘어나 전체 연령대 중 증가폭이 가장 컸다. 15~29세는 3만 가구(4.6%), 50~64세도 3만 3천 가구(3.6%) 증가하는 등 취업자인 1인가구가 모든 연령계층에서 늘었다. 한국의 총인구는 2028년을 기점으로 감소할 것으로 예상되나, 미혼율 상승 등 가구형태에 변화를 주는 요인들이 더 강하게 작용하면서 1인가구 수는 인구감소 시점 이후에도 계속 증가할 것으로 예상된다(KB금융지주 경영연구소, 2019) 2045년에는 전체가구 중에서 1인가구가 차지하는 비중이 36.3%가 될 것으로 예상하고 있다.

그림 6-1 1인가구의 규모 및 성장 전망

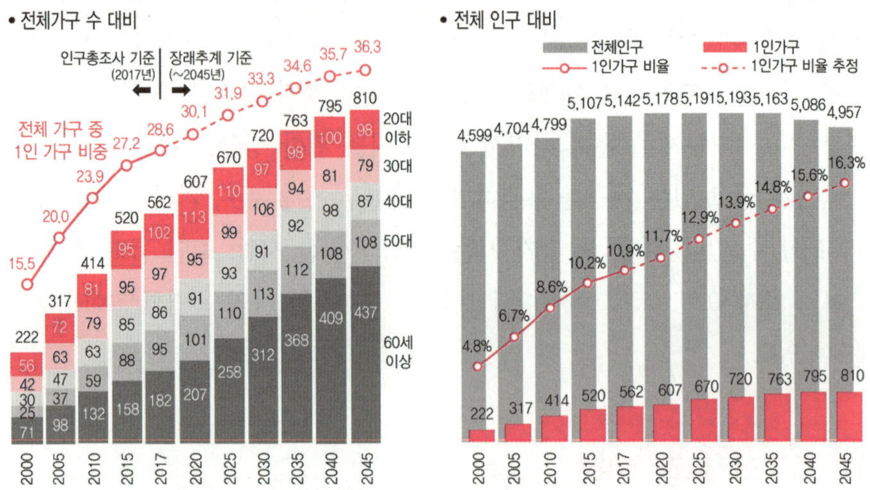

출처: KB금융지주 경영연구소(2019).

이러한 1인가구의 증가추세 배경은 현대사회의 도시화, 여성의 교육수준 향상과 성평등 인식 확대, 실업 및 소득 양극화, 고령화 증가, 가치관의 변화에 따른 복합적인 요인에 기인한 것으로 보인다. 1인 생활은 자유로움과 시간적 여유라는 장점이 있으나 생활 속에서 부딪치는 어려움도 많다. 기본적인 경제력 유지에 대한 불안 외에 1인가구는 현재 '외로움' 해결에 고군분투하고 있으며, 장래에 '건강'을 유지할 수 있을지 우려하고 있다. 이와 함께 남성은 '식사' 등 생활 문제 해결에 어려움을 겪고 있고, 여성은 '주거침입', '도난 절도' 등 안전위험을 체감하고 있다. 거주자금은 주변을 통해 일부 도움을 받고 있으나, 은퇴자금 · 생활비 · 질병 치료자금 등 다수의 경제적 문제에 대한 도움은 없다시피 하다. 1인가구는 생활문제가 발생했을 때 검색 외에 여성은 다른 사람을 찾아보려 하고 있으나 남성은 최대한 스스로 해결해보려는 경향이 좀 더 강하다(KB금융지주 경영연구소, 2019). 최근 1인가구의 고립과 빈곤, 고독사 등이 사회문제로 부상하면서 이들의 복지대책을 마련하기에 이르렀다.

3. 1인가구의 특징

1) 생활방식

한국의 1인가구는 예상보다 더 빠르게 증가하여 인구성장률이 하락된 이후에도 지속적으로 증가할 것으로 전망하고 있다. 현재 서울 등 전국 9개 지방자치단체에서 1인가구 비중은 이미 30%를 초과한 상태이다. 이러한 1인가구는 기존의 다인가구와 다른 특징을 보이고 있다.

1인가구인 것에 만족감을 느끼는 가구는 5가구 중 1가구에 불과한 수준이며, 주관적 만족감은 23.3%로 다인가구 30.8%보다 낮았다. 생활 만족감은 여성이 높으며 경제적 만족도는 40대 남성이 높다. 다수의 1인가구가 평일 중 2일은 귀가 전 취미활동 및 기분전환을 하며, 소셜미디어 의존도가 높다. 생활만족도는 자유롭고 편안하여 만족도가 높은 반면, 외롭고 우울해 하는 경향도 나타나고 있다. 자신을 위한 소비 및 깊이 있는 인간관계를 추구하는 경향은 심해지고 있으며, 남성 1인가구는 외로움과 식사해결에 대한 걱정, 여성 1인가구는 도난, 주거침입 등 안전위험에 대한 걱정이 크다. 경제적 문제는 대부분 스스로 해결하고 있는 것으로 나타나고 있다.

2) 소비성향

1인가구의 평균소비성향은 최근 우리나라 가계의 평균소비성향이 하락세임에도 불구하고 상승하고 있다. 2016년 기준 1인가구의 평균소비성향은 76.7%로 다인가구 71.1%에 비해 높다. 1인가구의 소비지출은 다인가구의 40.8% 수준이지만 처분가능소득은 다인가구 37.8%로 나타나 다인가구에 비해 소비성향이 높다. 이러한 현상은 1인가구의 소비증가폭이 소득증가폭보다 크다는 것을 반영하는 것이다.

1인가구 평균소비성향은 소득수준이 상대적으로 높은 30~40대에서 크게 증가하고 있다. 30대 1인가구의 경우 전체 1인가구 중 소득이 가장 높으며, 40대도 비슷한 수준이므로 충분한 경제력을 바탕으로 소비를 확대하고 있다는 것을 확인할 수 있다. 1인가구 중 29세 이하 연령층의 월평균 소비지출은 149만 5천 원이다. 지출비중은 음식・숙박(20.0%), 주거・수도・광열(19.8%), 교통(12.2%) 순이다. 30대 연령층의 월평균 소비지출은 176만 8천 원이고, 음식 · 숙박(21.1%), 교통(16.6%), 주거 · 수도 · 광열(15.9%) 순이다. 20~30대의 지출행태 특징은 비슷한 편이며, 교육부문에서는 다른 연령대에 비해 많은 지출을 하고 있다는 점이다. 1인가구의 경우 합리적 소비성향은 전년도에 비해 강화되고 있으며, 렌탈 · 구독서비스 · 1인라이프 특화상품에 대한 관심이 다양화되는 중이지만 주거비, 식료품, 보건 등 필수소비 비중이 높기 때문일 수도 있으므로 주의해서 봐야 한다(여성가족부, 2018).

3) 1인가구의 혼인 상태

[그림 6–2]에서 1인가구의 43.8%는 미혼가구였고, 이혼가구(15.5%), 사별한 1인가구(29.5%), 배우자와 따로 사는 1인가구(11.1%) 순으로 나타났다. 연령대별 1인가구의 혼인상태를 보면 30~40대 남성 1인가구의 다수가 '미혼'이며, 70대 이상 여성 1인가구의 90% 이상이 '사별'로 인해 1인가구 생활을 하고 있다. 30대의 경우 미혼 남성 1인가구(약 45만 명)가 여성(약 27만 명)에 비해 약 18만 명 더 많게 나타나는 등, 20~50대에 걸쳐 남성미혼 1인가구 수가 여성보다 더 많게 나타난다.

여성의 경우 50대에서부터 사별로 인한 1인가구 수가 증가하기 시작하여 70대 이

그림 6–2 성별 · 연령대별 1인가구 혼인상태

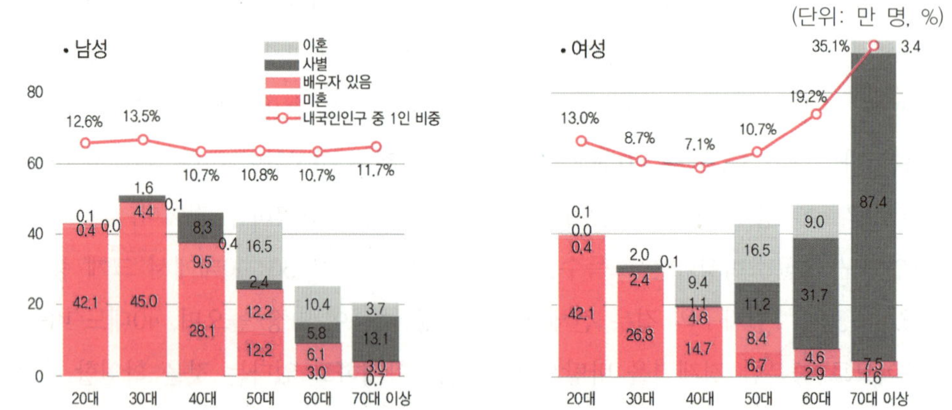

출처: KB금융지주 경영연구소(2019).

상 여성 1인가구의 90% 이상이 사별상태이다. 여성 1인가구 수는 전체인구 대비 비중으로도 60대 이후 급증하여 전체 60대 여성인구의 약 20%, 70대 여성인구의 약 35%가 1인가구인 반면, 남성 1인가구는 40대 이후 전체인구에서 차지하는 비중 이 10~11% 수준을 유지한다.

남녀 모두 만혼 경향으로 인해 미혼율이 높아지고 있으나, 남성의 미혼율은 연령대가 높아지면서 확장되는 경향이 있는 반면, 여성의 미혼율은 20대 후반 · 30대 초반에 집중적으로 증가하고 있다. 미혼자가 모두 1인가구가 되는 것은 아니지만 20~40대 1인가구의 절대 다수가 미혼자이며, 현재 1인가구가 아닌 미혼자도 잠재적으로 1인가구가 될 가능성이 있다. 즉, 남성의 미혼율은 측정 기간인 5년 단위마다 연령대가 확장되고 있어 만혼 경향의 확대와 함께 2000년대에 미혼을 선택한 남성의 상당수가 계속 미혼상태로 남아있는 것으로 보이며, 여성은 20대 후반 · 30대 초반으로 유입되는 인구의 결혼율이 지속적으로 떨어지고 있다.

4) 1인 생활의 결혼의향

조사 대상자의 결혼의향은 2018년보다는 상승했으나 40%는 여전히 결혼에 유보적인 태도를 보이고 있으며, 20대 남성 1인가구의 경우 여성보다 결혼의향이 낮다. 전년도와 비교하면 결혼에 유보적 태도를 가진 응답층이 줄어들고 언젠가는 결혼하겠다는 1인가구가 증가하였으며, 결혼의향이 전혀 없다는 응답자는 소폭 감소하였다. 20대 1인가구는 결혼의향을 가진 남녀의 비중이 비슷하나, 남성은 30대에 결혼의향이 높아지는 반면, 여성은 30대부터 결혼의향이 급락하면서 남성보다 결혼의향이 빠르게 낮아진다. 결혼의향이 없는 응답자 비율은 여성이 남성보다 전반적으로 많다. 결혼 의향 · 계획이 없는 응답자들은 '마음에 드는 배우자 없음', '구속이 싫음', '경제적 부담' 등을 고르게 거론하고 있으며, 다른 이유 없이 '결혼하고 싶지 않음'이라는 응답도 23.2%를 차지했다.

한국의 생애 미혼율은 [그림 6-3]에서 남녀 모두 급격하게 상승하고 있는데, 특히 남성의 생애 미혼율은 2015년 현재 약 11%를 기록하고 있어 일본의 약 15~20년 전과 유사한 단계에 있는 것으로 추정된다. 50세 인구 중 한 번도 결혼한 적이 없는

그림 6-3 한국과 일본의 생애 미혼율 비교

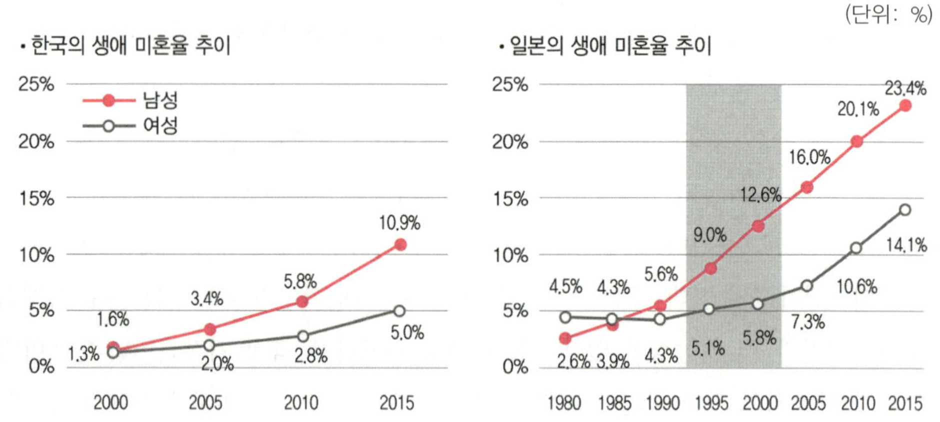

출처: KB금융지주 경영연구소(2019).

인구의 비율을 나타내는 생애 미혼율은 2015년 현재 남성 10.9%, 여성 5.0%으로 5년 전에 비해 각각 약 5.1%, 2.2% 상승하였으며, 이는 일본의 1995년·2000년과 유사한 수준이나, 양국의 과거 대비 생애 미혼율 상승 추이를 비교해 보면 한국의 생애 미혼율이 향후 좀 더 급격한 속도로 상승할 가능성도 있다.

1인가구가 결혼 대신 비용과 시간을 할애하는 분야는 '생업에 더욱 충실', '취미활동', '여행'이며, 20·30대 여성은 '여행', 50대 여성들은 '생업에 더욱 충실하겠다', '지인과 유대관계에 더 힘을 쏟겠다'는 의견은 50대에서는 남녀 모두 30% 이상으로 급등하였으나 20~40대에서는 상대적으로 높지 않은 편이다.

5) 1인 생활 지속의향

1인가구의 절반 이상이 1인 생활 지속의향이 있으며 이들의 약 54%가 "혼자 사는 것이 편해서"라고 응답하였고, 또한 "향후 10년 이상 혼자 살게 될 것 같다"는 비율이 전년도 대비 상승하였다. 이러한 현상은 연령대가 높아지면서 낮아지고는 있으나 남성은 20대 이후 1인 생활의향자 비중이 계속 하락하여 50대에는 32% 정도까지 감소하는 반면, 여성은 40대에 1인 생활의향이 소폭 높아지며, 50대까지도 1인 생활의

향자 비중이 절반 이상을 유지하고 있다.

1인 생활을 2년 미만 정도로 짧게 예상하는 비율이 전년도에 비해 상승하였으나, 1인 생활 지속기간이 길어질 것이라고 예상한 응답자의 비중이 더 증가하였고, [그림 6-4]에서 '향후 10년 이상 혼자 살 듯하다'는 비중은 20~30대에서는 남녀 간 차이가 그리 크지 않으나, 40대 이후에는 여성의 비율이 남성에 비해 훨씬 높다.

그림 6-4 1인 생활 지속의향 및 지속기간 예상

(단위: %)

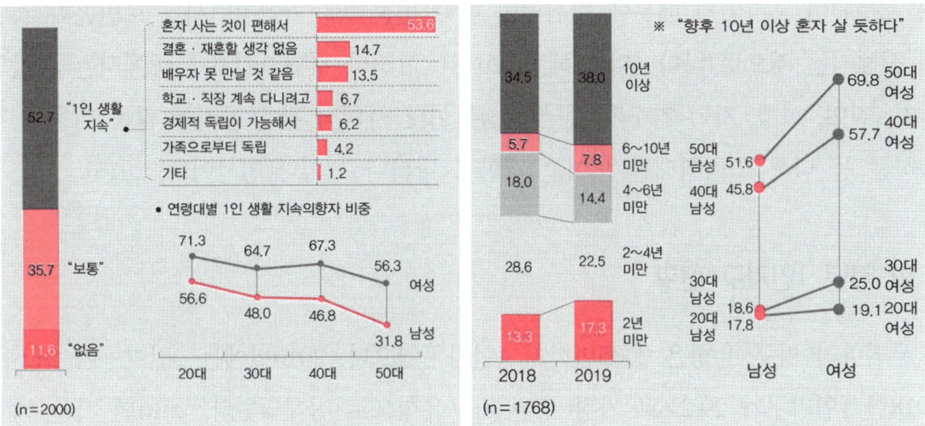

출처: KB금융지주 경영연구소(2019).

제 2 절 청년 1인가구

1. 청년 1인가구 개념과 현황

1) 청년 1인가구 개념

독립적인 청년 1인가구는 취사 및 취침 등의 생계를 스스로 유지하는 가구인 2030세대를 말한다. 이들의 형성유형에 따라 삶의 형태도 각기 다르며 취업 준비생이나 비정규직 집단으로 보는 경향이 있어, 최근 이들에 대한 복지 필요성이 제기되고 있는 실정이다(변미리, 2010).

청년층의 1인가구 발생원인은 자유주의 및 개인주의의 확산에 따른 가치관의 변화로 나타난다. 결혼당위성에 대한 의문과 만혼 및 비혼의 증가로 결혼 적령기의 기준이 모호해졌기 때문이며, 2030세대의 주된 과업이 결혼이 아닌 취업으로 이동함에 따라 증가하는 것을 볼 수 있다. 우리나라의 경우 1인가구에 대한 연구는 정책대상자로서 '혼자 거주하는 노인'에 대한 연구가 복지나 가족영역에서 주로 이루어져 왔다. 청년 1인가구의 경우 주거불안이나 빈곤이 주요문제로 부각되고 있다. 1인가구 내 소득원이 혼자이기 때문에 비취업이 바로 빈곤으로 이어지면서 근로빈곤화 경향이 심해지는 것으로 나타났다(노혜진, 2018). 그러나 청년 1인가구 중에서는 개인의 투자, 취미, 여행, 자기 가꾸기 등 취미생활이나 사회적 관계 유지에 많은 비용을 지출하는 등 다른 소비형태를 보이는 경향도 나타나고 있다(인사이트, 2015).

2) 청년 1인가구 현황

우리나라 가구 유형은 2005년까지 4인가구였으나, 2010년에는 2인가구가 24.6%, 2018년 1인가구가 29.2%로 가장 주된 가구유형으로 집계되었다. 2016년 기준 해외에서 1인가구 비중이 가장 높은 나라 덴마크는 44.9%, 노르웨이 44.8%이며, 일본은 34.5%에 20~30대 남성이 약 40%를 차지하고 있다. 도시단위에서 1인가구 비율이 높다는 특징이 있으며, 독일 괴팅겐의 경우 1인가구 비율은 67.7%에 달한다.

1인가구 중에서 2030세대가 차지하는 비중은 36%로(통계청, 2015), 일본과 비슷한 수준으로 증가할 것으로 보인다. 50대는 10년 전에 비해 증가폭이 123.1%로 가장 크게 증가하였다. 50대 미혼가구는 2005년 12.9%에서 2015년 23.0%로 상승하였고, 이혼가구는 2005년 30.8%에서 2015년 38.0%로 상승한 것으로 보았을 때, 50대 1인가구 증가의 원인은 미혼 및 이혼 비중이 높아진 것이라고 볼 수 있다.

연령별로 1인가구 비중이 높은 연령대는 20대, 30대와 70세 이상 노인층이다. 성별로 나누어보면 30대 남성, 50대 남성, 70세 이상 여성 1인가구 비중이 높다.

청년 1인가구 평균소비성향은 2015년 74.3%에서 2016년에는 77.6%로 계속 증가했으며(2016, 통계청), 청년 1인가구가 늘리고 싶은 항목도 여행(41.6%), 자기계발(36%), 레저(32.8%), 건강(32%), 취미(26%) 순으로 나타나고 있다.

2. 청년 1인가구의 문제

1) 경제적 측면

청년 1인가구와 관련한 연구에서 이들이 가지는 주된 문제는 빈곤문제로 나타났다. 1인가구는 다인가구에 비해 미취업자 및 임시・일용직 비율이 높아 고용의 질이 열악한 것으로 보인다. 2인 이상 다인가구의 취업비중은 84.6%인 반면, 1인가구는 54.6%이다. 화이트칼라 직종(관리자・전문가・사무직 등)에 종사하는 비중은 다인가구가 높으며, 1인가구는 임시・일용직 종사비율이 높다(여성가족부, 2018). 소득수준 균등화소득을 연령별로 살펴보면 50대와 60대, 70대 이상 1인가구의 소득은 각각 다인가구의 78.0%, 59.3%, 71.7% 수준에 불과하나 30대는 가장 소득이 높을 뿐만 아니라 전 연령층 중 유일하게 균등화소득이 다인가구보다 더 높다(105.2%).

청년 1인가구의 직업분포는 전문직(34.5%), 사무직(32.2%)이며, 거주지 형태는 전월세 의존도가 높게 나타났다(현대경제연구원, 2015). 최근 고용악화로 인한 장기적인 실업이 청년의 빈곤으로 이어지고 청년가구의 월임대료 및 주거비의 상당 부분이 50~60대 부모세대에 의존하고 있기 때문에 부모세대의 빈곤으로 이어지는 사회적 문제가 나타나기도 한다.

최근의 통계로서 2019년 4월 청년실업률이 21세기 들어 가장 나쁜 수치를 기록했다. 1999년 통계를 집계한 이후 가장 높은 11.5%에 달할 정도로 청년들이 하는 일 없이 쉬는 형편이어서 청년 1인가구 빈곤의 직접적인 원인으로 작용하고 있다.

2) 심리안정 및 건강문제

1인가구는 일상생활을 영위하는 것이 쉽지 않다. 규칙적인 일상생활과 취사 등을 소홀히 하게 됨으로써 건강이 악화될 가능성이 높다는 점은 취약성이다. 타인과 동거할 경우에는 어느 정도 타인에 의해서 생활의 패턴이 영향을 받을 수 있지만 1인가구는 본인이 스스로 자신의 생활패턴을 조정해야 하는데, 이것이 잘 되지 않는다. 따라서 개인적 차원에서도 균형 잡힌 식사와 규칙적인 생활유지, 술과 담배를 절제하는 등의 자기통제가 필요하다. 특히 1인가구 청년은 자율성은 높아졌지만 생활의 패턴이나 리듬의 측면에서 일부 어려움을 겪고 있기도 하다(이민홍 외, 2015).

청년 1인가구의 심리안정 및 건강문제는 일반가구와 비교 시 상대적으로 높게 나타났다(강은나 외, 2016). 특히 다인 청소년가구의 흡연율(19.3%), 음주율(67.9%)보다 청년 1인가구의 흡연율(32.9%), 음주율(82.1%)이 높은 경향을 보여, 이들에 대한 건강상 문제를 예상할 수 있다. 또한 우울증은 다인가구 6.2%, 청년 1인가구 7.1%로 청년 1인가구의 우울 의심률이 0.8% 높은 경향을 나타낸다.

제 3 절 노인 1인가구

1. 노인 1인가구 개념과 현황

1) 노인 1인가구 개념

노인 1인가구에 대한 개념은 만 65세 이상의 단독 거주 노인을 말한다(경기도 독거노인 고독사 방지를 위한 민간자원 활용 및 지원 조례 제2조). 또한 부양의무자 없이 홀로 생활하는 사람과 부양의무자가 있으나 아무런 도움을 받지 못하는 사람(부산광역시 독거노인 지원 조례 제2조)의 경우도 노인 1인가구에 포함된다.

2) 노인 1인가구 현황

우리나라의 경우 1인가구는 남성보다 여성노인 비율이 월등히 높다. 2016년 기준 65세 이상 노인 인구는 남성과 여성의 평균수명 차이로 남성보다 여성이 더 많은 것으로 나타났다. 여성 1인가구 중에서도 여성노인 1인가구가 차지하는 비중도 1985년 24.2%, 2010년 46.8%로 높아졌다. 최근 1인가구 중에서 노인 1인가구의 여성과 남성

표 6-1 노인(65세 이상)의 1인가구 이유

(단위: %, 명)

구 분	전 체	1인가구	노인부부
경제적 능력	1.8	1.3	2.1
건강	1.1	1.5	0.9
개인(부부)생활 향유	18.8	26.2	15.1
기존 거주지 거주 희망	11.0	18.5	7.3
자녀의 결혼	36.0	20.4	43.7
자녀의 별거 희망	8.7	11.2	7.5
자녀가 타 지역에 있어서	18.8	12.4	21.9
자녀의 경제적 형편이 어려워	2.2	4.7	1.0
기타	1.7	3.9	0.7
계	100(7,324)	100(2,416)	100(4,908)

출처: 보건복지부(2017년).

성비는 점차 높아지고 있는 추세이다(한국보건사회연구원, 2015).

<표 6-1>에서처럼 노인의 단독거주 이유에 있어서는 차이가 두드러진다. 노인 1인가구인 경우는 개인생활을 향유하기 위해서가 26.2%, 자녀의 결혼 20.4%, 기존 거주지 거주 희망 18.5%의 순으로 나타났다. 반면 노인 부부가구의 경우는 자녀의 결혼이라는 응답이 압도적으로 높아 43.7%이다. 다음은 자녀가 타 지역에 있어서 21.9%, 부부생활 향유를 위해서 15.1%이다. 자녀가 타 지역에 있어서라는 응답의 경우 노인 부부가구에게서 높았다(노인 1인가구 12.4%, 노인 부부가구 21.9%). 반면 노인 부부가구의 개인(부부)생활의 향유라는 응답은 15.1%로 노인 1인가구의 26.2%에 비해 10% 이상 낮은 수치를 보이고 있다.

2. 노인 1인가구의 문제

노인 1인가구 실태문제를 <표 6-2>에서 살펴보면 첫째, 생활상의 어려움으로 아플 때 간호할 사람이 없는 것(37.2%), 다음으로 심리적 불안감과 외로움(24.4%), 경제적 불안감(21.6%), 일상생활의 문제처리(10.1%)로 나타났다. 세부적으로 노인 1인가구의 문제를 살펴보기로 하자.

표 6-2 노인가구의 가족형태별 생활상의 어려움

(단위: %)

특 성	없 음	아플 때 간호	일상생활 문제처리	경제적 불안감	안전에 대한 불안감	심리적 불안감 · 외로움	기 타
노인 독거	4.2	37.2	10.1	21.6	2.1	24.4	0.3
노인 부부	17.0	19.5	10.5	28.0	4.6	20.2	0.2

출처: 보건복지부(2014).

1) 고용과 경제문제

노인의 경제적인 안정은 노인의 기본적 욕구충족을 넘어 노인의 지위와 자아 유지 등 성공적인 노후에 중요한 영향을 미치는 것으로 나타났다(최성재 외, 2010). 노인의 생활소득은 생활만족, 대인관계, 사회활동 여부 등에 영향을 미치며, 정신건강과 삶의 만족도에도 긍정적인 영향을 미친다.

1인가구는 다인가구에 비해 미취업자 및 임시 · 일용직 비율이 높아 고용의 질이 열악한 것으로 보인다. 2인 이상 다인가구의 취업비중은 84.6%이나 1인가구는 54.6%이다. 다인가구는 상용직 종사 비율이 54.9%로 임시 · 일용직(19.2%)에 비해 높으나, 1인가구는 상용직 종사자가 38.1%로 임시 · 일용직(41.4%) 종사자에 비해 낮다. 특히 50대 1인가구의 임시 · 일용직 비중이 41.0%로 다인가구에 비해 2배 이상 높다(여성가족부, 2018). 이러한 현상의 결과는 1인가구의 소득수준과 연결이 된다.

1인가구는 다인가구에 비해 소득수준이 낮으며, 특히 50대와 60세 이상 1인가구는 다인가구와 격차가 큰 편이다. 2016년 가계동향조사 분석결과 1인가구의 가계소득은 평균 170만 3,378원으로 다인가구 439만 9,190원의 38.7% 수준에 불과하다.

소비성향에서도 60세 이상 1인가구는 소비성향이 하락하고 있다. 10년 전과 비교할 때 1인가구의 평균소비성향은 40대 이하 연령층에서 상승, 50대는 비슷한 수준을 유지하고 있다. 조기은퇴, 교육비와 가계부채 증가 등으로 노후를 대비하지 못한 고령층은 소비를 줄일 수밖에 없다. 60대 이상 연령층의 월평균 소비지출은 87만 4천원으로 2030세대에 비해 절대적 수치로는 현저히 낮은 수준이며, 지출 비중은 식료

품(25.0%), 주거 · 수도 · 광열(21.4%), 보건(12.6%) 순이다(여성가족부, 2018).

또한 노인 1인가구의 빈곤율을 살펴보면 타 가구 유형보다 국민기초생활보장수급자와 의료급여 비율이 높은 편이며, 주관적인 생활만족도는 타 가구 유형보다 노인 1인가구에서 가장 낮은 것으로 나타난다(보건복지부, 2014). 또한 노년기 경제적인 상태를 알 수 있는 지표가 안정적인 거주상태이다. 타 가구유형보다 노인 1인가구의 거주형태가 무상이나 보증금이 있는 월세 및 전세로 불안정한 비율이 높다는 것은 경제적 빈곤을 시사하는 것이다(보건복지부, 2014).

2) 심리적 문제

중년 1인가구의 가장 큰 원인은 이혼이며, 이혼에 따르는 스트레스로 건강악화, 무력감, 대인관계에서 오는 자존감 상실 등의 문제를 안고 있다. 특히 지병이 있고, 빈곤상태에 놓여 있으며, 사회관계가 단절된 중년남성 1인가구의 경우 고독사의 가능성이 높게 나타난다. 노년 1인가구는 사별, 고령화가 주요원인이며, 평균수명의 차이로 여성의 비율이 월등히 높다. '독거노인'으로 통칭되는 노년 1인가구는 경제적, 사회적, 신체적 및 정신적 건강의 측면에서 열악한 상황에 처해 있다.

노인 1인가구는 비 독거노인들과 비교해 신체적 질환이 많고 우울감과 외로움 등 심리정서적 어려움과 자살률이 높은 것으로 나타났다. 특히 저소득 노인 1인가구의 경우 기본 생존권을 위한 최소한의 자원조차 결핍되는 경우에 노인의 사회활동 제한 및 사회적 고독이라는 결과를 초래할 수 있다(채강숙, 2008).

1인가구는 힘들거나 고민이 있을 때 가족의 정서적 지원을 구하기 힘들다. 또한 갑작스러운 질병이나 사고 등과 같이 자신이 해결하기 힘든 상황에서 지원체계가 부족하다는 취약성을 갖고 있다. 1인가구는 "아플 때가 제일 힘들다"라고 말하고 가장 많이 염려를 한다. 모든 것을 스스로 해내야 하는 1인가구에게 질병이나 사고는 1인가구의 생활을 뒤흔들 만큼 충격을 가져올 수 있다. 따라서 평상시에도 정서적 지원을 나누고 유사 상황에서는 긴급한 도움을 요청할 수 있는 사회관계망을 형성하고 유지할 필요가 있다(여성가족부, 2018).

3) 건강문제

노인 1인가구는 다른 가구와 비교하면 건강상의 문제가 많은 것으로 나타나며 그 문제가 고독사와도 연관되어 있다. 독거노인은 일반노인들에 비해 경제적 빈곤과 질병 및 기능장애를 겪을 위험이 더욱 높고, 외로움과 고독감에서 비롯된 상대적 박탈감과 우울증 위험도가 높으며, 자살시도의 경험 또한 더 많은 것으로 알려져 있다.

한국보건사회연구원(2011)은 가구소득이 최저생계비에 미치지 못하는 독거노인이 53.6%에 달하고 있지만, 가족의 경제적 지원을 받지 못하고 있으며, 절대적 빈곤과 질병의 문제로 인하여 건강상태가 악화된 상태이기 때문에 독거노인은 고독사에 매

표 6-3 연간 미충족 의료율(65세 이상)

(단위: %)

	2010	2011	2012	2013	2014	2015	2016
병의원	21.5	20.8	19.0	16.7	13.6	12.4	11.7
치과	27.9	30.7	30.3	31.9	26.5	27.9	28.7

출처: 통계청(2018).

그림 6-5 활기찬 고령지표

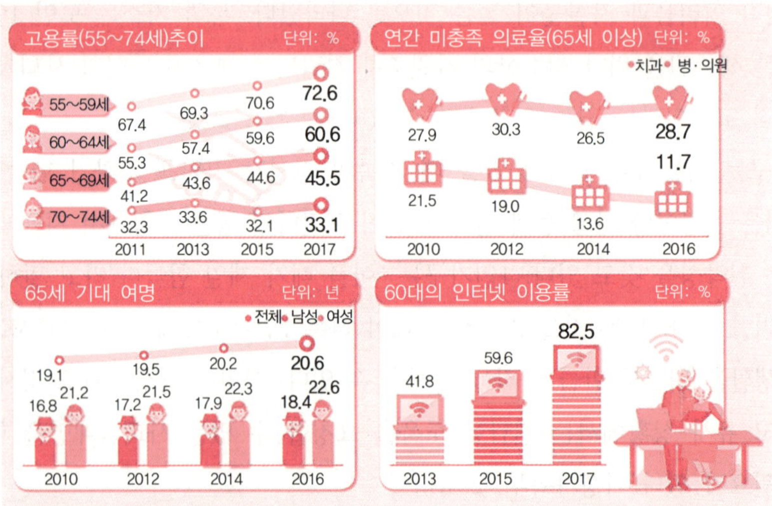

출처: 시사저널e(2018.9.27).

우 취약한 상태에 있다고 보고하였다. 독거노인은 아프거나 쓰러지면 돌볼 사람이 없는 점을 가장 걱정한다. 『노인 실태조사』(2014)에서 독거노인의 37.2%가 이 점을 가장 큰 어려움으로 들었다. 독거노인은 3개 이상의 복합질병을 앓는 비율이 55.9%에 달한다. 노인부부(42.2%), 자녀동거노인(44.5%)에 비해 상당히 높은 상태로서 각종 질병에 시달리지만 돌봐 줄 가족이 없다. 노인 1인가구의 평소 만성질환 개수에 대해 주관적으로 많다고 느끼며 실제 의사의 진단에 있어서도 만성질환 개수가 더 높다(보건복지부, 2014). 노인 1인가구의 과반수 이상(52.2%)이 건강에 대해 부정적 수준을 보인다. 2016년 우리나라 65세 이상 고령자 중 최근 1년 동안 병의원이나 치과 진료가 필요하였으나 받지 못한 비율은 각각 11.7%, 28.7%로 나타났다. 병의원 연간 미충족 의료율은 2008년 이후 감소 추세이며, 병의원 또는 치과진료가 필요하였으나 받지 못한 주된 이유는 '경제적 이유'이며, 다음으로 '증세가 가벼워서' 순으로 나타났다.

4) 사회적 관계망

노인 1인가구의 경우 노인 부부가구나 자녀동거 노인가구보다 가족, 친구, 이웃, 단체활동, 복지시설 등과의 접촉이나 교류는 상대적으로 낮은 것으로 나타났다. 노인 1인가구는 사회적 관계망을 형성하는 빈도가 낮으므로 고립감과 고독사가 발생하며 이로 인해 사회적 문제로 나타나기도 한다. 과거 혈연중심의 가족문화가 사회발전으로 인해 낮아졌다 해도 여전히 우리사회 사회적 관계망은 노인 1인가구의 삶의 만족도에 영향을 미치는 것을 볼 수 있다.

이밖에 친인척과의 빈도가 아예 없다는 비율도 노인 독거가구의 31%를 차지하는 것으로 나타났다. 연락빈도의 경우 연락을 안한다는 비율 역시 노인 독거가구(21%)가 노인부부(12.2%)보다 높았다. 즉, 친인척과의 유대관계도 매우 약화되어 있음을 알 수 있다(보건복지부, 2018).

지역사회에서 노인 1인가구의 사회적 관계망을 형성할 수 있는 기관은 지역의 노인복지관으로 노인 1인가구의 경우, 일반 노인 부부가구보다 월등히 이용률과 이에 따른 이용만족도가 높은 것으로 나타났다. 즉, 지역 노인복지관은 노인 1인가구를 위한 사회적 지지체계로서 대안이 될 수 있음을 시사한다.

5) 생활상 어려움

생활상 어려움은 남성 1인가구가 여성 1인가구보다 어려워하는 분야로, 남성은 식사·청소에 어려움을 겪는 반면, 여성은 주거환경 수리 및 집 구하기 등 주거 관련 어려움을 겪고 있다. 또한 남성 1인가구는 절반 이상이 '식사하기'를 생활상 어려움으로 꼽았으며, 식재료 구입 등에도 어려움을 호소하는 등 식생활 관련 어려움 해결이 주요관심사이다. 반면 여성이 가장 어렵다고 꼽은 '주거환경 수리'는 남성에게는 어려움으로 취급되고 있지 않으며, 여성은 생활상 어려움이 '없다'고 응답한 경우도 많아 남성보다 1인 생활에 상대적으로 익숙한 편으로 나타난다.

생활상의 어려움을 해결하는 방법으로는 남녀 모두 '인터넷검색'을 가장 먼저 꼽았으며, 여성은 가족·지인에게 물어보거나 전문가를 찾으려는 경향이 강한 반면, 남성은 최대한 혼자 해결하려는 경향이 여성보다 높았다. 1인가구는 혼자 하기에 편하지 않은 행동으로 '여행'을 들고 있으며, 혼자 하는 활동이 불편한 이유는 익숙하지 않거나 주변시선 때문이라고 말하고 있으나 약 35%는 '1인 활동이 구비되지 않음'이나 '1인용이 더 비쌈'을 지적하고 있다. 비용·시간을 할애하는 분야로 다수가 '여행'을 꼽는 등 여행은 1인가구의 주요관심사 임에도 불구하고 아직까지 해외·국내 여행은 이들에게 혼자 하기에 익숙하지 않은 분야로 남아 있다. 혼자 여행가는 데 대한 어색함은 남성 1인가구보다 여성이 좀 더 높으며, 남성은 혼자 국내여행 가는 것 보다 '문화생활 하기'에 더 익숙하지 않다고 응답하였다. 1인 생활만족도가 낮은 그룹은 혼자 해외여행을 가는 것보다 혼자 국내여행 및 문화생활 하는 것을 더 익숙하지 않다고 말하고 있어, 이들은 주변의 시선에서 완전히 자유롭지는 못한 것으로 나타난다.

제 4 절 1인가구의 지원정책 및 서비스

1. 청년 1인가구

청년 1인가구에 대한 지원은 취업, 주거, 경제적 정책으로 구분된다.

1) 취업지원정책

청년 1인가구를 위한 취업지원정책은 청년내일채움공제, 일학습병행제, 청년취업아카데미, 청년취업성공패키지 등으로 구분된다.

청년내일채움공제는 중소·중견기업에 취업한 청년 근로자의 장기근속을 위해 고용노동부와 중소벤처기업부가 공동으로 운영하는 정책이다. 공제청년근로자와 사업주, 정부가 공동으로 적립 공제금에 복리이자를 더해 2년 이상 장기 재직한 근로자에게 성과보상금 형태로 만기 공제금(1,600만 원+이자)을 지급하는 형태이다.

일학습병행제는 기업이 청년 취업희망자를 채용하여 이론 및 실무교육을 체계적으로 시켜 직무역량을 습득시키는 일터기반학습으로서, 기업이 요구하는 직무능력 학습을 통해 기업에 조기 채용과 정착할 수 있도록 6개월~4년 간 학교 및 교육훈련기관과 함께 일터에서 체계적 교육훈련을 실시한 기업차원의 지원이다.

청년취업아카데미는 기업·사업주·단체 등의 운영기관이 대학과 협력하여 대학의 재학생 대상으로 산업계 수요에 적합한 교육·훈련과정을 제공하여 조기진로 선택을 통해 취업을 유도한다. 고학년에게는 졸업 이후 단절 없는 노동시장 조기 진입을 지원한다.

청년취업성공패키지는 청년의 고용문제를 완화하고자 청년층을 대상으로 한다. 진단 및 상담 → 의욕증진 및 능력개발 → 알선에 이르는 과정을 통해 취업의 전 과정을 통합적으로 제공한다. 새로운 형태의 복지로서 청년의 일자리를 찾아주는 제도이다.

2) 주거지원

행복주택이란 LH 한국토지주택공사에서 사회초년생 · 신혼부부 · 대학생 등의 사회활동 계층의 주거불안 해소를 목적으로 대중교통이 편리하고 접근이 용이한 장소에 저렴하게 공급하는 새로운 공공임대주택이다. 청년전세임대주택은 입주자로 선정된 청년이 자신이 거주할 주택을 선택하면, LH에서는 주택소유자와 전세계약을 체결한다. 이후 청년에게 재임대하는 제도로서 입주자에게 전세금을 지원해 주는 제도이다.

3) 경제적 지원

청년활동지원사업은 서울시가 선정 자격을 갖춘 미취업 청년들에게 6개월 범위에서 월 50만 원의 활동지원금을 지원하여 구직 등의 사회진출을 돕는 제도이다. 청년구직지원금이란 구직을 하고 싶어 하는 청년들 총 1,900명에게 월 50만 원씩 6개월간 총 300만 원을 지원한다. 경기도 거주자는 만 18세 이상, 만 34세 이하의 미취업 청년의 소득 인정액 기준 중위소득 150% 이하인 경우 신청이 가능하다. 그리고 청년면접지원금(청년희망재단)은 구직활동을 하는 청년들에게 면접 시 소용되는 경비(면접복장 대여, 이력서 사진 촬영, 교통비, 숙박비)를 지원한다. 구직활동 비용에 대한 부담감을 경감시켜 적극적인 구직활동을 독려하기 위한 사업이다.

<표 6-4>는 청년의 취업지원을 지원하기 위한 정책을 정리한 것이다.

표 6-4 청년취업지원 관련 정책

정 책	내 용	담당부서
1) 취업지원		
• 청년내일채움공제	중소기업에 취업한 청년에게 성과 보상금 지급	고용노동부
• 일학습병행제	체계적인 이론 및 실무교육을 병행 제공	
• 청년취업아카데미	대학 재학생 대상으로 산업계 수요에 적합한 교육 · 훈련과정 제공	
• 청년취업성공패키지	심리검사 및 지원금 제공	

2) 주거지원		
• 행복주택	사회초년생 · 신혼부부 · 대학생에게 공공임대주택 제공	한국토지주택공사
• 임대주택	저소득층의 주거안정을 위해 저렴한 임대주택 제공	
• 청년전세임대주택	전세금 지원	
3) 경제적 지원		
• 청년활동지원사업	미취업 청년에게 6개월 간 총 300만 원 지원	서울시
• 청년구직지원사업	미취업 청년에게 6개월 간 총 300만 원 지원	경기도
• 청년면접지원금	구직에 필요비용 6개월 간 최대 60만 원까지 지원	청년희망재단

출처: 이윤정 외(2019).

2. 노인 1인가구

보건복지부는 노인 1인가구의 지원을 위해 기초연금, 노인돌봄기본서비스사업, 노인돌봄종합서비스사업, 노인장기요양보험제도, 응급안전알림서비스사업 등을 지원하고 있다.

1) 기초연금

독거노인의 경우 대부분 경제적 빈곤에 처해 있기에 기초연금과 타 연금을 겸하여 생계를 유지하기 때문에 노후소득을 보장하여 생활안정을 지원한다.

2) 노인돌봄기본서비스사업

노인돌봄기본서비스사업은 독거노인의 고독사 예방 및 정서지원을 위해 생활관리사가 정기적인 안전확인과 생활교육 및 복지서비스를 연계하는 사업이다.

3) 노인돌봄종합서비스사업

노인돌봄종합서비스사업은 혼자 힘으로 생활하기 힘든 노인에게 가사 · 활동지원 등 서비스를 제공한다. 가족의 사회 및 경제 활동기반을 조성해 주는 사업이다.

4) 노인장기요양보험제도

노인장기요양보험제도는 노인이 고령·노인성 질환으로 일상생활이 어려운 경우 가정 및 입소시설에서 신체와 가사활동을 지원해 주는 제도이다.

5) 응급안전알림서비스사업

응급안전알림서비스사업은 독거노인과 중증장애인 가정의 화재·가스누출 및 활동감지센서를 설치하여 응급발생 시 119 자동신고로 신속한 구조지원을 목적으로 한다. 관리요원이 가정방문을 실시하여 기기 및 안부 확인을 진행한다.

CHAPTER 07

건강(중독) 가족복지

학습목표

이 장의 학습목표는 중독가족에 대하여 문제점을 파악하고 예방책을 찾는 것이다. 많은 부분에서 중독의 양상을 보여 일상적인 생활을 영위해 나가는 데 어려움을 겪는 사람들이 많다. 중독가족에 대하여 알아보고, 중독의 종류와 특성, 그리고 중독가족 발생요인과 중독가족의 문제점을 파악하고 피해가족에 대한 대책 및 사회복지서비스를 알아본다.

- 중독가족 발생요인과 중독가족의 문제점을 파악할 수 있다.
- 인터넷중독에 대하여 파악할 수 있다.
- 알코올중독에 대하여 파악할 수 있다.

제 1 절 중독가족의 개념 및 특성

1. 중독의 개념

최근 우리사회는 사이버중독 · 알코올중독 · 게임중독 · TV중독 · 섹스중독 · 일중독 · 마약중독 · 도박중독 · 쇼핑중독 · 휴대폰중독 등 많은 부분에서 점점 더 자극적이고 큰 만족감을 주는 무엇인가를 계속 찾는 중독의 양상을 보여 일상적인 생활을 영위해 나가는 데 어려움을 겪는 사람들이 많다.

중독(addiction)이라는 영어단어는 '~에 사로잡히다', '~의 노예가 되다'라는 의미의 라틴어 'Addicene'에서 유래했으며, 중독의 개념정의는 쉽지 않다. 중독의 핵심요소는 부적응적인 결과를 초래하는 행동에 대한 자기조절력(통제력)의 상실이다.

정신의학적으로 중독증이란 주로 약물중독을 의미한다. 즉, 중독이란 물질사용의 범위를 벗어나 문제행동까지 적용되는 개념으로 한 가지 일만을 반복적으로 하는 행동과 그렇게 하도록 하는 충동을 가리키는데, 충동상태로 인해 정상적인 생활을 어렵게 한다는 조건이 전제된다. '알코올중독' 역시 정식 의학명칭은 '알코올의존(alcohol dependence)'이다.

내성과 금단증상은 대뇌 신경세포들을 완벽한 포로로 사로잡아 그 물질을 얻기 위해서는 어떠한 범죄행위라도 저지를 수 있도록 사람의 인격을 철저히 파괴한다. 중독가족이란 가족구성원 모두가 중독일 경우도 포함되지만 주로 가족 중 한 사람이 이러한 유형의 중독에 빠졌을 경우를 의미한다. 중독과 관련된 용어들을 정리하면 다음과 같다.

① 사용(use): 물질을 특정한 목적을 위해서 활용하는 것이다.
② 오용(misuse): 물질을 처방과 지시를 따르지 않고 임의 사용한다.
③ 남용(abuse): 물질을 목적과 다르게 의도적으로 사용하는 비의학적인 행위다.
④ 의존(dependence): 내성, 금단증상으로 강박적 집착, 통제력상실, 부정적인 결과가 초래되는 경우에도 계속적으로 사용하는 행동과 같은 특징이다.
⑤ 내성(tolerance): 같은 양을 계속 사용 시 그 효과가 감소하므로, 효과를 얻기 위해 필요한 물질의 양을 증가시켜야 하는 상태이다.
⑥ 금단현상(withdrawal symptoms): 물질사용 혹은 습관적인 행위를 중단하거나 사용량을 줄였을 때 나타나는 증상이다.
⑦ 공동의존(co-dependence): 가구원 중 1명이 중독되었을 때 다른 가족이 심각하게 영향을 받는 행동양상이다.
⑧ 재발(relapse): 회복 이후 병의 증세가 다시 나타나는 것으로, 조절해 보려는 노력과 열망은 있지만 실패한 경우를 말한다.

2. 중독의 특성

중독은 근본적인 동기나 시작하는 속도, 신체적 · 정신적 손상의 정도, 사회가 수용하는 정도나 그 밖의 많은 요인들로 볼 때 그 원인이 매우 다양하다.

1) 내 성

내성(tolerance)이란 약물은 반복적으로 섭취하면 효과를 이루는 지속기간을 단축시킨다. 그러므로 동일한 효과를 얻으려면 약물의 사용량을 늘려야 한다.

2) 강박성

강박성(compulsion)이란 중독자들에게 중단되어야 할 문제가 반복해서 발생하게 하고, 약물을 사용하면 사회적 · 심리적 · 신체적 문제들이 더욱 나빠지는 사실을 알면서 계속 사용하는 것도 이에 해당한다.

3) 집 착

집착(pre－occupation)이란 대개 한 가지 생각이나 감정에 고정되는 행동적 특성으로 설명된다. 집착은 여기에 지나치게 얽매여 올바른 효과를 올리지 못하는 부정적인 현상이다.

4) 갈 망

욕구적 갈망(craving)은 좋아하고 그리워하는 것에 빠지게 만들고 점차 그 정도가 강한 상태를 자주, 그리고 반복적으로 추구하게 만드는 심리적 특성이다.

5) 의존성

의존성(dependence)이란 어떤 대상에 자신을 맡기려는 심리적 특징이다. 신체적 의존은 신경계가 정상적으로 기능하기 위한 어떤 약물은 이미 중요한 삶의 필수품으로 된 상태로 약물을 복용하지 않으면 단순한 행동마저 하지 못한다.

6) 거부와 부정

거부(denial)란 중독자들이 자신의 중독 상태를 인정하지 않으려 하는 것을 말한다. 예를 들어, 알코올이나 약물에 중독된 사람들은 자신이 중독된 사실을 인정하지 않으며, 자신의 힘으로 중단될 수 없는 질병이라는 사실을 인정하기가 매우 어렵다. 또한 자신이 결심하면 자신의 의지로 단절이 가능하다고 믿는다. 중독은 기분을 바꾸어 주는 물질을 취하는 심리과정 자체를 훨씬 넘어선다.

제 2 절 인터넷중독 개념과 현황

1. 인터넷중독의 개념

현대사회에서 초고속 유·무선 인터넷, 스마트폰, 태블릿, 넷북 등 첨단기술의 발달로 인터넷은 가상의 공간이 아닌 일상생활에서 정보검색과 시간적·공간적 제한 없이 자유로운 소통을 할 수 있는 새로운 문화의 장으로 자리 잡고 있다.

인터넷중독(internet addiction)이란 인터넷사용의 패턴과정에서 임상적으로 심각한 손상이나 고통을 일으키는 부적응으로(Goldberg, 1996), 약물, 알코올, 도박중독 과정과 유사한 방식으로 중독되는 심리적 장애를 의미한다(Young, 1996). 한국정보문화진흥원에서는 인터넷사용이 지나쳐서 이용자가 일상생활에 심각한 신체적·정신적·직업적·경제적·사회 적응적 기능손상을 초래하는 상태라고 정의하였다.

정신과 의사인 골드버그(I. K. Goldberg)가 인터넷을 더 많이 사용해야 만족을 느끼게 되는 내성, 금단증상, 인터넷사용으로 인해 사회적·직업적 활동이 손상되는 사태가 발생하는 것이 인터넷중독이라고 정의하며, 1996년에 처음으로 인터넷중독이라는 용어를 사용하였다. 병적인 도박장애 진단준거를 적용하면 8개 문항 중 5개 이상 해당되는 사용자를 '의존자(중독자)'라고 한다.

① 접속하지 않았을 때도 접속했을 때처럼 눈앞에 아른거린다.

② 만족을 얻기 위해서 더 많은 시간을 인터넷사용에 쓰려고 한다.

③ 인터넷사용 중단 노력을 했지만 실패한다.

④ 인터넷사용을 중단하면 불안하고 짜증나며 우울감을 느끼게 된다.

⑤ 처음 계획했던 것보다 인터넷을 더 오래 사용하게 된다.

⑥ 인터넷사용으로 대인관계 · 직업 · 학업 · 경력 등 문제가 발생한 적이 있다.

⑦ 인터넷사용을 가족이나 다른 사람에게 숨기게 된다.

⑧ 현실의 여러 어려움을 피하거나 불쾌감을 줄이기 위해 인터넷을 사용한다.

이러한 사항에 해당되는 사람들은 인터넷사용으로 인하여 일상생활에서 부정적인 결과를 보인다.

스마트폰 과의존

1) 스마트폰 사용이 일상에서 가장 우선되는 중요 활동이 되고(현저성, salience),
2) 스마트폰 이용, 스스로 조절하기 어려워짐에 따라(조절실패, Self-control Failure),
3) 주변사람과 갈등, 가정 · 학교 · 직장 생활에 어려움(문제적 결과)이 있는 상태

2. 인터넷중독의 발생요인

인터넷중독의 발생요인은 마약이나 도박이 제공하는 쾌락으로 인해 중독되듯이 인터넷 역시 욕구를 충족시켜 주는 보상능력이 있어 중독 상태에 이르게 한다.

또한 인터넷을 통하여 블로그, 게임, 채팅 등의 SNS(Social Network Service)를 이용하여 새로운 사람과의 접촉을 쉽게 할 수 있고, 제한 없이 자유롭게 자신을 표현할 수 있는 공간이 되기 때문이다. 인터넷상에서 의사소통을 경험하며 자신의 활동에 즐거움을 느끼면 인터넷중독에 이를 수 있게 된다. 세심한 성격의 청소년이 가상공간에서 적극적이 되고 온라인게임을 통하여 강력한 힘을 얻어 마음껏 공격성을 발휘할 수도 있다. 인터넷을 통해 능력과 실력을 인정받고 영향력을 행사할 수 있기 때문에 심리적인 유대감을 느껴 인터넷에 빠져들게 된다. 그리고 신체적 접촉이 없는 온

라인상에서의 성은 안전한 것으로 인식되는 경향이 있다.

[어떤 사람들이 인터넷중독에 빠질 수 있나?]

- 정서적으로 불안한 사람
- 자존감이 낮은 사람
- 자신의 정체감에 불만이 있는 사람
- 자기실현에서 좌절을 겪는 사람
- 환상적인 사고에 취약한 사람
- 사회생활에서 자신감이 결핍된 사람

[인터넷중독으로 의심해 볼 수 있는 현상]

- 밥을 먹지 않고 밤새 게임에만 몰두한다.
- 밤새도록 게임을 하느라고 학교에서 잠만 잔다.
- 게임을 하지 않을 때에도 늘 게임에 관한 생각뿐이다.
- 과도한 게임사용으로 성적이 떨어지거나, 직장 동료들의 불만이 쌓인다.
- 가족과 매일 다투거나 부모님으로부터 꾸중을 듣는다.
- 게임으로 인해 건강이 나빠졌다.
- 가끔 현실과 게임공간의 구분이 안 될 때가 있다.
- 꿈에서도 게임에 관한 꿈을 꾼다.
- 기타 여러 증상을 나타낸다.

3. 인터넷중독 현황

1) 인터넷중독 현황

'인터넷'은 시간 · 공간의 제약을 뛰어넘어 많은 사람과 정보교환과 친밀한 유대관계를 형성할 수 있게 하는, 우리생활의 필수수단이 되었다. 이제 인터넷의 사용은 필수 불가결한 사회적 현상이며, 시간이 지날수록 이용자의 수요와 사용시간은 앞으로도 계속 증가할 전망이다. 특히 청소년층의 인터넷과 스마트폰 사용시간이 늘어나면서 일상생활에서 금단현상과 같은 심각한 장애를 겪고 있으며, 인터넷중독 조사 또한 스마트폰 과의존 실태조사로 변경되어 실시되고 있다.

(1) 스마트폰 과의존 실태

[그림 7-1]에서 나타난 바와 같이 스마트폰 이용자 중 과의존 위험군(고위험군 + 잠재적위험군)이 매년 증가추세에 있으며, 2018년도에는 19.1%에 이르고 있다. 또한 유·아동(20.7%)과 청소년(29.3%)이 성인(18.1%)보다 심각한 상태에 있음이 보고되었다.

그림 7-1 2018년 스마트폰 과의존 실태

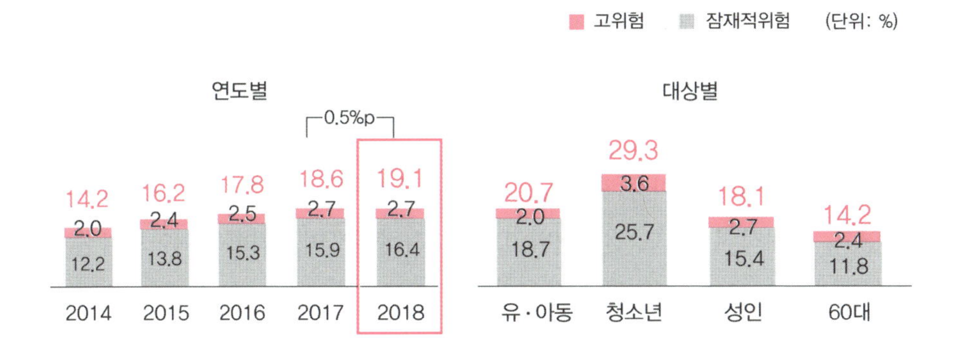

출처: 과학기술정보통신부·한국정보화진흥원(2018).

[그림 7-2]에서처럼 유·아동은 전년도보다 20.7%로 1.6% 증가하여, 전 연령대 중 가장 크게 상승하였으며, 만 6~9세 아동이 3~5세 유아에 비해 과의존 위험군 비율이 높은 것으로 나타났다. 청소년은 2017년(30.3%)보다 2018년(29.3%)은 1.0% 유일하게 감소하였으나, 전 연령대 중 과의존 위험군 비율이 가장 높다. 그리고 전체 과의존 위험군 비율증가의 주요원인이 유·아동과 60대로 파악되어, 해당 계층의 과의존에 대한 사회적 우려가 사실로 확인되었다.

2014년 이후 청소년 과의존 위험군의 지속감소는 정부가 청소년을 대상으로 꾸준하게 추진한 체험형 예방교육, ICT 진로적성 상담 등 다양한 맞춤형과제 추진의 결과로 평가된다.

그림 7-2 연도별 · 대상별 스마트폰 과의존 위험군 현황

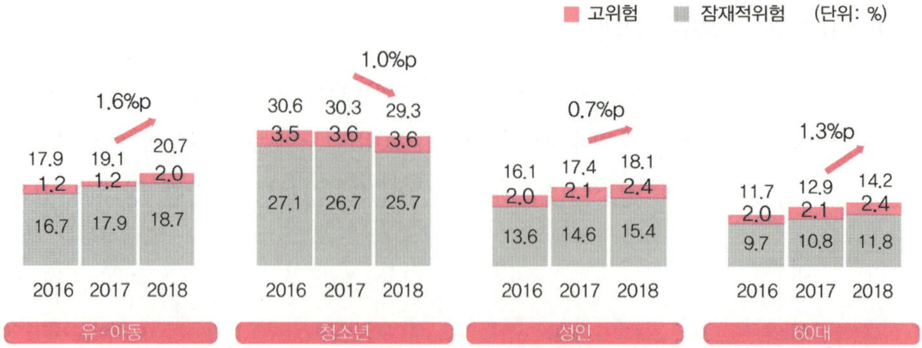

출처: 과학기술정보통신부 · 한국정보화진흥원(2018).

(2) 연령별 유형별 현황

① 유 · 아동

[그림 7-3]에서 유 · 아동(3~9세) 스마트폰 고위험군은 2.0%로 전년대비 0.8% 증가하였고, 잠재적위험군도 전년대비 0.8% 증가하였으며, 남아가 여아보다 높게 나타났다. 연령별로 보면, 고위험군은 6~9세(2.1%)가 3~5세(1.8%)보다 높으며, 잠재적위험군도 6~9세(19.4%)가 3~5세(17.1%)보다 높게 나타났다. 또한 외벌이 부모에 비해 맞벌이부모의 유 · 아동자녀의 과의존 위험이 높고, 부모가 과의존 위험군일

그림 7-3 유 · 아동 스마트폰 과의존 위험군 현황

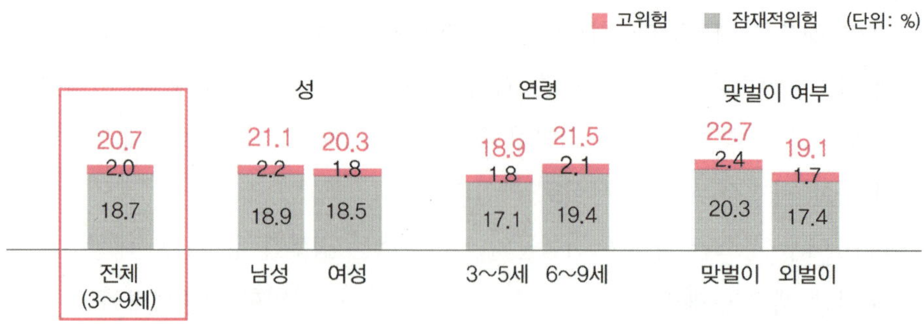

출처: 과학기술정보통신부 · 한국정보화진흥원(2018).

경우, 유·아동자녀가 위험군에 속하는 비율(23.8%)이 높은 것으로 나타났다.

② 청소년

[그림 7-4]에서 청소년(10~19세)의 스마트폰 과의존 위험군 현황은 고위험군 3.6%, 잠재적위험군 25.7%로 전년대비 1.0% 감소하였다. 성별로는 고위험군·잠재적위험군 모두 여성(고위험 4.0%, 잠재적위험 26.7%)이 남성(고위험 3.2%, 잠재적위험 24.8%)보다 높게 나타났으며, 학령별로는 중학생(고위험 4.0%, 잠재적위험 30.1%)이 가장 높았고, 고등학생, 초등학생 순으로 높게 나타났다. 유·아동자녀의 경우와 마찬가지로 부모가 맞벌이인 청소년 자녀가 부모가 외벌이인 청소년 자녀보다 과의존 위험에 취약했다.

그림 7-4 **청소년 스마트폰 과의존 위험군 현황**

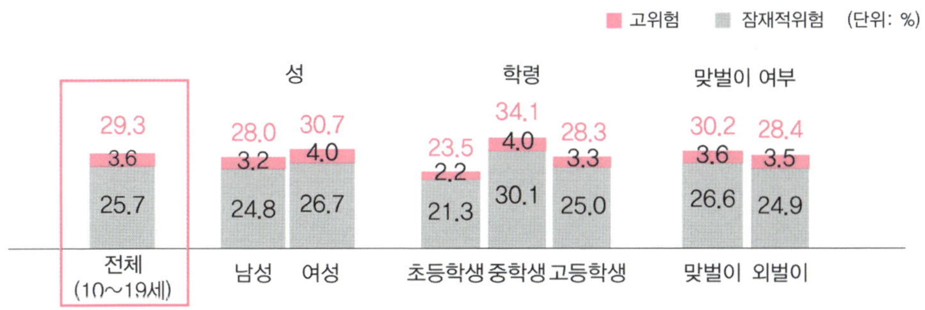

출처: 과학기술정보통신부·한국정보화진흥원(2018).

③ 성 인

[그림 7-5]에서처럼 성인의 스마트폰 고위험군은 전년대비 감소하였으나 잠재적위험군은 전년대비 증가하였다. 성별로는 고위험군 여성(3.4%)이 남성(2.1%)보다 높게 나타났고, 잠재적위험군도 여성(15.9%)이 남성(14.9%)보다 높게 나타났으며, 연령별로는 20대가 가장 높고, 30대, 40대, 50대 순으로 낮다.

그림 7-5 **성인 스마트폰 과의존 위험군 현황**

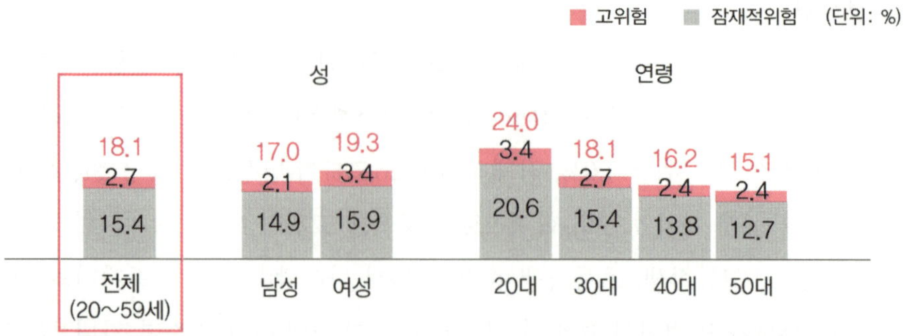

출처: 과학기술정보통신부 · 한국정보화진흥원(2018).

(3) 콘텐츠 이용 특성

우리나라 스마트폰 이용자의 콘텐츠 이용 특성을 살펴본 결과, [그림 7-6]에서와 같이 메신저 이용이 가장 높으며, SNS, 뉴스, 영화 · TV · 동영상, 게임 순으로 나타났다. 과의존 위험군은 상대적으로 라디오 · 팟캐스트, 사행성 게임, 성인용 콘텐츠를 많이 이용하는 것으로 나타났다.

그림 7-6 **주 이용 콘텐츠 현황(콘텐츠 이용정도)**

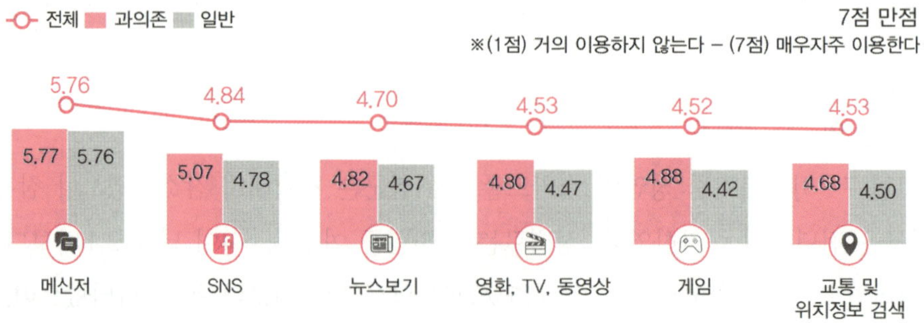

출처: 과학기술정보통신부 · 한국정보화진흥원(2018).

(4) 스마트폰 이용자 과의존에 대한 인식 조사

스마트폰 이용자의 과의존 심각성에 대한 인식은 높아졌다. [그림 7-7]에서와 같이 과의존이 높을수록 자신이 스마트폰을 과이용한다고 인식하는 것으로 나타났다. 과의존 원인은 개인, 사회문화적 특성, 기업, 정부 순으로 높게 나타났고, 과의존 위험군은 일반 사용자군에 비해, '사회문화적 특성'을 더 많이 응답하였으며, 대상별로는 청소년이 '개인'을 응답한 비율이 가장 높게 나타났다. 스마트폰 과의존 현상에서 과의존 수준이 높을수록 본인 스스로 스마트폰에 더 의존적이라고 인식하고 있으며, 청소년, 유·아동, 성인, 60대 순으로 나타났다. 과의존 위험군이 일반군보다 우리사회의 스마트폰 과의존이 더 심각한 것으로 인식하고 있으며, 최근 3년 간 10명 중 7명 이상이 과의존 심각성에 대해 인식하고 있다.

그림 7-7 연도별·가구원 수별 스마트폰 과의존 위험군 현황

출처: 과학기술정보통신부·한국정보화진흥원(2018).

2) 인터넷중독의 문제

오늘날 대부분의 가족은 핵가족으로 구성되어 있고, 맞벌이가정은 가족과 함께하는 시간이 부족하여 가족 간의 정서적 유대를 더욱 어렵게 만들고 자녀들이 혼자 생활하는 시간이 많아졌다. 자녀들은 대부분 자기공간에서 자기소유의 컴퓨터를 사용

하면서 생활하고 스마트폰을 소유하고 있다. 이와 같은 가족구조와 생활환경은 청소년들을 가상공간과 같은 자신만의 세계에 쉽게 빠지게 하고 가족과의 대화를 거부하며 혼자만의 시간을 가지게 만들고 있다. 결과적으로 이러한 의사소통의 문제로 인하여 가족들은 고통을 받게 되고 가정불화의 원인이 된다.

[그림 7-8]에서 나타나고 있는 것과 같이 스스로 고위험군을 인지한다고 하여도 유·아동을 제외한 전 연령대 과의존 위험군은 조절실패를 가장 많이 경험하였으며, 유·아동은 현저성 > 조절실패 = 문제적 결과 순이며, 청소년과 성인은 조절실패 > 현저성 > 문제적 결과 순으로 나타났다. 60대는 현저성 > 조절실패 > 문제적 결과 순으로 대상별 차이를 보였다.

청소년과 성인의 과의존 위험군은 '조절실패'에 대한 응답률이 가장 높았으며, 청소년은 적절한 스마트폰 이용시간을 지키는 것에 대한 조절실패 응답이 가장 높게 나타나고, 성인은 스마트폰 이용시간을 줄이려는 것에 대한 조절실패 응답이 가장 높게 나타났다.

그림 7-8 대상별 스마트폰 과의존 위험군 문항별 속성

유·아동

현저성	다른 어떤 것보다 스마트폰을 갖고 노는 것을 좋아한다.
	하루에도 수시로 스마트폰을 이용하려 한다.

청소년

조절실패	적절한 스마트폰 이용시간을 지키는 것이 어렵다.
	스마트폰 이용시간을 조절하는 것이 어렵다.

성인

조절실패	스마트폰 이용시간을 줄이려 할 때마다 실패한다.
	스마트폰 이용시간을 조절하는 것이 어렵다.

60대

현저성	스마트폰을 이용하고 싶은 충동을 강하게 느낀다.
조절실패	스마트폰 이용시간을 줄이려 할 때마다 실패한다.

출처: 과학기술정보통신부·한국정보화진흥원(2018).

제 3 절 알코올중독 개념과 현황

1. 알코올중독의 개념 및 심리적 특징

1) 알코올중독의 개념

알코올중독에 대한 정의는 그 사회의 음주관례를 초과하여 반복적이며 만성적인 음주를 말하며, 인간의 신체적 · 정신적 · 사회적 · 직업기능의 장애에 이르기까지 부정적인 영향을 초래하는 상태로 정의하고 있다. 대개 알코올중독에 대해 알코올남용과 알코올의존으로 구분하고 있다.

알코올중독의 정의는 나라마다 그 사회문화에 따라 다르다. 알코올남용이란 알코올의 병적사용으로 사회적 또는 직업상의 기능장애를 초래하는 것이다. 사회적 음주와는 상관없이 알코올을 지속적으로 빈번히 마시는 것을 말하고, 알코올의존은 강박적 음주, 내성, 금단증상 등으로 사회적 · 직업적 문제가 발생하는 것으로 문화적 · 사회적 요인의 중요성을 강조한다(이영실 외, 2016).

미국의학협회에 따르면, 알코올중독이란 음주시작 후 중독 상태가 되어야 끝나며, 만성적 · 진행적으로 재발되고, 또한 지속적인 과도한 음주 때문에 정동장애, 사회부적응, 신체장애, 직업장애 등이 수반되는 특징을 지닌다(이정균, 1990). 가족구성원 중에 이러한 알코올중독환자가 있을 경우 알코올중독자가족(alcoholic family)이라고 설명할 수 있다.

2) 알코올중독의 심리적 특징

알코올중독자들은 비교적 수치심을 잘 느끼고 소외되어 있고 침착하지 못하며, 자극 과민성이 있고 불안해하며, 예민하고 성적으로 억압을 많이 하는 경향이 있다. 알코올 장애에 빠지기 전에 흔히 보이는 성격들에는 피동공격성인격, 강박성인격, 의존성인격, 편집성인격 등이 있다.

(1) 부인(denial)

타인이 음주에 문제가 있다고 지적하는데도 불구하고 중독자 자신은 완강히 부인한다. 그리하여 중독자 자신은 결코 중독자가 아니며, 단지 애주가일 따름이라고 자신의 음주를 문제로 인식하는 능력이 부족한 것이 치료에 큰 걸림돌이 된다.

(2) 충동성(impulsiveness)

알코올중독자는 자신이 행동의 결과를 알 수 있음에도 불구하고, 행동을 하기 전에 사려깊이 생각하지 않거나 여러 가지 주변상황을 고려하지 않고 단번에 일을 처리한다. 그 음주 또한 미리 계획된 음주가 아니라 순간적인 음주충동에 의해 마신다. 심리학자들은 이런 알코올중독자의 행동을 충동성 행동장애라 한다.

(3) 도피(evasion)

날씨, 가정의 재정문제, 방송프로그램 등에는 두려움 없이 이야기하지만 자신의 음주문제에 관련된 것들은 언급을 회피한다. 이것이 심화되면 자신이 없는 모든 일에서 도피한다. 예를 들어, 감당하기 힘든 가정의 일이 발생하면 술을 마시고 취해 술 속으로 도피한다. 술에서 깨고 나면 누가 대신 처리해 주기 때문에 의존성마저 길러주는 결과가 된다. 알코올중독 말기현상에서 흔히 보는 일 중의 하나이다.

(4) 혼돈(confusion)

알코올중독증 치료의 관점에서 볼 때 기억상실은 매우 중요한 의미를 갖는다. 알코올중독자는 주변에서 자신보다 더 심한 상태에 있는 알코올중독자나 음주하는 모습만을 의식함으로써 자신을 정상 또는 증세가 가볍다고 여긴다.

(5) 의존성(dependence)

알코올중독자는 자신에게 일어나는 모든 문제의 책임을 질 사람이 필요하므로 자기 자신에게 관심을 주는 아내나 어머니 등에게 매우 무리한 요구를 하고, 결국 확실하게 일이 잘못되면 그 비난을 다른 사람에게 돌릴 수 있기 때문이다.

(6) 낮은 자신감(low self-esteem)

알코올중독자는 일종의 방어기제로 자신감의 허세를 부리는 것은 대표적인 성격적 특성이다. 그러나 알코올중독자 자신조차도 이러한 자신감이 자신의 성격이라 믿지 않으므로 자신과 타인을 비하시킨다. 이러한 특성이 진정한 사회적 관계 또는 직장에서의 업무수행에 지장을 초래하게 만드는 주요한 원인이 된다.

(7) 적개심(nobility)

모든 윤리의 기준은 자기로부터 시작되며 비논리적이고 자기중심적이다. 자기는 의인이며, 피해자이고, 타인은 죄인이며 가해자다. 자신을 술 먹인 사회, 가정, 직장 등에 대한 깊은 적개심으로 이유 없이 누구에게나 화를 잘 낸다. 이로 인하여 가정폭력 내지는 법적인 문제까지 일으키기도 한다.

(8) 강박관념

알코올중독자는 술에 익숙해지며 저절로 강박관념을 성숙시키지만 스스로는 강박관념을 인지하지 못하는 가장 무서운 증상 중의 하나이다. 스트레스, 화, 외로움, 배고픔, 피곤도 건전한 방법으로 이를 해소할 생각은 하지 못하고 당연히 술로 풀어야 한다는 강박관념의 소유자가 되어 버린다. 급기야는 정서가 불안해도 술을 찾으며, 감정의 기복이 와도 서슴없이 술을 마신다.

(9) 편집증

타인이 알코올중독자의 편견임을 지적해도 온갖 논리와 망상을 동원하여 자신의 주장을 고집하며 남의 말을 들으려 하지 않는다. 자신의 음주에 문제가 없으며 음주책임이 자신 탓이 아님을 강변한다. 또 이런 문제 때문에 가정에서는 불화가 끊이지 않으며, 사회생활에서도 어려움을 겪는다.

(10) 자기 연민

알코올중독자는 자기 연민을 감당하지 못하고 스스로를 위로하고자 술을 마신다. 경제력 상실로 술값을 구걸할 때, 음주문제로 꾸중을 들으면, 어쩌다 가장의 권위를 상실하고 이 모양이 되었나 자기를 비하하며 불쌍히 여기고 스스로를 슬퍼한다.

(11) 기타 증상들

불안감, 정신적 혼란, 거친 행동, 과민한 반응, 주요문제에 대한 논의 거부, 우울증, 사회적 퇴행 증세, 자학적 행위, 마약, 충동적인 과식, 과도한 낭비, 무분별한 성행위 등으로도 나타난다(베이직 병원, 2018).

2. 알코올중독의 발생요인

1) 생물학적 요인

알코올중독은 신진대사상 질환으로 본다. 술로 흡수된 에틸알코올의 90%가 간에 있는 효소(ADH)에 의해 독성물질인 아세트알데히드(acetaldehyde)로 산화되면서 생성되는 신경전달물질(THIQ)이 알코올중독의 원인이 된다(이영실 외, 2016). 또한 중독과 관계 깊은 도파민과 세로토닌 등의 작용으로 긍정적 기분, 자신감, 즐거움 등 긍정적 강화효과가 나타남으로써 음주를 더욱 증가시키는 경우가 많다.

2) 유전적 요인

알코올중독자의 3분의 1은 알코올중독 부모를 두고 있으며, 정상 부모의 자녀보다 4배나 더 알코올중독자가 될 확률이 높다(한국알코올과학회 학술부, 2000).

가족 내 알코올중독 환자의 일란성쌍생아는 이란성쌍생아보다 2배 이상 중독가능성이 높으며, 알코올중독자의 경우 아버지의 27%, 어머니의 5%가 알코올중독이었고, 남자형제들의 12~50%, 여자형제들의 2~13%가 알코올중독이다(아산병원 알코올 블로그, 2017). 대부분의 연구가들은 알코올중독이 되는 데는 알코올환경보다 유전적 소양이 더 결정적으로 작용하고 있음을 보여준다.

3) 심리적 요인

(1) 정신분석이론

프로이드(Sigmund Freud)의 정신분석이론에 의하면, 구강기 욕구를 충족시키지 못하면 지속적인 결핍감을 느끼게 된다. 구강기적 욕구결핍을 해소하기 위한 방법 중 하나가 음주인데, 이러한 음주가 반복됨으로써 결국 알코올중독이 된다는 것이다(이영실 외, 2016). 알코올중독자들은 대부분 우울증이나 열등감, 불안증상, 과민한 경향 등을 보이며, 어린 시절 부모의 애정이 부족하거나 부모에 대한 적대감 등이 자기 파괴적 욕구를 일으켜 알코올중독으로 발전한다.

(2) 인지학습이론

인지학습이론에서는 중독자들이 술을 마심으로써 불안이 해소되는 경험을 하거나 공포, 갈등이 알코올에 의한 이완작용으로 시도되어 술을 마시게끔 학습된다고 본다(이영실 외, 2016).

(3) 심리학적 이론

중독자들은 스트레스 상황에서 적절한 대처방법을 찾지 못하며 음주를 통하여 해결하려는 경향을 보인다.

(4) 행동학적 이론

알코올이 행복감과 안도감을 유도하고 공포와 불안을 감소시켜 준 경험을 하게 되면 동일한 효과를 얻기 위해 반복적으로 음주를 하게 된다.

(5) 사회문화적 이론

이혼 · 별거 · 미혼의 경우, 도시생활, 높은 사회경제적 계층, 높은 지적능력, 가톨릭신자는 알코올중독의 위험성이 증가하는 것으로 알려져 있다.

(6) 성격이론

중독자들은 어린 시절 주의력결핍장애, 반사회성 인격장애 등의 병력이 있고, 열등감, 불안정감 등이 생기면 이를 보상하고 잊기 위해 부정과 같은 방어기제를 주로 사용하여 술을 마신다. 성격이론은 알코올중독자 중 상당수가 독특한 성격유형이나 문제를 가진 사람으로 본다.

3. 알코올중독 현황

1) 전반적인 음주폐해 현황

[그림 7-9]에 의하면, 우리나라 2017년 성인 10명 중 1명이 알코올에 중독되어 있고, 하루 평균 13명(연간 총 4,809명)이 술 때문에 사망에 이르며, 연령별 인구 10만 명당 알코올로 인한 사망자는 30대(2.7명)부터 급증해 50대(22.8명)에 가장 많았다. [그림 7-10]에서 성인의 고위험 음주율(1회 남자 7잔, 여자 5잔 이상이고, 주 2회 이상 술 마시는 비율)은 14.2%로 전년보다 증가했고, 남성의 경우 고위험 음주율은 높게 유지되고, 여성은 지속적으로 증가하며, 특히 20대 여성의 경우 10명 중 1명이 고위험 음주자이다. 청소년 음주도 증가세이다. 대학생 고위험 음주율은 20.2%로 성인보다 높고, 1회 음주량이 10잔 이상인 경우도 성인의 2.5배에 달했다. 음주의 사

그림 7-9 2017년 성별 고위험 음주율과 성인 성, 연령별 고위험 음주율

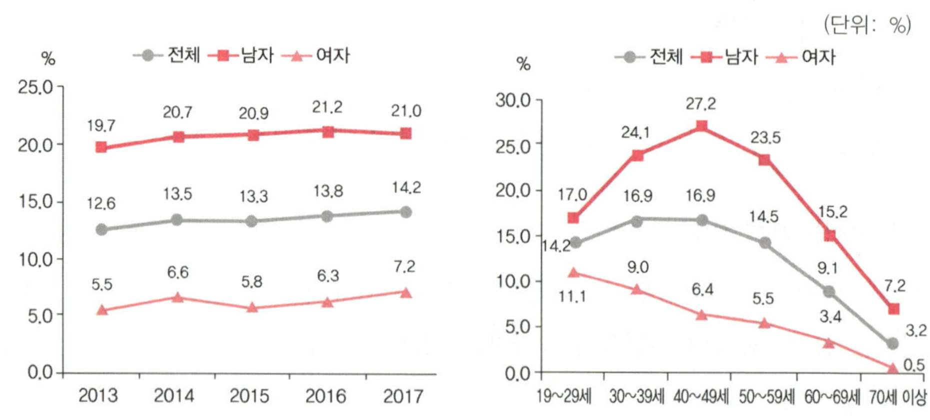

출처: 보건복지부(2018).

그림 7-10 성인, 대학생 고위험 음주율 비교, 청소년 음주자의 위험 음주율

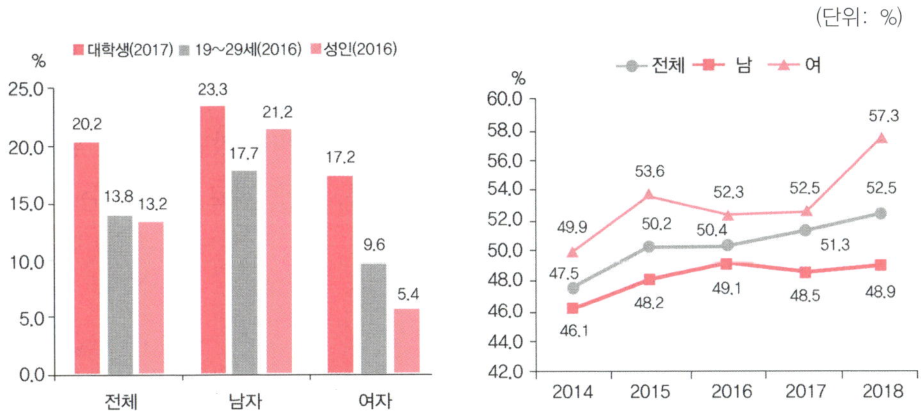

출처: 보건복지부(2018).

회경제적 비용이 10조 원에 달하는 것으로 나타났으며, 주취폭력, 자살 등 주요사건·사고의 원인으로 사회 안전을 위협하고 있다.

2) 알코올중독의 문제

알코올중독자의 충동적인 과도한 음주는 본인의 육체적·정신적·영적 건강은 물론 가속관계, 직업(경제적 빈곤), 우성, 애성, 결혼, 대인관계 등 신제석·성신석·사회적 기능이 음주로 인해 손상된다. 알코올중독자 본인과 특별한 관계이거나 심리적으로 가까운 사람일수록 알코올중독자가 받는 피해와 거의 동일한 종류의 피해를 받는다. 특히 알코올중독자 가족구성원들은 알코올중독자의 일탈된 행동에 감정이 폭발하기도 하고, 알코올중독자들이 음주를 조절할 수 없는 것을 지켜보다 못해서 그들이 중독자를 조정하려고 시도한다.

알코올중독자는 심한 우울증, 충동성, 낮은 자신감, 완벽주의, 스트레스와 관련된 질병으로 많은 고통을 받는다. 알코올중독자 본인은 인간이 느끼는 희로애락을 맛볼 수 없게 되며 음주는 계속된다. 알코올중독자 가족들은 그들 자신이 심각한 감정적인 문제, 삶의 문제에 빠져들고 있다는 것을 깨닫지 못한 채 술에만 관심을 갖게 되

며, 참담한 현실에도 불구하고 가족들은 마치 그러한 상태가 정상적인 것처럼 느끼게 되어 가족들은 알코올중독자의 음주를 집중적으로 조정하면서 동시에 음주를 돕는 경향도 있다. 마음에 들지 않는 삶의 환경에 처해 있기 때문에 알코올중독자의 부모, 배우자 혹은 자녀들은 현실을 직시하기에는 너무 고통스럽다고 생각하고 현실을 무시하고 감추며 은폐하려고 한다. 대신에 가족의 관심은 좋았던 과거의 환상이나 미래의 완전성에 대한 망상에 사로잡히며 자주 두통, 복통, 말로 표현할 수 없는 통증 등 육체적인 증세가 나타난다.

[알코올중독 가족의 공통문제]

① 알코올중독 가족의 실업문제 또는 경제적 파탄
② 자녀의 정서발달과 자아성장의 악영향
③ 가족 간의 갈등(욕설, 폭행, 구타, 가족구성원의 가출, 자살 등)
④ 부부 간의 갈등
⑤ 음주운전, 범죄, 폭력, 강도, 싸움 등의 문제
⑥ 알코올중독 가정에서 자란 자녀들이 보살핌을 받지 못하고 쉽게 거절당하기 때문에 가정폭력이 따르며 폭력행위가 반복될 수 있다.
⑦ 자녀들의 심리적 문제
  – 부모의 건강, 싸움에 대한 걱정
  – 부모의 행동에 대한 혼란과 분노
  – 가족 내 폭력에 의한 상처
⑧ 자녀들의 정신적 문제
  – 행동장애와 주의력 결핍
  – 과잉 운동 장애가 발생

3) 알코올중독의 치료

성인 10명 중 1명 이상이 알코올중독자이지만, 치료와 재활 인프라는 미흡하다. 2016년 정신질환 실태조사에 따르면, 평생 알코올로 인한 의존과 남용 증상이 있는 알코올사용 장애 추정환자 수는 139만 명(평생 유병률 12.2%)에 달한다. 그러나 지역사회의 알코올중독자를 위한 치료・재활 인프라 부족으로 정신건강서비스 이용비율은 12.1%에 그치고 있다. 중독관리통합지원센터는 전국 50곳(약 9,000명 이용)에 불과해 전체 알코올중독자 약 139만 명의 0.7% 미만만 상담・재활서비스를 받는 수준이다.

알코올중독의 치료를 위해서는 환자의 자발적, 그리고 적극적인 참여가 필요하며, 정신약물용법, 집단정신치료, 인지치료, 가족교육 참가 등 모든 치료를 통합적으로 제공할 때 가장 효과적인 결과를 보이게 된다.

(1) 입원치료

술과의 격리, 수용, 해독, 금단증상의 조절, 심리사회적 재활치료의 시작이며 입원치료가 필요한 경우는 해독기간 및 금단증상, 금주상태 유지가 외래보다 용이하다. 음주로 자신이나 타인에게 생길 수 있는 신체적, 정신적 위험으로부터 보호되고, 입원치료의 문제점은 경제적 손실이 수반되고, 입원사실이 환자에게 오점이 될 수 있으며 가정, 사회에서의 역할수행이 중단된다.

(2) 약물치료

영양공급, 수분과 전해질 균형, 금단증상의 조절(항불안제 공존하는 질환의 치료), 혐오치료제[디설피람(Disulfiram)], 항갈망제[아캄프로세이트(Acamprosate)], 날트렉손(Naltrexone) 등이 있다.

(3) 재활치료

알코올중독 재활치료 시 중요한 사항은 대인관계의 개선이다. 음주가 우선시되면서 중요한 사람과의 관계가 훼손되었거나, 만족스러운 친구관계가 없었다는 점이기 때문이다. 외래나 상담을 통한 치료, 친목모임을 통한 치료와 단주친목(익명의 알코올중독자들), 가족친목(AL－ANON), 자녀친목(ALATEEN) 활동을 통하여, 가정, 직장, 사회에 복귀시킨다.

(4) 재발방지

알코올중독의 재발모형은 단주상태에서 위험상황이 발생하면 재발하게 된다. 부정적 감정, 대인관계 갈등, 사회적 압력, 생리적 측면, 입원치료 후 자연경과(1/3은 금주, 1/3은 재발, 1/3은 음주), 재발은 첫 15개월 이내에 발생하기 때문에 2~3년 동안 재발방지 프로그램에 참석해야 한다. 재발의 고위험 상황은 절제에서 통제감으로 인하여 올 수 있다. 좌절, 분노, 불안, 우울, 권태, 양극성장애, 주요우울증, 불안장애와 논쟁, 개인 간 대결갈등과 사회적 압력은 재발의 20%를 차지한다. 기타 금단 등의 부정적 신체상태, 개인적 통제의 시험, 갈망이나 충동 등의 물질신호에 대한 반응성이 영향을 준다.

[단주 결심을 돕는 방법]

– 단주모임에 정기적으로 참여한다.
– '오늘만 마시지 말자'는 생각으로 하루하루를 산다.
– 술을 갈망하게 되면 지지자에게 전화로 도움을 청한다.
– 과거에 술 때문에 괴로웠던 일을 떠올린다.
– 술자리와 술친구는 되도록 피한다.
– 단주에 성공한 사람과 친하게 지낸다.
– 시나 명언집을 읽으며 마음의 평온을 얻는다.
– 술을 조절하며 마실 수 있다는 자만심을 버린다.

[알코올의존도 알아보는 자가 테스트]

아래 해당되는 사항이 1개라도 있다면, 술 문제가 있는 것이다.

□ 술을 마시면 취할 때까지 마신다.
□ 6개월 이내에(필름 끊김 현상) 블랙아웃을 두 번 이상 경험했다.
□ 술을 끊고 싶은데 매번 실패한다.
□ 질병이 있어도 술을 줄이거나 끊지 못한다.
□ 술 마신 다음 날도 연속해서 술을 마신다.
□ 밤에 잠을 자기 위해서는 술을 마셔야 한다.
□ 마시려고 생각한 양을 항상 초과한다.
□ 술을 마시면 주사가 심하다.
□ 술로 인해 법적인 문제가 발생한다.
□ 음주운전을 반복한다.

제 4 절 중독가족의 지원정책 및 서비스

1. 인터넷중독 가족복지 지원정책

인터넷 이용자들이 인터넷에 어떻게 의존하고 이용하는지의 관점에서 중독문제를 새롭게 접근해야 할 필요성이 있다. 한국형 인터넷유형별 맞춤형 치료체계를 구축하는 방안으로 기존 연구와 치료제도의 고질적 문제점을 해소하는 방안을 마련해야 한다. 이를 위해 인터넷중독에 따른 개념을 재정립하고 인터넷중독의 행동표현양상 및 공존질환에 따른 약물치료 연구를 시행해야 할 것이다. 이에 대한 기초자료로서 행동양상별 증상모델 자료를 확보하는 것이 바람직하다고 본다.

인터넷중독자도 의료기관에서 치료가 이루어질 수 있는 의료기관과 연계된 서비스가 필요하다. 인터넷중독의 원인은 유전적·생물학적 원인론이 작용하고 있으므로 스트레스와 같은 심리·사회환경적 원인이 제공되었을 때 늦지 않게 치료기관을 찾는 것이 매우 중요하다. 청소년의 중독유형 및 동반질환 현황을 파악하고 분석을 통해 유형별 맞춤법 치료체계를 구축하는 방법과 재활과 치료과정 추적을 위한 관리프로그램을 구축할 필요가 있다. 또한 자녀의 인터넷사용 내역을 휴대전화 문자메시지로 받을 수 있고 자녀의 게임을 인터넷으로 중단할 수 있는 프로그램이 도입되고 있으나, 중요한 것은 인터넷에 노출된 청소년에게 가족과 함께할 수 있는 다양한 즐길 것을 알려주고 환경을 만드는 것이 우선이라고 볼 수 있다.

1) 인터넷중독의 대처방안

미국 소아과학회(AAC)의 권고사항(2018)으로 24개월 미만 영·유아의 스마트폰 사용을 가급적 제한하여야 하고, 24~60개월 미만의 영·유아는 부모의 지도하에 1시간 이내로 양질의 콘텐츠만 이용하도록 권고하고 있다. 청소년들의 인터넷중독의 해결을 위한 궁극적인 방법은 현실세계에서 더 즐거운 것을 되찾게 하는 것이다. 특히 충동성이 높고 자기조절능력이 부족한 청소년에게는 인터넷사용 시간을 스스로 조절하지 못할 것을 예상하여 인터넷 이용시간을 조절하는 데 신경을 쓰고, 우울성향이 있고 대인관계에 어려움이 있는 청소년의 경우는 현실세계의 인간관계문제 개선에 노력하도록 해야 할 것이다.

(1) 인터넷중독에 대한 가정과 사회의 대처노력

① 가정에서의 대처노력

청소년들이 인터넷중독에 빠지지 않도록 하기 위해서는 부모역할이 매우 중요하고, 올바른 인터넷을 사용할 수 있도록 지도할 수 있어야 한다.

ⓐ 부모의 통제적·지시적 양육태도, 일방적인 의사소통은 자녀가 인터넷중독에 빠지게 할 위험성이 크며 부모에게 숨기는 경향이 있다. 민주적·허용적 양육의 자녀는 인터넷 이용시간이 적고, 인터넷이용 용도도 부모에게 숨기지 않는다.

ⓑ 부모는 인터넷공간을 또 다른 자녀양육의 장으로 인식하고, 청소년들이 왜 인터넷에 몰두하는지 인터넷세상에 부모가 동참하여 이해할 필요가 있다.

ⓒ 부모가 인터넷사용 능력을 길러서 인터넷세상을 이해하고 올바른 사이버문화의 정착을 위해 네티켓과 정보윤리를 자녀에게 교육해야 할 책임이 있다.

[인터넷중독문제 예방을 위해 부모가 갖추어야 할 능력 10계명]

1. 부모는 자녀의 ID가 무엇인지 알아야 한다.
2. 부모는 자녀가 온라인상에서 어떤 활동을 하는지 알아야 한다.
3. 부모는 사이버 머니와 자녀의 온라인사용 결제방식을 알아야 한다.
4. 부모는 온라인상의 아이템을 잘 관리할 수 있도록 지도하는 능력을 키워야 한다.
5. 부모는 자녀가 다니는 PC방을 알아놓고 PC방 주인과 자주 연락을 해야 한다.
6. 부모는 자녀가 온라인상에 가입한 카페 팬클럽에 대해서 알아야 한다.
7. 부모는 자녀가 주로 다니는 사이트를 점검할 수 있는 능력이 있어야 한다.
8. 부모는 자녀의 온라인 음란물차단 시스템을 설치해야 한다.
9. 부모는 자녀의 온라인상의 낯선 친구와의 만남에 대해서 알아야 한다.
10. 부모는 자녀의 정보화 지능, 인터넷 지능을 계발할 수 있도록 지도하는 능력을 키워야 한다.

② 사회적 차원에서의 대처노력

ⓐ 청소년들을 위한 건전한 콘텐츠개발과 보급이 이루어져야 하고, 유해정보로부터 보호되도록 음란물차단 소프트웨어의 기술개발이 필요하다.

ⓑ 인터넷 이용시간, 효과적인 이용방법, 주의할 점, 인터넷중독에 대처하는 방법을 현실적이며 구체적으로 지도하는 인터넷교육 프로그램이 제공되어야 한다.

ⓒ 사이버상의 문제를 지속적으로 감시하고 교육하는 역할을 담당해야 한다.

ⓓ 부모가 과의존 위험군일 경우, 유·아동자녀가 위험군에 속하는 비율이 23.8%로 높으므로 보호자까지 포함된 대책을 수집해야 한다.

ⓔ 연령대별 특성, 과의존 위험군의 콘텐츠 이용특성 등을 고려한 효과적인 대응방안을 마련하여 사용습관 조절 등 인터넷의 바른 사용 지원을 강화한다.

ⓕ 과학기술정보통신부는 "제4차 스마트폰·인터넷 과의존 예방 및 해소 종합계획(2019~2021)을 추진하면서, 유·아동의 스마트폰·인터넷 바른 사용습관 조기형성을 위한 예방교육 집중보완과 과의존 위험이 완화되도록 관계부처, 지방자치단체 등과 효과적인 협력방안을 모색하겠다"라고 밝혔다.

ⓖ 정보 활용역량을 확대하고, 과의존 위험은 줄일 수 있도록 향후 '스마트폰 바른 사용 실천 가이드(전국민 대상 안내·홍보자료)'를 보급할 예정이다.

ⓗ 전국 17개 시·도의 스마트쉼센터 홈페이지(www.iapc.or.kr)를 통한 예방교육과 상담, 민·관 협력사업을 적극 추진하며, 대표전화는 1599-0075이다.

2. 알코올중독 가족복지 지원정책

1) 알코올중독자 가족을 위한 가족복지마련

아동을 다루는 전문가는 부모의 알코올중독이 자녀에게 부정적인 영향을 미치는 것에 대하여 교육하며, 아동청소년에 대해 예방적으로 개입하는 체제가 구축되는 방안을 강구해야 한다. 이외에도 가족 내 알콜중독자를 참석시키지 않는 별도의 가족구성원들을 위한 치료프로그램을 제공하는 것도 필요할 것이다. 알코올중독자의 특성과 행동에 대한 교육과 역기능적인 가족행동에 대한 교육, 알코올중독자를 이해하는 방법과 더불어 치료를 위해 효과적으로 가족질병을 치료하는 것이다.

2) 주류의 접근성과 문화에 대한 인식전환

우리는 음주조장환경에 노출되어 있으며, 문제를 일으키는 주취자에 대한 처벌규정과 수준이 미비하고, 매년 청소년의 음주율 및 위험음주가 증가하고 있는 상황에서 음주에 대하여 허용적인 인식 전환이 개선되어야 한다.

3) 지역사회 지역서비스 활성화

현재 우리나라의 경우 알코올중독자 및 중독가족에 대한 기본적인 서비스 전달체계가 미흡한 실정으로 볼 수 있다. 알코올중독자의 사회적응 프로그램이 지역차원에서 이루어져야 할 것이며, 알코올중독자 가족을 지원할 수 있는 전문적인 치료시설과 교육 프로그램, 시설 간 연계체계 등이 설치되어야 할 필요가 있다.

PART 03

가족복지정책

사회복지정책 중 한 영역인 가족복지정책은 가족이 사회적 기능을 원활하게 수행함으로써 사회에 노동력을 안정적으로 제공하고, 사회유지에 기여할 수 있도록 국가가 지원하는 이념적 배경에 따라 탄생되었다. 그런 이유 때문에 가족복지정책은 결국 가족의 기능을 강화하고 대체하는 데 초점을 두고 발전되어 왔다.

시대가 변화하면서 가족의 문제가 증가한 만큼 정책적 대응전략도 변화되고 있는 것이다. 우리나라에서도 가족문제가 심화되면서 정책적 접근 방안에 대한 관심이 높아지고 있다. 하지만 우리나라의 경우 아직 가족복지정책의 역사가 짧고, 구체적 정책이나 서비스도 아직 미약하여 여기에서는 우선 개념적 측면에서 가족복지정책에 대해 접근해 보고, 주요국가의 복지정책을 알아보고, 구체적 정책방안에 대해 분석하고자 한다. 가족복지정책의 근거가 되는 관련법규들을 살펴보고, 가족복지정책의 개념과 논점을 분석해 본다.

CHAPTER 08 가족복지정책의 이해

학습목표

이 장의 학습목표는 가족복지정책을 이해하는 것이다. 사회복지정책은 근원적으로 산업근로자와 그 가족의 경제적 어려움을 해소하고, 이들의 불만을 완화시킴으로써 궁극적으로는 자본주의를 유지하기 위한 하나의 수단이자 도구로 구상되었다고 볼 수 있다. 개념적 측면에서 가족복지정책에 대해 접근해 보고, 그 다음에 구체적 정책방안에 대해 분석하고자 한다.

- 가족복지정책의 개념을 이해할 수 있다.
- 복지국가의 가족복지정책을 이해할 수 있다.
- 주요국가의 가족복지정책을 이해할 수 있다.

제 1 절 가족복지정책의 접근

현대사회의 가족은 가족 내・외적인 변화 때문에 다양하고 복잡한 문제에 직면하고 있으며, 이러한 가족문제의 증가는 개인과 사회전체에 많은 부담을 초래하고 있다. 가족이 사회적으로 기대되는 역할과 책임을 잘 수행할 수 있도록 하기 위해 다양한 가족복지서비스 지원에 대한 욕구가 증가하고 있다. 이러한 상황 속에서 가족복지의 필요성이 그 어느 때보다 강조되고 있다.

1. 가족복지정책의 필요성

가족복지의 필요성으로, 첫째, 가족기능의 약화이다. 현대사회 가족은 주요기능들이 약화되어 스스로 해결할 수 없는 문제들이 많음에도 불구하고 개인과 사회의 존속을 위해 중요성이 강조되고 있다(김성천, 2000). 탈시설화 정책은 가족구성원의 보호와 복지에 대한 가족의 책임이 오히려 예전보다 강조되고 있다(Zimmerman, 1995). 따라서 가족이 사회적으로 기대되는 역할과 책임을 잘 수행할 수 있도록 하기 위해서는 다양한 가족복지서비스 욕구에 대한 서비스를 증가시킬 필요가 있다.

둘째, 가족과 사회에 대한 관점변화이다. 자유주의 경향과 신자유주의 복지개혁은 가족구성원의 보호를 가족책임으로 간주하고 국가가 개입하는 것이 오히려 문제를 일으킨다는 입장을 보이고 있다(이영실 외, 2016). 그러나 경제구조의 변화와 사회변화에서 오는 혼인 및 자녀에 대한 가치관변화, 양성평등 가치관변화, 그리고 여성경제활동참여율의 지속적인 증가 등의 가족환경 변화로 인해 가족과 사회에 대한 관점의 변화가 요구되고 있다(김승권, 2011).

여성의 사회진출 증가는 가족 내 역할변화, 부부관계변화, 부모자녀관계변화를 요구하고 있다. 하지만 사회요구와 변화를 수용해야 하는 가족 간의 현실적인 격차는 가족 내 갈등의 폭을 증폭시켰으며, 가족의 보호기능을 약화시키며 심각한 사회문제가 되기도 한다(Esping－Andersen, 1999; 김성천, 2000).

셋째, 다양한 가족형태의 등장과 욕구변화이다. 별거, 이혼, 동거, 혼외출산율 증가 등으로 여성가구주가 급속히 증가하였고 재혼가족도 증가하고 있다. 맞벌이가구, 독신가구, 노인 1인가구, 소년소녀가구, 다문화가구 등 사회적 취약 및 위기가족이 증가하는 추세에 있다. 최근 가족에 대한 사회적 보호기능의 강화, 돌봄 및 가사지원 서비스의 사회화, 취약・위기가족에 대한 통합적 지원체계 강화, 성평등적이고 민주적인 가족의 복지욕구가 표출되고 있다(김승권, 2011).

2. 대상에 따른 가족복지의 관점

가족복지대상은 가족주의적 관점과 개인주의적 관점으로 요약된다. 가족복지의 범위와 관련해서는 광의의 가족복지와 협의의 가족복지로 나누어진다.

1) 가족주의적 정책 관점의 가족복지

가족복지의 개념을 정의할 때 많은 학자들이 지적하는 것 중 하나는 가족을 하나의 사회단위로 보고, 집단성격을 지닌 가족전체를 고려한 대책이어야 한다는 것이다.

따라서 가족주의적 관점에서는 가족생계지원, 아동양육, 노인부양, 돌봄, 부부관계 증진 등 가족생존과 사회적응을 돕는 것이 가족복지의 주요내용이며, 체계로서의 특성을 지닌 가족집단이 서비스의 대상이다. 가족이 하나의 분화된 사회제도로서 사회가 기대하는 가족 고유기능을 가족전체가 실행할 수 있도록 가족구성원의 역할을 원조하는 서비스로 보는 관점이다(김성천, 2007).

2) 개인주의적 정책 관점의 가족복지

최근에는 가족주의 관점보다는 개인주의를 반영하여 가족복지에서 개인중심 서비스를 중요시하는 경향을 보이기도 한다(최경석 외, 2005; Hamrias, 2004). 가족은 공통된 목표와 관심을 가진 집단이기도 하지만 가족 내 개별구성원은 종종 상충된 욕구를 갖기도 한다. 따라서 특정가족주의보다 다변화되고 있는 가족구성원의 욕구충족과 개별구성원의 인권을 존중해 주는 정책이 더 중요하다고 제안한다(Goode, 2003).

우리나라도 개인주의적 가족복지관점으로의 변화를 찾아볼 수 있다. 건강가정기본법 제2조에서 가정은 개인의 기본적 욕구를 충족시키고 사회통합을 위하여 기능하도록 유지・발전되어야 함을 기본이념으로 하고 있다.

3) 광의 및 협의적 정책 관점

광의적 관점은 사회보장정책, 임금, 고용, 물가 등에 관련한 경제정책, 가족의 기초생활 보장과 관련된 사회복지정책, 보건・의료정책, 교육・문화정책, 주택정책, 환경정책 등 정부의 다양한 가족복지 행정활동을 포괄한다. 협의적 관점은 가족복지를 사회복지서비스의 한 분야로 규정하여 아동복지, 노인복지, 여성복지, 장애인복지 등 한정된 영역의 가족문제를 해결하는 분야를 의미한다.

3. 가족복지정책의 개념

1) 가족복지정책의 배경

가족복지정책은 시대와 정치적 · 사회적 · 문화적 배경에 따라 다르게 구성되는 역사적 특성을 갖는다. '가족'의 개념과 정의가 시대와 사회에 따라 달라지고, '가족문제'나 '가족복지'에 대한 해석과 접근방식에 따라 가족복지정책의 영역이 상이할 수 있기 때문이다. 그러므로 가족복지정책은 사회적 변화를 고려해 일시적으로 합의된 유동적인 정책범주로 이해되어야 한다(Zimmerman, 2001).

시대적 배경에 따라 국가별로 가족복지정책은 상이하나, 취약계층 가족을 중심으로 제한된 국가개입에서 일반가족을 대상으로 하는 보편적 국가개입으로 확대되는 양상이다. 초기에는 자녀를 양육하는 어머니와 그 아동을 보호하려는 목적에서 시작하여, 지금은 모든 가족에게 현금 및 현물 급여를 제공하는 포괄적 가족복지 모습으로 발전하고 있다. 정책변화를 시기별로 요약해 정리하면 <표 8-1>과 같다.

표 8-1 시대별 가족복지정책 변화

시 기	시대별 가족복지정책 내용
1920년대 이전	– 급속한 산업화와 도시화 시대로, 높은 빈곤율과 영아사망률 등이 사회문제로 등장 – 여성과 아동을 위한 복지센터의 설립, 과부와 고아 등을 위한 제한적 현금급여 등 아동과 여성 보호를 위한 공적 개입
1930~1950년대	– 출산율 급락으로 인구감소와 가족의 불안정성 증가가 사회의 위협으로 인식되기 시작하여 가족 지원책을 점차 강화 – 독일, 프랑스, 일본 등은 결혼, 출산장려 지원책, 일부국가에서는 부양자녀가 있는 남성 노동자에게 가족수당 형태의 현금급여 지원 – 제한된 대상 위주의 지원책에서 보편주의적 급여로 확대
1960~1980년대	– 빈곤문제의 확대로 저소득 빈곤가족이나 한부모가족 등을 위한 선별주의적 급여정책과 조세 감면제도 등이 개선됨 – 여권주의 운동으로 인해 성평등과 출산에 대한 이슈로 피임, 낙태 관련 법규들의 완화와 노동시장 내 성평등 추구 정책들이 생겨남
1990~2010년대	– 저출산과 여성의 경제활동 참여의 증가, 다양한 가족의 등장으로 이에 대응한 공공정책 지원체계를 발전시킴 – 일부 국가에서는 출산장려주의 정책을 강화하면서 일 · 가정 균형을 지원하는 가족친화적 정책 등을 통해 간접적 지원을 확장

출처: Gautier(1996) 재구성.

2) 가족복지정책의 개념과 정의

(1) 가족복지정책의 개념

가족복지정책은 가족정책의 한 영역이다. 가족과 관련된 정책은 가족정책(family policy)과 가족복지정책(family welfare policy)으로 구분된다. 가족정책은 국가가 가족기능이나 역할에 의도적으로 영향을 미침으로써 원하는 방향변화를 가져오려는 체계적인 개입계획을 의미하고, 가족복지정책은 통제, 지원을 통해 국가가 순수하게 가족을 위해 행하는 정책만을 의미한다. 그러나 사회복지 전 분야에 걸친 정책을 통해 가족에게 영향을 미치므로, 가족정책과 가족복지정책의 개념을 구분하는 것은 점차 의미를 상실해 가고 있다(이진숙, 2002).

가족복지를 실현하기 위해서는 가족복지정책이 구체화되어야 한다. 먼저 가족복지를 현장에서 실천하는 제도와 법의 틀을 제시하고 다른 영역과 상호관계를 통해 가족복지의 효율성을 높이는 정책이 필요하다. 가족복지정책은 가족의 복지를 실천하기 위해 국가가 거시적이고 제도적으로 만든 정책이라고 하겠다. 따라서 가족복지정책은 가족의 실체를 어떻게 인식하고 입장을 취할 수 있을 것인가에 의해 가족을 바라보는 사적시각, 사회적 시각, 공공시각의 세 가지로 구분할 수 있다. 남성과 여성이 만나 결혼하여 자녀를 낳고 생활하는 사적 개념의 가족(개인중심가족), 사회구성원을 양육하는 역할을 담당하는 사회적 가족의 개념(사회적 가족), 사회변화에 따른 정치적 도구로서의 공공개념의 가족(공공가족) 등 가족의 실체가 존재한다.

(2) 가족복지정책의 정의

캐머만과 칸(Kammerman & Kahn, 1997)은 세 가지 관점에서 가족복지정책을 이해하고자 하였다.

첫째, 가족복지정책은 사회복지정책의 한 분야로서 가족과 관련된 특정한 목표를 설정한 정책을 의미한다. 아동양육비용부담의 완화, 성평등적 가족문화 확산, 돌봄노동에 대한 부담감소 등의 목표달성을 위해 가족법, 아동수당, 가족수당, 자녀양육 가정에 지급되는 사회부조, 피부양자에 대한 세금공제, 아이돌봄서비스 등이다.

둘째, 가족복지정책은 다른 사회정책의 목표달성을 위한 수단이 되기도 한다. 인구정책이나 노동시장정책과 관련되어 재택근무제나 탄력근무제 등을 통해 노동시장에 여성의 참여율을 높이거나 혹은 아동양육수당을 지급해 가정에 머물러 돌봄노동에 기여하도록 하는 노동시장으로의 진입을 통제하는 정책의 수단이 될 수도 있다. 또한 다자녀 가정을 위한 조세감면이나 주택정책 등을 통해 부모들이 자녀를 더 많이 낳거나 적게 낳도록 하는 인구정책 목표달성의 수단이 될 수도 있다.

셋째, 가족을 사회정책의 선택이나 정책평가의 관점이나 기준으로 보는 것이다. 즉, 어떤 사회정책이 가족에 어떠한 영향을 미쳤는지에 따라, 예를 들어 사회정책이 가족과 그 자녀의 생활양식이나 행복 등의 가치에 어떠한 영향을 미쳤는가를 평가하여 그 성격을 규정짓는다는 것이다.

3) 가족복지정책의 대상

가족복지정책의 대상은 가족이다. 가족복지의 대상은 가족복지가 이루어지는 과정에서 국가의 정책이나 법, 그리고 행정조직에 따라 그 대상에 규정된다고 볼 수 있으며, '전체가족'에 대한 접근이 요구된다. 가족복지대상은 국가와 가족의 입장에서 가족의 문제와 가족욕구라고 할 수 있다. 결론적으로 가족복지의 대상은 가족이 지닌 욕구와 문제가 가족의 구조, 기능 및 생활주기에 따라 다양하게 나타날 수 있다는 것이다. 가족의 욕구가 충족되지 않는다면 가족문제가 사회문제가 된다. 가족복지대상은 가족의 구조와 기능, 가족주기에 따라서 다음과 같은 세 가지 기준으로 분류할 수 있다(성영혜 외, 1997).

(1) 가족구조상 대상

가족구조 특성에 따라 가족복지의 대상을 규정하는 것이다. 맞벌이가족, 미혼모가족, 이혼 및 재혼가족, 소년소녀가족, 노인가족, 핵가족 등이 해당한다. 다양한 형태의 가족구조를 고려하여 각각의 가족이 지닌 특성에 의해 복지개입을 달리하는 경우이다. 우리나라 가족의 변화추이는 다음과 같다. 유아사망률의 저하, 출산력의 감소, 평균수명의 연장 등으로 연소인구(0~14세)의 수와 비율은 크게 감소하는 반면, 노인인구(60세 이상)의 수와 비율은 크게 증가하는 추이를 나타내고 있다. 또한 가족규모의 축소와 노인·소년소녀가족가구 등의 단독가구의 증가, 여성의 취업 증가로 인한 가족 내의 아동, 장애인, 노인 등에 대한 보호기능의 약화 현상, 이혼율의 증가, 개인주의적 가치관의 발달과 가족관계의 평등화 경향, 가족과 관련된 사회병리 현상의 증가 추세를 볼 수 있다.

지금 세계적인 흐름은 1인가구가 늘고 있는 추세이다. 2019년에는 1인가구 비중이 29.6%로 전체가구 중 가장 많은 비중을 차지하였고, 이러한 1인가구의 증가추세는 부모와 자식이 함께 사는 핵가족의 형태가 점차 해체되고, 결혼을 하지 않거나, 이혼, 사별이 꾸준히 늘어나기 때문이다. 평균수명 연장으로 인한 고령화추세, 경제와 고용의 불안정에 따른 결혼 및 출산의 연기, 여성의 자아실현욕구 증가에 따른 경제참여의 증가로 인한 저출산 현상은 1인가구의 증가를 심화시키고 있다(박희숙 외, 2019).

(2) 가족주기별 대상

가족생활주기의 단계별주기(부부만의 시기, 자녀출산과 양육, 미취학아동기, 학동기, 청소년기, 독립기, 중년기, 노년기) 및 가족경제 상태의 변화양상은 개인의 전 생애를 포괄하는 복지정책을 채택하게 되므로 개개인은 물론 가족구성원이 당면하게 되는 복지욕구는 매우 다양하다. 따라서 가족생활주기는 주요요인의 하나로 고려할 수 있다. <표 8-2>에서는 가족생활주기를 형성기, 확대기, 축소기, 축소완료기, 해체기로 분류하였다.

표 8-2 가족생활주기별 특성 및 복지정책 방향

구 분	기 간	특 징	복지정책 방향
형성기	결혼부터 첫 자녀출생 전	- 초혼연령의 상승 - 근로 및 사업소득을 통해 지출·저축의 욕구가 크다.	소득세 감면
확대기	자녀출생부터 자녀결혼 전	- 출산력 저하로 자녀수 감소 - 자녀부양 기간 연장 - 자녀교육, 분가시기로 소득 및 소비지출이 가장 활발	세금공제 아동수당

<table>
<tr><td>축소기</td><td>자녀결혼
시작부터
완료까지</td><td>– 결혼 분가
– 점차 단축되는 경향</td><td></td></tr>
<tr><td>축소완료기</td><td>자녀결혼
완료부터
배우자사망</td><td>– 점차 길어지는 경향
– 소득과 소비 수준은 급격히 낮아짐</td><td rowspan="2">생활비 지원
노후소득보장</td></tr>
<tr><td>해체기</td><td>배우자사망부터
본인사망</td><td>– 점차 길어지는 경향
– 소득 및 주거사정 열악
– 경제적 문제가 가장 심각</td></tr>
</table>

출처: 김혜경 외(2019) 재구성.

(3) 가족기능상 대상

가족기능상의 문제에 따라 대상을 규정한다. 학대, 알코올중독이나 약물중독, 청소년비행, 실직으로 인한 소득상실, 가족과 장애로 인한 심리적·의료적 문제를 겪는 가족의 경우를 말한다.

가족문제는 사회문제의 하나로 볼 수 있다. 사회문제란 대체로 영향력 있는 집단이 특정한 사회현상을 두고서 그것이 사회가치관을 저해한다고 규정할 때 존재하며, 공동의 노력에 의해서만 해결될 수 있는 것으로 간주된다. 영향력 있는 집단이란 가

표 8-3 가족문제의 성격

구 분	내 용
경제적 부양문제	가족소득의 문제가 직결되는 문제가 많이 나타나고 있다. 가정의 빈곤문제, 가족구조상 취업여성의 증가, 빈부차이에 의한 상대적 박탈감 등
가족의 보호기능 약화 문제	핵가족화에 따른 약자 가족구성원(어린이, 노인, 장애인에 대한 가족의 보호기능이 약화되는 데서 오는 문제가 증가, 또한 가족 공동체로서의 사회화, 정서적 지지의 기능 수행 약화
가족의 통제기능 약화/상실 문제	가족의 통제능력이 약화되거나 통제기능이 상실되는 데서 오는 가족관계와 가치관의 문제가 제기되고 있다. (예) 도시에서의 잦은 이사로 인한 가족생활의 불안정성, 세대 차이 문제, 부부불화, 부모역할 모델의 부족, 고부관계문제, 배우자 부정문제, 배우자(아내 혹은 남편)학대와 아동학대 등의 가정폭력문제
결손가정의 증가에 따른 문제	부부의 별거, 이혼의 증가, 배우자 부정 또는 향락산업의 발달 등으로 결손가정의 증가로 정신적·정서적·심리적 장애아동, 가출 및 비행청소년 등의 문제아동 수가 증가하는 문제, 이들 가족구성원의 심리적·경제적·사회적 문제와 소외문제

출처: 김혜경 외(2019).

족구성원뿐만 아니라 가족외부사람도 포함된다. 우리나라 가족문제로는 이혼·별거·가출 등의 가족해체문제, 부랑아·비행청소년·미혼모·가정폭력·근친상간 등의 탈선문제, 빈곤가족·노인부양·맞벌이가족의 아동부양 등의 구조적 문제, 한부모가족·소년소녀가족 등의 결손문제를 들 수 있다(김혜경 외, 2019).

제 2 절 한국의 가족복지정책

가족복지정책은 가족복지를 목적으로 하는 정부의 정책이나 프로그램을 말하며, 가족복지정책의 방향이나 구체적인 내용은 가족과 구성원들에게 큰 영향을 미치기 때문에 가족기능수행을 위한 일련의 공공활동의 결과를 따지게 된다. 기본적으로 개인 및 사회적 정체성을 확보하고, 경제적·물질적 지원을 하며, 자녀양육을 지원하는 정책이 가족복지정책의 기본이 된다. 여성의 사회진출 증가, 출산율 저하, 급속한 고령화, 이혼 및 한부모가족 증가, 독신가구 증가로 인하여 가족의 안정성은 감소되는 반면, 역동성이 증가되면서 가족지원체계에 대한 새로운 욕구가 일어나고 있다.

1. 가족복지정책의 기본방향

1) 가족복지정책의 기본계획

가족복지정책의 수립에서 사회적 변화를 정확하게 반영하여 가족의 복지욕구에 대한 기본계획이 세워져야 가족정책이 구체화되고 체계적인 실천이 비로소 가능한 일이다. 변화의 다양한 측면들을 살펴보면 다음과 같다(김혜경 외, 2019). 첫째, 가족의 기능적 부담감이 증대하고 있다. 개인의 복지요구 선택권과 가족의 복지권이 서로 충돌하고 있고, 가족복지를 유지하기 위한 경비가 증대함으로써 개별가족이 기능을 유지하고 복지를 증진시키기에는 힘든 상황이 된 것이다. 둘째, 가족형태 혹은 가치관이 다양해짐에 따라, 과거의 획일적인 대응방안이 더 이상 효율적이지 않다는 점이다. 셋째, 가족정책은 인적자원개발을 위해서도 필요하다. 아동의 안전한 성장환경과 인적자원개발은 사회의 지속적인 성장과 발전을 위하여 필수적이며, 지속적인 성장기제로서의 가족정책은 선행조건이라는 점이다.

2) 가족복지정책방향

(1) 가족에 대한 사회적 책임 강화

사회변화에 따른 가족기능약화로 인해 사회적지원이 필요한 다양한 가족들이 급증하고 있지만 사회적 지원망이 미흡하여 사회적 통합이 어렵다고 보고 있다. 가족복지정책의 목적이 가족의 삶의 질 향상과 사회통합을 실현하기 위한 것이라고 할 때, 미래의 저출산·고령사회에 대비한 정책적 고려가 요구된다. 특히 아동의 건강한 성장·발달을 위해 가족과 아동에 대한 국가적 지원책을 강화한다.

(2) 양성평등한 사회환경 조성

여성의 부모역할과 취업의 병행이 가능할 수 있도록 하는 일·가정 양립과 관련된 가족정책은 가족수당과 보육, 육아휴직정책이라고 할 수 있다. 남녀 모두 직장과 가정을 양립할 수 있도록 가족친화적인 직장문화와 양성평등한 사회환경을 조성하는 정책이 요구된다. 여성들의 재생산권과 노동권이 보장받을 수 있도록 한다.

(3) 가족의 다양성 존중

가족 다양성을 존중하여 기본적 욕구가 충족되도록 가족정책에 반영해야 한다. 가족구성원들의 다양한 욕구이해와 가치가 존중되고 보장되는 가족문화를 조성하고, 가정폭력 같은 가족관계를 개선하여 민주적인 가족관계 형성을 지원하며, 인간의 존엄성을 존중하는 가족문화와 가치를 갖게 한다. 다문화가족, 한부모가족, 조손가족, 재혼가족, 1인가족 등 다양한 가족구조가 가족의 불안정으로 이어지지 않도록 가족문제 예방과 적응을 지원하고 사회적 편견을 해소하여 가족의 안정을 도모한다.

(4) 통합적 접근을 통한 정책조정 및 가족지원체계 강화

다양한 가족변화에 따른 관련법, 제도가 개정되어야 하며, 다양하고 통합적인 가족복지프로그램 개발이 필요하다. 중앙, 지방정부, 민간단체와의 유기적인 협조와 조정으로 가족정책을 추진하며 가족지원체계를 강화하여 가족의 삶의 질을 높인다.

제 3 절 주요국가의 가족복지정책

선진국의 가족정책을 통해 효과적인 가족복지의 방향을 모색하기 위한 통찰력을 얻을 수 있다는 점에서 타 국가정책의 분석이 유용한 시각을 제공해 줄 수 있다.

1. 외국의 가족복지정책 형성과정

유럽에서 가족복지정책 논의 시기는 1940년 전후 빈곤가족 및 빈곤가족 아동들에 대한 사회적 관심이 증대되면서, 가족복지정책이 주목을 끌게 된 것이다.

먼저 인구학적 변화는 노동시장의 인력공급 측면에서 새로운 자원을 필요로 하게 되었다. 결혼감소, 이혼증가, 출산력저하, 사망률감소 등 전반적인 생산인구 감소와 노령인구가 증가하는 연령구조의 변화는 양성평등적 시각의 확산과 더불어 여성의 노동시장 참여를 촉진시켰고, 노동시장의 원활한 인력을 공급하기 위하여 국가가 가족을 지원하는 복지정책을 수행하는 방법을 찾기 시작하였다.

1) 저출산 및 자녀양육 전략

학자들은 가족정책의 핵심요소인 저출산 문제를 해결하기 위해 자녀출산과 자녀양육의 안정화를 가져올 수 있는 정책방안을 <표 8-4>에서 제안하고 있다.

슬리보(Sleebos, 2003)는 출산에 영향을 미치는 요인을 포괄적으로 수용해야 한다고 다음과 같이 주장하였다. 첫째, 자녀출산이 제공하는 정서적, 물질적, 심리적 혜택

표 8-4 학자별 저출산 문제해결 정책방안

학 자	내 용
Wetzelsa(1999)	• 일 · 가정생활의 양립을 강조 • 개별 세제혜택, 보육지원금 및 보육서비스의 이용가능성 • 보육서비스의 질을 강조
Kammerman & Kahn(2000)	• 모성을 보호할 수 있는 정책 마련 강조 • 출산 전후 건강을 회복할 기간 동안의 임금 대체 • 복직 이후 보육서비스를 제공
Sleebos(2003)	• 여러 사회제도 간 양성평등 균형의 중요성을 강조 • 출산에 영향을 미치는 요인을 포괄적으로 수용

출처: 장혜경 외(2004).

은 감소하는 반면, 자아실현, 개인성취를 강조하여 자녀출산을 저해하고 있다. 둘째, 자녀양육으로 발생하는 직접비용과 기회비용 요인이다. 양육비는 증가하는데, 여성의 교육기회, 취업기회, 과외활동의 기회가 확대되어 자녀출산과 양육을 하고자 하는 기회비용은 감소한다. 셋째, 고용불안정과 높은 실업률은 결혼과 출산을 연기하기 쉽다. 넷째, 물질주의 영향으로 현대사회에서 자녀라는 존재의 가치가 감소하고 있다. 다섯째, 남성을 주 생계부양자로 규정하는 남성중심의 사회는 여성의 요구를 수용하지 못해 양성평등과 관련된 사회전체의 제도나 규정이 제대로 되어 있지 않다. 슬리보(J. E. Sleebos)는 아동수당, 보조금 지급, 세제감면 제공 등과 같은 현금지

표 8-5 외국의 자녀양육 지원정책의 유형

구 분		특 징	내 용
재정적 지원	현금급여	정기적 현금급여	가족수당, 자녀수당
		일시불 현금급여	출산수당, 모성급여, 새학기 수당
	세제지원	• 세금환급 • 세액공제 • 세금감면	자녀유무, 자녀수, 자녀 연령, 출생순위 등에 따른 세금감면, 세금환급
	서비스와 재화	서비스와 재화의 무료 제공 및 보조금 지급	교육서비스, 의료서비스, 치과서비스, 대중교통 서비스에 대한 지원, 여가활동 관련서비스
	주택지원	• 보조금 지급 • 주택관련 세제혜택, • 기타 서비스 보조 등	• 주택담보 대출 시 저당권 감액 • 주거비용의 세금환급 및 소득공제 • 주거 서비스에 대한 보조금 지원

<table>
<tr><td rowspan="2">시간적 지원</td><td>휴가 및 휴직</td><td>• 산전·후 휴가 제공
• 육아휴직제도 제공</td><td>• 복지보장
• 상실임금의 보전
• 출산 및 육아를 위한 휴가제도</td></tr>
<tr><td>탄력 근무제</td><td>탄력근무제 도입</td><td>• 탄력적 근무시간제도
• 가족관련 업무를 위한 외출 가능</td></tr>
<tr><td rowspan="2">서비스 제공</td><td rowspan="2">보육 서비스</td><td>공보육 서비스의 제공</td><td rowspan="2">보육시설의 제공, 보육재정의 제공, 방과 후 프로그램, 직장 보육서비스 등</td></tr>
<tr><td>보육서비스에 대한 공공 재원의 제공</td></tr>
</table>

출처; 유계숙 외(2007) 재인용.

원과 양육여건을 개선하여 양육비용감소, 공보육, 출산휴가, 육아휴직, 탄력근무제 등이 가능하며, 외국의 가족복지정책은 <표 8-5>와 같이 구분할 수 있다.

2) 소득지원 가족복지전략

초기 가족복지의 목표는 빈곤타파였다. 산업혁명 이후 빈곤가족문제가 보편화됨으로써 사회적 관심을 갖게 되었으나, 사회가 안정적으로 되면서 한부모가족, 여성가구주, 노인가족의 빈곤문제 등은 사회 전반의 빈곤문제와 다른 차원의 사회문제로 부각되었다. 이와 같은 특정한 가족형태의 빈곤문제는 아동양육의 문제로 이어지고, 이러한 문제는 사회적 노동력 공급측면의 적신호가 켜진다는 측면에서 결코 간과할 수 없게 되어 대부분의 유럽 국가들은 아동양육 비용증가, 여성의 노동시장 참여로 인한 기회비용의 감소 등을 지원할 수 있는 방향으로 가족복지전략을 수정하게 되었다. 가족복지정책의 강화는 맞벌이가정의 경우 과거에는 가족임금에 대한 종합과세를 물린 데 반해, 최근에는 개인에 대한 분리과세로 바뀌면서, 두 사람의 소득으로 인하여 오히려 불평등한 대우를 받았던 과세제도를 수정하였다.

2. 주요국가의 가족복지정책

스웨덴, 프랑스, 핀란드, 오스트리아 등 유럽 국가들은 자녀돌봄과 유급노동의 균형(일, 가족 양립)과 성별 역할분담(남성의 돌봄 참여), 가족형태의 다양성과 이주가족 등에 주목해 가족정책을 펼치고 있다. EU의 국가들은 오래전부터 자녀돌봄과 양육의 사회화를 가족복지정책의 핵심으로 삼았다. 그 배경은 탈제도화, 다양화, 개인화, 다양한 가족의 증가 등 가족변화와 더불어 가족의 위기를 드러내는 이혼의 증가, 자녀출산의 감소를 경험하였기 때문이다. EU 소속국가의 주요 가족복지정책을 살펴보면, 첫째, 유럽의 경우는 가족복지정책이 가족의 유형에 상관없이 다양한 가족들의 양육과 부양부담 완화를 목표로 하고 있다. 둘째, 부모가 가족생활과 취업을 병행하고 자녀양육으로 인해 파생되는 경제적 부담을 덜어주기 위해 보육지원에 초점을 두고 있다. 셋째, 이와 연관된 가족복지프로그램과 서비스의 종류가 과거에 비해 다양해지고 있다.

1) 스웨덴

스웨덴의 가족복지정책의 기본이념은 남성의 돌봄 참여확대와 이주가족정책으로 사회구성원 모두가 공공복지의 기여자이며, 수혜자가 되는 사회연대와 평등이다. 가족친화적인 성격이 강하며, 노동시장에서의 양성평등을 통해 여성이 일과 자녀양육을 병행할 수 있도록 초점을 둔다. 스웨덴의 가족정책은 일과 가족 균형을 넘어 남성의 가사참여, 돌봄참여 등으로 관심의 영역을 확장하고 있다. 그 중 남성의 부모휴가 사용은 주요이슈이다. 현재 18개월 사용가능한 부모휴가는 주로 여성이 사용하고 있어 정부는 남성의 휴가 사용률을 높이기 위한 정책을 모색하고 있다. 하나의 방안으로 휴가기간의 1/2 또는 1/3을 남성이 사용할 경우 급여를 더 주는 제도를 시행하고 있으나 신청과정 등이 너무 복잡해 사용률을 높이는 데 한계가 있다. 가족의 다양성을 인정하여 동거와 결혼이 동일하게 인정되며, 차별을 두지 않는다. 어떠한 유형의 가족형태이든 개인의 출생에서 사망에 이르기까지 국가가 지속적인 도움을 제공하는 진보적·가족친화적인 관점을 띠는 것이 스웨덴 가족복지정책의 특정이다. 이주민은 최근 스웨덴 사회의 주요이슈로서 이주가족 아이들이 문화적 차이로 인해 스웨덴에서 자란 아이들만큼의 자유를 누릴 수 없다는 문제가 제기되고 있다. 또한 이주정책이 남성은 사회적응정책 중심으로, 여성은 가족프로그램 중심으로 제공되고 있어 성별차이의 문제가 발생하고 있다. 부모의 역할과 노동을 병행하도록 돕는 정책으로는 가족수당, 공보육(public education), 육아휴직제도가 있다.

(1) 가족수당 및 아동수당

가족수당은 모든 시민의 최소한의 생계수준 보장과 아동이 빈곤으로부터 보호를 받고 양육되어야 한다는 취지에서 만들어졌다. 1948년 정액급여의 형태로 도입되어 스웨덴은 현대적인 의미의 가족복지정책을 구현하였다. 아동수당은 16세 이하 아동에게 제공하는 기초아동수당과 아동이 아프거나 6개월 이상 치료를 필요로 하는 장애가 있을 경우 부모에게 제공하는 아동보호수당이 있다.

(2) 공보육

보육유형은 어린이집, 가정보육, 방과 후 보육 등 다양한 종류가 있다. 아이들은 1세 이후 90% 정도가 보육시설에 맡겨 길러지며, 가정 내 보육은 거의 없다. 비용의 부담은 소득에 비례하여 차등 적용된다. 1995년부터 1~6세까지의 모든 아동에 대한 보육과 6~12세 아동을 대상으로 방과 전후 보육을 실시하고 있다.

(3) 부모보험(parental insurance)

여성의 임신, 출산, 육아와 관련된 휴직과 소득보전을 보장하기 위한 제도이다. 부모는 출산 후 6개월 동안 유급육아휴직의 권리를 갖게 되며, 임금의 90%가 지급된다. 그 이후에도 높은 수준의 임금보전을 지원받으며, 아동 1인당 450일의 보육휴가를 부모가 나누어서 아동이 8세가 될 때까지 사용할 수 있다.

2) 독 일

가족복지정책 담당부서가 연방정부 내의 주요부서로 자리 잡았다.

(1) 소득지원정책

독일은 가족을 이루는 것이 부담이 아니라 사회를 위한 가족의 기능들을 긍정적으로 평가하여 가족성과를 보상해야 한다는 인식에서 출발한다. '가족성과보상제도'는

1996년 처음 도입되어 자녀수에 비례하여 지급되는 아동수당과 자녀 세금공제가 주가 되었다. 자녀가 없는 가구와 자녀가 있는 가구 간의 경제적 격차가 발생하지 않도록 지원하는 것으로, 한부모가정의 경우에도 최저생계비 이상의 소득보장이 이루어지도록 배려하는 것을 목적으로 한다. 가족의 생활개선과 자녀로 인한 가족의 경제적 부담을 경감시키고자 아동수당, 자녀세금공제를 실시하고 있으며, 자녀가 있는 가족의 경우 주택수당과 실업수당도 지급하고 있다.

(2) 자녀양육지원정책

독일의 자녀양육지원정책의 궁극적인 목적은 가족의 재생산기능 강화이다. 여성이 자녀양육과 취업을 조화롭게 병행할 수 있도록 양육비지급, 모성보호휴가 등을 지원하며, 자녀양육으로 경제활동을 중단할 경우 손실분을 최소화되도록 수입을 지원한다. 양육비는 2001년 이후부터 출생한 자녀를 직접양육하고, 일주일당 30시간 미만의 형태로 취업하는 부모는 소득에 따라 차등 적용된다. 아동수당은 소득에 근거하여 16세 미만 자녀를 대상으로 지급하고 있다.

모성보호휴가는 출산 전 6주와 출산 후 8주의 모성보호기간에 실질임금을 제공받는다. 직접 자녀를 양육하는 근로자들은 성별에 관계없이 자녀가 4세가 될 때까지 '부모시간제도'를 사용할 수 있다. 이는 육아휴직을 확대한 것으로 아버지의 자녀양육참여를 유도하기 위한 것이다. 해당 부모는 3년 간 사업장에서 파트타임으로 근무할 수 있으며, 고용주 동의 하에 자녀가 8세가 되는 해로 연기하여 사용할 수 있다.

3) 프랑스

프랑스는 유자녀 가족(커플) 지원, 가족형태 다양성 존중, OECD 평균보다 높은 비용(GDP 5%)을 가족지원에 쓰고 있으며(조희연, 2011), 가족형태의 다양성 존중으로 동성결혼이 법적으로 허용(2013년)되었다. 가족친화적인 가족복지정책을 실시하고 있으며, 보편주의적 가족복지에서 점차 선별적인 복지정책으로 변화하고 있다.

(1) 소득지원정책

소득지원정책의 가족수당은 부양자녀가 2인 이상인 경우에 한해 지급되며, 가족소득보충급여나 이사보조금 지원은 3인 이상의 가구로 한정하여 소득지원과 동시에 출산을 장려하고, 주거수당, 최저생계비지원 등이 있다.

(2) 자녀양육지원정책

가족정책은 출산장려정책이 아니라 아이를 갖고 싶어하는 커플에 대한 지원을 의미한다. 자녀양육지원정책은 수당지급과 보육정책으로 구분할 수 있다. 수당에는 영·유아수당, 자녀입양수당, 자녀간병수당, 자녀교육수당, 특수교육수당, 편부모수당 및 자녀부양비 징수지원, 가족지원수당 등 다양한 방식의 수당이 지급되고 있다.

보육정책은 시설보육 위주정책에서 개별가정보육 지원정책으로 전환하며, 3년까지 정액제로 유급육아휴직을 제공하고 있다. 또한 2명 이상의 자녀가 있는 부모에게 제한적으로 지급되는 육아휴직수당, 개별가정보육지원수당 및 보육인고용지원금 지원, 등록보육사 고용보조금 지원 등이 있다.

보육서비스 제공은 연령 만 3세 미만의 영아를 대상으로 하지만 경우에 따라서는 유아학교를 다니는 만 3~6세의 유아를 포함하기도 한다.

4) 핀란드: EU의 공동정책과 국가정책의 간극

1990년대 경기침체를 계기로 'Finland Goverment Foresight Network'를 설치하여 미래예측을 토대로 한 정책적 대응을 하였다. 인구, 경제 등을 예측, 전망을 하고 5개년 계획인 액션플랜 등을 수립한다. 소비경제, 기술 분야에서는 앞으로 65세 이상 은퇴한 건강한 연금생활자 노인가족(slow family life)과 시간에 쫓기는 맞벌이가족(fast family life)이 대비되는데, 서비스 경제부분에서 이는 중요한 이슈가 되고 있다. 한편 EU 국가 간 정책공유를 추진하고 있으며 자녀출산과 양육관련 정책도 그 대상이다. 핀란드의 경우 EU 다른 국가에 비해 상대적으로 긴 모성휴가와 부모휴가를 가지고 있어 정책의 퇴보를 우려하고 있다.

5) 오스트리아

오스트리아는 독일과 가족정책 역시 유사한 형태를 보이고 있다. 유급노동과 돌봄노동의 선택으로 일과 가족의 조화를 이루게 한다. 최대 3년의 육아휴직 기간과 수당의 결합방식을 다양화한 다섯 가지 정책옵션 중 하나를 여성 또는 부모가 선택하도록 한다. 그리고 노동시장에 빨리 복귀하기를 원하는 여성들을 위해 보육시설 설치를 확대하고 있으며, 남성이 육아휴직을 선택할 경우 추가보조금을 지급한다(김소영, 2012).

제 4 절 가족복지의 나아갈 길(전망과 과제)

사회환경의 변화로 이혼 · 재혼 · 별거가 많아지며, 한부모가족이나 소년소녀가족이 늘어나고 있다. 여성의 교육수준과 경제활동 참여율의 증가로 맞벌이가족이 빠르게 늘어나는가 하면 어린이를 돌보아야 하는 미혼모 · 비혼모가족으로 인한 가족형태의 취약구조 및 폭력가족, 중독가족 등 사회병리 치료가 요구되는 위기가족도 증가하고 있다. 국제화의 영향으로 다문화가족, 이주노동자가족의 증가와 1~2인가구가 전체의 절반을 차지하고 있는 가족규모의 변화는 여러 측면에서 크나큰 영향을 줄 수 있기 때문에 정책적 관심을 증대시키고 있다(김승권 외, 2013).

현재 우리나라의 가족복지정책은 앞으로는 가족의 다양성을 반영하여 대상영역을 확대하고 내용상으로 다양한 대안을 개발해야 하는 과제를 안고 있다.

1. 가족복지의 전망

가족구조 및 기능변화에 따라 가족복지의 대상이 될 가족의 변화를 예상하여 가족복지의 전망을 몇 가지로 정리해 본다(김혜경 외, 2011).

첫째, 가족형성에 대한 변화가 올 것이다. 인공수정과 대리모, 유전공학 등을 통해 가족공동체를 형성할 수 있게 되어 다양한 형태의 가족이 형성되어 세대차를 더욱 부채질하고 또 다른 가족문제를 발생시킬 것이다.

둘째, 가족은 주거를 공유해야 한다는 개념이 약화되면서 주말부부가족, 기러기가족, 월말가족 등 해외교통 발달과 통신기술의 발달로 멀리 떨어져 있는 가족들이 화상을 통해 대화를 나누는 정서적 기능을 더 중요시하는 가족이 형성될 것이다. 여기에 따른 자녀교육, 부부생활에 대한 문제가 가중될 것이다.

셋째, 여성인 아내의 역할이 커지면서 부권중심의 가족 이미지가 약화될 수 있다. 성역할의 고정개념에서 변화의 가능성이 크다고 예측된다.

넷째, 생물학적 부모가 영원한 부모가 된다는 개념이 점차 희박해질 것이다. 부모가 부모답지 못하게 소임을 다하지 못한다고 생각할 때, 양육권의 박탈현상이 나타날 가능성도 있으며, 제4차 산업혁명시대의 AI 발달로 로봇이 부모의 역할을 맞아하는 시대가 도래할 수 있다.

다섯째, 남보다 못한 가족이 늘어나고 폭력, 존속살인, 유기, 방임도 늘어날 것이다. 이에 따라 한부모가족, 노인가족, 아동가족, 1인가족 등 취약한 가족층이 더욱 두텁게 형성되면서 국가의 복지 부담이 가중될 것이다.

여섯째, 동성애가족, 일부다처, 일처다부는 가족이라고 보기 어려웠지만 최근 포스트모더니즘의 일부사람들은 가족개념에 대한 수용의 범위를 확대되고 있는 추세이다.

일곱째, 정보통신기술, 벤처창업이 활발해지면 일자리가 많아져 맞벌이가 늘어나고, 사물인터넷이 발전하면서 가사부담이 적어지는 등 가정생활에 엄청난 변화가 올 것이다. 독신가족 증가, 비혼모가족, 합법적이고 정당한 결혼절차 없이 아이를 낳은 미혼모가족도 생겨나고 있는 현실이다.

여덟째, 비혼 젊은이는 많아지고 고령화(active ageing)가족이 늘어날 것이다. 60~65세에 은퇴하더라도 인생이모작을 위해 일하는 젊은 노인이 많아진다는 것이다. 이것은 세대 간 갈등을 야기하여 젊은이들의 실업률을 가중시킨다.

가족복지는 가족에 따라 서비스에 대한 욕구가 다르기 때문에 대상과 목표는 다를 수밖에 없다. 가족주의에서는 가족중심의 책임을 내세우지만 탈가족주의는 사회적 책임을 강조하고 있다. 여러 형태의 가족에 따라 복지수요와 공급은 크게 달라질 것이다. 전반적으로 결혼과 성평등, 그리고 부모와 자녀에 대한 가치관이 크게 달라지고 여성 경제활동이 크게 늘어나는 추세이다.

부모가 출산을 꺼리는 이유는 양육비 등 육아부담 탓이라고 지적하고, 직장생활과 자녀양육 병행이 어려워 추가출산 의향이 있지만 더 이상 아이를 낳지 않겠다고 하였으며, 가구소득이 낮거나 홑벌이 가구일수록 출산을 꺼려했다.

65세 이상 노인인구가 2027년 21.9%로 초고령사회로 진입하여 노인들에 대한 생활보호 및 의료서비스 수요증대로 복지수요는 크게 증가할 것으로 전망된다.

2. 가족복지정책의 방향

심각한 저출산과 급속한 고령화 진행에 따라서 일할 수 있는 인적자원 부족, 경제성장률 하락, 조세부담의 과중 등으로 이어져 국민들의 다양한 복지수요 분출과 함께 경제사회의 불안요인으로 작용할 가능성이 크다.

1) 가족복지 관련 법규와 정책전달의 체계의 효율화 문제

가족복지의 목표인 행복한 가정을 만들기 위해서는 가족정책의 성공적 수행 여부가 매우 중요하다. 아동보육과 노인요양, 가족환경 조성 등이 사회적 책임으로 전환되어 다양한 가족문제에 대한 가족해체 요인을 예방적 차원에서 최소화하고 체계적인 전달체계와 지원책을 마련하되, 다양한 민간 · 공공 관련서비스 전달체계의 효율화와 대상 · 기능별 관련서비스와 연계를 강화하여 전체 사회적 차원에서 인식제고와 깊이 있는 논의 및 실천의지가 필요하다.

2) 주부 재취업을 위한 노력

맞벌이 비율이 증가하고 여성은 경력단절 없이 재취업을 위해서는 배워야 한다. 재취업의 새로운 세상을 만나게 되면 가정생활에도 활력을 되찾게 되고 자녀에게도 공부하며 노력하는 부모로서 모범이 될 수 있으므로 현대가정의 새로운 비전으로 제시해 볼 수 있다.

3) 통합적 서비스 제공과 전문인력의 교육과 자격에 관한 문제

건강가정사는 가족문제를 지역사회 및 전체사회와의 상호관계 속에 이해되는 능력이 갖추어진 전문가여야 한다. 가족과 지역사회의 관계를 유기적으로 결합시켜 지역사회자원을 연계활용하고 효율적으로 운영하여 가족해체 · 위기가족의 문제를 완화시킬 수 있는 건강가정 관련 시설 현장실습을 강조하고 있다.

4) 다양한 가족에 대한 수요자 중심 서비스 문제

가족기능의 역량을 강화하고, 사회통합을 위한 다양한 가족의 자립역량 강화, 다문화가족의 생애주기별 서비스지원, 사회적응을 위한 서비스를 제공하며, 한부모 · 조손가족의 자녀양육을 지원한다. 가족에 대한 보편적 · 예방적 지원과 이탈된 요보호아동을 위한 서비스를 제공하고 가족복지에 대한 공동체의식 확산으로 사회공감대 확산을 이룬다. 보호가 필요한 아동에게 건강한 가정 마련을 지원한다.

5) 저출산 탈피방안의 제도적 문제

일과 가정의 양립 지원을 위하여 가족친화적 직장분위기와 지역사회를 조성한다. 가족정책의 인프라 확충으로 가족서비스 전달체계를 효율적으로 발전시키고 지역사회와 관련기관의 가족돌봄자원의 연대를 구축한다. 가족기능의 강화, 아이돌보미 서비스를 통한 가족양육 지원과 가족에 대한 상담, 교육, 문화사업을 확대한다. 저출산 탈피방안으로 동거'와 '비혼 출산'에 대한 제도적인 고민도 필요하다.

6) 가족가치 및 성평등 문화의 문제

가족가치 및 성평등 문화창달을 위해 노동시장의 성별 직종 · 직위분리 현상의 원인에는 특정성별을 특정 직종과 직위에 적합하다고 보는 성별 고정관념이 존재한다. 그러므로 남 · 여 임금격차줄이기, 여성일자리창출, 성평등관점, 저출산 · 고령화 대응, 여성혐오 해소, 성평등 문화확산, 여성이슈의 선도적 문제제기, 포괄적 의미의 젠더폭력 예방과 근절, 제4차 산업혁명시대의 여성과 가족의 다면적 변화 대응 전략 모색 등 새로운 성평등 가치를 정립하여 일과 삶의 균형개선을 이루어야 한다.

3. 가족복지서비스의 방향

1) 1~2인가구에 대한 주거정책 및 사회적 보호의 강화

도시지역의 1~2인가구는 젊은층, 농어촌지역의 1~2인가구는 노인층이 많을 것이다. 먼저 저렴한 주거정책이 강화되어야 할 것이다. 도시지역 젊은층은 직장생활과 가족생활을 병행할 수 있도록 대중교통, 주차장, 마켓 등 근린시설이 근처에 갖추어져야 할 것이다. 농어촌지역에 노인층은 편리한 주거생활을 갖추어져야 할 것이다.

2) 돌봄서비스 및 가사지원서비스에 대한 사회적 책임 강화

취업여성의 욕구충족을 위한 자녀양육, 가사지원과 돌봄 사회서비스, 가족보호 등이 강화되어야 한다. 서비스를 모든 대상으로 확대하되 소득에 따라 차등부담토록 하는 방안을 강구할 필요가 있다. 서비스 제공자의 적정 수준의 자격기준을 설정하고, 양질의 서비스를 제공할 수 있도록 교육을 통한 자격관리체계를 구축하여 지속적으로 자격을 관리해 나감으로써 서비스의 질을 담보할 수 있어야 한다.

3) 성평등 의사결정 및 가족문화의 정착지원

한국가족에서 성평등 의사결정은 바람직한 경향을 보이고 있으나, 자녀양육 및 가사에서는 여성이 의사결정을 갖고 있다. 이 점은 남성은 무관심하다는 점을 나타내는 것이기도 하다. 따라서 점차 개선되고 있는 성평등이 가족 내에서도 정착될 수 있고, 가족문화로 연결될 수 있도록 제도적인 지원이 이루어져야 하겠다.

4) 취약 · 위기가족 통합사례관리 체계구축 및 지원강화

이혼 · 재혼가족, 다문화가족을 포함한 취약 · 위기가족에 대하여 통합사례관리 체계를 구축하고 정책적 지원을 강화해 나가야 할 것이다. 가족특성과 욕구에 맞춤형 서비스를 제공하는 조건이다. 가족과 개인의 강점을 최대한 활용하고 약점을 보완할 최선의 방안을 찾아 적절한 서비스를 제공할 수 있는 통합관리체계가 필수적이다.

5) 가족 여가시간의 활용지원 및 가족 스스로의 노력필요

토요휴무제의 정착으로 여가시간은 증가할 전망이다. 그러나 '경제적 부담'과 '여가시설이나 장소', '여가 프로그램과 정보'에 대한 문제는 정책적으로 해결해야 할 과제이다. 정부는 저렴한 비용으로 좋은 프로그램과 좋은 여가시설을 즐길 수 있도록 인프라를 구축하고 지역적 균형을 갖추어야 하며, 가족 스스로도 '공동의 관심사'를 개발하고 가족이 다 함께 참여할 수 있는 분위기를 조성하여야 할 것이다.

CHAPTER 09

가족복지정책의 실제

학습목표

이 장의 학습목표는 우리나라에서 실제 시행되고 있는 가족복지정책을 주로 살펴보면서 구체적으로는 노동권보장정책으로서 보육정책과 방과 후 보육정책을 알아보고, 부모권보장정책으로서는 출산전후휴가, 육아휴직, 아버지할당제를 살펴본다.

- 노동권보장정책에 대해 이해할 수 있다.
- 부모권보장정책을 설명할 수 있다.
- 소득보장정책을 설명할 수 있다.
- 노인돌봄기본서비스를 파악할 수 있다.

제 1 절 노동권보장정책

1. 노동권보장정책 개념

가족복지정책이란 한 단위로서의 가족 및 가족구성원들의 복지증진을 목표로 시행 하는 국가의 정책이다. 노동권보장정책, 부모권보장정책, 소득보장정책, 가족돌봄 관련 정책 등이 핵심적인 내용으로 포함된다. 이 중 노동권(right to labor)은 근로의 능력과 의욕을 지닌 사람이 사회적으로 근로할 기회의 보장을 요구할 수 있는 권리로서 근로권이라고도 한다. 헌법이 보장한 기본권이며, 자유권의 하나로 보는 견해도 있으나 통설은 생존권으로 보고 있다. 다만, 노동권의 자유권적 측면이 전면적으로 부정되는 것은 아니다. 한국 헌법의 노동권 조항은 단순히 직업선택의 자유를 인정한 것이 아니라 적극적 의미로 생존권적 기본권으로서의 노동권을 인정한 것이다.

2. 노동권보장정책 관련법

전 세계적으로 노동시장 불안정, 가족구조 변화, 인구구조 변화에 따른 가족 내 돌봄 위기와 여성의 경제활동 참가에 대한 관심이 증대하고 있다. 따라서 일과 가정을 어떻게 조화롭게 유지할 것인가는 개인과 사회 모두에 중요한 이슈가 되었다. 하지만 여전히 고용기회와 임금 등에 있어서는 성별 차이가 존재하고, 가족 내 여성에 대한 역할 기대(가사, 출산, 양육 등)로 인하여 다수의 여성들이 일을 포기하거나 출산을 회피하는 선택을 하기도 한다. 2017년 통계청 사회조사에 의하면, [그림 9-1]과 같이 여성취업의 장애요인으로 '육아부담'이 47.9%로 가장 주요하게 작용하고 있다. 특히 미취학자녀가 있는 경우에 '자녀양육'의 문제를 심각하게 인식하고 있다. 결혼, 임신, 육아 등 모든 것이 여성 혼자만 하는 게 아닌데, 여성이 일하기가 너무 힘들다. 출산휴가, 육아휴직 등을 지원하는 회사도 많아지고 있지만 아직은 육아 때문에 퇴사를 하게 되며, 갈수록 여성의 사회진출은 높아지고 있음에도 불구하고 육아부담으로 인한 취업 장애는 여전한 상황이다.

따라서 국가가 시행하는 근로자의 고용정책이 가족에게 긍정적 효과를 주기 위해서는 일과 가정의 양립을 지원하는 가족복지정책이 중요하다. 아동양육의 사회화

그림 9-1 여성취업 장애요인(2017)

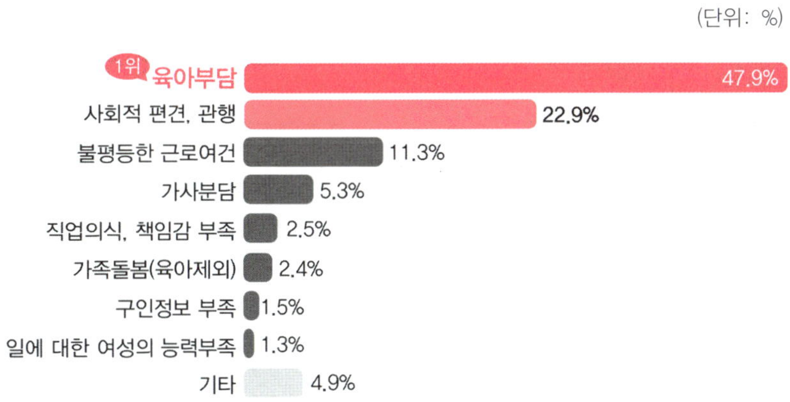

출처: 통계청(2017).

(아동보육)는 부 또는 모의 노동권을 보장하는 대표적인 정책이다.

1) 보육정책

우리나라의 보육정책은 1921년 태화기독교사회관에서 저소득층 직장여성 및 자녀를 위한 탁아사업으로 시작하였고, 1962년에는 아동복리법에 의하여 보건복지부가 탁아를 관리하기 시작하였다. 1980년대 이후 여성의 사회진출 증가에 따른 보육환경 변화에 대응하기 위해 1991년 영·유아보육법을 제정함으로써 본격화되었고 보육서비스의 양적 확대를 이루어 왔다. 이후 2004년 영·유아보육법을 전면개정하면서 보육서비스의 양적 증가뿐만 아니라 질적 향상을 도모하고자 하였다.

그러나 [그림 9-2]에서처럼 2018년 어린이집이나 유치원을 이용하는 아동은 2,092천 명이며, 그 중 어린이집 이용 아동은 142만 명으로 전년보다 35천 명 감소한 반면, 유치원은 67만 6천 명으로 전년보다 19천 명 감소하였다. 즉, 3세 이후 아동의 경우 어린이집 혹은 유치원 등을 이용하여 돌봄의 욕구를 어느 정도는 충족하고 있지만, 여전히 영아에 대한 돌봄은 취약하다고 할 수 있다.

그림 9-2 보육시설 이용(어린이집, 유치원) 아동 수

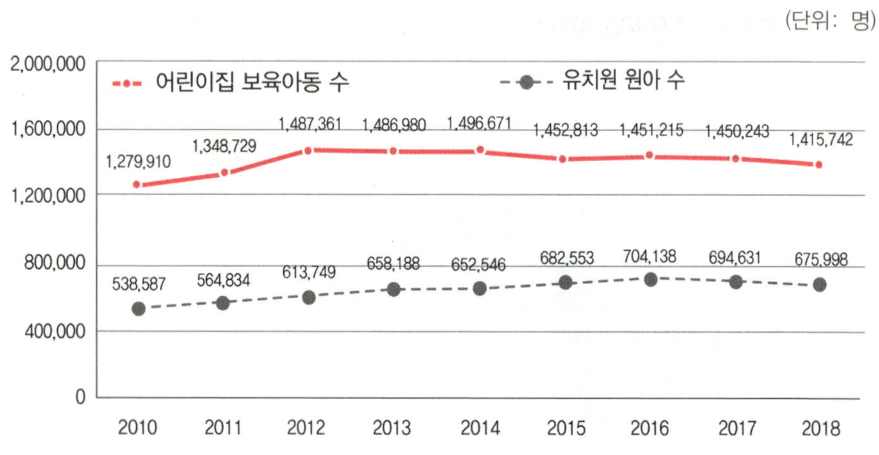

출처: 통계청(2019).

2) 직업안정법

직업안정 및 고용촉진에 관한 법률과 직업훈련기본법은 이의 실천을 위한 고용 증진을 목적으로 제정되었다. 노동권의 자유권적 측면은 필요한 경우 법률로 제한될 수 있다(제37조 제2항).

직업안정법은 근로자의 직업안정을 도모하기 위한 법률(전문개정 1994.1.7, 법률 제4733호)로서, 모든 근로자가 각자의 능력을 계발·발휘할 수 있는 직업에 취직할 기회를 제공하고, 산입에 필요한 노동력의 충족을 지원힘으로써 근로자의 직업안정을 도모하고 균형 있는 국민경제의 발전에 이바지함을 목적으로 한다.

누구든지 성별·종교·사회적 신분 또는 혼인여부 등을 이유로 직업소개·직업지도 또는 고용관계의 결정에 있어서 차별대우를 받지 않는다. 정부는 직업안정을 위한 업무를 행하며, 지방자치단체의 장은 국내직업소개·직업지도·직업정보제공업무를 할 수 있다. 노동부 장관은 인력은행을 설치·운영할 수 있으며, 직업안정기관 및 인력은행에 민간직업상담원을 배치할 수 있고, 직업지도관을 지명할 수 있다.

직업안정기관의 장은 구직자의 동의를 얻은 경우에는 직업상담 또는 직업적성검사를 할 수 있으며, 직업능력개발훈련을 받도록 알선할 수 있다. 직업안정기관의 장은 각급 학교의 장이나 공공직업능력개발훈련시설의 장이 행하는 무료직업소개사업에 협력하여야 하며, 학생 또는 직업훈련생에게 직업지도를 실시할 수 있다. 또한 고용정보를 수집하여 적극적으로 제공하고, 그에 따라 노동력의 안정을 위한 대책을 수립하여 추진하여야 한다.

3. 대상자별 정책

1) 여 성

우리나라 여성의 연령대별 취업률을 보면, 자녀양육과 밀접하게 관련이 있는 30대 후반 여성 경제활동 참가율이 급감하였으며, 출산·육아가 원인으로 나타났다. 그러나 경력단절 후 40대 이후 다시 경제활동 참가율이 상승하였으며, 남성은 30대 후반~40대가 가장 활발한 것으로 나타났다. 특히 여성의 경우를 살펴보면, 여성

그림 9-3 **성별 · 연령별 고용률**

(단위: %)

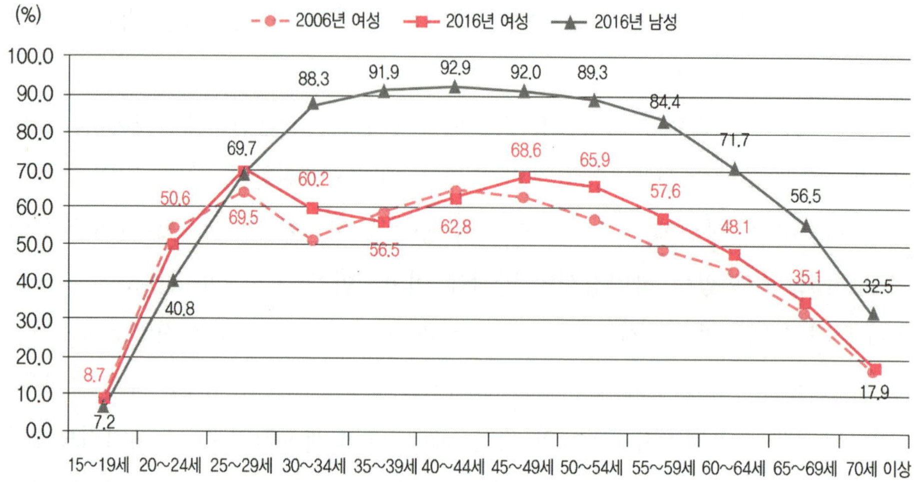

출처: 고용노동부(2017).

취업자 수(15세 이상)와 고용률(15~64세)은 남성에 비해 낮지만, 최근 여성의 경제활동 참가가 지속적으로 늘어나면서 증가 추세이다.

[그림 9-3]에서와 같이 여성은 출산 · 육아 등에 따른 경력단절로 경제활동이 감소하기 시작해 30대 후반에 저점을 찍고 다시 상승했다 감소하는 M자형 곡선을 보이고 있다. 한국여성의 경제활동참가율을 연령대별로 봤을 때 M자와 같은 형태를 가지고 있어 붙여진 이름이다. 2016년 M자형 곡선을 2006년 M자형 곡선과 비교해 보면 우상향으로 이동했는데, 이는 여성의 결혼 · 출산 시기가 늦어지면서도 전체적으로 고용률이 상승했음을 보여주고 있다.

여성 노동정책은 경력단절 예방 및 재취업 지원에 중점을 두고 있다. 사업목적은 고용상 성차별 해소 및 고용평등촉진을 위하여 규모별, 산업별 평균 여성 고용률 및 평균 여성 관리자 비율산정 및 이행을 지도하는 것이다. 적극적 고용개선조치(Affirmative Action: AA)란 남녀 간의 고용차별을 없애거나 고용평등을 촉진하기 위하여 잠정적으로 우대하는 조치를 의미한다. 대상은 근로자 500인 이상 민간 사업장 및 전체 공공기관이며, 대상사업의 직종별 남녀근로자 현황 및 관리자 현황을 분석하여 규모별(1,000인 이상, 미만), 산업별 30개 부문 평균 여성 고용률 및 평균 여성 관리자 비율을 산정하고, 각 부분 평균치의 70% 미만 사업장에 대해 개선계획을 수립하고 이행하도록 지도한다.

직장 내 성희롱 예방교육 지원사업은 직장 내 성희롱을 예방하고 근로자가 안전한 근로환경에서 일할 수 있는 여건을 조성하기 위하여 직장 내 성희롱 예방교육을 지원하고 운영실태를 점검하는 정책이다. 사업내용은 직장 내 성희롱 예방교육으로서, 사업장은 연 1회 1시간 이상 근로자를 대상으로 직장 내 성희롱 예방교육을 실시하여야 한다. 필수교육내용은 직장 내 성희롱에 관한 법령, 해당 사업장의 직장 내 성희롱 발생 시의 처리절차 및 조치기준, 해당 사업장의 직장 내 성희롱 피해근로자의 고충상담 및 구제절차 등이다. 이를 위해 30인 미만 사업장 중 외부 강사 강의를 희망하는 사업장을 대상으로 강사를 무료 지원한다.

그리고 사업장 내 차별 및 성희롱 관행의 자율적인 개선을 유도하기 위해 명예고용평등감독관 위촉 및 민간단체의 고용평등상담실을 지정·운영하는 정책을 시행하고 있다. 명예고용평등감독관 위촉은 사업주와 근로자대표가 합의하여 추천한 자를 명예고용평등감독관으로 위촉하고, 당해 사업장의 차별 및 직장 내 성희롱 발생 시 피해근로자에 대한 상담·조언, 당해 사업장의 고용평등 이행실태 자율점검 및 지도 시 입회, 법령위반 사실이 있는 사항에 대하여 사업주에 대한 개선 건의 및 감독기관에의 신고, 남녀고용평등 제도에 대한 홍보·계몽 등의 업무를 수행한다.

2) 신중년

55세 이상을 대상으로 현역시대를 위한 일할 기회 늘리기 정책이다. 첫 번째는 60세 이상 고령자고용지원금 사업은 취업이 상대적으로 곤란한 고령자를 일정비율 이상 고용하는 사업주를 지원함으로써 장년의 고용안정 및 고용유지를 도모하기 위한 사업목적이다. 지원대상은 60세 이상인 자를 다수 고용한 사업주(2020년까지 한시적 지원)이며, 업종별 지원기준율(1~23%) 초과 1인당 분기 27만 원을 근로자 수의 20%(대규모 기업은 10%) 한도 내에서 지원한다.

두 번째는 장년근로시간단축지원금으로서, 근로시간단축으로 감소된 임금의 일부를 지원함으로써 장년근로자의 점진적 퇴직과 인생 2·3모작을 지원한다. 소정근로시간을 단축하면서 임금이 감소된 50세 이상 근로자 및 사업주를 대상으로 하며, 근로자에게 근로시간 단축 전후 임금 차액의 1/2을 최대 2년 간 연 1,080만 원 한도 지원하고, 사업주에게는 근로시간 단축 적용 근로자 1인당 최대 2년 간 월 30만 원 간접 노무비를 지원한다.

세 번째는 베이비부머 세대 은퇴에 따라 전문성과 경력을 보유한 퇴직(예정) 장년층과 재정구조가 열악하고 전문인력이 부족한 비영리단체, 사회적기업 등을 연결하여 사회서비스를 확산시킴으로써 고령화 문제에 효과적 대응을 위한 사회공헌활동 지원정책이다. 생계보다는 사회공헌에 관심이 많고, 전문인력이 필요한 사회적기업, 비영리단체 등에서 재능을 활용할 수 있는 퇴직자 등을 대상으로 하며, 식비·교통비 등 실비 및 활동수당을 지급한다. 1일 4시간 이상 사회공헌활동을 일수에 비례하여 일비 9천 원(식비 6천 원, 교통비 3천 원)을 지급하며 참여시간은 월 최대 120시간 (연간 최대 480시간 이내)이며, 추가 활동 시간이 필요한 경우 위탁기관의 승인을 받아 480시간 이상 수행할 수 있다.

네 번째는 주된 일자리에서 퇴직(예정)하는 40세 이상 중·장년층에게 생애설계, 재취업 및 창업, 사회참여기회 등 고용지원서비스를 제공하여 중·장년층의 고용안정 및 취업촉진을 도모하는 중·장년 일자리희망센터 정책이다. 지원내용은 생애경력설계로서 경력점검, 미래설계 등을 통하여 체계적 재취업활동과 적극적인 경력관리를 지원하고 유형별·단계별 맞춤형 고용지원서비스를 제공한다.

생애설계서비스는 장년에 진입하는 40세부터 생애경력설계를 통해 미래를 위한 경력관리·능력개발 등을 지원하고 사회참여기회를 확대하여 장기적으로 경제적 안정을 추구하도록 한다. 만 40세 이상의 중·장년을 대상으로 하며, 재직자는 연령별 프로그램을 통해 중·장년 경력자산 발견 및 생애경력설계를 지원하고, 구직자는 중·장년 노동시장에 대한 이해를 통해 재취업, 창업 등 다양한 진로를 모색하고 경력설계를 지원한다. 워크넷 자가진단서비스를 통한 경력개발 준비를 지원한다.

또한 고령사회로 인하여 고령인력의 경제활동 참여비중이 증대됨에 따라 고령자의 고용촉진 및 취업기회확대를 위해 민간의 무료직업소개사업을 수행하는 비영리법인 또는 공익단체를 고령자인재은행으로 지정하여 고령자 고용안정 및 인력수급 활성화에 기여하기 위한 고령자인재은행정책을 시행하고 있다. 만 50세 이상 장년을 대상으로 하며, 고령자에 대한 구인·구직등록, 직업지도 및 취업알선, 취업희망 고령자의 직업상담 및 정년퇴직자의 재취업상담, 구직등록자 중 취업능력을 제고할 필요가 있는 사람에 대해 일정기간(50시간 이상) 취업의욕 고취 및 직무능력향상교육을 실시한다.

제 2 절 부모권보장정책(산전후휴가, 육아휴직, 부성육아휴직)

우리나라는 2019년 출산율이 0.88로 초저출산 현상이 지속되고 있으며, 저출산이 우리사회에 미치는 파급효과에 대해 많은 논의가 이루어지고 있다. 정부는 연 기준으로 20조 원에 육박하는 예산을 투입하는 노력에도 불구하고 합계출산율이 구조적으로 반등하는 등의 가시적인 성과는 아직 거두지 못하고 있다. 기존 정책에서의 패러다임 전환이 요구되는 상황이다. 아동수당 도입 등과 같은 출산친화적 보육 및 육아환경 조성을 위해 노력하고 있다(보건복지부, 2017).

저출산·고령화사회의 원인이면서 동시에 국가경제 활성화에 중요한 역할을 할 수 있는 여성의 사회경제활동 참여를 위한 정책적 배려는 자녀돌봄의 주체였던 여성의 사회경제적 역할이 증대될 수밖에 없는 상황에서, 기혼여성의 자녀출산문제, 육아양육문제, 그리고 남성의 자녀돌봄을 위한 역할분담의 복합적 문제들을 정책적으로 지원하는 '부모권보장정책'은 보다 구체적으로 산전후휴가, 육아휴직, 부성육아휴직으로 요약될 수 있다(보건복지부, 2017).

1. 산전후휴가

산업화·정보화사회에서 여성의 경제활동참여비율이 증가하면서 기혼여성의 경제활동참여율이 증가하는 것도 자연스러운 현상으로 받아들여지고 있다. 이처럼 사회적으로 전개되는 여성을 위한 긍정적인 변화에서 직장생활을 하는 기혼여성에게 출산과 보육문제, 즉 부모권을 보장해 줄 수 있는 가장 기본적 정책은 산전후휴가와 육아휴직과 관련된 법령일 것이다.

산전후휴가와 육아휴직제도는 2001년 11월 시행된 근로복지법과 2012년 시행된 남녀고용평등과 일・가정 양립지원에 관한 법률을 기반으로 하는 법령으로서 맞벌이가족과 한부모가족을 위한 효과적인 복지대책이다.

근로기준법에 근거하여 임신 중의 여성근로자에게 산전과 산후를 통해 주어지는 90일의 보호휴가이다. 임신과 출산으로 소모된 체력을 회복시키기 위해 주어지는 제도로, 사용자는 임신 중의 여성근로자에게 산전과 산후를 통하여 90일의 보호휴가를 주어야 하는데, 이때 산후에 45일 이상의 휴가기간이 배정되어야 한다. 임신 중인 여성이 유산이나 사산을 한 경우에는 근로자의 청구에 의해 보호휴가는 임신기간에 따라 차등적으로 부여된다. 단, 모자보건법 제14조 제1항에 따른 경우를 제외한 인공임신중절 수술에 의해 유산한 경우는 산전후휴가에서 제외한다.

사용자는 임신 중의 여성근로자에게 시간외 근로를 요구할 수 없으며 근로자의 요구로 시간 외 근무를 할 경우에는 쉬운 종류의 근로로 전환하여야 하며, 보호휴가가 끝난 후에는 휴가 전과 동일한 업무나 동등한 수준의 급여를 지급하는 직무로 복귀시켜야 한다.

2. 육아휴직

우리나라의 출산전후휴가 및 육아휴직제도는 2002년 1월에 시행된 근로복지법과 2008년 6월에 시행된 남녀고용평등과 일・가정 양립지원에 관한 법률을 기반으로 하는 제도로서, 영・유아가 있는 근로자가 그 영・유아의 양육을 위하여 사업주에 신청하는 휴직을 말한다.

이 제도는 근로자의 육아부담을 해소하고 계속근로를 지원함으로써 근로자의 생활안정 및 고용안정을 도모하기 위해 시행되었다. 만 8세 이하 또는 초등학교 2학년 이하의 자녀가 있는 남녀 근로자가 양육을 목적으로 사업주에 휴직을 신청하는 제도이다. 육아휴직기간은 1년 이내로, 자녀 1명당 1년이 사용 가능하므로 자녀가 2명이면 각각 1년씩 2년 사용이 가능하다.

1) 육아휴직급여

사업주로부터 30일 이상 육아휴직을 부여받고 소정의 수급 요건을 충족하는 경우, 육아휴직 시작 일부터 3개월까지는 통상임금의 100분의 80을 육아휴직급여로 지급(상한액 월 150만 원, 하한액 월 70만 원), 이후 4개월부터 육아휴직 종료일까지는 2018년(육아휴직기간이 2019년 1월 1일 이전의 경우)에는 통상임금의 100분의 40(상한액: 월 100만 원, 하한액 월 50만 원)을 지급하였으나, 2019년부터는 통상임금의 100분의 50(상한액: 월 120만 원, 하한액: 월 70만 원)을 지급하도록 변경되었다.

한편 육아휴직을 허용한 사업주의 부담을 경감시켜 고용 안정성을 도모하기 위한 제도로서 육아휴직부여장려금제도와 대체인력채용장려금이라는 것이 있다. 육아휴직부여장려금제도는 육아휴직기간 동안에 해당 근로자의 고용유지 비용(퇴직금 충당금, 각종 보험금 등)의 일부를 사업주에게 지원함으로써 육아휴직을 촉진하는 제도이다.

대체인력채용장려금은 육아휴직 개시일 전 30일 이후부터 신규로 대체인력을 30일 이상 채용하고, 육아휴직 종료 후 육아휴직자를 계속 고용한 경우 대체인력 채용지원금을 추가적으로 지원하는 제도이다 지원금은 대체인력으로 신규 채용된 자 1인당 월 30만 원이고, 우선지원대상 기업인 경우에는 월 60만 원을 지원한다.

2) 출산휴가 및 육아기 근로시간 단축 확대 시행(2019년 10월 1일)

배우자 출산휴가를 유급 3일에서 10일로 확대하고 육아기 근로시간 단축 사용 기간을 최대 2년까지 확대하는 내용 등을 담은 「남녀고용평등과 일 · 가정 양립지원에 관한 법률」과 「고용보호법」이 2019년 10월 1일부터 시행되었다. 이에 따르면, 기존 3~5일(3일분만 유급)인 배우자 출산휴가기간이 유급 10일로 확대되며, 휴가청구 기간도 출산일로부터 30일에서 90일로 늘어났다. 또 휴가기간 확대에 따른 분할 사용(1회)도 할 수 있게 되었으며, 유급휴가 확대에 따른 인건비 부담을 덜어주기 위해 중소기업 등 우선지원 대상기업(상시 근로자 수가 일정 규모 미만인 곳)에는 정부가 유급 5일치를 지원하는 '배우자 출산휴가급여'도 새로 도입되었다(네이버 지식백과).

육아기 근로자들이 일을 하면서 아이를 돌볼 수 있도록 하여 근로자의 육아부담을 해소하고 근로자의 생활안정을 지원하는 제도로서 '육아기 근로시간 단축제도'가 있다. 만 8세 이하 또는 초등학교 2학년 이하의 자녀를 둔 근로자를 지원하며 '육아휴직'과 '육아기 근로시간 단축'을 합하여 1년을 초과할 수는 없다. 단축 후 근로시간은 주당 15시간 이상 30시간 이하여야 하고, 근로자가 육아기 근로시간 단축을 신청하는 경우 특별한 경영상 이유가 없는 한 의무적으로 허용해 주어야 하며, 근로자의 근로조건은 임금, 연차휴가 등 근로시간에 비례하여 적용하는 경우 이외에는 육아기 근로시간 단축을 이유로 근로조건을 불리하게 할 수 없도록 하였다(박미은 외, 2015).

3. 부성육아휴직

저출산 대응정책 추진을 계기로 출산전후휴가제도 개선을 위해 2006년 제1차 저출산・고령사회기본계획에서 일・가정 양립제도를 강화하였다. 유산・사산휴가제도를 도입(2006년)하고 유산・사산휴가급여, 고용보험 지원(2008년)을 하였으며, 배우자 출산휴가 3일 무급휴가를 도입(2008년)하여 남성참여의 제도적 장치를 마련하였다.

우리나라의 출산전후휴가에 해당하는 제도는 모성휴가(maternity leave)이며, 배우자출산휴가에 해당하는 제도는 부성휴가(paternity leave)이다. 육아휴직에 해당하는 제도는 부모휴가(parental leave)라고 불린다. 우리나라의 부성휴가, 즉 배우자출산휴가(유급 3일+무급 2일)는 이 제도가 도입되어 있는 대부분의 국가들에 비해 기간이 현저히 짧은 편이다. 일부 국가의 경우 부성휴가제도 자체가 없거나 1~2일 이지만, 나머지 국가에서는 대체로 2주에서 9주까지로 우리나라의 5일에 비해 매우 긴 편이다. 우리나라는 육아휴직 수급권이 개인에게 있어 부모 각각 1년씩 사용할 수 있고, 상호 양도할 수 없다. 성평등하게 설계된 것이지만 남성의 활용도는 높지 않아서 여성의 경우, 현행제도 하에서도 활용률은(출산휴가급여 수급자의) 70%에 달하지만 남성의 육아휴직은 전체 육아휴직자 중에서 남성의 비율은 2016년 10% 미만으로

표 9-1 주요복지국가의 부성휴가기간

구 분	모성휴가	부성휴가
네덜란드	16주	2일(100%) + 3일(무급)
노르웨이	13주	2주
스웨덴	2주	10일(77%)
영국	52주	2주(90%)
한국	12주	5일(3일, 100%)

출처: 이선주 외(2006) 재구성.

나타난다(보건복지부, 2017).

우리나라는 아버지의 육아참여를 활성화하기 위한 제도적 장치로 부모육아휴직급여(아빠의 달) 인센티브를 도입하였다. 이는 모가 육아휴직을 사용한 후에 같은 자녀에 대해 부가 육아휴직을 사용하면 부의 첫 1개월 육아휴직급여는 통상임금의 100%(최대 150만 원)를 지원하도록 한 것이다. 육아휴직급여를 최대로 받기 위해서는 부부가 모두 육아휴직을 사용해야 하며, 결과적으로 남성이 사용할 경우에만 강한 인센티브를 부여함으로써 아버지의 육아휴직활용을 유도하는 것이다.

제 3 절 소득보장정책

현대사회에서 가족을 대상으로 하는 소득보장정책은 의식주와 관련되는 기본적 욕구를 해결하는 것뿐만 아니라, 가족이 경제적 위험에 처하지 않도록 하는 모든 형태의 소득을 보장해 주는 것을 포함하게 된다. 가족의 빈곤은 아동의 수와 밀접한 관계를 가지고 있기 때문에, 가족 안에 아동이 포함되어 있는가에 따라 가족에 대한 지원 여부를 결정하는 경향이 나타나게 되었다. 즉, 자녀를 양육하는 데 필요한 최소한의 물질적 지원은 가족의 소득보장정책에 핵심적인 도구로 자리를 잡고 있다(이진숙 외, 2007). 가족에 대한 대표적인 소득보장정책이라고 할 수 있는 아동수당과 양육수당을 살펴보도록 한다.

1. 아동수당

아동수당이란 아동을 양육하는 가구가 가계지출이 많기 때문에 개별가족의 부담을 경감시키고자 현금을 지급하는 사회보장제도이다. 대체로 특정 연령대의 아동을 대상으로 지급되며 가족의 경제적 상태와 상관없이 모든 가족에게 지급하는 것을 원칙으로 함으로써 소득 계층 간 양육환경 차이를 완화하고, 아동양육에 대한 사회의 책임의식 고취가 목적이다. 또한 자녀교육과 관련된 부모의 경제적 부담을 경감시켜 주어 가계소득을 증대시켜 주는 효과가 있고, 이로 인해 출산율의 제고에 긍정적으로 작용하는 것으로 기대하고 있다.

아동수당의 지원근거는 아동수당법이며, 지원대상은 만 7세 미만 모든 아동(2019년 9월 시행)으로서 모든 아동에 대한 아동수당은 아직 도입하지 않았다. 지원금액은 아동 1인당 월 10만 원으로 현금입금을 원칙(시 · 군 · 구 조례로 정하는 경우 지역상품권으로도 지급가능)으로 한다. 읍 · 면 · 동 주민센터 또는 온라인 복지로(PC, 스마트폰) 신청이 가능하다.

우리나라의 경우, 자녀양육에 대한 부담을 경감하는 제도로서 다자녀가정에 대한 사회적 우대가 확대되는 편으로 자녀양육에 대한 사회적 책임분담의 성격보다는 출산장려정책의 성격을 가진다고 할 수 있다.

표 9-2 주요국가 아동수당제도

국 가	대상자 연령	자녀수	자녀 연령	지급방식
스웨덴	만 16세(학생인 경우 만 20세, 학업장애가 있는 경우 만 23세)	있음	있음	보편적
영국	만 16세(전업학생인 경우 만 19세)	있음	없음	보편적
핀란드	만 17세 미만	있음	없음	보편적
프랑스	만 20세 미만	있음	있음	보편적
일본	만 12세	없음	없음	소득연계
스페인	만 18세	없음	없음	소득연계
이탈리아	만 18세 이하(전업학생은 21세)	있음	없음	소득연계

출처: 이선주 외(2006) 재구성.

2. 양육수당

양육수당은 양육자의 돌봄노동에 대한 사회적 지원이라고 할 수 있다. 즉, 부모 중 한 사람이 아동양육기간 동안 소득활동을 중단하고 가정에서 직접 자녀를 양육하는 경우에 지급하는 수당이다. 양육수당은 자녀를 양육하는 부모에게 경제적 소득을 보전해 주어 양육노동에 대한 사회적 가치를 인정한다는 의미를 갖는다.

우리나라의 경우, 아동수당제도를 도입하는 대신 2009년 7월부터 보육시설과 유치원을 이용하지 않고 아동을 양육하는 부모의 부담을 경감하고 보육료 지원의 형평성을 제고하기 위하여 양육수당을 제공하기 시작했다. 도입 당시에는 양육수당을 차상위 이하 가구의 36개월 미만의 아동에 대하여 아동연령에 따라 차등지급하였다. 즉, 소득수준이 낮으면서 임금노동을 하지 않고 직접 자녀를 양육하는 가정에 대한 선별적인 지원정책이었다. 하지만 2013년 3월부터 어린이집을 이용하지 않는 취학 전 만 5세 이하의 아동을 양육하고 있는 전(全) 계층의 가정을 대상으로 지원하게 됨으로써 자녀를 양육하는 것에 대한 보편적인 수당정책으로서의 지위를 확보하게 되었다. 2019년 9월 1일부터 24개월 이상 만 86개월까지 소득수준에 관계없이 월 10만 원씩 지급하도록 변경되었다.

표 9-3 우리나라 가정양육수당

대 상	계 층
지원금액	생후 12개월 미만 월 20만 원 12~24개월 미만 월 15만 원 24~36개월 미만은 월 10만 원
지원기간	양육수당 지원을 신청한 날이 속한 달부터 아동이 취학 연도 2월까지 지원

출처: 보건복지부(2019).

제 4 절 노인돌봄기본서비스 정책

1. 노인돌봄기본서비스 개요

현재 대부분의 국가에서는 경제발전과 보건의료 발달로 평균수명이 연장되는 반면, 출산율은 급격히 저하됨에 따라 저출산 · 고령화의 문제에 직면하고 있다 특히 고령화의 진전과 함께 핵가족화와 여성의 경제활동참여가 증가하면서 종래 가족의 부담으로 인식되던 노인의 돌봄문제가 이제 더 이상 개인이나 가계의 부담으로 머물지 않고 사회적 · 국가적 책무로 강조되고 있다.

노인돌봄기본서비스의 목적은 소득 · 건강 · 사회적 관계 등이 취약한 독거노인의 고독사 예방 및 정서지원을 위해 생활관리사가 정기적 안전 확인, 생활교육 및 복지서비스와 연계하여 실시하기 위한 것이다. 서비스 대상은 만 65세 이상으로 요양서비스가 불필요한 독거노인 또는 소득, 건강, 주거, 사회적 접촉 등의 수준을 평가하여 서비스 욕구가 높은 순으로 대상자를 선정한다. 서비스 내용은 노인돌보미가 주 1회 방문하거나 주 2~3회 전화(폭염 · 한파 등 기상특보 발령 시에는 일일안전 확인), 도시락배달 등 지역복지서비스와 연계 · 지원한다.

2. 노인돌봄기본서비스 정책 내용

1) 노인돌봄종합서비스사업

목적은 혼자 힘으로 일상생활을 영위하기 어려운 노인에게 가사 · 활동지원 또는 주간보호서비스를 제공하여 안정된 노후생활 보장 및 가족의 사회 · 경제적 활동기반을 조성하기 위함이다. 서비스 대상은 만 65세 이상의 노인[단기가사의 경우 독거노인 또는 고령(만 75세 이상) 부부노인가구] 중 가구소득, 건강상태 등을 고려하여 돌봄서비스가 필요한 대상자를 선정한다.

서비스내용은 방문서비스(월 27시간 또는 월 36시간)로 신변·활동지원으로 식사도움, 세면도움, 옷 갈아입히기, 구강관리, 신체기능의 유지, 화장실 이용 도움, 외출동행, 목욕보조 등이며, 목욕보조서비스는 보호자가 동의하는 경우에만 가능하다. 가사·일상생활지원은 취사, 생활필수품 구매, 청소, 세탁 등이다.

2) 노인 일자리 및 사회활동지원사업

목적은 노인이 활기차고 건강한 노후생활을 영위할 수 있도록 공익활동, 일자리, 재능나눔 등 다양한 사회활동을 지원하여 노인복지향상에 기여하기 위해서이다. 참여 대상은 공익활동·재능나눔활동은 만 65세 이상 사업 참여가 가능하고, 시장형은 만 60세 이상 사업 참여가 가능하다.

3) 노인장기요양보험제도

고령이나 노인성 질병 등으로 일상생활을 혼자서 수행하기 어려운 이들에게 신체활동 및 일상생활 지원 등의 서비스를 제공하여 노후 생활의 안정과 그 가족의 부담을 덜어주기 위한 사회보험제도이다.

급여대상은 65세 이상 노인 또는 치매, 중풍, 파킨슨병 등 노인성 질병을 앓고 있

표 9-4 장기요양등급기준

등급구분	판정기준
장기요양 1등급	일상생활에서 전적으로 다른 사람의 도움이 필요한 자로서 장기요양인정점수가 95점 이상인 자
장기요양 2등급	일상생활에서 상당부분 다른 사람의 도움이 필요한 자로서 장기요양인정점수가 75점 이상 95점 미만인 자
장기요양 3등급	일상생활에서 부분적으로 다른 사람의 도움이 필요한 자로서 장기요양인정점수가 60점 이상 75점 미만인 자
장기요양 4등급	일상생활에서 일정부분 다른 사람의 도움이 필요한 자로서 장기요양인정점수가 51점 이상 60점 미만인 자
장기요양 5등급	치매환자로서 장기요양인정점수가 45점 이상 51점 미만인 자

출처: 보건복지부 홈페이지(2019).

는 65세 미만인 자 중 6개월 이상의 기간 동안 일상생활을 수행하기 어려워 장기요양서비스가 필요하다고 인정되는 자이다. 등급판정 기준은 <표 9-4>와 같다.

4) 기 타

(1) 노인돌봄기본서비스사업

소득 · 건강 · 사회적 관계 등이 취약한 독거노인의 고독사 예방 및 정서지원을 위해 생활관리사가 정기적 안전 확인, 생활교육 및 복지서비스와 연계하여 실시한다.

(2) 치매검진사업

치매환자 및 그 가족들의 삶의 질 제고하기 위해 치매의 위험이 높은 만 60세 이상 어르신을 대상으로 치매 조기검진을 실시하여 치매환자를 조기에 발견 · 관리한다.

(3) 노인실명예방관리사업

노인 안 검진 및 개안수술, 저시력 노인을 위한 재활사업 등 노인실명예방관리 정책으로서, 노화성 안질환은 자각증상이 없어 정기적으로 검진을 통한 개안수술만이 유일한 치료방법으로 방치 시 실명에 이르게 되므로 안질환의 조기발견 및 검진 결과 수술지원 등이 필요하다.

(4) 노인의료복지시설

노인의료복지시설에는 노인요양시설과 노인요양공동생활가정이 있다.

(5) 재가노인복지시설

방문요양서비스, 주 · 야간보호서비스, 단기보호서비스, 방문목욕서비스, 재가노인지원서비스, 방문간호 중 하나 이상의 서비스를 제공하는 시설이다.

CHAPTER 10

가족복지정책 관련법

학습목표

이 장의 학습목표는 가족복지정책 관련법을 파악하는 것이다. 헌법은 국민의 생활을 규율하고 지원하는 최고의 법 규범으로, 국민의 기본권, 통치구조, 경제체제 등 국민생활에 필요한 근본적이고 기초적인 사항을 정하고 보장한다. 가족복지정책 관련법과 관련된 법을 중심으로 살펴보고자 한다.

- 가족복지정책 관련법의 의의와 주요 내용을 설명할 수 있다
- 가족복지정책 관련법에 근거한 주요 정책을 설명할 수 있다.

제 1 절 건강가정기본법, 가족법

1. 건강가정기본법

기존의 법들은 가족을 건강하게 유지하고 발전시키기 위한 것이라고 보기 어렵다. 건강가정기본법은 가족문제에 대처하며 가정을 단위로 한 통합적이고, 예방적인 복지서비스를 구현하기 위하여 2004년 2월 9일 제정되어 2005년 1월부터 시행되었고, 최근 2010년 3월 19일 개정 · 시행되고 있다. 개정이유 및 주요내용은 보건복지부의 청소년 · 가족기능을 여성부로 이관하여 종합적 가족정책기능을 수행할 수 있도록 여성부를 '여성가족부'로 확대 · 개편하고, 보건복지가족부는 보건복지정책기능을 중심으로 재편하여 '보건복지부'로 명칭을 변경한 것이다.

1) 법의 목적

입법목적은 건강한 가정생활의 영위와 가족의 유지 및 발전을 위한 국민의 권리·의무와 국가 및 지방자치단체 등의 책임을 명백히 하고, 가정문제의 적절한 해결방안을 강구하며 가족구성원의 복지증진에 이바지할 수 있는 지원정책을 강화함으로써 건강가정 구현에 기여하는 것이다(동법 제1조).

2) 건강가정기본법의 주요 내용

(1) 가족, 가정, 건강가정에 대한 정의

'가족'이라 함은 혼인, 혈연, 입양으로 이루어진 사회의 기본단위이다. '가정'은 가족구성원이 생계 또는 주거를 함께하는 생활공동체로서 구성원의 일상적 부양, 양육, 보호, 교육 등이 이루어지는 생활단위이며, '건강가정'이란 가족구성원의 욕구가 충족되고 인간다운 삶이 보장되는 가정을 말한다(동법 제3조).

(2) 책임주체 및 적용대상

건강가정기본법 제4조에 따르면, 모든 국민은 가정의 구성원으로서 안정되고 인간다운 삶을 유지할 수 있는 가정생활을 영위할 권리를 갖는다. 따라서 모든 국민은 가정의 중요성을 인식하고 그 복지향상을 위하여 노력하여야 하며, 국가 및 지방자치단체는 건강가정을 위하여 필요한 제도와 여건을 조성하고 이를 위한 시책을 강구하고 추진해야 하는 책임을 갖는다.

(3) 건강가정사업

국가 및 지방자치단체가 추진해야 하는 건강가정사업으로 가정에 대한 지원, 가족단위 복지증진, 가족의 건강증진, 가족부양의 지원, 이혼예방 및 이혼가정 지원, 건강가정교육 등(제21·23·24·25·31·32조), 개별복지법과 달리 가정을 단위로 한 통합적 접근을 규정하고 있다.

건강가정기본법은 가부장적 가치관을 불식하고 양성평등한 가족관계를 증진시키며, 가족단위의 시민적 역할을 강조하고, 자원봉사활동을 지원하도록 명시하고 있다.

또한 최근 증가하고 있는 이혼을 예방하고 이혼가정에 대한 적절한 서비스를 지원하기 위한 내용과 가정봉사원제도에 대하여 근거를 제시하고 있다.

(4) 건강가정지원센터

건강가정기본법은 국가 및 지방자치단체가 가정문제의 예방·상담 및 치료, 건강가정의 유지를 위한 프로그램의 개발, 가족문화운동의 전파, 가정관련 정보 및 자료제공 등을 위하여 중앙, 시·도 및 시·군에 건강가정지원센터를 설립하도록 하였다. 센터에는 건강가정사업을 수행하기 위하여 건강가정사를 두도록 되어 있다. 건강가정사는 대학 또는 이와 동등 이상의 학교에서 사회복지학, 가정학, 여성학 등 여성가족부령이 정하는 관련 교과목을 이수하고 졸업한 자만 가능하다(동법 제35조).

2. 가족법(민법)

법 중에서 가족과 관련된 직접적인 법은 민법으로서 혼인관계, 친자관계, 상속관계 등을 규율하는 구체적 사항을 정하고 있다. 민법의 제4편(친족편), 제5편(상속편) 및 「가족관계의 등록 등에 관한 법률」은 「가족법」이라고 할 수 있다.

우리나라의 「가족법」은 1969년부터 시행되었으며, 친족의 정의와 범위, 약혼과 사실혼, 친생자, 호주승계, 상속과 유언 등으로 가족제도의 기본을 유지하는 규정이라고 할 수 있다. 그러나 「가족법」은 양성평등이라는 헌법의 기본원칙에 위배되는 규정이 상당 부분 존재하여 이에 대한 문제의식을 가진 여성계에서는 지난 30년 동안 가족법개정에 대한 논의를 지속해 왔으며, 그 결과 1977년 12월, 1989년 12월, 그리고 2000년 10월에 세 차례에 걸쳐 가족법이 전폭적으로 개정되었다. 2000년 10월에는 '동성동본불혼' 규정과 '여성의 재혼금지' 조항이 폐지되었고, 상속에 있어서도 배우자를 제외한 자녀들에게 같은 비율로 상속되도록 하는 등 가족구성원들 간의 평등한 관계가 실현될 수 있는 기본적인 환경을 마련하였다. 부계중심의 가족구성원 근거가 되는 '호주제도(동법 제778조)'도 2008년부터 폐지되었다. 개정된 호주제에서는 자녀는 아버지의 성과 본을 따르는 것을 원칙으로 하되 부모의 협의에 따라 어머니의 성을 따를 수도 있고 법원의 허가를 받아 자녀의 성과 본을 변경할 수 있다.

'호주제 폐지'에 따른 대체법으로 「가족관계의 등록 등에 관한 법률」이 제정되어 2008년 1월 1일부터 시행되고 있다. 따라서 '호적'이 '가족관계등록부'로 변경됨에 따라 개인의 존엄성과 양성평등의 헌법이념을 구현하였다(이영실 외, 2016).

1) 가족법(민법)의 목적

가족법은 헌법에 명시된 인간의 존엄성과 남녀평등을 기본정신으로 삼고 있다.

2) 가족법(민법)의 주요 내용

(1) 가족의 범위

민법(가족법)의 개정된 가족의 범위는 배우자, 직계혈족 및 형제자매, 직계혈족의 배우자, 배우자의 직계혈족 및 배우자의 형제자매(동법 제779조)를 포함하고 있다. 호주제도를 전제로 한 입적, 복적, 일가창립, 분가 등의 규정을 삭제하고, 호주와 가족구성원과의 관계로 정의되는 가족규정을 새롭게 규정한 것이다.

(2) 혼인에 관한 규정

혼인에 관한 조항은 부부 간의 의무(동법 제826조), 성년의제(동법 제826조의2)로 명시하고 있고, 혼인효력의 내용으로는 부부 간의 가사대리권(동법 제827조), 부부재산약정과 그 변경(동법 제829조), 생활비용(동법 제833조) 등이 있다. '동성동본금혼제도'를 폐지하고 '근친혼금지제도'로 전환하였다. 근친범위를 8촌 이내의 혈족(친양자의 입양 전의 혈족을 포함), 6촌 이내 혈족의 배우자, 배우자의 6촌 이내 혈족, 배우자의 4촌 이내 혈족의 배우자인 인척이거나 인척이었던 자, 6촌 이내의 양부모계(養父母系)의 혈족이었던 자와 4촌 이내의 양부모계의 인척이었던 자 사이에서는 혼인을 금지하는 것(동법 제809조)으로 근친혼 제한의 범위를 합리적으로 조정하였다.

(3) 이혼에 관한 규정

민법(가족법)에서 이혼은 협의상 이혼과 재판상 이혼으로 분류하고 있다. 협의상 이혼의 경우 가정법원의 확인을 받아 「가족관계의 등록 등에 관한 법률」에 의하여 신고함으로써 그 효력이 성립되고(동법 제836조), 재판상 이혼의 경우 배우자에 부정한 행위가 있었을 때, 배우자가 악의로 다른 일방을 유기한 때, 배우자 또는 그 직계존속으로부터 심히 부당한 대우를 받았을 때, 자기의 직계존속이 배우자로부터 심히 부당한 대우를 받았을 때, 배우자의 생사가 3년 이상 분명하지 아니한 때(동법 제840조)는 가정법원에 이혼을 청구할 수 있음을 명시하고 있다.

(4) 부모 – 자녀관계에 관한 규정

민법에서의 부모–자녀관계는 법적효력을 중심으로 규정되고, 보호자로서 부모의 기능이 법적으로 원활하지 않거나 부재한 경우 후견인이나 친족이 대신 법적 책임자 또는 조력자의 기능을 할 수 있다. 또한 친생자(동법 제844~865조)와 입양의 요건(동법 제866~908조)으로 구성되어 있다.

제 2 절 영 · 유아보육법, 아동수당법

1. 영 · 유아보육법

기존의 아동복시법에 의한 탁아사업은 시설 설립수제의 제한으로 인한 보육사업 확대곤란, 관장부처의 다원화로 체계적이고 효율적인 보육사업 추진에 문제점이 발생하였고, 이에 따라 영 · 유아의 보호와 교육에 관한 별도의 입법이 필요하게 되었다. 1980년대 후반부터 기혼여성의 사회진출을 적극적으로 돕는 차원에서 보육권 보장의 사회적 책임 문제가 공적으로 제기되기 시작하였다. 그 결과 영 · 유아보육법은 1991년 1월에 최초 제정된 이후 수차례에 걸쳐 개정되었으며, 최근 2017년 3월에 개정되어 시행되고 있다.

1) 영 · 유아보육법의 목적

영 · 유아보육법은 영 · 유아의 심신을 보호하고 건전하게 교육하여 건강한 사회구성원으로 육성함과 아울러 보호자의 경제적 · 사회적 활동이 원활하게 이루어지도록 함으로써 가정복지 증진에 이바지함을 목적으로 한다(동법 제1조).

2) 영 · 유아보육법의 주요 내용

(1) 영 · 유아보육 등에 대한 정의

영 · 유아란 6세 미만의 취학 전 이동을 의미하고, 보육이란 영 · 유아를 건강하고 안전하게 보호 · 양육하고 영 · 유아의 발달 특성에 맞는 교육을 제공하는 어린이집 및 가정양육지원에 관한 사회복지서비스를 말한다(동법 제2조 제2항). 어린이집이란 보호자의 위탁을 받아 영 · 유아를 보육하는 기관을 의미하며, 보호자란 친권자 · 후견인, 그 밖의 자로서 영 · 유아를 사실상 보호하고 있는 자를 말한다.

(2) 영 · 유아보육법 책임주제 및 적용대상

영 · 유아보육법에 따라 모든 국민은 영 · 유아를 건전하게 보육할 책임을 진다. 특히 국가와 지방자치단체는 보호자와 더불어 영 · 유아를 건전하게 보육할 책임을 지며, 특별자치도지사 · 시장 · 군수 · 구청장은 영 · 유아의 보육을 위한 적절한 어린이집을 확보해야 하며, 국가와 지방자치단체는 보육교직원의 양성 및 근로여건 개선을 위하여 노력해야 한다(동법 제4조).

(3) 영 · 유아보육사업

보육사업은 영 · 유아의 이익을 최우선적으로 고려하여 제공되어야 하고, 영 · 유아가 안전하고 쾌적한 환경에서 건강하게 성장할 수 있도록 해야 하며, 영 · 유아는 자신이나 보호자의 성, 나이, 종교, 사회적 신분, 재산, 장애 및 출생지역 등에 따른 어떠한 종류의 차별도 받지 아니하고 보육되어야 한다고 규정하고 있다(동법 제3조).

(4) 육아종합지원센터, 보육개발원

영 · 유아에게 시간제 보육서비스를 제공, 보육에 관한 정보의 수집 · 제공 및 상담을 위하여 보건복지부 장관은 중앙육아종합지원센터를, 특별시장 · 광역시장 · 특별자치시장 · 도지사 · 특별자치도지사 및 시장 · 군수 · 구청장은 지방육아종합지원센터를 설치 · 운영하여야 한다. 필요하다고 인정하는 경우에는 영아 · 장애아보육 등에 관한 육아종합지원센터를 별도로 설치 · 운영할 수 있다(동법 제7조).

보건복지부 장관은 보육에 관한 연구와 정보제공, 프로그램 및 교재개발, 평가척도 개발 및 보육교직원 연수 등의 업무를 위하여 보육개발원을 설치하거나 그 업무 관련 연구기관 등에 위탁할 수 있다. 보육개발원의 설치 · 운영 및 위탁 등에 필요한 사항은 대통령령으로 정한다(동법 제8조).

보육시설로 어린이집의 종류는 첫째, 국가나 지방자치단체가 설치 · 운영하는 어린이집으로 국공립어린이집, 둘째, 사회복지사업법에 따른 사회복지법인이 설치 · 운영하는 사회복지법인어린이집, 셋째, 각종 법인(사회복지법인을 제외한 비영리법인)이나 단체 등이 설치 · 운영하는 어린이집으로서 대통령령으로 정하는 법인 · 단체 등 어린이집, 넷째, 사업주가 사업장의 근로자를 위하여 설치 · 운영하는 직장어린이집, 다섯째, 개인이 가정이나 그에 준하는 곳에 설치 · 운영하는 가정어린이집, 여섯째, 보호자 또는 보호자와 보육교직원이 조합(영리를 목적으로 하지 아니하는 조합에 한정한다)을 결성하여 설치 · 운영하는 협동어린이집, 개인이 설립 · 운영하는 민간어린이집으로 구분할 수 있다(동법 제10조).

국공립어린이집은 도시 저소득주민 밀집 주거지역 및 농어촌지역 등 취약지역, 「산업 입지 및 개발에 관한 법률」 제2조 제8호에 따른 산업단지 지역에 우선적으로 설치하여야 한다. 국가나 지방자치단체는 주택법 제2조 제3호에 따른 공동주택에 같은 법 제35조에 따라 설치되어야 하는 어린이집을 국공립어린이집으로 운영하여야 한다(동법 제12조, 2018.12.24 개정).

정부는 2019년 6월부터 보육서비스의 질 향상을 도모하고 보육정책을 체계적으로 지원하기 위하여 한국보육진흥원을 설립하며, 한국보육진흥원은 어린이집 평가척도 개발, 보육사업에 관한 교육 · 훈련 및 홍보, 영 · 유아 보육 프로그램 및 교재 · 교구 개발, 보육교직원 연수 프로그램 개발 및 교재개발, 보건복지부 장관으로부터 위탁받은 업무, 그 밖에 보육정책과 관련하여 보건복지부 장관이 필요하다고 인정하는 업무를 수행한다(2018.12.11 개정법률).

2. 아동수당법

1) 아동수당법의 목적

아동수당법의 목적은 아동에게 아동수당을 지급하여 아동양육에 따른 경제적 부담을 경감하고 건강한 성장환경을 조성함으로써 아동의 기본적 권리와 복지를 증진함을 목적으로 한다(동법 제1조). 이러한 목적에 따라 국가와 지방자치단체는 아동수당이 아동양육에 따른 경제적 부담을 경감하고 아동의 건강한 성장환경을 조성하는 데 필요한 수준이 되도록 최대한 노력하여야 하며, 필요한 비용을 부담할 수 있도록 재원을 조성하여야 한다. 또한 보호자는 아동의 기본적 권리와 복지증진을 위하여 아동수당을 사용하여야 한다(동법 제3조).

2) 아동수당법의 주요 내용

(1) 아동수당법에 대한 정의

아동수당은 보호자와 그 가구원의 소득이나 재산, 가구특성 등을 반영한 경제적 수준을 고려하지 않으며, 2019년 9월 1일부터 매월 10만 원을 지급하도록 변경되었다. 아동수당 지급대상이 만 6세 미만에서 만 7세 미만으로 확대되었다(동법 제4조 제1항). 매월 정기적으로 수급아동 또는 그 보호자에게 지급하고, 현금으로 지급하되, 지방자치단체의 조례로 정하는 다른 방법으로도 지급할 수 있다(동법 제10조). 보호자가 아동학대범죄를 범하여 임시조치, 피해아동보호명령이 있는 경우 등 수급아동의 보호를 위하여 필요한 경우에는 다른 보호자에게 아동수당을 지급할 수 있다(동법 제12조).

(2) 아동수당 책임주체 및 적용대상

보건복지부 장관 또는 특별자치시장·특별자치도지사·시장·군수·구청장은 아동수당 수급자격 여부 등을 확인하기 위하여 조사·질문 등을 할 수 있으며(동법 제7조), 행복출산 연계로 출생신고와 동시에 아동수당 신청이 가능해졌고, 해외장기체류 등에 대한 급여정지 기능추가 및 수급권 상실자 급여생성 정치 등 시스템 개선으로 보다 효과적으로 부정수급 관리가 가능해졌다.

제 3 절 아이돌봄지원법, 저출산 · 고령사회기본법

1. 아이돌봄지원법

정부는 2012년 8월 아이돌봄지원법을 제정하여 부모의 다양한 자녀양육 수요를 충족시킬 수 있는 가정 내 개별 돌봄 서비스 활성화를 추진하고 일정수준 이상의 돌봄인력과 서비스 질을 관리하기 위한 법적 체계를 구축하였다. 2019년 12월 24일 일부 개정하여 2020년 1월 1일 시행되었다.

1) 아이돌봄지원법의 목적

아이돌봄지원법은 아이의 복지증진 및 보호자의 일 · 가정 양립을 통한 가족구성원의 삶의 질 향상과 양육친화적인 사회환경 조성을 목적으로 한다(동법 제1조). 이러한 목적에 따라 국가와 지방자치단체는 돌보는 아이의 이익을 최우선으로 고려하여 아이돌봄을 지원하여야 하며, 보호자의 다양한 요구를 충족할 수 있도록 아이돌봄이 지원되어야 한다. 또한 국가와 지방자치단체는 보호자가 아이돌봄의 책임을 다할 수 있도록 지원하여야 한다(동법 제3조, 제4조).

2) 아이돌봄지원법의 주요 내용

(1) 아이와 아이돌봄 서비스에 대한 정의

“아이”란 만 12세 이하 아동을 의미하며, “아이돌봄 서비스”란 아이의 주거지 등에서 개별적으로 제공하는 보호 및 양육 등의 서비스를 말한다. 아이돌보미란 제7조에 따른 자격을 갖춘 사람으로서 제11조에 따라 지정된 서비스제공기관을 통하여 아이돌봄 서비스를 제공하는 사람을 말한다(동법 제2조). 아이돌보미는 아이의 안전한 보호 및 돌봄 업무를 수행하여야 하며, 아이에게 질병 · 사고 등이 발생한 경우 의료기관에 이송하고, 안전하고 균형 있는 영양의 급식 및 간식을 제공하며, 아이의 청결과 위생의 유지업무를 수행하여야 한다. 또한 보호자의 육아방침을 존중하여야 하며, 응급조치 등과 관련하여 보호자와 협의하여야 한다(동법 제5조).

(2) 아이돌봄지원 책임주체 및 적용대상

취업부모들의 양육부담 경감을 위하여 아이돌보미는 주거지 등에서 개별적으로 제공하는 보호 및 양육 등의 서비스에 보호자와 협의하여 아이의 안전한 보호 및 돌봄 업무를 수행한다.

(3) 아이돌봄지원사업

아이돌봄 서비스는 제11조에 따라 지정된 기관을 통하여 제공되어야 하며, 아이돌봄 서비스를 제공할 수 있는 서비스제공기관(이하 “서비스기관”이라 한다)을 설치 · 운영하고자 하는 자는 여성가족부령으로 정하는 시설, 인력, 운영 등 기준을 갖추고 소재지를 관할 구역으로 하는 시 · 도지사 · 시장 · 군수 · 구청장으로부터 지정을 받아야 한다. 시 · 도지사 · 시장 · 군수 · 구청장은 서비스기관의 지역적 분포 및 적정 공급 규모, 대상 아이 수 등을 고려하여 적정 수의 기관을 지정하여야 한다(동법 제11조). 아이돌봄 서비스는 영아종일제 아이돌봄 서비스, 보육교사형 아이돌봄 서비스, 시간제 아이돌봄 서비스, 종합형 아이돌봄 서비스로 구분되며, 서비스의 종류, 해당지역의 사정 등을 고려하여 여성가족부 장관이 정하여 고시한다(동법 제20조).

(4) 아이돌봄지원센터

공동육아 나눔터는 국가 및 지방자치단체는 아이양육 관련 정보교류, 부모교육 등을 위하여 공동육아나눔터를 설치 · 운영할 수 있으며, 설치한 공동육아나눔터를 법인이나 단체 등 전문기관에 위탁하여 운영할 수 있다(동법 제19조).

2. 저출산 · 고령사회기본법

저출산 · 고령사회기본법은 저출산 사회대책기본법안, 고령사회기본법안, 고령화 및 인구대책기본법안, 고령사회기본법안 등 4건의 저출산 · 고령사회기본법안이 2005년 5월 18일 제정되고 2005년 9월 1일 시행되었다. 저출산 · 고령사회기본법의 제정 이유는 자녀의 출산 및 양육이 원활하게 이루어지고 노인이 중요한 사회적 행위자로서 건강하고 활력있는 사회생활을 할 수 있도록 국가의 책임을 정하고, 저출산 · 고령사회정책의 기본방향과 그 수립 및 추진체계에 관한 사항 등을 규정함으로써 국민의 '삶의 질' 향상과 국가의 지속적인 발전에 이바지하려는 것이다.

저출산 · 고령사회기본법의 의의는 첫째, 출산과 인구고령화에 체계적으로 대응하기 위한 법적기반을 마련했다는 점이다. 즉, 인구정책의 우선 주체를 국가로 표명함으로써 저출산 · 고령사회 문제에 대한 공적책임을 강조하고 있다.

둘째, 임신 · 출산 · 양육 · 교육 등 육아의 사회화에 대한 공식적 선언이라는 점에서 의의를 갖는다. 즉, 자녀의 임신 · 출산 · 양육 · 교육과 직장생활을 병행할 수 있는 사회적 환경의 조성 및 지원, 경제적 부담의 경감 등의 문제를 사회적 영역으로 확대시켰다.

셋째, 고령자를 사회의 생산적 주체로 재조명한다는 점에서 의미를 갖는다. 고령자를 위한 대부분의 사회정책은 고령자의 보호욕구에 초점을 두고 구조되었으며, 고령자를 의존적이고 수동적인 사회구성원으로 이해한다. 그러나 저출산 · 고령사회기본법은 고령자를 위한 근로환경조성, 사회활동참여의 촉진, 교육기회 제공, 고령친화적 산업육성을 위한 시책을 강구하도록 규정함으로써 고령자를 노동 · 사회 · 교육 · 소비의 생산적 주체로 정의하고 있다.

1) 저출산 · 고령사회기본법의 목적

저출산 · 고령사회기본법은 국가의 지속적인 발전을 위한 인구 구성의 균형과 질적 향상을 실현하고, 국민이 건강하고 안정된 노후생활을 할 수 있도록 하는 것을 기본이념으로 하고 있다(동법 제2조). 저출산 및 인구의 고령화에 따른 변화에 대응하는 저출산 · 고령사회정책의 기본방향과 그 수립 및 추진체계에 관한 사항을 규정함으로써, 국가의 경쟁력을 높이고 국민의 삶의 질 향상과 국가의 지속적인 발전에 이바지함을 목적으로 하고 있다(동법 제1조).

2) 저출산 · 고령사회기본법의 주요 내용

(1) 저출산 · 고령사회기본법에 대한 정의

저출산 · 고령사회기본법에서 인구의 고령화는 전체인구에서 노인의 인구비율이 증가하는 현상을 의미하며, 저출산 · 고령사회정책은 저출산 및 인구의 고령화에 따른 변화에 대응하기 위하여 수립 · 시행하는 것을 말한다(동법 제3조). 주요내용으로는 국가 및 지방자치단체의 책무를 규정하고 있으며, 저출산대책과 고령사회정책을 위한 국가 및 지방자치단체의 시책을 강구하도록 하고, 저출산 · 고령사회기본계획 및 시행계획을 매 5년마다 세우도록 규정하고, 이를 위하여 대통령 소속 하에 저출산 · 고령사회위원회를 구성하도록 하고 있다.

(2) 저출산 · 고령사회기본법 책임주체 및 적용대상자

국가 및 지방자치단체의 책무로써 국가는 종합적인 저출산 · 고령사회정책을 수립 · 시행하고, 지방자치단체는 국가정책에 맞추어 지역의 사회 · 경제적 실정에 부합하는 저출산 · 고령사회정책을 수립 · 시행해야 한다. 또한 국가 및 지방자치단체는 다른 법률의 규정에 의하여 중 · 장기 계획 및 연도별 시행계획 등 주요 정책을 수립하는 경우 저출산 · 고령사회 기본계획을 고려해야 한다(동법 제4조). 국민은 출산 및 육아의 사회적 중요성과 인구의 고령화에 따른 변화를 인식하고, 국가 및 지방자치단체가 시행하는 저출산 · 고령사회정책에 적극 참여하고 협력해야 한다(동법 제5조).

(3) 저출산 · 고령사회기본사업

저출산 · 고령사회기본사업은 저출산 대책과 고령사회정책으로 두 가지로 제시하고 있다. 저출산 대책은 인구정책(동법 제7조)과 인구교육(동법 제7조의2), 자녀의 출산과 보육(동법 제8조), 모자보건의 증진(동법 제9조), 경제적 부담의 경감(동법 제10조) 등이다.

고령사회정책은 첫째, 고용과 소득보장(동법 제11조), 둘째, 건강증진과 의료제공(동법 제12조), 셋째, 생활환경과 안전보장(동법 제13조), 넷째, 여가・문화 및 사회활동의 장려(동법 제14조), 다섯째, 평생교육과 정보화(동법 제15조), 이에 따른 노후설계(동법 제15조의2), 여섯째, 취약 계층노인 등에 대한 지원(동법 제16조), 일곱째, 가족관계와 세대 간 이해증진(동법 제17조), 여덟째, 경제와 산업 등의 발전을 위한 시책(동법 제18조), 아홉째, 고령친화적 산업의 육성(동법 제19조) 등을 위해 국가 및 지방자치단체가 필요한 시책을 강구해야 한다고 규정하고 있다.

(4) 저출산・고령사회정책 지원센터

저출산・고령사회기본법은 저출산・고령사회기본계획을 수립하도록 규정하고 있다(동법 제20조). 정부는 저출산・고령사회 중・장기 정책목표 및 방향을 설정하고, 이에 따른 기본계획을 수립・추진하며, 보건복지부 장관은 관계 중앙행정기관의 장과 협의하여 5년마다 기본계획안을 작성하고, 저출산・고령사회위원회 및 국무회의의 심의를 거친 후 대통령의 승인을 얻어 이를 확정한다.

저출산・고령사회기본법은 저출산・고령사회위원회를 두도록 규정한다(동법 제23조). 저출산・고령사회정책에 관한 중요사항을 심의하기 위하여 대통령 소속 하에 저출산・고령사회위원회를 두며, 위원회는 저출산 및 인구의 고령화에 대비한 중・장기 인구구조의 분석과 사회경제적 변화전망에 관한 사항, 중・장기 정책목표와 추진방향에 관한 사항, 기본계획에 관한 사항, 시행계획에 관한 사항, 조정 및 평가에 관한 사항, 그 밖에 저출산・고령사회정책에 관한 중요사항으로서 제5항의 간사위원이 부의하는 사항을 심의한다. 위원회는 위원장 1인을 포함한 25인 이내의 위원으로 구성하며 위원장은 대통령이 된다.

제 4 절 근로기준법, 일 · 가정 양립지원에 관한 법률, 고용보험법

가족정책 관련 법규 중 여성의 경제적 활동을 위한 사회진출을 도우면서 동시에 모성의 역할을 충실히 할 수 있도록 보호하는 법에는 근로기준법, 남녀고용평등과 일·가정 양립지원에 관한 법률, 고용보험법이 포함된다.

1. 근로기준법

근로기준법은 헌법에 따라 근로조건 기준을 정하여 근로자의 기본적인 생활을 보장하고 향상시키며, 균형 잡힌 국민경제의 발전을 도모하기 위해 제정한 법이다.

근로계약을 체결할 때에 사용자로 하여금 근로조건에 관한 사항을 근로자에게 명시하도록 하고, 근로계약체결 시나 근로계약 변경 시에도 근로조건을 명시할 필요성이 있고, 서면으로 명시한 근로계약서 교부의무를 강화함으로써 근로자의 법적지위를 강화하려는 것이다(동법 제17조). 근로자란 직업의 종류와 관계없이 임금을 목적으로 사업이나 사업장에 근로를 제공하는 자를 말하며, 사용자란 사업주 또는 사업 경영 담당자, 그 밖에 근로자에 관한 사항에 대하여 사업주를 위하여 행위하는 자를 말한다. 임금이란 사용자가 근로의 대가로 근로자에게 지급하는 일체의 금품을 포함한다. 평균임금이란 이를 산정하여야 할 사유가 발생한 날 이전 3개월 동안에 그 근로자에게 지급된 임금의 총액을 그 기간의 총일 수로 나눈 금액을 말한다. 근로자가 취업한 후 3개월 미만인 경우도 이에 준한다. 가족복지 관련법규 중 여성의 경제적 활동과 사회진출을 도우면서 가정 내에서 모성의 역할을 충실히 할 수 있도록 보호하는 법으로 근로기준법은 1953년 5월 제정되어 1953년 8월부터 시행되었고, 약 30차례 이상 개정되어 최근 2019년 11월 1일 개정·시행되고 있다.

1) 근로기준법의 목적

입법목적은 헌법에 따라 근로조건의 기준을 정함으로써 근로자의 기본적 생활을 보장, 향상시키며 균형 있는 국민경제의 발전을 꾀하는 것을 목적으로 한다(동법 제1조). 산업구조의 변화와 고용형태의 다양화에 따라 고용관계를 신축적으로 운영하며, 경직적인 근로시간제도를 유연화하는 등 고용관계 및 근로시간제도를 현실에 부합되도록 합리적으로 규정함으로써 근로자의 기본적 생활을 보장·향상시키며, 여성의 경제적 활동과 모성역할을 도모하는 데 기여하며, 균형된 국민경제의 발전을 도모하려는 것을 목적으로 시행되었다.

2) 근로기준법의 주요내용

근로기준법의 내용 중 여성에 관한 법의 규정을 살펴보면 다음과 같다. 근로에 참여할 수 있는 최저 연령은 15세 미만인 자(초·중등교육법에 따른 중학교에 재학 중인 18세 미만인 자를 포함)는 근로를 제한한다. 다만, 대통령령으로 정하는 기준에 따라 고용노동부 장관이 발급한 취직인허증을 지닌 자는 근로자로 사용할 수 있다고 규정하고 있으며(동법 제64조), 사용자는 임신 중이거나 산후 1년이 지나지 아니한 여성(임산부)과 18세 미만자를 도덕상 또는 보건상 유해·위험한 사업에 사용하지 못하며, 임산부가 아닌 18세 이상의 여성을 보건상 유해·위험한 사업 중 임신 또는 출산에 관한 기능에 유해·위험한 사업에 사용하지 못한다고 규정하고 있다(동법 제65조). 또한 사용자는 여성과 18세 미만인 자를 갱내(抗内)에서 근로시키지 못한다. 다만, 보건·의료, 보도·취재 등 대통령령으로 정하는 업무를 수행하기 위하여 일시적으로 필요한 경우에는 그러하지 아니 하다(동법 제72조).

근로시간에 관하여는 15세 이상 18세 미만인 자의 근로시간은 1일에 7시간, 1주일에 40시간을 초과하지 못한다. 다만, 당사자 사이의 합의에 따라 1일에 1시간, 1주일에 6시간을 한도로 연장할 수 있다고 규정한다(동법 제69조). 또한 야간근로와 휴일근로를 제한하는데 사용자는 18세 이상의 여성을 오후 10시부터 오전 6시까지의 시간 및 휴일에 근로시키려면 그 근로자의 동의를 받아야 하며, 사용자는 임산부와 18세 미만자를 오후 10시부터 오전 6시까지의 시간 및 휴일에 근로시키지 못한다. 다만, 18세 미만자의 동의가 있는 경우, 산후 1년이 지나지 아니한 여성의 동의가 있는 경우, 임신 중인 여성이 명시적으로 청구하는 경우로서 고용노동부 장관의 인가를 받으면 가능하다(동법 제70조). 여성의 시간 외 근로에 관하여 사용자는 산후 1년이 지나지 아니한 여성에 대하여는 단체협약이 있는 경우라도 1일에 2시간, 1주일에 6시간, 1년에 150시간을 초과하는 시간 외 근로를 시키지 못한다고 규정한다(동법 제71조). 사용자는 여성근로자가 청구하면 월 1일의 생리휴가를 주어야 한다(동법 제73조). 임산부의 보호를 위하여 사용자는 임신 중의 여성에게 출산 전과 출산 후를 통하여 90일(한 번에 둘 이상 자녀 임신은 120일)의 출산전후휴가를 주어야 한다. 출산 후에 45일(한 번에 둘 이상 자녀 임신은 60일) 이상이 되어야 하며, 여성근로자가 유산의 경험 등 대통령령으로 정하는 사유로 휴가를 청구하는 경우 출산 전 어느 때라도 휴가를 나누어 시용할 수 있도록 하여야 한다. 이 경우 출산 후의 휴가기간은 연속하여 45일(한 번에 둘 이상 자녀 임신은 60일) 이상이 되어야 한다. 유산 또는 사산한 경우로서 근로자가 청구하면 대통령령으로 정하는 바에 따라 유산 · 사산휴가를 주어야 한다. 다만, 인공 임신중절 수술(모자보건법 제14조 제1항에 따른 경우는 제외한다)에 따른 유산의 경우는 그러하지 아니하다. 위의 규정에 따른 휴가 중 최초 60일(한 번에 둘 이상 자녀 임신은 75일)은 유급으로 한다. 다만, 남녀고용평등과 일 · 가정 양립지원에 관한 법률에 따라 출산전후휴가급여 등이 지급된 경우에는 그 금액의 한도에서 지급의 책임을 면한다. 임신 중의 여성근로자에게 시간 외 근로를 하게 하여서는 안 되며, 그 근로자의 요구가 있는 경우에는 쉬운 종류의 근로로 전환하여야 하며, 출산전후휴가 종료 후에는 휴가 전과 동일한 업무 또는 동등한 수준의 임금을 지급하는 직무에 복귀시켜야 한다(동법 제74조). 임신한 여성근로자가 모자보건법에 따른 임산부 정기건강진단을 받는 데 필요한 시간을 청구하는 경우 근로자의 임금 삭감 없이 이를 허용하여 주어야 한다(동법 제74조의2). 생후 1년 미만의 유아를 가진 여성근로자가 청구하면 1일 2회 각각 30분 이상의 유급 수유시간을 주어야 한다(동법 제75조).

2. 남녀고용평등과 일 · 가정 양립지원에 관한 법률

국민소득 향상과 의식변화로 인하여 일 중심에서 가정중심으로 의식이 계속 증가하고 있는 추세이다. 또한 여성의 사회 활동영역이 확대되고 있으나, 남녀고용차별과 육아 및 가사부담으로 인한 여성경력단절 문제는 여성들의 취업에 어려움으로 작용한다. 자녀를 둔 여성 맞벌이의 가장 큰 이유가 경제적 요인으로 나타나고 있으며, 현실에서 주부들의 가정 내 역할과 엄마들의 사회참여에 대한 인식이 변화하여 남성들의 육아참여에 대한 인식이 증가하고 있다. 기업도 일 · 가정 양립제도가 종업원 만족도와 생산성을 향상시키고, 이직률을 낮추어 안정적인 인력확보로 인한 기업경쟁력을 강화한다는 점을 인식하고 있으며, 출산 · 양육친화제도에 대해서 절대적인 필요성을 나타낸 바 있다. 이러한 근로자와 기업의 요구를 반영하고 저출산 · 고령화 시대 노동력부족을 해결하는 방안 중의 하나인 여성의 경제활동 참여를 촉진하기 위한 방법으로, 남녀고용평등과 일 · 가정 양립지원에 관한 법률이 1987년 12월에 제정되어 1988년 4월부터 시행되었고, 2016년 1월 28일부터 개정 · 시행되고 있다.

1) 남녀고용평등과 일 · 가정 양립지원에 관한 법률의 목적

헌법의 평등이념에 따라 고용에서 남녀의 평등한 기회와 대우를 보장하고 모성보호와 여성고용을 촉진하여 남녀고용평등을 실현함과 아울러 근로자의 일과 가정의 양립을 지원함으로써 모든 국민의 삶의 질 향상에 이바지하는 것이다(동법 제1조).

2) 법률의 주요내용

(1) 남녀고용평등과 일 · 가정 양립지원에 대한 정의

남녀고용평등과 일 · 가정 양립지원에 관한 법률은 근로자를 사용하는 모든 사업장(사업)에 적용하며(동법 제3조), 차별제거, 직장 내 성희롱 제거, 고용개선 등의 역할을 수행해야 한다. 차별은 사업주가 근로자에게 성별, 혼인, 가족 안에서의 지위, 임신 또는 출산 등의 사유로 합리적인 이유 없이 채용 또는 근로의 조건을 다르게 하거나 그 밖의 불리한 조치를 하는 경우이다. 직장 내 성희롱이란 사업주·상급자 또는 근로자가 직장 내의 지위를 이용하거나 업무와 관련하여 다른 근로자에게 성적인 언동 등으로 성적 굴욕감 또는 혐오감을 느끼게 하거나, 그 밖의 요구 등에 따르지 아니하였다는 이유로 고용에서 불이익을 주는 것을 말한다. 적극적 고용개선 조치란 현존하는 남녀 간의 고용차별을 없애거나 고용평등을 촉진하기 위하여 잠정적으로 특정한 성을 우대하는 조치를 말한다(동법 제2조).

(2) 남녀고용평등 책임주체 및 적용대상자

남녀고용평등과 일·가정 양립지원에 관한 법률의 적용범위는 근로자를 사용하는 모든 사업장(사업)에 적용한다(동법 제3조).

(3) 남녀고용평등과 일·가정 양립지원에 관한 사업

남녀고용평등과 일·가정 양립지원에 관한 법률의 내용 중 모성보호 및 직장과 가정생활의 양립지원과 관련된 부분을 살펴보면 다음과 같다.

① 모성보호

일정한 요건에 해당하는 근로자 중 출산전후휴가 또는 유산·사산휴가를 사용하는 자에게 그 휴가기간에 대하여 통상임금에 상당하는 금액을 지급할 수 있다(근로기준법 제74조). 출산전후휴가급여 등은 사업주가 지급한 것으로 보며, 지급하기 위하여 필요한 비용은 국가재정이나 사회보장기본법에 따른 사회보험에서 분담할 수 있다(동법 제18조). 사업주는 근로자가 배우자의 출산을 이유로 휴가를 청구하는 경우에 5일의 범위에서 3일 이상(최초 3일은 유급)의 휴가를 주며, 휴가는 배우자가 출산한 날부터 30일이 지나면 청구할 수 없다(동법 제18조의2).

② 일·가정의 양립지원

만 8세 이하 또는 초등학교 2학년 이하의 자녀를 양육하기 위하여 휴직(육아휴직)을 신청하는 경우에 육아휴직의 기간은 1년 이내로 하며, 이를 허용하여야 한다. 사업주는 육아휴직을 이유로, 육아휴직기간에는 해고나 그 밖의 불리한 처우를 하여서는 안 된다. 사업주는 육아휴직을 마친 후에는 휴직 전과 같은 업무 또는 같은 수준의 임금을 지급하는 직무에 복귀시켜야 하며, 육아휴직기간은 근속기간에 포함한다. 기간제 근로자 또는 파견근로자의 육아휴직기간은 근로자파견기간에 산입하지 아니한다(동법 제19조).

사업주는 근로자가 육아휴직 대신 근로시간단축(육아기 근로시간단축)을 신청하는 경우에 이를 허용하여야 한다(동법 제19조의1). 다만, 대체인력 채용 불가능과 정상적인 사업운영에 중대한 지장을 초래하는 경우 등 대통령령으로 정하는 경우에는 그러하지 아니하다(동법 제19조의2). 육아기 근로시간 단축을 이유로 그 근로조건을 불리하게 하여서는 안 된다(동법 제19조의3). 육아휴직 1회 사용, 육아기 근로시간 단축 1회 사용, 육아휴직 분할 사용(1회), 육아기 근로시간 단축의 분할 사용(1회), 육아휴직 1회 사용과 육아기 근로시간 단축 1회 사용 중 하나를 선택하여 사용할 수 있다. 이 경우 어느 방법을 사용하든지 그 총 기간은 1년을 넘을 수 없다(동법 제19조의4).

국가는 사업주가 근로자에게 육아휴직이나 육아기 근로시간 단축을 허용한 경우 그 근로자의 생계비용과 사업주의 고용유지비용의 일부 또는 세제 및 재정을 통한 지원을 할 수 있다(동법 제20조).

사업주는 근로자의 취업을 지원하기 위하여 수유·탁아 등 육아에 필요한 어린이집(직장어린이집)을 설치하여야 하며(영·유아보육법 제21조), 국가 또는 지방자치단체는 여성근로자를 위한 교육, 육아, 주택 등 공공복지시설을 설치할 수 있다(동법 제22조).

3. 고용보험법

근로자가 실직하였을 경우, 실직근로자 및 그 가족의 재취업을 촉진하는 사회보험제도로써 구직자가 구직활동을 하는 기간 동안 생계지원을 위한 실업급여뿐만 아니라 근로자의 직업능력개발을 위한 훈련과 교육을 지원하고, 실업예방과 고용촉진을 위하여 각종 사업주 지원사업을 복합적으로 실시하는 사전적이고 적극적인 고용정책 수단이다. 국가가 고용정책을 수행하기 위하여 보험가입과 보험료납부가 강제되고, 실업이라는 보험사고에 대하여 근로자와 사업주를 지원하는 공적인 사회보험제도이다. 고용보험법은 1993년 12월에 제정되어 1995년 7월부터 시행되었고, 2016년 12월 개정, 2017년 6월 개정 · 시행되고 있다.

1) 고용보험법의 목적

고용보험법의 입법목적은 실업예방, 고용촉진 및 근로자가 직업능력의 개발 · 향상을 도모하고, 국가의 직업지도, 직업소개 기능을 강화하며 근로자가 실업한 경우에 생활에 필요한 급여를 실시함으로써 근로자의 생활안정과 구직활동을 촉진하여 경제 · 사회발전에 이바지함을 목적으로 한다(동법 제1조).

2) 고용보험법의 주요내용

고용보험법에서 모성보호에 해당되는 급여는 육아휴직급여와 출산전후휴가급여가 있다.

(1) 모성보호급여

① 육아휴직급여

고용노동부 장관은 남녀고용평등과 일 · 가정 양립지원에 관한 법률(제19조)에 따른 육아휴직을 30일(근로기준법 제74조에 따른 출산전후휴가기간과 중복되는 기간 제외) 이상 부여받은 피보험자 중 첫째, 육아휴직을 시작한 날 이전에 다른 피보험 단위기간이 통산하여 180일 이상일 것(동법 제41조), 둘째, 같은 자녀에 대하여 피보험자인 배우자가 30일 이상의 육아휴직을 부여받지 아니하거나, 남녀고용평등과 일 · 가정 양립지원에 관한 법률(동법 제19조의2)에 따른 육아기 근로시간 단축을 30일 이상 실시하지 아니하는 두 가지 요건을 모두 갖춘 피보험자에게 육아휴직급여를 지급한다. 육아휴직급여를 지급받으려는 사람은 육아휴직을 시작한 날 이후 1개월부터 육아휴직이 끝난 날 이후 12개월 이내에 신청하여야 한다. 다만, 해당기간에 대통령령으로 정하는 사유로 육아휴직급여를 신청할 수 없었던 사람은 그 사유가 끝난 후 30일 이내에 신청하여야 한다(동법 제70조).

② 출산전후휴가급여

출산전후휴가급여 등에 관하여 고용노동부 장관은 남녀고용평등과 일・가정 양립 지원에 관한 법률(제18조)에 따라 피보험자가 근로기준법(제74조)에 따른 출산전후 휴가 또는 유산・사산휴가를 받은 경우로서 첫째, 휴가가 끝난 날 이전에 제41조에 따른 피보험 단위기간이 통산하여 180일 이상일 것, 둘째, 휴가를 시작한 날 이후 1 개월부터 휴가가 끝난 날 이후 12개월 이내에 신청할 것의 두 가지 요건을 모두 갖춘 경우에 출산전후휴기급여를 지급한다. 출산전후휴가급여 등은 근로기준법(제74조)에 따른 휴가기간에 대하여 근로기준법의 통상임금(휴가 시작 날을 기준)에 해당하는 금액을 지급한다. 다만, 근로자의 수 등이 대통령령으로 정하는 기준에 해당하는 기업이 아닌 경우에는 휴가기간 중 60일(한 번에 둘 이상의 자녀 임신에는 75일)을 초과한 일수(30일을 한도로 하되, 한 번에 둘 이상의 자녀 임신한 경우에는 45일 한도)로 한정한다(동법 제76조).

(2) 책임주체 및 적용대상

고용보험은 고용노동부 장관이 관장하며(동법 제3조), 본래의 목적을 성취하기 위하여 고용보험사업으로 고용안정・직업능력개발사업, 실업급여, 육아휴직급여 및 산전후휴가급여 등을 실시한다(동법 제4조).

PART 04

가족복지실천 과정

사회복지실천현장이 다각화되면서 가족과 관련된 서비스를 제공하는 기관이 늘고 있고, 가족문제와 건강, 교육, 대인서비스 등 폭넓은 서비스 체계를 가족과 통합시켜 지원하는 경향이 증가하고 있다. 가족복지서비스 접근은 가족구성원들의 생활을 보호하고 회복시키는 동시에 가족의 문제를 해결하도록 돕는 직접적 가족복지 접근의 방법이다.

서비스 전달과 개입에 있어 보다 의식적이고 계획적인 활동을 의미한다. 즉, 사회복지실천을 다양한 형태의 서비스를 계획, 개발, 전달함으로써 계획된 변화를 이루어 내는 노력이라고 정의할 때, 가족복지실천은 가족의 욕구충족과 사회적 기능의 향상 등 복지 실현을 위해 의도적으로 개입하는 활동으로 정의할 수 있다.

따라서 가족복지실천은 가족을 하나의 체계로 보는 관점이 중요하며, 가족체계 속에서 발생하는 상호작용과 교류의 특성을 평가하고 상호관계의 역동 가운데 나타나는 개인과 가족의 역기능적 증상에 새로운 변화가 일어나도록 개입한다.

여기에서는 가족문제 해결을 위한 사정과 개입계획, 종결에 대해 살펴봄으로써 가족복지 전문가로서의 업무와 역할을 학습할 수 있으며, 건강가정지원센터 현장의 프로그램을 살펴보도록 한다.

CHAPTER 11

가족복지실천 과정

학습목표

이 장의 학습목표는 가족복지실천의 원리와 원칙을 이해한다. 시대의 변화에 맞추어 가족을 대상으로 한 통합적 실천의 의미가 강조되는 가족복지실천으로 변화하였다. 최근에는 가족사회사업의 범주를 뛰어넘어 가족을 지원하며 다양한 직·간접적 개입과 실천을 포함하는 보다 광범위한 개념으로 확대되고 있음을 이해한다.

- 가족복지실천의 원리와 원칙을 설명할 수 있다.
- 가족복지실천 시 가족사회복지사의 역할에 대해서 설명할 수 있다.
- 가족문제에 따른 가족복지서비스를 설명할 수 있다.

가족복지실천 과정은 초기단계, 사정단계, 개입단계, 종결단계로 구분되어진다. 초기단계는 접수와 신뢰형성의 단계이며, 사정단계에서는 가족 내·외부의 요인과 가족구조와 문제에 대한 강점과 자원을 조사·분석하여 활용함으로써 가족에 대한 개입을 계획하고 실천의 방향을 결정한다. 개입단계에서 사회복지사의 실천기술과 가족의 협력으로 다양한 개입전략이 활용된다. 종결단계는 실천과정의 최종단계로 클라이언트가 긍정적 변화를 지속하게 하고, 개입의 성과를 평가한다. 특히 최근 가족의 형태와 욕구가 다양하고 복잡해지고 있는 만큼 가족복지실천에 있어 직접적 개입뿐 아니라 지역사회 자원개발과 중개, 옹호활동 등 간접적 개입을 통합적으로 제공할 필요가 있다. 가족복지실천 과정을 크게 초기단계와 중간단계, 종결단계로 구분하여 초기단계에 해당하는 접수 및 신뢰형성 단계와 사정 및 계획수립 단계를 살펴본다. 따라서 가족복지실천 과정에 있어 가족사례관리의 주요 단계를 중심으로 [그림 11-1]에서와 같이 제시하였다.

그림 11-1 가족복지실천의 과정(사례관리)

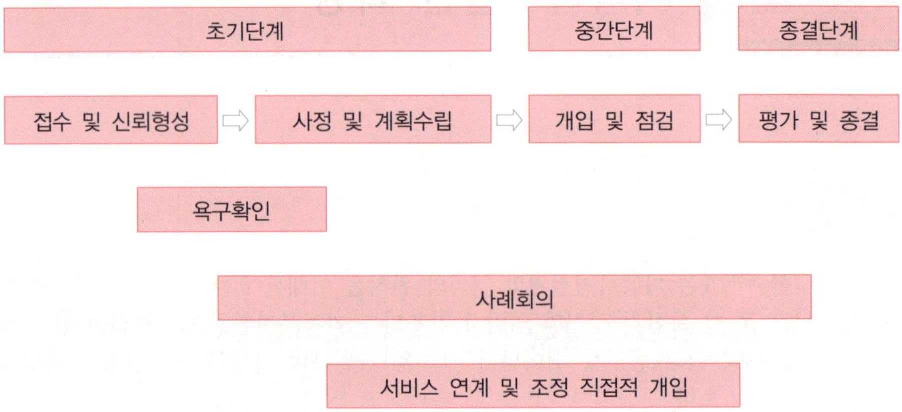

제 1 절 접수 및 신뢰형성 단계

사회복지사는 가족복지실천의 시작단계에서 개인이나 가족, 지역사회 등 다양한 체계수준들과 접촉하게 된다. 일반적으로 가족 중 한 사람이 기관에 의뢰 전화를 하거나 방문함으로써 개입이 시작된다. 가족복지실천의 초기단계는 접수단계로 클라이언트를 확인하고 기관과의 기본적인 신뢰형성을 하는데 집중해야 한다. 이 단계에서 사회복지사는 가족단위의 개입관점을 분명히 설명하고 가족구성원의 욕구와 문제를 파악하며, 원조과정의 진행에 대하여 기본적인 동의를 얻어야 한다.

1. 사례관리의 경로

가족복지실천현장에서 사회복지사가 가족을 만나게 되는 경로는 크게 자발적 방문과 타 기관 및 타인의 의뢰, 기관의 적극적 사례 발굴 등으로 구분된다.

첫째, 자발적 방문의 경우 가족들이 스스로 기관을 방문하여 서비스를 요청한다.

이 경우에는 서비스에 대한 욕구와 문제가 비교적 강하며 변화의 의지도 크며 비현실적이고 과도한 기대를 가질 수 있으므로 초기 면담과정에서 욕구와 문제를 분명히 확인하고, 사례개입 시 신속한 적절성 평가를 통해 신속하게 적격성을 판단하여, 기관에서 제공되는 서비스 방향과 실천범위 등에 대한 이해를 촉진할 필요가 있다. 둘째, 타 기관이나 타인의 의뢰를 통해 클라이언트가족을 만나는 경우도 있다. 의뢰는 상담, 치료, 구체적 지원, 또는 다른 유형의 사회적 서비스나 복지지원을 얻기 위해서 다른 기관, 다른 부서로 클라이언트를 보내는 것이다. 비자발적 클라이언트의 경우 가족이 경험할 수 있는 불안과 긴장을 해소시키기 위한 노력, 저항해소, 원조과정에 대한 신뢰를 발전시키기 위한 개입이 요구된다. 셋째, 서비스로부터 소외된 대상자를 발견해내는 기관의 적극적 사례발굴 활동이다. 서비스의 존재 자체를 알지 못하는 대상자, 외부 활동을 거의 못하는 치매노인, 사회적 노출을 꺼리는 대상자 등에게 직접 접근하여 사례를 개발하고 복지서비스로 연결시키는 기회가 된다. 지역에서는 관공서, 종교기관(교회, 성당, 사찰), 지역사회 주민이 많이 모이는 곳 등을 중심으로 지속적 활동을 통하여 사례를 발견하려는 노력이 필요하다.

2. 접수의 개념과 주요목표

접수(intake)란 문제를 가진 사람이 사회복지기관을 찾아왔을 때 사회복지사가 그의 욕구와 문제를 확인하여 기관의 정책과 서비스에 부합되는지 여부를 판단하는 과정이다. 접수를 통해 적합한 서비스를 그 기관에서 줄 수 있다고 판단될 때, 클라이언트가 되고 다음 과정인 자료수집, 사정의 단계를 거쳐 적절한 서비스를 받게 된다. 접수는 원조과정의 최초단계로 기관의 서비스 수급 여부를 결정하기 위한 가족에 대한 정보 수집을 통해 해결하고자 하는 욕구와 문제를 명확히 함으로써 원조관계의 수행에 있어 중요한 신뢰형성이 이루어져야 하는 단계이다.

1) 욕구 및 문제의 확인

가족복지실천은 가족구성원 중의 한 사람에 의해서 요청되거나 기관에서 의뢰받는 경우가 대부분으로 가족을 대상으로 한다. 클라이언트에 의해 제시된 문제, 잠재된 문제, 최우선적 과제 등을 발견하여 신속하고 적법하게 확인하는 것이 중요하다. 이 과정에서 클라이언트가 그 기관에 적합한지, 의뢰받은 기관이 클라이언트에게 서비스를 줄 수 있는지 아니면 다른 기관으로 의뢰해야 하는지를 논리적으로 결정하게 된다. 이에 접수 시 우선하는 과제는 욕구 및 문제의 확인이다.

클라이언트가 제일 처음 호소하며 기관을 찾아온 이유가 주로 문제가 될 수 있다. 이혼위기의 가족문제가 그 기관의 주요 서비스 내용과 부합하는 부부갈등 및 가족위기에 대한 상담과 지원이라면 이 가족은 접수를 통해 기관의 클라이언트가 되는 것이다. 그러나 때로는 가족들의 욕구와 문제가 복잡하게 얽혀 있어 무엇을 우선으로 해야 하는지 문제파악을 하기 힘들고, 가족들이 제시하는 문제와 해결하고자 원하는 문제가 일치하지 않을 수도 있다. 예를 들어, 청소년 자녀의 비행문제 때문에 내방한 어머니의 경우, 사실은 아이의 비행문제보다는 부부 간의 갈등문제로 자녀의 비행행동이 나타났으며, 부부 간의 갈등문제 해결방안을 찾고 싶다고 할 수 있다. 따라서 사회복지사는 클라이언트의 실제적인 문제가 무엇인지 정확하게 파악하고 그에 관한 서비스를 기관에서 제공할 수 있는지 평가해야 한다.

접수 시 정확한 판단을 내리기 위해서는 클라이언트의 특성과 문제 또는 욕구의 내용, 그리고 클라이언트가 가지고 있는 자원과 대처능력에 대한 상황을 잘 파악할 필요가 있다. 또한 변화의 초점이 되는 문제를 확인하기 위해서는 사회복지사가 가족구성원 각각의 입장과 생각을 골고루 들어야 한다. 특히 가족구성원 간의 관계특성을 통해 상호작용 패턴에서 탐색한다. 따라서 가족을 하나의 역동적 체계로 간주하는 체계론적 사고를 바탕으로 하는 것이다.

2) 신뢰형성

가족복지실천의 초기과정에서 사회복지사는 신뢰관계를 형성해야 한다. 즉, 가족과의 신뢰를 바탕으로 긍정적 관심과 교감이 가능한 관계가 수립되기 때문이다. 신뢰형성 과정을 미누친(S. Minuchin)은 가족과 합류(joining)하는 과정으로 설명하였다. 합류란 가족의 품속으로 들어가는 것을 의미하는데, 가족에 합류하기 위해서는 가족들에게 진솔한 관심을 보이고, 이야기를 경청하고 공감하는 것과 같은 기본적인 태도와 방법이 갖추어져야 한다. 이와 더불어 가족과의 대화패턴에 맞는 언어구사(Goldenberg et al., 2002), 가족원구성들이 대화하는 방법, 가족들 사이의 호칭을 신중하게 고려해 사용(Collins et al., 2009)하는 방법을 활용할 수 있다.

신뢰형성을 위하여 사회복지사는 첫 만남에 유의해야 한다. 가족과의 첫 만남은 첫인상과 함께 관계의 양상을 결정하고, 도움을 구하는 가족들이 클라이언트가 될 것인지, 다음 면담이나 모임에 올 것인지 여부를 결정하는 계기가 된다. 첫 만남에서 클라이언트가 변화에 대한 동기가 약화되거나 실망하여 좌절하게 되면 원조활동의 효과를 기대하기 어렵다. 원조활동의 성패는 클라이언트의 동기와 직결되므로 사회복지사와 클라이언트의 첫 만남은 중요하다(Collins et al., 2009). 그렇기 때문에 사회복지사는 접수 시 서로에게 호의적이고 긍정적인 경험이 될 수 있도록 노력해야 하며, 짧은 시간동안 클라이언트와 긍정적 관계를 맺어야 하는 어려움이 있다.

가족이 처음 면접에 오게 되었을 때 자발적으로 참여한 경우도 있지만 특정가족구성원의 요구에 이끌려 참여했거나 가족전체의 의뢰 및 강제명령에 의해 참여하게 된 경우도 있으므로 가족구성원과 관계를 형성함에 있어 가족구성원 모두와 관계를 맺어야 한다는 점이다(Collins et al., 2009). 가족구성원들의 참여 동기가 다를 수 있으며, 가족단위의 실천을 시작하기에 앞서 가족구성원들의 참여 동의가 선행되어야 한다. 특히 사회복지사는 특정구성원의 입장이나 이익을 반영한다는 느낌을 주면 가족전체와의 신뢰형성이 어려우므로 가족을 단위로 실천하는 사회복지사는 가족과 한 단위로 연합(connectedness) 발전시킴과 동시에 각 가족구성원과 개인적인 관계를 수립해야 하는 이중의 과업(Hepworth et al., 2010)을 수행해야 한다.

3) 의 뢰

의뢰는 서비스 신청자의 욕구와 문제가 기관의 서비스 방향이나 내용과 부합하지 않을 경우와 해결할 수 없는 경우 혹은 문제해결에 더 적합한 기관이 있는 경우 그 기관으로 클라이언트를 보내는 것이다.

타 기관 의뢰 시에는 반드시 클라이언트의 동의가 필요하다. 다른 기관에서 제공되는 서비스와 그 기관에 대해 클라이언트와 충분히 토론하고 클라이언트가 거부감을 느끼지 않도록 정서적으로 지지하며 적절한 정보를 제공하여야 한다. 그리고 사후 의뢰된 기관에서 클라이언트가 서비스를 적절히 받고 있는지 반드시 확인해야 한다.

제 2 절 사정 및 계획수립 단계

가족사정(family assessment)은 가족을 하나의 '단위'로 보고 가족 내·외부의 요인과 이들 간의 상호작용 등을 파악하기 위해 자료를 수집·분석함으로써 가족의 욕구와 문제를 파악하는 것이다. 가족의 강점과 자원을 조사·분석하여 활용함으로써 가족에 대한 개입을 계획하고 실천의 방향을 결정한다. 그러므로 가족복지실천의 과정에서 사정은 개입의 적절성과 효과를 결정하는 데 핵심적인 단계이다. 첫인상이 잘못되면 가족복지실천의 전체 과정이 시행착오를 겪을 위험이 높아진다.

계획수립 단계는 사정과 변화에 초점을 둔 실행 간의 연결단계라 할 수 있다(Johnson et al., 2010). 이에 사정과 계획수립의 단계는 가족의 문제 및 욕구뿐 아니라 강점과 자원의 분석을 통해 개입의 방향을 설정하고, 보다 효과적인 원조과정의 완성을 위한 핵심단계라 할 수 있다.

1. 사정단계

사정단계의 중요한 목표는 가족의 욕구와 문제가 관련된 다양한 정보들을 의미 있게 분석하는 것이다. 이를 위해 사회복지사는 가족의 문제 및 욕구, 그리고 가족의 자원과 강점을 파악하고 이를 통해 문제해결의 방향을 설정한다. 특히 체계로서의 가족 특성을 고려하여 문제와 관련한 가족 내·외의 상호작용을 탐색하고 명확히 하는 과정을 통해 사회복지사는 가족을 보다 깊이 있고 정확하게 이해할 수 있다.

공간과 시간적 차원에서 역동적으로 기능하는 가족체계의 특성을 파악한다. 공간적 측면으로는 가족내부의 역동과 환경과의 상호작용을 파악하고, 시간적 측면으로 가족이 처한 생애주기 및 발달과업에 대해 파악한다(김연옥 외, 2005).

1) 가족의 욕구

사회복지사들은 다양한 욕구와 문제를 가진 가족을 지원하고 구체적인 서비스를 제공하는 실천현장에서 일한다. 가족개입이 필요한 곳은 지역사회복지관, 건강가정지원센터, 다문화지원센터, 학교 및 병원 등으로 다양하며, 이러한 실천현장에서 가족들이 해결하기 원하는 문제 역시 다양하고 복잡하다. 이처럼 복잡하고 다양한 가족복지실천의 현장에서 사회복지사는 특정가족구성원의 개별적 욕구가 다른 가족구성원의 욕구보다 우선되지 않도록 조심해야 한다.

가족의 욕구는 기본적 욕구, 발달적 욕구로 구분할 수 있다. 기본적 욕구는 의·식·주와 같이 생존을 위한 욕구이고, 발달적 욕구는 자녀출산·독립·성인으로의 발달과정에서 발생되는 변화에 대한 적응스트레스 등의 다양한 요인에 의해 생겨난다. 이러한 가족의 욕구는 현대사회의 변화과정에서 다양한 긴장과 갈등을 경험하게 되면서 더욱 복잡해진다(Collins et al., 2009).

제4차 산업혁명시대를 맞이하여 오늘날 현대가족이 겪는 어려움 가운데 하나는 인간이 하던 일을 로봇이 하는 시대로 되면서 경제적 부담이나 빈곤의 문제가 여전히 심각하다는 것이다. 저소득층 가족의 경제적·문화적 결핍은 자녀교육의 문제로 이어져 빈곤의 세습화와 자녀의 비행을 가져올 수 있기 때문에 소득보상과 교육기회의 확대, 삶의 질 증진을 위한 자원의 확보 등 경제적 욕구의 충족이 무엇보다 절실하다. 현실적으로 가부장적인 전통적 이데올로기가 여전히 강력한 힘을 발휘하며 전통적 가치와 현대적 가치의 충돌로 인한 가족구성원 간 갈등도 다양한 측면에서 나타나고 있다. 특히 여성들의 성평등 의식 고양과 기혼여성의 취업률 증가, 초고령화 사회를 향한 노인인구의 증가는 가족 내 취약한 가족구성원에 대한 보호부담과 새로운 역할분담의 과제가 중요하게 제기되고 있다.

또한 자녀양육의 부담이 증가하고, 입시중심의 교육경쟁 과열로 사교육비가 증가하며 저출산·고령화를 초래하였으며, 가족의 사회화 기능이 축소되는 가운데 부모와 자녀 간의 기대와 욕구 사이에 갈등이 발생하고 있다.

2) 가족체계이론의 특성

가족체계이론에서 체계란 상호작용하는 부분들 간의 복잡한 집합이며, 가족이 사회적 체계라는 생각에 근거한다. 가족구성원 간의 상호작용은 가족구성원 간의 권력관계, 의사소통양식, 역할분담, 문제해결과 타협방식이 정해진다.

(1) 경 계

가족체계의 대표적 개념인 경계는 체계와 체계를 구분하는 선이다. 가족구성원 간, 가족 내 하위체계 간을 구분, 가족과 가족 외부를 분리하는 분리선이다. 가족구성원에 포함되는 사람과 그렇지 않은 사람을 구분하여 가족의 정체성을 보호하는 것이다(Kirsr-Ashman & Hull, 2006).

가족체계와 외부환경의 경계는 개방형과 폐쇄형, 방임형으로 구분할 수 있다. 개방형가족은 가족외부와의 경계가 분명하면서도 침투력이 있는 가족이다. 이웃과의 접촉이 활발하고 정보교환이 자유롭다. 폐쇄형가족은 외부와의 교환이 단절되어 침투력이 없다. 이런 가족의 경우 지역사회나 이웃과의 관계나 접촉과 관련하여 가족원 각자가 자기 멋대로 행동하는 경향이 있다(조흥식 외, 2010).

가족체계 경계가 지나치게 유리되거나 밀착된 가족은 모두 기능수행에 문제가 발생하며, 대부분의 가족체계는 어느 양극단에 위치하기 보다는 연속선상의 한 지점에 놓이게 된다.

(2) 하위체계

하위체계는 체계 내의 체계로 가족구성원 간의 관계망이다. 역동적 체계인 가족은 성, 세대, 이해관계, 그리고 가족의 생존에 필요한 기능을 기반으로 해서 하위체계를 발전시킨다(Hepworth et al., 2010). 대표적인 하위체계는 부부하위체계, 부모하위체계, 부모·자녀하위체계, 형제·자매하위체계 등이다.

부부하위체계는 정서적 환경을 제공하고, 상호만족을 제공, 부모하위체계는 적절한 아동양육과 지도, 훈육에 대해 중요한 책임감을 가진다. 부모·자녀하위체계에서는 적절한 위계구조를 확립하는 것이 중요하다. 형제·자매하위체계는 아동이 갖는 첫 번째 또래집단으로서 상호 친밀한 관계를 유지하면서 동시에 협동과 경쟁, 상호지지 등을 통해 유대관계 형성을 한다.

(3) 가족역할

가족역할은 가족구성원 간의 반복된 상호작용 과정에서 형성된 개개인에게 규정된 행동의 패턴이다. 부모는 경제적 생활을 유지하기 위하여 일하는 사람의 역할, 아이들은 학교에서는 '학생' 역할, 집에서는 가정 일을 도와주는 '도우미' 역할을 한다(Holman, 1983). 가족구성원은 가족구조 안에서 다양한 역할을 수행하며, 역할에 따라 기대되고 허용되는 행동을 하게 된다. 가족역할은 서로 독립적이지 않으며, 두 사람 혹은 그 이상의 사람들과 상호 관여하게 한다. 가족체계 내의 역할은 법적 혹은 연령적 지위 또는 문화적이고 사회적 규범에 따라 분담될 수 있으며, 사회적 상호작용 과정을 통해 학습되고 지위와 성별의 영향을 받는다(Nichols et al., 2005).

가족역할에 대한 사정에서는 역할분담, 역할의 정의, 역할갈등에 대한 이해가 중요하다. 각각의 문화와 가족형태는 나름대로의 역할정의를 가지고 있기 때문에, 사회복지사는 가족역할이 가족구성원들의 욕구와 부합되는지 여부를 판단하고 평가한다. 가족구성원들이 각자에게 주어진 역할에 얼마나 만족하고 있는지, 만족하지 못한다면 가족이 역할을 수정하거나 변화시킬 여지가 있는지도 사정한다(Hepworth et al., 2010).

(4) 가족의 권력구조

권력이란 한 가족구성원이 다른 가족구성원에게 미치는 영향력을 의미한다. 사정단계에서는 가족의 권력기반과 권력배분에 대해 사정하며, 가족의 권력구조가 체계의 유지기능을 순조롭게 하는지, 가족구성원들이 권력의 상대적 배분에 만족하는지 등을 파악한다(Hepworth et al., 2010). 특히 전통적 문화에서 중요시되어 왔던 가부장적 신념과 현대사회에서 중요시되고 있는 양성평등 가치 사이의 갈등은 이러한 가족 내 권력배분과 균형의 문제에서 더욱 중요하게 다루어지고 있다.

(5) 가족 의사소통

의사소통이란 정보, 생각, 감정을 언어적・비언어적 메시지를 통해 사실적으로 전달하고 상호 교류하는 과정이며, 의사소통은 가족기능을 이해하는 핵심개념 중 하나이다. 좋은 의사소통은 상대방의 말과 비언어적 표현이 일치하지 않을 때 이를 분명히 파악하여 명료화한다. 가족구성원 간에 수용성의 문제가 있는 역기능적인 가족에서는 가족구성원들이 서로 관심을 갖거나 지지 혹은 격려하는 것이 거의 없고, 가족구성원이 보이는 반응이 부정적으로 평가되거나 평가절하 되는 것이 대부분이다. 반면 가족구성원 간의 수용이 자연스럽게 잘 이루어지고 있는 가족에서는 가족구성원들이 서로 상대방의 관점과 인식에 대해 알고 있을 뿐만 아니라 다른 가족구성원의 관점과 인식을 기꺼이 받아들이고 환영한다(Hepworth et al., 2010).

3) 가족생활주기

가족생활주기란 가족 내의 발달적 경향을 묘사하기 위해 시간의 경과에 따라 사용하는 용어이며(Carter et al., 1999), 시간과 함께 가족의 생활이 변화하는 과정을 가족구성원의 변화와 성장에 따라 발생하는 보편적 발달단계로 개념화한 것이다. 즉, 결혼으로 가족이 형성되고, 출산으로 확대되고, 출가로 다시 축소되고 손자녀의 출산으로 다시 확대되고 1세대의 사망으로 가족이 축소되는 등의 일련의 과정이 되풀이 된다. 가족구성원의 나이와 세대를 고려한 발달단계가 가족생활주기이다. 각 단계마다 가족은 고유한 발달이슈와 과업, 해결해야 할 잠재적 위기에 직면하게 된다(Collins et al., 2009). 또한 가족의 욕구와 문제는 생애주기와 발달과업이 관련되어 있다.

가족의 발달적 과업성취를 통해 가족발달은 이루어지고, 그로 인해 발생하는 가족생활주기의 변화는 가족발달단계와 단계별 과업, 가족의 사회문화적 특성에 따라서도 영향을 받는다고 볼 수 있다.

대표적으로 두발(Duvall, 1977)은 2세대 핵가족 중심의 8단계를, 카터와 맥골드릭(Carter et al., 1999)은 3세대 중심의 6단계로 가족생활주기를 제시하였다(장수미 외, 2010). 그 내용을 살펴보면 위와 같이 <표 11-1>에서와 같다.

표 11-1 가족생활주기

<table>
<tr><th>구분</th><th colspan="2">Duvall</th><th colspan="3">Carter & McGoldrick</th></tr>
<tr><th>단계</th><th colspan="2">발달과업</th><th>단계</th><th colspan="2">발달과업</th></tr>
<tr><td></td><td></td><td></td><td>1</td><td>결혼
전기</td><td>• 원가족으로부터 자아분화
• 친밀한 이성관계 계발
• 직업과 경제적 자립하기</td></tr>
<tr><td>1</td><td>결혼
부부</td><td>• 상호 만족하는 부부관계 확립
• 임신과 부모 됨에 적응
• 친족관계에 참여</td><td>2</td><td>결혼
적응기</td><td>• 부부체계 형성(제3의 하위체계 형성)
• 배우자의 확대가족과 친구가 포함되도록 관계 재정비(분화적 자아)</td></tr>
<tr><td>2</td><td>자녀
출산</td><td>• 유아발달 환경조성 및 적응
• 부모와 유아에게 만족스러운 가정조성</td><td rowspan="3">3</td><td rowspan="3">자녀
아동기</td><td rowspan="3">• 부부체계에 자녀를 위한 공간 만들기
• 자녀 양육, 재정, 가사에 공동참여
• 부모, 조부모 역할 포함하여 확대 가족의 관계 재정비</td></tr>
<tr><td>3</td><td>학령전
자녀</td><td>• 학령 전 자녀의 욕구와 관심에 격려하고 성장을 촉진하도록 적응
• 에너지 고갈과 사생활 축소에 대처</td></tr>
<tr><td>4</td><td>아동
자녀</td><td>• 학령기 가족의 공동체에 참여
• 자녀의 학업성취 격려</td></tr>
<tr><td>5</td><td>청소년
자녀</td><td>• 자유와 책임의 균형유지
• 부모의 관심과 경력형성</td><td>4</td><td>자녀
청소년기</td><td>• 청소년 자녀가 가족체계 내·외 출입이 자유롭도록 부모-자녀관계 전환
• 중년부부의 재협상의 어려움과 이혼
• 노인세대를 돌보기 위한 준비 시작</td></tr>
<tr><td>6</td><td>청년
자녀
독립</td><td>• 자녀를 떠나보내며 적절한 의식과 지원 제공
• 지지적인 가정의 토대유지</td><td rowspan="2">5</td><td rowspan="2">자녀
독립기</td><td rowspan="2">• 부부체계를 2인으로 재조정
• 부모-자녀관계는 성인 대 성인 관계로 발전(갱년기 우울증)
• 퇴직에 따른 생활과 실존의 위기
• 부부갈등 심화와 황혼 이혼</td></tr>
<tr><td>7</td><td>중년기
부모</td><td>• 결혼관계 재정립
• 노인세대와 젊은 세대의 유대유지</td></tr>
<tr><td>8</td><td>노년기</td><td>• 사별과 홀로되는 것에 대한 노년기 대처
• 노화에 대한 적응
• 은퇴에 대한 적응</td><td>6</td><td>노년기</td><td>• 건강상의 문제 발생에 자신과 부부의 기능 및 관심 유지
• 경제적인 불안정
• 노년기의 지혜와 경험으로 (여유)
• 주변의 죽음에 대처하며 자신의 죽음 대비 생애 재검토 및 통합</td></tr>
</table>

출처: Duvall(1977); Carter et al.(1999); 장수미 외(2010) 재구성.

2. 사정방법

가계도와 생태도는 사회복지사들이 가장 선호하는 사정도구이다. 가계도와 생태도를 통해 가족체계의 내부와 외부의 상호작용을 파악할 수 있다.

1) 가계도

원가족(original family)이 개인에게 미치는 영향력을 파악하기 위한 한 가지 수단은 가계도를 활용하는 것이다. 원가족은 가족과 아동기 때의 경험이 사람들의 성격, 태도, 가치관, 신념, 행동유형에 의미 있는 영향을 주기 때문에 자아의 발달과 자기이해를 위해서 일차적으로 중요한 배경이 된다.

가계도(genogram)는 특정 기간 동안의 가족의 역사와 그 과정에서의 주된 사건을 한눈에 볼 수 있게 해주는 사정도구이다(Sheafor et al., 2006). 가족이 세대에 걸쳐 생물학적 · 사회적 · 심리적으로 어떻게 관련되어 있는지 도형형태로 묘사한다.

가계도 활용과 작성방법은 첫째, 2~3대에 걸쳐 포함되는 가족구성과 구조, 세대를 이어 반복되는 관계유형, 가족 사이의 관계친밀성 정도, 중요한 사건(출생, 결혼, 별거, 이혼, 질병, 사망), 신분(종족, 사회계층, 인종, 종교), 직업, 가족 주거지, 가족 연대기, 가족역사에 대한 이해, 가족구성원이 제시하는 문제 및 욕구와 관련한 가족 상황의 분석과 문제해결을 위해 활용 가능한 지원과 강점에 관한 정보를 종단적으로 일목요연하게 보여준다. 둘째, 가계도를 통한 상호작용 유형과 개인의 심리사회적 특성이 파악되므로 하나의 객관적 해석도구로 활용할 수 있다. 셋째, 가계도는 사회복지사와 가족이 함께 작성한다. 먼저 가족구조 도식화 후 정보를 기록하며, 가족관계를 기술하는 순서로 작성한다.

[가계도 작성방법]

가계도는 가족구성원을 표시하는 기호, 간략한 정보 기입, 관계를 나타내어 작성하며 예시는 다음과 같다. 첫째, 남성은 네모를, 여성은 원으로 그린다. 둘째, 배우자 관계는 선으로 연결된 각괄호(결혼한 부부는 실선, 결혼하지 않은 관계는 점선)로 나타낸다. 이들 각괄호를 연결하는 선 위에 별거는 하나의 사선(/), 이혼은 두 개의 사선(//)

그림 11-2 가계도와 생태도에서 사용하는 상징

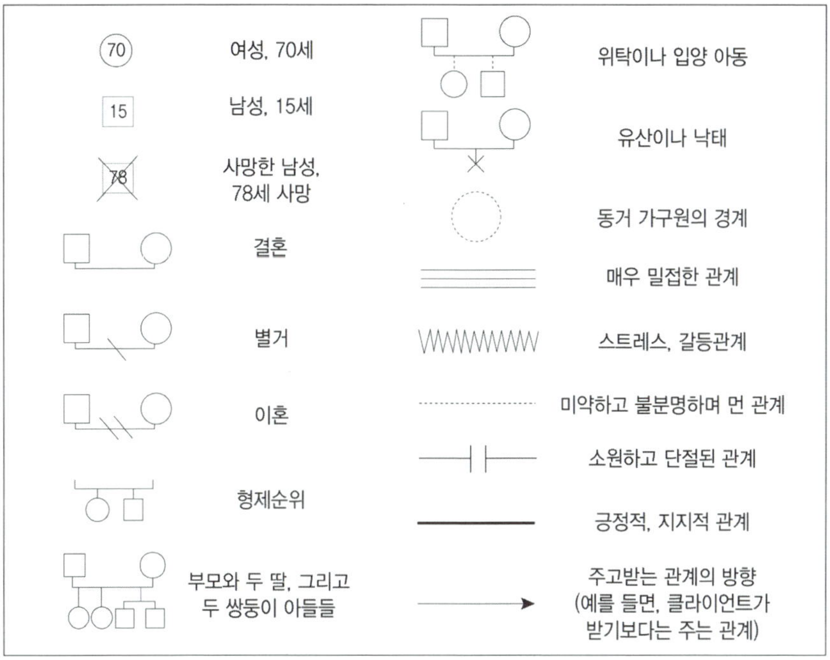

출처: Sheafor et al.(2006: 249). 재인용.

을 긋는다. 각괄호 연결을 통해 출산한 자녀관계(좌측 맏이자녀부터 그리면서 우측으로 막내자녀 순위)를 파악할 수 있으며, 임신 중 (△), 인공유산(X), 자연유산(●), 사망인 경우, 네모나 원 안에 ×표시를 넣는다. 셋째, 상징들 옆에는 출생, 1982.3.12의 경우 결혼(m.3/12/82), 별거(s.3/12/82), 이혼(div.3/12/82), 사망한 사람의 이름이나 날짜를 기입한다. 또한 질환, 군대경력, 교통사고, 처벌, 주거나 직업상의 이동, 개인특기사항을 기입하기도 한다. 클라이언트 본인의 기억을 회상하고, 대략적 날짜와 중요한 사건과 연루되어 있는 가족구성원의 범위를 기입한다. 넷째, 가계도의 아래쪽에는 가계도 작성에 정보를 제공한 사람과 작성일자, 가계도를 작성한 사람의 직함과 이름을 기입한다. 가계도는 과거의 어떤 시점에서 긴장이 어떠했는지, 또는 가족의 현재 긴장 상태에서 작성될 수도 있다. 그러므로 클라이언트는 개인의 발달상의 중요한 시점에서 회상해 내기 때문에 가족에 관한 계보를 한눈에 볼 수 있는 유용한 자료가 된다.

그림 11-3 **가계도 예시**

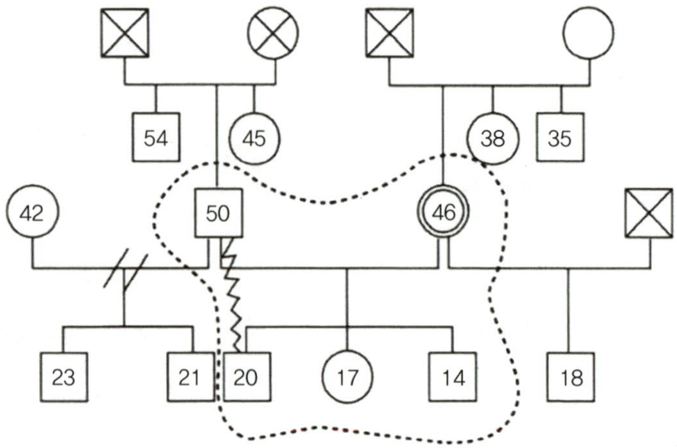

부가사항:

작성자:

내담자:

작성일자:

2) 생태도

가족의 내적역동을 가계도에서 제시했다면 생태도는 외부체계와 가족과의 관계를 보여주는 외적역동을 보여준다. 생태도(eco-map)는 앤 하트만(Ann Hartman)에 의해 1975년에 개발되었으며, 가족과 가족생활 공간에 속해 있는 사람과 기관 간의(생태체계) 외부적 연계가 갖는 관계의 강점(strength), 질(quality), 갈등, 충족되지 않은 욕구, 가족을 지원하는 외부 자원의 흐름 등에 관한 역동적 관계를 그림으로 나타내는 방법이다.

첫째, 개인의 사회적 영역을 도식화할 수 있기 때문에 사회적 상황을 파악할 수 있는 유용한 도구가 된다. 둘째, 상황 속에서 개인, 가족, 가계를 파악하며, 가족구성원 각자가 관계 맺고 있는 외부 생태 환경의 다양한 체계 사이에서 가족과 주요 환경체계 간의 상호작용과 자원의 교환, 에너지와 자원의 흐름, 긍정적·부정적 관계

양상, 갈등 및 긴장관계의 유무 등을 시각적으로 표현하여, 에너지를 강화하거나 에너지를 소모시키는 사회적 강점과 사회적 약점, 변화가 요구되는 부분 등을 쉽게 파악할 수 있다. 셋째, 생태도 작성 시 가족구성원의 참여가 필수적이기 때문에 가족체계가 안고 있는 갈등과 이용 가능한 자원을 파악할 수 있고, 가족 상호간에 덜 방어적으로 행동하게 한다.

생태도는 가족이 그들의 욕구를 어떻게 충족시켜 왔는지 보여주고, 기존의 자원들

그림 11-4 생태도 예시

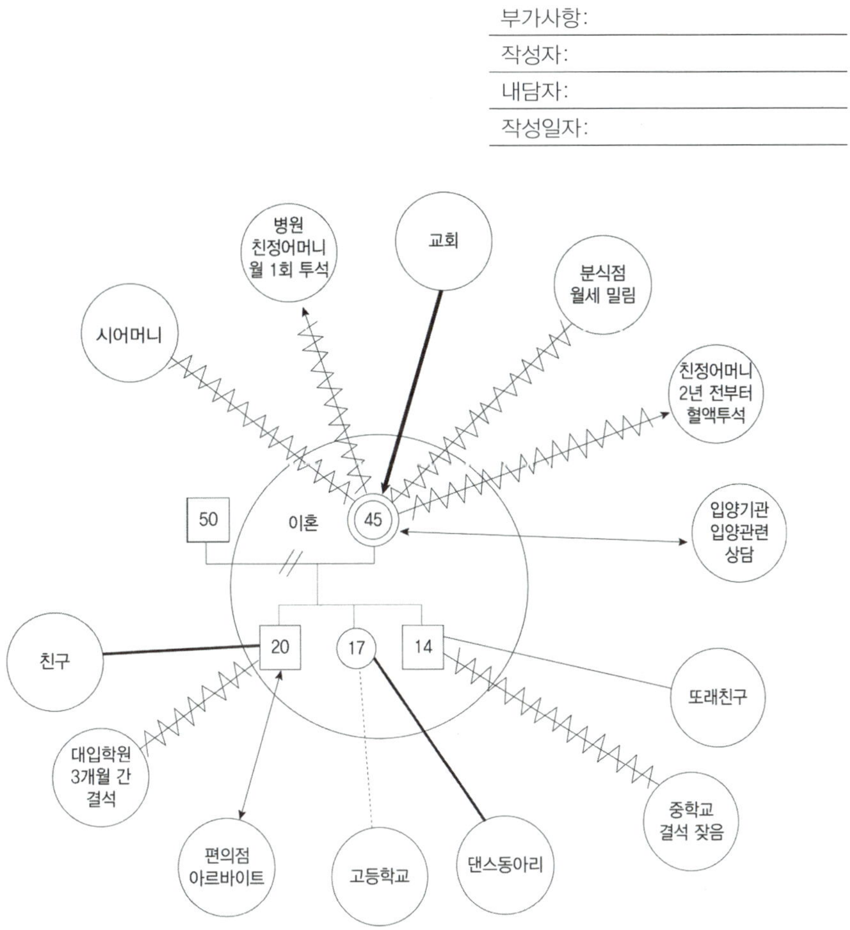

이 그 가족의 욕구를 충족시키기에 적합한지 탐색한다. 또 부족한 자원과 보충되어야 할 지원, 해결되어야 할 관계양상에 대한 이해를 제공한다(Collins et al., 2009).

즉, 클라이언트와 그 가족을 둘러싼 지역사회의 가족지지체계에 대한 정보를 확인할 수 있으므로, 사회복지사는 가족의 문제해결 혹은 욕구충족을 돕기 위해 클라이언트 체계인 가족이 환경과 어떻게 상호작용하는지 살펴볼 필요가 있고, 가족을 사정하고 개념화하여 클라이언트의 사회적 욕구를 충족시키는 유용한 도구가 된다. 생태도도 가계도와 같이 사회복지사와 가족이 함께 작성하고 분석하는 것이 가장 바람직하다.

[생태도 작성방법]

종이 한 가운데에 큰 원을 그린 다음, 그 안에 가족의 가계도를 그려 넣은 후 가족의 연령과 결혼시기, 직업 등에 대한 간략 한 정보를 표기한다. 이 원 밖에 가족구성원이 상호작용하는 외부 환경체계를 각각 원으로 그려 넣는다. 다른 중요한 사회체계(사람집단, 확대가족, 직장, 학교, 친구, 종교, 사회복지기관, 사법기관, 의료기관 등을 포함)도 확인하여 원으로 표시한다.

생태도를 작성하고 난 후 검토하는 과정에서 가족의 기능증진을 위해 필요한 자원을 어디에서 구할 수 있는지 계획하고, 미래에도 도움을 제공할 수 있는 기관을 예측해 보거나, 스트레스와 갈등의 원천, 지지와 배려의 원천을 확인하고 가족과 체계 간에 흐르는 자원과 에너지의 방향을 확인해 볼 수 있다. 사회체계 간의 관계가 지니는

표 11-2 사회체계 간의 관계 표시

사회체계 간의 관계	의 미
직선(————)	긍정적 친밀관계
점선(------)	소원한 관계
사선(-/ -/ -/)	갈등관계
화살표(→)	체계 간에 에너지와 자원이 흐르는 방향
더하기(+)	에너지를 강화하는 관계
빼기(-)	에너지를 고갈시키는 관계
더하기 빼기(=)	에너지 투여와 보상 간에 균형

특성은 선으로 <표 11-2>와 같이 나타낸다.

3) 기타 방법

가족 내 권력관계, 경계, 갈등 등 가족 내 상호작용이나 역동을 파악하는 데 유용한 정보를 제공해주는 실연(enactment)과 가족조각(family sculpture) 등은 가족체계의 사정에 활용할 수 있는 또 다른 방법이다. 실연은 면담상황에서 가족상황을 재연해 보는 구조적 가족치료의 한 기법이다. 실연을 통해 가족관계나 상황에 대한 가족들의 진술 외에 가족의 실제상황을 재연한 행동관찰을 통해 가족 상호작용에 대한 정보를 얻을 수 있다. 이전에 있었던 가족상황을 재연하거나 역할연습을 함으로써 가족구성원 간의 관계나 상호작용을 가족 스스로 통찰할 수 있는 기회를 갖게 할 뿐만 아니라 가족 내 다양한 역동성을 볼 수 있는 기회를 제공한다(조흥식 외, 2010).

3. 계획수립단계

사정단계를 통해 수집된 정보를 분석하고 문제를 규명함으로써 사회복지사는 가족이 우선적으로 성취하고 싶은 목표가 무엇인지 규명하도록 돕고, 일반적이고 추상적 수준보다 구체적이고 실제적 개입을 위한 목표를 분명히 설정할 수 있다. 가족이 목표를 설정하도록 돕는 과정에서 사회복지사는 무엇보다 행동변화에 대한 가족구성원의 강점을 활용하고, 상호 동의와 협상이 가능하도록 돕는다(Collins et al., 2009). 계획수립 단계에서 중요한 것은 가족의 필요와 욕구가 관련되어야 하며, 가족의 동의를 얻어야 한다. 특히 계획수립 과정에서 사회복지사는 가족과 협력해야 하며, 가족의 욕구를 분명히 하고, 성취해야 할 해결의 기반을 구체화하고 가족들에게도 분명하게 명시해야 한다(김연옥 외, 2005). 사회복지사와 가족은 수립된 목표에 대하여 합의하고 이러한 합의과정을 계약(contract)이라는 공식적 절차를 통해 완성한다. 계약은 성취하기를 희망하는 개입과 수단에 대한 목표를 구체화하는 세부 동의서이며, 서면 혹은 구두로 진행한다(Collins et al., 2009).

계약은 목표설정과 사회복지사와 가족 등 조력자의 역할, 목표를 달성하기 위한 구체적 개입형태와 기법, 평가방법 및 일정 등을 포함한다(Hepworth et al., 2010). 이러한 계약을 통해 가족구성원과 사회복지사는 책임감을 가지고 적극적으로 역할을 수행할 수 있다.

제 3 절 가족복지실천 과정: 개입 및 종결 단계

사회복지사는 개입단계에서 가족을 만나 그들의 욕구를 사정하고 목표를 수립한 후 합의된 목표를 성취하기 위해 협력한다. 이를 통해 상호 동의한 과업을 성취하기 위해 적극적 역할을 수행하게 된다.

1. 개입단계

가족복지실천의 구체적 활동이 수행되는 개입단계는 문제해결과 변화를 목적으로 수행되는 단계이다. 효과적인 개입은 초기단계의 접수면접과 사정, 목표설정 등이 적절하게 이루어지고 이를 기반으로 구체적인 개입활동이 수행되어야 한다(최혜지 외, 2013). 개입을 통해 사회복지사는 가족구성원에게 영향력을 행사하고 의도적 변화를 일으키며, 그 결과로 가족문제를 해결하거나 대처능력을 강화한다.

콜린스와 동료들(Collins et al., 2009)은 개입단계에서 사회복지사의 역할을 가족의 지지와 교육, 구체적 도움의 제공이라고 보았다. 그러나 변화는 항상 안정적으로 발생하는 것이 아니며, 여러 가지 방해요소가 발생할 수 있다. 이에 가족에 대한 효과적 개입을 위한 지침으로 다음의 몇 가지를 제시하였다.

1) 가족의 욕구에 초점

사회복지사는 가족을 대상으로 개입할 경우, 가족의 스케줄과 욕구에 맞추어 개입 일정과 장소 등을 결정 및 조정할 수 있다. 때로는 가족의 욕구에 초점을 맞추는 것이 사회복지사의 선호나 믿음에 위배되어 어려울 수도 있지만 가족전체가 원하는 것, 선호하는 것이 무엇인지에 대한 초점을 유지하기 위해 노력해야 한다.

2) 클라이언트의 자율성을 존중

사회복지사는 가족들이 결정을 내릴 수 있도록 용기를 주고 지지하는 역할을 수행한다. 대부분의 사람들은 경험을 통해 배울 수 있고, 이를 통해 자신의 삶을 통제 하는 능력들을 키울 수 있기 때문이다.

클라이언트는 누구나 자기 스스로 선택할 권리를 가지고 있다. 클라이언트의 자율성을 존중하는 데 있어 사회복지사는 클라이언트 스스로가 자신의 삶을 통제할 권리가 있는 독립된 개인이라는 점을 기억해야 한다.

3) 독립심을 고취

사회복지사가 고려해야 할 세 번째는 클라이언트의 독립심을 고취하는 것이다. 때로는 사회복지사에게 클라이언트가 많은 의존을 하지만, 과도한 의존은 바람직하지 못하다. 클라이언트가 결정을 하고 행동해야 하는 스트레스극복과 위기기간 동안에도 사회복지사에게 의존할 수 있다. 이때 지나친 의존심은 피하고 클라이언트의 독립심을 조장하여 현존하는 능력을 강화시키고 다른 능력을 발전시키도록 돕는 것이다. 가족복지실천의 목적은 클라이언트가 자기 스스로를 믿을 수 있도록 하는 것이다. 이러한 목표를 염두에 두고 사회복지사는 독립심 정도를 판단해야 할 것이다.

4) 클라이언트의 저항을 재사정

가족복지실천의 과정에서 사회복지사는 클라이언트의 동기를 고려해야 한다. 클라이언트마다 실천과정에 참여하는 동기의 수준은 다양하며, 사회복지사들은 종종 클라이언트의 동기가 낮은 경우 좌절감을 느낄 수 있다. 원조과정 진행 동안 선택한 목적이 클라이언트에게 도움이 된다면 사회복지사는 현재의 방식대로 진행하기 위해 노력해야 한다. 그러나 만약 클라이언트에게 도움이 되지 않는다면 그 기대는 버

려야 한다. 원조과정에서 나타나는 저항은 사회복지사가 클라이언트와의 관계에서 동시에 현재 논의되고 있는 이슈가 클라이언트에게 중요한 의미일 수도 있고, 분명한 경계를 형성하지 못했다는 의미일 수 있다. 따라서 사회복지사는 장애가 되는 요인이 무엇인지 신중하게 살펴보아야 한다.

5) 전문적인 거리를 유지

사회복지사는 클라이언트와 적절한 감정적 거리를 유지해야 한다. 가족구성원과 사회복지사 간의 관계는 시간이 지나면서 변화한다. 클라이언트에게 긍정적인 감정을 고려한다 해도 사적 감정과 혼돈해서는 안 된다. 가족구성원과 사회복지사 간의 적절한 거리를 유지함으로써 가족은 사회복지사를 역할모델로 삼고 행동의 변화를 추구할 수 있다.

가족이 스스로에 대해 능력이 있다고 느끼도록 돕는 것은 사회복지사가 마지막으로 고려해야 할 점이다. 가족들은 목표와 관계없는 욕구를 표현할 수 있고, 사회복지사와의 관계가 종결되는 데 두려움을 느낄 수도 있으므로, 사회복지사는 가족의 강점을 긍정적으로 강화하고 격려해야 한다.

사회복지사가 가족을 만나 합의된 목표를 달성하기 위하여 가족을 지지하고, 협력적 관계를 형성할 때 구체적으로 가족들의 일상생활을 재구조화하게 되거나, 가족구성원들에게 좀 더 효과적이고 직접적인 의사소통기법을 가르치거나 피드백을 줄 수 있다.

2. 가족수준의 개입

가족을 대상으로 직접적이고 개별적으로 제공될 수 있는 서비스 유형은 다양하며 이러한 방법들은 가족치료이론으로부터 발달하였으며, 가족이 경험하는 다양한 욕구와 관련하여 통합적 접근을 위해 요청된다. 가족치료에서 대표적인 가족수준의 직접적 개입은 가족구성원 간의 상호작용을 변화시키기 위한 방법들로 가족문제가 더 심각해지는 것을 막기 위한 전문적 치료활동으로 볼 수 있다.

또한 가족생활교육을 통해 가족구성원이 일반적인 가족생활과 성장, 발달에 필요한 지식을 습득하도록 도와주며, 가족구성원 간의 역할수행에 대한 잠재력을 향상시킬 수 있다. 이는 가족구성원 간의 문제 발생을 막기 위한 예방적 활동이며, 가족위기개입은 위기상황에 처한 가족구성원의 삶의 균형을 회복하기 위한 개입이다.

가족수준의 개입의 특성과 방법을 구체적으로 살펴본다.

1) 가족치료

가족치료는 가족구성원이 보이는 문제행동을 개인의 문제가 아니라 가족전체의 맥락에서 발생하는 문제로 보았고 가족관계의 변화를 시도하는 개입방법이다. 사회복지사를 비롯한 가족치료전문가들은 약화된 가족기능을 회복시키고자 노력한다. 가족치료의 대상이 되는 가족문제는 이혼, 가정폭력, 부부갈등, 자녀의 정서나 행동의 문제, 확대가족과의 문제 등 다양하다. 가족세대 간 혹은 가족구성원 간 갈등과 문제를 해결하고 변화시키기 위한 개입기술과 기법들을 활용한다.

가족치료를 위해서는 체계이론뿐 아니라 가족치료의 다양한 모델에 대한 이해가 선행되어야 한다. 가족의 욕구와 문제규명의 결과를 바탕으로 적절한 치료모델을 적용하고 활용하며, 특정한 이론이나 모델에 근거하지 않고 다양한 모델이나 기술들을 절충적으로 활용할 수도 있다(Nichols et al., 2005).

2) 가족생활교육

가족복지실천의 방법 중에서 예방적 측면의 대표적 개입방법이 가족생활교육이다. 가족생활교육은 가족기능 강화를 통해 가족문제를 예방하는 개입이며, 가족실천현장에서 다양한 프로그램으로 제공되고 있다. 가족생활교육은 가족문제 해결과 문제예방, 그리고 잠재력 개발에 초점을 두고 있으며, 프로그램 개발 초기에는 문제해결에 더 중점을 두었으나 점차 문제예방과 잠재력 개발을 강조하고 있다. 현재 실시되는 가족교육 프로그램들은 요보호가족을 위한 프로그램에서 일반가족을 위한 프로그램에 이르기까지 다양하게 지원하고 있다.

3) 가족위기개입

가족체계 내에서 발생할 수 있는 위기상황으로 가정폭력과 학대, 갑작스러운 가족구성원의 질병과 사별 등 다양하다. 이러한 위기는 단순히 사건 자체로 끝나는 것이 아니라 가족구성원 전체에게 영향을 미치며 대처능력과 정서적 안정, 삶의 균형을 깨뜨리는 사건이 된다. 가족체계 내에 위기상황이 발생할 경우 사회복지사는 가족체계의 평형감각을 회복하고 위기 이전의 기능을 수행할 수 있도록 개입한다.

위기가 발생할 경우 사회복지사는 보다 신속하고 적절하게 문제를 사정・평가하고, 위기개입을 위해 관련기관과 연계하며, 보호와 상담, 서비스 제공 등을 실시하여 가족구성원들이 위기상황에서 벗어나 평형감각을 회복할 수 있도록 돕는다.

그러나 가족위기개입은 단순히 위기를 피하는 데 목표를 두지 않으며(Collins et al., 2009), 위기는 새로운 대처능력을 익히고, 해결의 실마리를 찾을 수 있는 전환점이 될 수 있다.

3. 환경수준의 개입

일반적으로 가족복지실천현장에서 사회복지사는 가족수준의 직접적 개입과 가족을 둘러싼 환경을 조정하고 가족의 관계망을 확대하며, 협력을 도모하는 수준의 개입을 간접개입으로 분류할 수 있으나 환경적 수준의 개입을 분리하여 활용하지는 않는다. 가족환경에 대한 개입을 통해 환경변화가 가족단위에 영향을 끼쳐 가족문제를 해결하고 가족의 사회적 기능을 향상시킬 수 있도록 돕는다.

이 중 가족을 대상으로 하는 대표적인 환경적 개입으로 가족 사례관리와 옹호활동을 소개한다.

1) 가족사례관리

가족사례관리는 사회복지실천의 통합적 접근으로 관심의 초점을 가족에게 두며 심리적・사회적 기능과 욕구를 가족의 맥락에서 사정한다. 사례관리는 클라이언트의 욕구를 중심으로 사회복지기관을 벗어나 지역사회까지 그 범위를 넓혀 폭넓은 서비스를 제공하며 점검과 재사정을 통한 서비스 제공과 조정으로 클라이언트를 만족시키려고 노력하는 통합적 실천방법이다. 따라서 이를 통해 사례관리의 수행에 있어 공식·비공식적 서비스 통합 및 서비스 제공자 간의 갈등을 조정하고 중재하기 위한 노력을 수행한다(유계숙 외, 2008).

현대사회의 가족은 가족형태와 욕구가 다양하고 복잡하다. 따라서 가족에 대한 접근 방법도 다양하고 통합적 서비스가 필요하다. 따라서 직접적 개입을 통한 문제해결 접근도 필요하지만 자원의 연계 및 조정을 통한 통합적 접근이 중요하다. 클라이언트에 대한 실천을 통합적·순환적으로 제공하는 사례관리는 가족복지실천현장에서 더욱 부각될 전망이다.

2) 가족옹호

가족옹호는 사회정의를 증진하기 위한 사회복지실천의 필수요소로서 공공기관 또는 민간기관들이 가족을 위한 기존 서비스 혹은 서비스 전달을 향상시키거나 새로운 형태 또는 변화된 형태의 서비스를 개발하는 것으로 특정한 가족에게 편의를 제공하는 것이 아니라 모든 가족의 정당한 권리를 요구함으로써 지역사회조직의 변화를 가져오게 하는 방법이다. 따라서 가족옹호는 개인과 가족이 최대한 잘 성장할 수 있도록 자원을 제공하고, 보다 지지적인 환경에서 살아갈 수 있도록 도와야 한다. 구체적인 가족옹호서비스는 다음과 같은 역할을 수행한다(이인정, 2005).

첫째, 권리를 주장할 수 있는 능력이 결여되어 있는 가족을 위해서 경제적 수입이나 주거환경, 보건의료 환경 등이 확보되도록 관계부서나 기관에 요구한다.

둘째, 심각한 질환이나 장애를 가진 사람과 그 가족을 위하여 사회로부터의 도움과 지지가 조성될 수 있도록 돕는다.

셋째, 성폭력피해자나 가정폭력 피해자를 위해서 사회복지사가 보건의료기관이나 법적기관에서 그들의 권리를 보호하고 주장한다.

넷째, 동성애가족의 권익운동과 같이 소수가족의 차이점을 사회에서 받아들일 수 있도록 돕는다. 이와 같은 옹호서비스는 인간의 존엄성과 가치에 입각한 것이다.

제 4 절 종결 및 평가 단계

종결단계는 제시된 문제의 해결여부를 평가하고, 개입의 성과가 지속적으로 유지되는데 필요한 사후관리 계획을 수립하는 원조과정의 마지막 단계이다. 평가는 실천에 대한 결과가 효과적인지, 효율적인지를 평가하는 것이다. 사회복지사는 가족에게 생긴 변화에 대해 객관적으로 평가하고 이에 대한 피드백을 제공한 후 서비스를 종결한다. 또한 실천과정을 통해 나타난 변화와 발전을 유지하기 위해 노력한다. 종결은 제시된 문제가 성공적으로 해결되었거나 개입과정에서 더 이상 발전이 보이지 않아 공동으로 종결에 동의하는 경우 등 다양한 형태로 나타난다. 그리고 한 사람 혹은 그 이상의 클라이언트가 드러내 놓고 비협조적이며 적대시할 때도 이루어질 수 있으며, 이때 종결의 유형에 따라 사회복지사는 가족의 감정을 해결하고, 성과를 유지하기 위한 적극적 역할을 수행해야 한다. 특히 종결 시의 다양한 반응이 발생할 수 있으므로 성공적으로 종결하기 위해서는 실천과정의 초기에 종결에 대한 계획을 세워 이에 대하여 사전에 공지한다. 성공적 종결이란 가족과 함께 변화에 대한 자각을 유도하고 가족이 새롭게 획득한 유용한 정보들을 받아들여 가족이 종결 이후의 문제를 다룰 수 있도록 사후관리 계획을 준비하는 것이다.

1. 평 가

기본적으로 평가는 실천과정 중 지속적으로 수행되어야 하는 과업이다. 초기접촉에서 가족구성원들의 욕구를 제대로 발굴하고 기관과의 적격 여부를 제대로 평가했는지, 가족들의 주요한 문제와 관련하여 자원 및 강점에 대한 사정과 이를 근거로 한 구체적이고 실제적인 목표가 수립되었는지, 각 단계마다 수행되는 과업에 대한 평가뿐 아니라 활동단위마다 클라이언트의 만족도를 평가해야 한다. 이처럼 실천의 전 과정에서 시행되는 평가활동이지만 종결단계에서의 평가는 개입의 결과가 효과적이었는지, 효율적이었는지를 평가함으로써 가족복지실천 서비스의 책무성을 향상시키는 데 필수적이며, 최근 사회복지현장에서는 책무성(accountability)의 향상을 위한 평가활동이 강조되고 있다.

가족복지실천 과정의 평가에서 수행되는 주요영역은 가족에게 제공된 서비스와 전반적인 과정에 대한 점검, 목표달성의 여부, 지원계획의 적합성과 가족의 만족도 등이다. 평가는 총괄평가와 형성평가로 나누어진다. 총괄평가는 개입의 결과로 나타나는 목표달성 여부와 같은 효과성과 효율성을 측정하는 것이다. 개입의 과정을 평가하는 것을 형성평가라 한다. 실천과정에서는 목적을 달성하기 위해 선택한 개입의 전략이 얼마나 적합하고, 성과를 낼 수 있었는지를 보여주는 것으로 보아 총괄평가뿐 아니라 형성평가 역시 중요하다는 것을 나타낸다. 평가기법으로는 목적달성척도, 만족도 설문, 단일사례설계, 과업성취척도, 동료검토 등으로 다양하며, 가족구성원들의 기능과 관계성, 적응력 향상을 평가하는 다양한 척도들을 활용할 수 있다.

2. 종결의 과업

종결은 개입을 마무리하는 활동으로 단순해 보일 수 있으나 가족구성원과 사회복지사가 발전시켜 온 성과를 함께 확인하고, 강화하는 복잡한 과정이다. 이상적인 측면에서 종결이란 가족구성원의 문제가 해결되었고, 이후 일상적 환경에 복귀하여 독립된 삶을 수행해 나갈 수 있다는 의미이다(Johnson et al., 2010).

가족복지실천에서 종결의 시기는 공통적으로 제시된 문제가 해결되었거나 욕구가 충족되었을 때, 가족이 목표를 달성했다고 느낄 때이다.

가족복지실천에서 종결은 종결단계 이전에 고지된다. 대체로 가족체계의 변화가 발생하였을 때, 가족구성원간에 새로운 상호작용이 나타날 때, 종결 후에도 가족 스스로의 힘으로 변화가 유지된다는 믿음이 있을 때 논의될 수 있다. 사회복지사는 개입활동을 계획에 따라 마무리하며, 개입결과를 정리하고, 가족에 대한 영향력을 축소해 간다. 종결 시의 주요과업은 다음과 같다.

1) 적절한 종결시기의 결정

종결단계에서 사회복지사의 주된 역할은 체크리스트를 분석함으로써 가족이 종결을 위한 준비가 어느 정도 되었는지를 평가할 수 있으며 종결을 계획하고 진행하는 것이다. 종결여부 결정을 하기 위해 <표 11-3>과 같은 체크리스트를 활용하기도 한다(Collins et al., 2009).

표 11-3 종결을 위한 체크리스트

	목 록	YES	NO
1	제시된 문제가 없어졌다.		
2	문제를 가족이 다룰 수 있거나 견딜 수 있게 되었다.		
3	이루어진 변화가 효과적으로 측정될 수 있다.		
4	긍정적 변화가 심리사회적 기능차원에서 일어났다.		
5	가족구성원들이 더 효과적으로 의사소통하고 있다.		
6	가족은 전문서비스에 의뢰되는 것에 동의하였다.		
7	가족은 일상생활을 수행하는 기술을 배웠다.		
8	모든 가족구성원들은 기본적인 신체적 욕구를 충족한다.		
9	가족 혹은 가족구성원이 지역사회 내 전문서비스에 의뢰되었다.		
10	가족이 필요할 때 요청할 수 있는 적절한 사적 지지망이 있다.		
11	가족구성원들이 학대의 위험 없이 안전하다.		
12	공적 지지망이 이용 가능하고 가족들이 이용방법을 안다.		
13	사회복지사와 가족은 현재까지의 진전을 평가했다.		
14	가족은 제공된 서비스에 만족한다.		
15	결과적으로 모든 가족구성원은 더 나아졌다.		
16	가족은 자신들이 이룬 변화를 전반적으로 검토하였다.		
17	가족구성원들은 변화를 낳는 데 자신들이 했던 역할을 인정했다.		

2) 종결에 대한 정서적 반응의 처리

종결은 목표달성을 의미하므로 일차적으로는 긍정적인 과정이다. 많은 클라이언트들은 종결을 자연스럽게 받아들인다. 목표달성을 통해 종결을 앞둔 클라이언트는 자신의 역량에 대한 기대와 신뢰가 증가한다. 사회복지사 또한 전문가로서의 성취감,

전문적 역량강화를 경험할 수 있다.

그러나 종결시기에 클라이언트와 사회복지사는 성취감, 자신감에서부터 상실감과 두려움, 후회 등 다양한 감정을 경험하기도 한다. 종결이 실천초기에 설정한 목표를 달성하는 단계임을 생각한다면 긍정적 정서를 경험하겠지만 가족과 사회복지사가 과도하게 의존하거나 적절한 경계를 유지하지 못한 경우에는 불안과 상실감을 경험하게 된다(Collins et al., 2009). 특히 계획되지 않은 갑작스러운 종결의 경우 클라이언트는 미해결된 느낌과 관련된 감정을 경험할 수 있다. 사회복지사는 가족과 함께 이러한 감정들을 개방적으로 다루고, 클라이언트에 대한 관여를 점차 줄여가면서 클라이언트 스스로 기능할 수 있는 여지를 확대해 나가야 한다.

3) 개입을 통해 획득한 효과의 유지와 강화

가족복지실천 과정의 성공적 종결은 가족구성원들의 변화를 더욱 촉진하고 강화할 수 있다. 부가적인 가족욕구와 문제해결을 위해 다른 기관에 의뢰하는 경우라 하더라도 성공적 종결은 가족구성원들이 종결 이후 긍정적이고 생산적인 대처전략들을 활용하고 적용할 수 있는 가능성을 증가시킨다. 가족복지실천 과정을 통해 가족들이 변화를 이룬 부분과 기여한 부분을 확인할 수 있도록 하는 것은 가족이 성취감과 긍지를 느낄 수 있게 할 뿐 아니라 가족이 달성한 변화를 지속시키고 이후의 도전에도 대처할 수 있는 자신감을 갖도록 한다. 미래에 대해 이야기하게 하고 미래의 목표를 성취하기 위한 전략을 개발하도록 돕는 활동도 달성된 목표를 유지하고 이미 획득한 것을 확고하게 하는 방법이다(Collins et al., 2009).

사후관리는 종결이 이루어진 후 일정기간이 지나서 가족들이 잘 적응하고 있는지를 점검하는 과정으로 종결 이후에도 사회복지사는 사후관리를 위해 가족을 만날 수 있다. 변화가 유지되고, 삶에 적용하도록 격려하고 가족의 힘을 강화 혹은 유지하도록 정기적인 전화, 대면면담, 문자, 이메일 등도 가능하다(한인영 외, 2015). 사후관리는 대개 종결 이후 1~6개월 사이에 진행되며 종결 시에 사후관리에 대한 계획을 세우는 것은 클라이언트의 불안감 해소와 상실감을 완화시킬 수 있다.

4) 의 뢰

실천과정이 종결되었지만 가족이나 가족구성원에게 다른 전문적 도움이나 특정 자원이 필요하다고 판단되어 적절한 전문가나 기관에 의뢰할 경우 클라이언트가 의뢰를 거부하지 않고 받아들이도록 조심하며, 의뢰와 관련된 오해나 미해결된 이슈를 해결하는 데 필요한 시간을 충분히 갖는 것도 필요한 일이다(Collins et al., 2009).

CHAPTER 12

가족치료

학습목표

이 장의 학습목표는 가족치료목표 및 기법을 이해하는 것이다. 가족치료는 가족을 대상으로 하는 사회복지실천방법의 하나로 가족이 지닌 문제와 상황을 가족의 상호작용을 통해 이해함으로써 가족의 변화를 이끌어 간다. 이 장에서는 대표적인 가족치료 각 모델의 발달배경과 주요개념, 치료목표 및 치료기법 등을 중심으로 살펴보고자 한다.

- 보웬의 다세대 가족치료를 이해할 수 있다.
- 구조적 가족치료를 설명할 수 있다.
- 경험적 가족치료를 설명할 수 있다.
- 전략적 가족치료를 설명할 수 있다.

가족치료는 가족을 대상으로 하는 사회복지실천방법의 하나로 가족이 지닌 문제와 상황을 가족의 상호작용을 통해 이해함으로써 가족의 변화를 이끌어 간다.

가족치료(family therapy)는 가족을 치료적 매개로 사용하여 가족구성원들이 겪고 있는 가정 내의 역기능적 문제와 정서적 문제를 해결하는 임상적 개입이다. 사회복지사를 비롯한 가족치료 전문가들은 약화된 가족기능을 회복하고자 노력한다. 구체적으로 이들은 어려움을 호소하는 가족구성원 간의 역기능적 상호작용의 변화를 촉진하며 가족문제를 해결하고 가족관계의 어려움을 극복하도록 돕는다. 보다 효과적으로 가족의 기능을 수행하기 위해 가족구성원의 역할과 그들 상호간의 관계를 변화시키고, 결과적으로 현재 나타나고 있는 문제를 해결할 것이라는 가설에 기초해서 그 가족의 역할과 관계를 재구조화한다(Collins et al., 2009).

제 1 절 보웬의 다세대 가족치료

보웬(M. Bowen)은 세대 간 가족치료(Bowen's family therapy) 모델을 다세대적 현상으로 보고 다세대적 분석을 통해 현재의 가족문제를 파악하려고 하였다.

1. 이론과 개념

보웬의 세대 간 가족치료 모델의 주요개념은 자아분화, 삼각관계, 핵가족 정서과정, 가족투사과정, 다세대 전수과정, 출생순위, 정서적 단절, 사회적 퇴행 등이며, 대표적인 기법으로는 탈삼각화와 가계도가 있다(Bowen, 1978; 이영실 외, 2016). 세대 간 가족치료 모델은 정신분석에서 출발하였으며, 인간은 부모에 대한 해결되지 않은 정서적 반응을 가지고 있으며, 새롭게 깊은 관계를 형성할 때 과거의 정서적 유형을 반복한다. 부부갈등은 부부문제가 아니라 원가족으로부터 온 문제가 해결되지 않아 촉발된 것으로 보았다. 단일 세대에서 촉발된 것이 아니라 몇 세대에 걸쳐 해결되지 못한 정서적 문제들이 영향을 미친 결과이다. 다음은 보웬이론의 주요개념이다(Nichols et al., 2005; 김연옥 외, 2005; 이영분 외, 2008).

1) 자아분화

자아분화(differentiation of self)는 한 가족의 정서적 혼란으로부터 자신이 자유로워지는 과정을 말한다. 개인이 정서적 기능과 지적 기능 사이에서 균형을 이루는 정도와 대인관계에서 친밀성과 자율성 사이에서 균형을 이루는 정도를 포함하는 것이다. 적절히 분화된 사람은 타인의 행동에 반사적으로 반응하지 않고, 자제력이 있으며, 타인의 영향에 좌지우지되지 않고 객관적이다. 결혼 후에도 확고한 자아개념 또는 일관된 신념을 가지고 있어서 원가족과 친밀하고 독립적인 생활을 유지할 수 있다. 반면 분화되지 못한 사람은 원가족 안에서 해결되지 않았던 문제를 반복하게 되며, 자율성이 부족하여 다른 사람에게 융합되려는 경향이 있다.

2) 삼각관계

삼각관계(triangu1ation)는 가족관계 안에서 두 사람 사이의 스트레스나 긴장관계가 발생했을 때 제3자를 상호작용체계로 끌어들여 삼각관계를 형성함으로써 불안과 긴장을 완화하려는 것을 말하며, 삼각관계에 가장 중요한 영향을 미치는 것은 불안이다. 삼각관계에서 불안이 감소하게 되면 두 사람은 다시 친밀해지고, 제3자는 다소 불편함을 느끼는 방관자가 된다. 일반적으로 가족구성원 안에 자아분화 정도가 낮은 구성원이 존재하면 그를 중심으로 삼각관계가 형성될 수 있다. 자아분화수준이 낮고 융합정도가 높은 부모가 부부 사이의 긴장관계를 해소하기 위해 자녀에게 지나친 관심과 에너지를 쏟게 되고, 자녀를 자기편으로 만들게 되면, 이때 제3자인 자녀는 문제행동을 보일 가능성이 높다. 가족구성원의 분화수준이 높을수록 삼각관계를 만들지 않고도 긴장을 다루고 불안을 관리할 수 있다.

3) 핵가족 정서과정

핵가족의 정서체계는 해소되지 못한 불안이 개인에게서 가족으로 투사하는 것이다. 부모와 자녀 사이의 정서적 형태는 과거세대로부터 여러 세대를 거치는 동안, 그 가족 내에서 전달되는 지식과 정서는 과거와 같은 과정을 통하여 다음 세대에 전달될 것이고, 다음 세대에 관하여 타당성 있고 정확한 예측을 할 수 있다.

보웬에 의하면, 원가족으로부터 미분화된 사람은 부모와 정서적 단절을 원하지만, 자아분화의 수준이 낮기 때문에 작은 스트레스 상황에서도 불안을 심하게 느끼게 되고 그 불안을 해소하기 위해 융합하는 관계방식을 사용하여 안정을 찾으려 한다.

4) 가족투사과정

가족의 투사과정은 부부가 불안이 증가될 때 자신의 미분화된 정서문제를 자녀에게 투사하는 과정을 말한다. 투사는 어느 가족에서나 일어나는데, 분화수준이 낮을수록 그 경향이 심하고, 심지어 다음세대를 희생시키면서까지 이전세대의 미분화에서 발생한 불안을 경감시키려고 한다. 예를 들어, 원가족으로부터 단절된 남편은 부인에게 냉정하게 대하고 부인은 자신의 불안을 상대적으로 자녀에게 관심을 쏟게 된다. 투사과정 대상인 자녀는 어머니에게 애착이 커지면서 적절한 자아분화가 이루어지지 않은 상태가 되어 심리적 문제를 일으키게 되고, 자녀의 기능은 저하된다. 따라서 자녀는 더욱 부모에게 의존적이 되고, 기능이 저하된 자녀를 어머니로 하여금 더욱 통제할 구실을 제공하면서 상호의존적 관계가 고착되어 가족투사과정의 결과가 역기능적 삼각관계로 나타난다.

5) 다세대 전수과정

다세대 전수과정의 개념은 자녀들의 자기분화가 과거의 여러 세대를 거치는 동안에 전래되어 온 가족투사과정에서 형성된다는 것이다. 즉, 자아분화의 수준이 낮은 사람이 자신과 비슷한 분화수준을 가진 사람과 결혼하면 다음 세대인 자녀에게 그들이 가진 미분화된 특정을 투사하게 되어, 자녀의 자아를 더욱 미분화상태에 놓이게 한다. 자녀의 문제는 자녀 혹은 부모의 문제라기보다는 여러 세대에 걸쳐 일어나는 행동과 반응의 결과로 볼 수 있으며, 정서적 융합 또는 단절 역시 세대 간에 전수된다.

6) 출생순위

보웬은 출생순위 또는 형제자매 위치가 가족의 정서체계에서 특정한 역할과 기능을 한다고 보았다. 장남(장녀)은 권력과 권위를 더 추구하고 부모와 강한 감정적 유대관계를 가지고 있어서 삼각관계에 빠질 위험성이 높고, 자기분화수준이 떨어질 가능성이 많다. 다른 형제들은 집안에서 약자로서의 자기지위에 만족하지 않지만 외부의 경험에 대해서는 상대적으로 개방적이고 독립적이며 분화수준도 높다.

7) 정서적 단절

정서적 단절은 부모와 자녀 간의 융합이 클수록 자녀가 성장한 후 부모와 단절하려는 경향이 커진다는 것이다. 정서적 단절은 서로 정서적 의존성과 불안이 높은 가족에게서 빈번하게 발생하며 부정과 독립성의 두 가지 과정으로 나타난다. 예를 들어, 명절에 잘 만나지 않던 가족들이 다툼으로 인한 사건이 많은 것도 분화수준이 낮은 가족들이 한 자리에 모임으로써 불안수준이 급격하게 높아지기 때문이다. 정서적 단절 역시 세대 간 전수 가능성이 있으며, 정서적 단절을 피할 수 있는 방법은 원가족과 접촉하고 분화를 촉진함으로써 원가족과의 미해결된 애착을 해소하는 것이다.

8) 사회적 퇴행

사회석 퇴행은 가족구성원이 만성적인 불안으로, 부모가족과 접촉을 피하고, 불만을 경감시키기 위해 감정적으로 결정하고 반응한다. 결과는 사회적 기능이 저하되고 퇴행하게 된다는 개념이다. 사회적 퇴행은 가족에 대한 기본이론을 사회적 영역으로 확장하였다. 즉, 전쟁, 인구증가, 성차별 등과 같은 만성적 스트레스 상황에 처할수록 불안은 커지고 분화수준은 감소된다. 우리는 만성적 사회불안을 경감시키기 위하여 감정적 반응을 한다. 이것은 역기능의 증상을 초래하고, 증상을 경감시키기 위한 노력은 점점 심화되어 주기가 반복되는데, 이것은 가족에게서 정신적 질병의 상태가 주기적으로 나타나는 것과 비슷하다.

2. 치료목표

보웬(M. Bowen)의 가족치료의 궁극적 목표는 여러 세대를 통해 반복되고 있는 가족과정과 구조를 파악하여 원가족에게서 자기분화를 높여 가족체계를 변화시키는 것이다. 보웬은 증상을 개인의 문제보다 가족증상으로 보고, 정서적 융합이 심한 가족에서 미분화된 정서적 관여가 가족투사와 삼각관계 형성, 다세대 전수과정 등을 통하여 현재의 가족에게 나타난 것이므로 가족구성원의 분화수준을 향상하여 가족체계의 기능을 변화시키고자 하였다. 첫째, 불안을 감소시키고 자기분화수준을 높인다. 둘째, 자기분화는 치료목표인 동시에 성장목표이다. 셋째, 분화되지 않은 가족자아 집합체에서 자신을 분리 · 독립시켜 정체감을 형성하고, 자기충동적, 정서적 사고와 행동에서 자유를 획득해 나갈 수 있도록 돕는 것이다(이영실 외, 2016).

3. 치료기법

보웬의 가족치료는 기법보다 가족체계의 작동을 이해하는 것을 더 중요하게 여긴다. 치료과정에서는 두 성인과 치료자와의 삼각관계 상황을 지속시키면서 치료를 계속하는 것이 그의 중요한 치료기법이다. 보웬의 8개의 가족치료는 다음과 같다(Bowen, 1978; Goldenberg et al., 1980; 이영실 외, 2016).

1) 가계도의 활용

가계도 작성은 전체가족에 대한 체계적 접근을 가능하게 한다. 가계도에 포함된 정보는 정서적 체계를 지배하는 원리들의 이해 없이는 무의미하다. 도식은 여러 세대에 걸친 정서적 과정의 결과물을 반영하며, 살아있는 유기체의 변천, 즉 다세대가족을 평가한다. 가족의 실질적 변화과정은 확대가족에 대해 알게 됨으로써 시작하는데, 가계도는 가족세대의 특성과 그들의 관계를 나타낸다. 가계도 작성이점은 다음과 같다(이영분, 2008). 첫째, 전체 가족체계에 대한 관심을 보여준다. 가족이 과거와 미래, 현재가 연결되어 있음을 보여준다. 둘째, 가족의 중요한 전통과 가족에게 특별한 관심이 되는 이슈를 탐색함으로써 라포(rapport) 형성을 쉽게 한다. 셋째, 복잡하고 정서적으로 부담되는 가족문제에 즉각적으로 접근할 수 있다. 넷째, 가족치료자와 가족으로 하여금 가족의 경험을 체계화하여 가장 고통스러운 경험을 해독할 수 있도록 돕는 가족체계 이론의 결과물이다. 가계도는 가족과 함께 탐색할 수 있는 여러 가지 정보들이 나올 수 있는 유용한 도구로서, 원가족과의 융합문제, 미분화문제, 핵가족 정서적 단절, 삼각관계 등이 드러난다.

2) 탈삼각화 기법

보웬의 가족치료기법 중 하나인 탈삼각화 기법은 가족 내 두 사람 간의 갈등해결 방법으로 제3자를 끌어들이는 것에서 벗어나게 하는 것을 말한다. 구성원들의 분화가 이루어지지 않은 가족일수록 불안수준이 높아지면 다른 구성원을 끌어들여 삼각관계를 형성하려 한다. 이때 두 구성원들의 감정영역에서 제3의 구성원을 분리시키는 과정이 탈삼각화이다. 예를 들어, 부부갈등이 있을 때 부부 중 한 명이 자녀를 자신의 편으로 끌어 들일 때 자녀를 끌어 들이지 않고 부부가 직접 문제를 해결할 수 있게 함으로써 자녀가 부모의 갈등에서 벗어나게 하는 것을 말한다.

3) 코 칭

보웬은 가족치료자의 객관성을 강조하기 위해 가족치료자의 역할을 코치나 자문가에 비유했다. 코칭의 목적은 이해증가, 자기에게 초점을 두도록 하고, 가족구성원 간에 좀 더 기능적인 애정관계를 발전시키도록 하는 것이다. 코칭을 통해 치료자가 환자의 삼각관계에 끌려 들어가지 않으면서 가족 스스로 정서과정을 이해하고 개인의 역할을 이해할 수 있도록 돕는 방법이다. 가족의 능력과 기능이 최대로 발휘될 수 있도록 돕는 전문가로 부부관계의 규정과 명료화를 도우며, 삼각화를 피하는 데, 중립적이고 객관적인 조언이 필요하다(Nichols et al., 2005).

4) 가족조각

가족조각은 몸짓, 거리, 신체적 행동 등을 통해 의미를 전달하는 것이다. 가족구성원들에게 그들 가족을 '조각'하여 보라고 요청하고, 가족구성원들에게 그들 관계의 성질을 묘사하는 방식으로 자세를 취한다. 조각하기는 대화가 없이도 다른 사람의 관점을 이해하는 수단을 제공함으로써 특히 대화가 서툰 가족에게 유용하다.

5) 관계경험

관계경험의 궁극적인 목적은 가족구성원의 체계과정을 알게 하며 자신의 역할을 인식하도록 돕는 것이다. 이를 위하여 핵심적 삼각관계를 구조적으로 바꿈으로써 다른 사람의 요구에 회피나, 항복 등에 대해 변화할 수 있는 방법을 찾도록 하는 것이다.

6) 정서과정 학습

보웬은 부부와 상담할 때 먼저 한 사람에게 관심을 두고 최소한의 상호작용을 하도록 한다. 이것은 다른 사람으로 하여금 관찰하게끔 하고 정서과정을 학습하도록 하려는 데 목적이 있으며, 감정적으로 관여하는 것을 제지시키려는 의도가 있다.

7) 자신의 이야기 들려주기

치료자는 환자에게 치료 장면에 대해 녹화한 것이나 녹음한 것을 보여 주고 이야기를 들려주는 방법이다. 환자 자신의 이야기를 어떠한 방법이든 보거나 듣게 될 때 가족구성원들은 상호간에 방어가 줄어들게 되고, 가족기능에 관하여 배우게 된다.

8) 자기입장 취하기

다른 사람이 행동하는 것에 대하여 간접적으로 말하지 않고 나의 입장에서 메시지를 전달한다. 이러한 기법은 자신이 느끼는 것을 자기입장에서 말하는 것으로 정서적인 반응의 악순환을 깨는 데 도움을 준다.

제 2 절 구조적 가족치료

미누친(Minuchin, 1974)의 구조적 가족치료 이론은 가족체계이론에 기반하고 있으며, 가족구조의 이론을 정립하고 가족치료기법을 구조화시키는 길잡이 역할을 하였다. 그 외 주요학자로 몬탈보(B. Montalvo), 아폰테(H. Aponte), 피쉬맨(C. Fishman) 등이 있다. 구조적 가족치료 이론은 모든 가족은 일정한 구조를 가지고 있다고 믿는다. 인간의 사회성에서부터 출발하고, 사회는 가족을 형성하게 하고, 가족은 개인을 형성한다는 명제는 구조적 가족치료의 중요한 이론적 기초를 이루고 있다. 개인들의 상호작용 유형과 가치관에 가족이 미치는 영향을 강조하고 있다. 어떤 방식으로 가족들이 상호작용을 하는가에 따라서 개인의 행동은 많은 영향을 받게 된다고 본다. 구조적 가족치료는 다양한 유형의 가족문제를 대상으로 효과가 입증되었고, 특히 우리사회의 가족문제 해결에 적용 가능성이 높은 모델로 평가되면서 널리 활용되고 있다.

1. 구조적 가족치료 주요개념

개인의 문제를 심리적인 요인보다 사회체계와의 관련성에 두고 있는데, 가족구조의 경계가 불분명하거나 지나치게 밀착된 경우, 체계 간 경직성, 위계질서의 모호함 등 불균형의 결과로 가족문제가 발생한다고 본다. 가족구조의 변화, 즉, 가족의 재구조화를 목표로 한다. 치료자는 경계선을 바꾸거나 하위체계를 재정비하기 위하여 가족구성원 각각의 행동과 경험이 바뀌도록 도와줄 뿐이며, 변화를 하는 것은 가족이 주체가 되어 이루어져야 한다. 구조적 가족치료에서 중요한 개념들로 하위체계, 위계질서, 경계, 제휴, 세력, 가족적응, 가족구조 등이 있다(이영실 외, 2016). 이러한 개념을 사용하여 가족관계, 가족기능, 가족문제 등을 구조화하는 데 공헌하였다. 가족구조는 가족 상호작용을 지배하는 일련의 묵시적 규칙을 만들며, 가족의 상호작용 형태를 고찰하는 것은 가족의 조직과 구조가 어떻게 유지되는지를 알려준다. 한 개인의 원가족의 독특성과 세대 간 규칙, 가족유형은 새로운 체계의 구조에도 영향을 미친다. 두 사람이 만나 새로운 가족을 만들고자 할 때, 이들은 각자의 원가족에서 유래된 규칙과 상호작용 방법의 자취를 지닌 채 새로운 가족이 되는 것이다(유채영 외, 2008).

1) 하위체계

하위체계(subsystem)는 세대와 성별, 흥미와 기능, 이해관계와 정서적 밀착 정도에 따라 형성될 수 있다. 물론 가족구성원도 가족 내의 한 하위체계가 될 수 있지만 하위체계 간의 규칙은 통상적으로 정상적이며 기능적이다. 특히 주변의 경계를 명백히 하는 것이 새로운 체계를 만드는 것보다 더 중요하다고 하였으며, 가족구조 내에서 불분명한 경계선, 세력, 권위, 역할, 기대 등으로 인하여 발생하는 가족구조상의 문제에 관심을 두고 연구하면서 치료기술을 발전시켰다. 개인과 다른 하위체계는 가족 내의 다른 체계들과 더불어 가족의 기능을 분담하고 일정한 역할을 수행한다.

2) 위계질서

위계질서(order of rank)는 하위체계 간 우선순위를 말한다. 부모체계는 자녀체계보다 위에 있다. 상위체계는 전체 가족에 대한 의사결정권을 갖고, 전체 가족구성원들의 행동을 통제하고 지배하는 규칙을 만들고 시행한다. 가족이라는 전체체계가 잘 유지되기 위해서는 부부체계와 자녀체계가 서로 위계질서 안에서 하위체계들을 잘 조정하고 조화롭게 질서를 유지해야 한다.

3) 경 계

경계(boundary)는 다른 사람들과 접촉하는 수준을 규제하는 눈에 보이지 않는 장벽으로 가족구성원 사이의 접촉정도와 방식을 정하고, 체계의 근접성(거리)과 위계를 관리하여 체계분화와 하위체계 자율성을 보호한다(Minuchin, 1988). 구조적 가족치료에서는 가족 내의 경계와 가족전체 혹은 하위체계와 외부체계와의 경계에도 관심을 둔다. 가족 내 경계의 명확성은 가족기능을 평가하는 척도가 된다. 경계는 의사소통, 상호작용관여 정도에 따라 미누친(S. Minuchin)은 가족구성원의 인간관계를 규정하는 세 가지 개념을 명확한 경계와 경직된 경계, 모호한 경계로 나눈다(조흥식 외, 2010; 정문자 외, 2012).

명확한 경계선(clear boundaries)은 하위체계 간의 이상적 배열로 경계가 명확하며 융통성이 있다. 하위체계 간의 상호작용과 의사소통을 증진시키며, 가족구성원은 지지받으며 건강하게 양육되어 변화를 유발시키기 위하여 협상과 타협을 계속한다.

경직된 경계선(rigid boundaries)은 체계 간에 강하게 분리된 상태로 가족구성원은 서로 고립되어 있고, 지역사회 내의 지지체계로부터도 멀리 떨어져 있다. 분리된 가족과 개인은 비교적 자율적이나 고립되어 있으며, 극단적으로는 역기능적이 되기도 한다. 가족구성원은 원하는 경제적 · 정서적 · 육체적 욕구와 지지, 희망하는 상호작용을 가족 외의 다른 체계에 의지하고 있다고 볼 수 있다.

모호한 경계선(diffused boundaries)의 경우 가족구성원 간의 경계가 밀착되어 있는 상황이며, 이 경우 모든 가족구성원은 필요하지 않은 경우에도 지지하고, 서로 관여 하는 등 극도의 혼돈을 보인다. 혼돈된 경계선을 가진 가족은 망상형 가족이라고도 하며 서로 너무 많은 타협과 간섭을 한다.

4) 제 휴

제휴(alignment)란 안정적 결탁, 우회적 결탁, 삼각관계를 나타내며, 이는 다른 사람이 활동하는 데 있어 체계의 한 가족구성원이 합류하거나 대항하는 것을 의미한다.

5) 세 력

누가 누구에게 세력(power)을 행사하는가를 알면 가족구조를 파악하게 된다. 무엇을 위해서 세력을 행사하고 세력행사에 대하여 누가 적극적으로 또는 수동적으로 행동하는가, 아니면 영향력을 행사하는 사람에게 누가 자발적인지, 강압적으로 대응하는지 등의 가족의 역동성을 파악할 수 있다.

6) 가족적응

다음과 같은 네 개의 차원에서 발생된다고 보았다. 첫째, 가족구성원 중 한 명의 구성원이 가족 외부의 세력과 접촉할 때, 둘째, 가족전체가 외부의 세력과 접촉할 때, 셋째, 가족의 발달단계상 과도기일 때, 넷째, 한 가족구성원이 갖고 있는 특정한 문제로 긴장이 야기될 수 있고, 이에 대한 적절한 적응이 필요할 때 발생한다.

7) 가족구조

가족구조란 반복적이고 체계화되어 있어서 예측할 수 있는 가족의 행동양식이다

(정은, 2009). 가족구조는 일반구속과 특이구속이 있다. 일반구속은 모든 부모와 자녀들은 서로 다른 양의 권위를 가진 일련의 계층적 구조를 갖는다. 특이구속은 가족구성원들이 서로 다른 상호보완적인 기능을 갖는 것이다.

2. 구조적 가족치료목표

구조적 가족치료의 최종목표는 역기능적인 가족구조를 재구조화하는 것으로, 가족문제의 해결은 구조의 변화에 따른 부산물로 이해된다. 구체적인 목적은 문제해결 능력을 향상시킬 있도록 역기능적 구조를 변화시키고, 그 체계가 문제를 해결하고, 체계의 성장을 도모하며, 가족구성원 간의 상호지원을 유지하면서 개인의 성장을 가져올 수 있도록 하는 것이다(Nichols & Schwartz, 2005).

가족치료자의 치료초점은 가족구조의 변형을 통해 결과적으로 가족 내의 문제를 해결한다는 전제 하에 매우 적극적이고, 지시적으로 가족구조에 개입한다.

궁극적으로 하위체계 간에 보다 적절한 경계를 형성하고, 위계질서를 강화함으로써 가족의 상호교류 규칙들을 재구조화한다(Goldenberg et al., 2002). 이 과정에서 가족구조가 재조직화되어 현존하는 문제를 제거함으로써 결과적으로 잘 규정되고 구조화된 체계로 거듭나게 된다.

3. 구조적 가족치료기법

구조적 가족치료는 치료자가 적극적으로 개입하는 구체적이며 행동지향적인 특성이 있다. 치료기법은 합류하기, 실연화하기, 재구조화, 상호작용에 개입하기, 진단하기, 경계 만들기, 균형 깨뜨리기 등이 있다(이영분 외, 2008; Minuchins, 1988).

1) 합류하기

합류(joining)란 외부의 가족치료자가 효과적인 치료를 위해 가족체계에 가족구성원의 일원으로 참여하고, 가족구성원 간의 상호작용과 의사소통 교류를 의도적으로 만들어 그 가족의 분위기를 파악하여 동조하며(정문자 외, 2012), 유지, 추적, 모방 등의 기법을 활용하여 초기과정을 단축시킨다(이영분 외, 2008).

합류는 모방과 관련이 있다. 그 체계가 가진 언어적·비언어적 의사소통과 감정을 모방하는 것이다. 은유와 주제를 이용하고 조화시키고 인정하는 것을 포함한다. 가족의 치료자는 그 가족의 언어, 위계, 문화, 규칙을 존중하는 한편, 불안감소를 돕기 위해 공감과 감정확인과 인정으로 가족체계 내에서 일할 수 있게 된다. 한 가족체계에 합류하는 과정은 '공동작업'의 분위기를 만들어 내면서 공감대를 수립하고, 이해의 장을 구축하는 것이다.

2) 실연화하기

실연화(enactment)란 치료자가 구상하고 있는 상호작용의 방법을 가족들로 하여금 실제로 행동을 통해서 연기하도록 만드는 구조적 가족치료의 독특한 기법으로 주로 면담 초기에 이루어진다. 가족들이 연기하는 동안에 관찰자의 입장에서 상호작용 속 가족들의 갈등을 지금-여기(here and now)로 가져와서 역기능의 가족구조를 사정하고 확인할 수 있다.

실연의 구성요소는, 첫째, 가족구성원 간의 자연스러운 교류를 관찰하여 결과를 인지하고 어떤 역기능적 영역에 집중할 것인지를 결정하는 것이다. 둘째, 문제가 되는 특정한 대화나 사건을 재연하도록 요청하여 실연을 지시한다. 셋째, 치료자는 직접 개입하여 방향을 수정한다. 만일 실연이 실패나 파국을 경험하게 되면 치료자는 무엇이 잘못되었는지 토론하면서 참가자들이 지속적으로 노력하도록 격려한다(유채영 외 공역, 2008). 치료자는 가족들의 상호교류를 지지하고, 때로는 저지하기도 하고, 수정하고 변경하기도 하면서 개입할 수 있는 구체적인 기회를 제공한다(김혜숙, 2008).

3) 재구조화

재구조화(restructure)기법은 가족이 당면하고 있는 여러 가지 문제를 재구조화하기 위하여 치료자는 현실과 증상에 도전하기, 경계선을 만들고 바꾸기, 긴장고조, 증상활용, 과제부여 등의 기법을 여러 분야에 적용한다.

4) 상호작용에 개입하기

상호작용에 개입하기(working with interaction)에서 치료자는 가족에게 어떤 문제를 어떻게 다루는지 회기 중에 직접 실연하는 것이다. 가족은 있는 그대로 표현하기보다는 바람직하다고 생각하는 대로 자신들을 기술하는 경향이 있다. 그러므로 가족이 갖는 문제행동을 치료자가 치료회기 중에 직접 보여 줌으로써 가족 스스로가 관찰하고 변화하도록 하는 기법이다.

5) 진단하기

진단하기(diagnosing)에서 가족은 대개 한 가족구성원에게 문제가 있는 것으로 파악하지만, 치료자는 가족들의 역기능적 상호작용 결과물이 개인의 문제를 야기시킨다고 이해하고 가족전체가 변화함으로써 구성원들 모두에게 도움이 되도록 문제를 진단해야 한다(최경석 외, 2001).

구조적 진단은 문제를 한 개인의 수준을 뛰어넘어 가족체계에까지 확대시키고, 과거의 산발적인 사건들로부터 현재 계속되고 있는 상호작용으로 초점을 옮긴다.

6) 경계 만들기

경계 만들기(boundary making)는 가족 간의 경계선이 모호하거나 너무 경직된 경우 가족구성원 각자가 체계 내에서 적절한 위치에 있도록 하위체계 간 경계를 분명히 유지하도록 수정 개입하는 기법이다(송성자, 2002).

치료자는 가족구성원 각자가 체계 내에서 적절한 위치에 있도록 하며 각 체계의 경계가 명확할 때 가족구성원 간의 새로운 상호작용의 유형이 생기고 체계의 기능이 발휘된다.

7) 균형 깨뜨리기

경계선을 만들어 가면서 치료자는 하위체계 간의 관계를 재조정해 나가려는 목표를 갖는다. 균형 깨뜨리기(unbalancing)는 하위체계 간의 관계를 재배치함으로써 가족 내 하위체계들 간의 역기능적 균형을 깨뜨리기 위한 기법이다. 예를 들면, 권위적이고 지배적인 남편과 자기주장을 하기 시작한 아내 사이에서 사회복지사는 의도적으로 부인의 편을 들어줌으로써 역기능적 균형을 깨뜨린다. 얼핏 편을 들어 중립성이라는 치료의 원칙을 깨뜨리는 것처럼 보일 수도 있으나, 그것은 체계의 균형을 무너뜨려서 체계를 재조정하기 위한 것이다. 치료자는 번갈아가며 다양한 가족구성원들의 편을 들기 때문에 균형과 공평함은 지켜진다.

제 3 절 경험적 가족치료

경험적 가족치료(experimental family therapy)는 인본주의 심리학에서 시작되었는데 현재의 지금, 여기를 강조하고, 가족들이 갖고 있는 여러 형태의 역기능적 대화를 연구하여 가족문제를 해결하는 독특한 전략들을 개발하였다. 경험적 가족치료는 개인의 정서적 경험과 치료자 자신의 적극적 활용을 강조하였는데, 역할놀이와 정서적 직면기법을 도입하여 대집단 가족치료에 접근하였고, 조각기법과 가족그리기 같은 표현적 기법들은 예술과 심리극의 영향을 받았다.

경험적 가족치료는 대인관계 그 자체가 성장에 주요한 계기가 되며, 경험을 통하여 개인이 성장하도록 돕는 형태의 가족치료이며, 휘태커(C. Whitaker)와 사티어(V. Satir)에 의해 태동되고 발달하였다.

1. 경험적 가족치료 주요개념

경험적 가족치료(experimental family therapy) 모델은 가족체계 내의 모든 상호작용은 개인적 경험이 내재되어 있으므로 가족의 건강한 교류를 촉진하여 올바른 성장을 자극하는 목표를 가진 성장지향적인 모델이다(Satir, 1983).

사티어(V. Satir)는 의사소통의 증진을 통한 성장에 초점을 두고 있다. 즉, 의사소통의 방법을 통해 대인관계에서 상호작용으로 상호존중과 신뢰할 수 있는 경험을 클라이언트가 직접 하도록 하여 자기가치와 존중감을 높이고, 인생에 대한 선택권을 스스로 갖도록 돕고 개인의 성장을 중시한다(송성자, 2002). 가족체계 내의 개인을 중시하고 자기표현을 강화함으로써 가족체계를 회복시키는 데 초점을 둔다. 경험적 가족치료는 가족구성원들이 각자 자신의 감정과 욕구에 민감하므로 가족의 기쁨, 실망, 두려움, 분노 등에 대해서 대화하고 수용할 수 있도록 돕는 데 있다(김정진, 2008).

치료자는 가족구성원의 의사소통과 대처 및 생존유형들을 자기 가치에 맞게 일치시키도록 돕고, 보다 선택적인 삶을 살 수 있도록 돕는다. 이는 가족의 결속과 바람직한 의사소통으로써 치료자가 서로 배려하고 수용하는 방법을 가족에게 제시하여, 서로 간의 두려움을 극복하고 자신의 마음과 경험을 개방하도록 한다(이영실 외, 2016).

1) 의사소통 유형

사티어는 의사소통을 정보를 주고받는 과정으로 보고 인간의 상호작용에 영향을 미치는 언어적 · 비언어적 의사소통과정을 중요시하였으며, 메시지의 일치성과 불일치성에 많은 관심을 두었고, 감각기관의 사용과 같은 모든 행동들을 가리킨다. 그리고 의사소통 기술과 유형은 어려서부터 부모와 가족들의 훈련과정을 통해 학습된 것으로서, 새로운 학습과 필요에 따라 변화할 수 있다는 것을 전제로 하였다. 즉, 가족이 기능적 가족인지 혹은, 역기능적 가족인지를 결정하는 중요한 요인 중 하나가 의사소통체계라는 것이다. 가족의 문제는 가족구성원 간 역기능적 의사소통에서 비롯된다고 강조하였다. 역기능적 의사소통은 언어적 메시지와 비언어적 메시지가 일치하지 않는 이중적 메시지로 전달되며, 자존감이 낮고 다른 사람의 감정을 상하게 하는 것을 두려워하는 사람에게 주로 나타난다.

이에 가족원들이 스트레스 상태에 놓이면 자주 사용하게 되는 의사소통을 유형화하여 설명하였다(정문자 외, 2012). 이러한 의사소통 유형은 회유형, 비난형, 초이성형, 혼란형, 일치형 등이 있다.

표 12-1 사티어의 가족 의사소통 유형

<table>
<tr><th colspan="2">구분</th><th>특징</th></tr>
<tr><td rowspan="4">역기능적 의사 소통</td><td>회유형
(아첨형)</td><td>– 자신의 감정이나 생각을 무시하고 타인의 비위에 맞추려는 성향
– 타인에게 무조건 순종하고 비굴한 자세 취함
– 감정억제, 짜증, 걱정, 공황발작, 자살생각 등 나타남</td></tr>
<tr><td>비난형</td><td>– 타인을 무시하는 성향
– 타인의 말이나 행동을 비난하고 통제하며, 명령함
– 짜증, 반항, 적대감, 편집증 등 나타남</td></tr>
<tr><td>초이성형
(계산형)</td><td>– 자신과 타인을 모두 무시하고 상황만을 중시
– 완고하고, 냉남한 자세와 독재적 행동을 하나 소외감 느낌
– 우울증, 정신병, 집착증, 강박증 등 나타남</td></tr>
<tr><td>혼란형
(주의산만형)</td><td>– 자신, 타인 상황을 모두 무시함
– 주제나 상황에 맞지 않는 말을 하며 산만하게 행동
– 혼란스러움, 부적절함, 낮은 충동통제 등</td></tr>
<tr><td>기능적 의사 소통</td><td>일치형</td><td>– 언어적 메시지와 비언어적 메시지의 일치
– 자기감정을 잘 알아차리고, 적절하게 표현
– 높은 자기가치감 갖고 있으며 심리적, 신체적으로 건강한 상태</td></tr>
</table>

출처: 정문자 외(2012: 176-180) 재구성.

2) 자기존중

자기존중(self–esteem)이란 사람은 자기존중의 감정 없이 성숙할 수 없다는 개념이다. 가족체계 내의 의사소통은 개인의 자기존중 형성에 영향을 미친다. 자기존중이나 자기가치(self–worth)는 타인이 자기를 보는 것과는 별개의 것으로 자기가 자신에게 가지는 신뢰, 애착, 사랑, 존중과 같은 것이다. 경험적 가족치료자인 사티어는 자기존중 개념이 인간의 기본욕구이고, 성(sex)은 기본욕구가 아니라는 것을 발견하였다. 사티어의 성장모델은 감정적 측면을 중요시하여 개인의 낮은 자기존중을 회복시켜 자신의 가치를 인정하고, 보유하고 있는 장점과 자원을 발견하고 활용하도록 함으로써 문제 상황에 잘 대처할 수 있게 하는 가족치료에 있어 중요한 과정으로 다루었다. 가족구성원들의 자기존중감 증가는 개인의 내적과정과 대인관계의 상호작용에 영향을 미친다. 자기가치는 원가족에 의해 학습되며 타인들의 말, 표현, 몸짓, 행동을 통해 드러나는 명백한 메시지와 은밀한 메시지에 의해 형성된다. 사티어는 자기존중에 대한 개념을 자기, 타인, 그리고 상황의 세 요소로 설명하고 있다.

3) 가족규칙

사티어는 누가 무엇을 근거로 가족규칙(the family rules)을 만들었으며, 그 규칙들이 어떠한 영향력이 있으며, 규칙을 어길 때 어떻게 반응 하는가 등을 중요시하여, 진단과 치료에 활용했다. 가족규칙은 반복적, 상호작용적인 일상의 경험을 통해 만들어졌으며, 어려움에 대처하거나 극복하는 행동유형의 일부분이 된다. 경제, 가사, 개인욕구와 관련된 계획, 권리침해 등과 가족규칙은 명시적이거나 암시적일 수 있지만, 힘이 강하고 성장경험과 학습에 지대한 영향력을 미친다.

4) 원가족 삼인군

원가족 삼인군(primary triad)은 부모와 한 자녀로 구성된 관계로 유아의 사회적 상호작용의 일차적 원천으로 개인의 내적과정이나 대인관계에서 존재감의 기초가 된다(Satir, 1967). 원가족 삼인군에서 학습한 역기능적 대처방법과 가족규칙, 부모의 규제로부터 대부분의 역기능적 학습이 이루어지며, 출생 이후 성장과정에서 자아존중감의 발달에도 부모가 미치는 영향은 매우 중요하다(송성자, 2002).

5) 가 치

가치(value)는 가장 정신적이며 영적인 것이고, 삶을 존중하고 신성시한다. 가치감정은 학습되는 것이므로 일생 중에 언제라도 자존심을 향상시킬 수 있다.

6) 성 장

성장(growth)은 심리적으로 성장, 발전하려는 욕구와 생존하고 성장하기 위해 적응할 수 있는 능력을 모든 사람은 갖고 있으며, 성장하고 변화시킨다.

2. 경험적 가족치료목표

경험적 가족치료의 목표는 가족을 안정된 상황에 머무르게 하는 것이 아니라 성장시키는 것이다(이원숙, 2012). 사티어는 초기에 성숙, 기능적 의사소통, 자아존중에 초점을 두었으며, 각 개인들이 치료를 통하여 성취하길 원하는 것을 찾아내고 새로운 꿈을 형성해 나가는 것을 중요시하였다. 사티어는 문제가정의 공통된 속성으로는 자기가치, 상호간의 의미를 주고받는 의사소통, 가족규칙, 외부사람들 및 사회제도들 등의 문제인데 이러한 문제들을 해결하는 것을 가족치료의 목표로 삼고 있다.

사티어는 가족치료목표를 달성하기 위하여 첫째, 각 가족구성원들은 다른 사람이 있는데서 자기 자신과 다른 사람에 관하여 보고, 듣고, 느끼고, 생각하는 것을 분명하게 말할 수 있어야 한다. 둘째, 각 개인은 자신이 다른 사람과 다른 점에 관해 말할 수 있으며, 그것은 존중되어야 한다. 셋째, 어떤 것을 결정할 때 강요에 의해서가 아니라 탐색과 협상을 통해서 결정하도록 한다. 넷째, 서로의 차이점을 인식하며, 성장을 위하여 이러한 차이점을 사용하여(김유숙, 2002), 가족체계에 변화가 일어나도록 시도하였다.

가족관계는 스스로의 모습에 솔직해지려고 노력하는 가족구성원들의 상호작용에 의해서 다시 회복된다. 가족구성원의 독립적 성장욕구와 가족관계를 회복하고, 개인의 잠재력을 향상시키는 궁극적 목적을 달성하고자 한다(이영분 외, 2008).

행동주의적 가족치료자의 목표와 마찬가지로 의사소통 가족치료자의 목표는 증상을 자극하고 강화하는 행동을 제지하는 것이다.

3. 경험적 가족치료기법

1) 원가족 삼인군 치료

원가족 삼인군 치료(primary triad therapy)의 궁극적인 목적은 환자가 원가족 삼인군에서 학습한 역기능적 대처방법에 집착하는 것에서 벗어나고, 가족규칙과 부모의 규제에서 벗어나 독자적인 개별성을 갖도록 돕는 데 있다. 가족구성원들이 공동으로 원가족 도표를 작성하는 과정과 완성된 원가족 도표를 설명하고 재구조화하고, 조각 내지는 역할극을 병행하면서 치료과정을 진행하게 된다.

2) 가족조각

가족조각(family sculpture)은 가족구성원들이 가족관계를 신체적으로 상징화하여 표현하고 이에 대한 구성원들의 인식을 파악하는 기법이다. 특정시점을 선택하여 그 시 점에서 한 명의 가족구성원이 조각가가 되어 가족체계 내에서 맡은 역할을 상징하는 위치에 다른 구성원들을 배치한다. 이때 가족구성원 간의 인간관계, 타인에 대한 느낌과 감정을 동작과 공간을 사용하여 표현하는 비언어적인 기법이다.

3) 치료도구로서의 밧줄

가족구성원 수만큼의 밧줄을 준비하여 각자의 허리에 묶는다. 가족구성원들은 밧줄의 묶임과 엉킴 상태를 보고 경직된 관계 및 연결 상태를 인식하고, 엉킴을 풀기 위한 방법을 말함으로써 가족관계를 개선시키는 방법을 알게 된다.

4) 재정의

재정의(reframing)는 부정적인 의미를 긍정적으로 규정함으로써 의미와 가치판단을 변화시키는 것으로 행동, 감정, 사고에 내재한 긍정적 의미를 제시하는 것이다(송성자, 2002). 재구성의 목적은 가족구성원들이 행동에 대한 지각을 변화시킴으로써 좀 더 바람직하게 상호작용하도록 돕는 것이다. 클라이언트가 긍정적인 측면에서 자신이나 상대방의 행위를 볼 수 있도록 의미를 재정의 하는 것이다.

5) 은 유

은유(metaphor)는 가족문제에 대한 직접적인 묘사나 해석은 가족구성원들의 감정을 자극할 수 있으므로, 생각표현 수단으로 어떤 단어를 선정하여 사용한다.

6) 역할극

역할극(roleplaying)은 실제경험을 바탕으로 전제하며 과거의 사건이나 바람 또는 미래사건에 대한 두려움을 치료과정 중에 직접 역할극을 해보게 하거나 또는 배역을 바꿈으로써 타인의 내면생활을 알게 함으로써 치료하고자 한다.

7) 접 촉

접촉(touch)이란 신체적 접촉이 강한 영감을 준다는 믿음으로, 첫 회합에서는 의도적으로 모든 가족이 손을 잡고 악수를 하거나, 좀 더 자유롭게 신체적 접촉을 하고 비언어적 지지를 표현하도록 하기 위하여 여러 형태의 접촉을 시도한다. 가족구성원과 초기 단계에 아이컨텍(eye contact)과 함께 악수를 한다든가, 격려하기 위한 가벼운 어깨 두드림, 상담실로 안내하기 위한 손잡음 등 지나치지 않은 접촉은 가족구성원들의 저항을 감소시키는 비언어적 지지가 된다.

8) 의사소통입장

사티어는 가족구성원에게 회유형, 비난형, 초이성형, 산만형 중 하나의 입장을 취하게 하여 어떤 것이 효과적이고 합리적인 의사소통방법인지를 알게 한다.

9) '나'의 표현

자기상태를 명확하게 표현하고 이해시키는 방법을 알게 한다. "그 상황은 혼란스럽다"로 말하는 것이 아니라 명확하게 "내가 혼란스럽다"로 말하게 한다.

10) 유 머

유머(humor)는 긴장을 풀고 친밀감 있는 분위기를 만들어 문제점을 긍정적 맥락에서 보고, 긍정적으로 묘사하게 하며, 문제를 새로운 관점에서 볼 수 있게 한다. 유머는 가족이 자신을 바라보고 방법을 변화시킬 수 있는 강한 치료의 도구이다.

제 4 절 전략적 가족치료

전략적 가족치료(strategic family therapy)는 가족이 제시한 문제의 해결을 위하여 다양한 실용적 개입방법을 활용한다. 저항을 직접 다루기보다는 우회적으로 다루기 위해 역설적 기법들을 사용한다(김연옥 외, 2005).

1. 전략적 가족치료 주요개념

전략적 가족치료관점은 체계적 가족치료이론으로 가족은 개인의 집합체가 아니라 상호작용하고 상호 의존하는 체계로 보았다. 즉, 한 가족구성원의 행동과 반응이 다른 구성원의 행동과 반응에 지속적으로 영향을 미치는 하나의 체계로 보았으며, 기능적 가족, 역기능적 가족, 병리적 가족이라는 용어를 사용한다(송성자, 2002).

증상이란 가족항상성을 유지하기 위한 것이며, 증상은 목적을 위해 존재하고 어떤 증상이 치료되면 또 다른 문제나 결과를 발생시키고 관계에 적응하기 위한 것이다(Madanes, 1981; 유채영 외 공역, 2008).

1) MRI 접근

캘리포니아의 정신건강연구소(MRI)는 1959년 잭슨(Don Jackson)에 의해 설립되었으며, 정신분열증 연구의 일환으로 가족연구팀을 중심으로 의사소통에 대한 연구가 이루어졌다(정문자 외, 2012).

MRI 연구팀에 따르면, 가족문제를 해결하려는 가족의 시도가 오히려 문제를 더 악화시킨다고 보았다. 예를 들면, 아들에게 동생을 때리거나 괴롭히지 말라고 야단치는 부모는 아들에게는 부모가 동생을 더 사랑한다는 생각을 갖게 한다. 이 경우 치료자는 부모가 이전 행동과는 다르게 행동하도록 조언한다. 즉, 아들을 야단치는 대신에 아들을 얼마나 사랑하는지 보여줌으로써 아들을 안심시켜 문제행동을 줄이는 방법을 강구하게 한다(송성자, 2002).

2) Haley와 Madanes의 접근

헤일리(J. Haley)와 매더네스(C. Madanes)는 치료의 궁극적인 목표로 가족의 위계를 확립하려는 구조적인 접근에 두었지만 전략적·역설적 기법을 강조하여 많이 사용하였다. 헤일리는 역기능적 가족일수록 위계구조가 혼란하여 세대 간 권력의 순서가 뒤바뀌거나 세대 간 연합의 특성을 보이므로, 증상을 유지시키는 가족의 위계와 조직의 문제에 특별한 관심을 두었다.

따라서 증상이 지닌 고통과 동일하거나 더 힘든 시련을 체험하도록 과제를 주는 등의 역설적 방법으로 증상을 자발적으로 포기하도록 하였다(정문자 외, 2012).

3) 밀란모델

밀란모델은 가족에게 역설적으로 접근하였다. 상담은 10회기 이내로 제한하였으며, 평균 한 달에 한 번 이루어졌다. 내담자가족이 역설적 처방의 효과에 반응할 시간이 필요하기 때문에 회기 간 간격을 길게 책정하였다. 그 대신 한 회기의 시간이 상대적으로 길고, 네 명의 치료자가 한 팀이 되어 한 회기를 다섯 단계로 나누어 진행하는 독특한 치료방식을 사용하였다(정문자 외, 2012).

2. 전략적 가족치료목표

헤일리의 치료목표는 가족의 잘못된 위계질서에 초점을 맞추고, 잘못된 위계질서를 바로잡는 일이다. 부모와 자녀 사이, 그리고 부부 간에 서로 적절한 힘의 균형을 이루고 자신들의 위치에서 알맞게 힘을 행사하도록 돕는 일이 치료의 목표가 된다. 예를 들면, 사춘기 자녀와 부모가 그들의 관계를 향상시키기 위하여 치료해 왔다. 헤일리는 가족에게 반항하는 아들을 다루는 어려움에 대하여 이야기하도록 할 것이다. 그러나 헤일리의 관심은 전략에 있었다. 전략적 치료자는 사람들이 변화하는 동안 생기는 충돌이나 거부를 최소화하기 위해 각 개인보다는 전략적인 부분에 의존하였다. 헤일리는 변화에 대한 책임이 환자보다는 치료자에게 있다고 믿었다. 헤일리와 함께 치료에 임했던 매더네스(C. Madanes)는 문제중심적이거나 구조적인 목표를 넘어서서 균형, 조화, 사랑과 같은 성장지향적인 영역을 포함시키고 있다.

3. 전략적 가족치료기법

전략적 가족치료는 논리나 합리성보다는 현재 증상이나 문제를 제거 또는 감소시킬 수 있는 기술이나 전략에 관심을 가지고 있다.

1) 지시기법

직설적 지시(direction)는 현재 문제를 해결할 목적으로 치료자가 사용하는 충고, 코칭, 직접적 제안, 시련행동을 부과하고, 언어적·비언어적 의사소통 모두 사용 가능하다. 지시기법으로는 첫째, 다르게 행동하도록 제시하거나, 둘째, 계속해서 똑같이 행동하도록 제시하는 것이다. 지시기법을 내리는 데 있어서 주의할 점이 있다. 가족원에게 적합한 것이어야 하며 가족이 저항 없이 받아들이도록 설명하는 것 역시 중요하다. 가장 먼저 전체가족에게 과제를 주어야 한다. 가족구성원 개인에게 줄 경우에도 전체가족이 과제를 함께 수행하도록 안내한다. 그리고 특정행동을 중단하라는 지시보다 새로운 행동을 하도록 지시하는 것을 우선하여야 한다(송성자, 2002).

2) 역설적 개입

역설적 개입(paradoxical intervention)은 문제를 유지시키는 연쇄 고리를 변화시키기 위하여, 문제행동을 유지 혹은 강화하는 기법을 사용하게 하는 것이다. 가족구성원들의 상식수준과는 반대로 실행하도록 요구함으로써 저항을 일으키게 한 후, 이를 통해 변화를 이끄는 것으로 가족이 역설적 지시에 따르게 되면 문제를 통제한다는 것을 인정하는 것이며, 따르지 않으면 문제를 포기하는 것이 된다(송성자, 2002). 예를 들면, 부자갈등의 경우 매일 일정한 시간에 아버지가 아들에게 꾸중을 하여 아들을 화나게 하거나 싸우도록 하는 과제를 부여할 수 있다.

3) 순환질문

순환질문(circular questioning)은 각 가족구성원에게 돌아가면서 가족 상호작용이나 가족관계에 대하여 이야기하게 하는 대화기법이다. 순환질문을 통해서 내담자 가족은 개별 가족구성원의 반응을 경청하게 되면서 가족을 새롭게 인식하게 된다(정문자 외, 2012). 가족의 문제를 인식함에 있어 원인과 결과를 구분하는 단순한 관점에서 벗어나 문제의 순환적 성격을 인식함으로써 개인적 관점에서 벗어나 전체의 맥락을 파악할 수 있도록 돕는다.

표 12-2 가족치료모델의 특성

치료모델	문제에 대한시각	치료목표	주요개념	주요기법	주요학자
다세대 가족치료	원가족과 해결되지 못한 문제가 세대를 통해 전수됨	가족구성원의 분화수준 향상	자아분화, 삼각관계, 다세대 전수과정 등	가계도, 탈삼각화, 코칭 등	Bowen
구조적 가족치료	가족구조의 불균형	역기능적 가족구조의 재구조화	가족구조, 경계선, 하위체계 등	합류, 실연, 경계, 만들기 등	Minuchin
경험적 가족치료	낮은 자존감과 심리적 불균형으로 발생하는 의사소통의 역기능	개인과 가족의 성장	의사소통 유형, 자기존중과 자기가치, 원가족 삼인군	원가족 도표, 가족조각, 재정의	Satir
전략적 가족치료	가족의 비성공적 문제해결 전략의 유지	가족구성원 간 반복되는 역기능적 상호작용의 고리를 차단하거나 변화시킴	가족항상성과 증상의 관계, 순환적 인식론	지시기법, 역설적 개입, 순환질문	Haley

출처: 박미은 외(2019: 121).

CHAPTER 13

가족 프로그램

학습목표

이 장의 학습목표는 프로그램의 다양성을 익히는 데 있다. 건강가정지원센터에서 진행하고 있는 가족교육 프로그램인 생애주기별 (조)부모교육 남성대상교육, 가족성장아카데미에 대해 논의해 보고, 현재 관련기관에서 실시하고 있는 각 프로그램을 소개하고자 한다.

- 가족문제의 원인을 이해하고 예방교육을 할 수 있다.
- 부부교육의 필요성과 프로그램에 대해서 설명할 수 있다.
- 부모교육의 필요성과 훈련과정에서 배워야 할 기술을 설명할 수 있다.
- 은퇴 준비교육을 통해 가족 축소시기를 대비할 수 있다.

매우 복잡하며 빠르게 변화하고 있는 제4차 산업혁명시대의 급속한 산업화, 정보화에 따라 가족의 모습 역시 많은 변화를 경험하고 있다. 여성의 사회진출 증가, 저출산 증가로 인하여 노인부양문제 맞벌이가족문제 등이 나타나고 있으며, 가족의 불안정성이 높아지면서 이혼율, 가정폭력문제가 이미 수위를 넘어섰다. 더불어 한부모가족, 재혼가족, 기러기가족, 다문화가족 등의 다양한 가족이 계속적으로 증가하고 있다. 이러한 변화는 건강한 가족생활을 영위하는 데 위기를 초래하였으며, 가족문제가 사회적 문제로 인식이 되면서 사회나 국가의 제도적 지원이 필요하게 되었다. 가족위기에 대처하기 위하여 지난 2004년 2월에 「건강가정기본법」이 공포되어 2005년 1월 1일부터 시행되고 있다. 현재 전국적으로 시・군・구 건강가정지원센터가 운영되고 있으며, 건강가정지원센터는 기존 가족복지의 사후처리적 서비스의 한계를 극복하고 다양한 가족들의 문제들을 예방할 수 있도록 개별가정을 단위로 한 사전 예방적이며 통합적인 서비스를 제공하고 있다.

건강가정지원센터에서는 가족이 생활하면서 필요한 생애주기별 (조)부모교육, 가족성장아카데미, 자녀대상교육, 가족 간 의사소통교육, 남성대상교육, 가족생활교육, 등 가족교육 프로그램을 지원하고 있다. 가족교육 프로그램의 목적은 가족생활에 긍정적 태도변화를 촉진시키고 기능적인 가족을 지원하고자 하는 것이며, 더 나아가 구성원 간의 상호작용 개선과 가족의 삶의 질 향상에 도움이 되는 정보와 기술을 가족에게 제공함으로써 가족문제를 예방하고, 전체 가족생활을 강화시키며, 건강한 가정을 육성하여 가족복지를 실현하고자 하는 것이다.

제 1 절 건강가정지원센터 가족교육사업의 개요

사람은 태어나서 죽을 때까지 가정 안에서 생활하며 가족들과 관계를 맺어간다. 그러나 그 누구도 정답을 모르며, 학교에서도 가족생활을 잘하는 법을 가르쳐주는 곳은 없다. 결혼해서 좋은 가정을 꾸리기 위해서는 어떻게 해야 하는 것인지, 임신을 하고 보니 좋은 부모가 되려면 어떻게 해야 하는지 막막하다. 건강가정지원센터에서는 이렇듯 가족이 생활하면서도 필요로 하는 것들을 배우고자 할 때, 가족구성원의 잠재적 강점기능을 발현시키고 역량을 강화하는 가족교육을 실시함으로써, 가족관계 내에서 발생하는 가족문제를 사전에 예방하고, 가족생활을 강화시킴으로써 건강한 가정을 육성하여 가족의 건강성 증진과 건강한 사회를 구현한다. 가족교육의 사업목적은 다양한 가족지원, 이용자 참여확대를 통한 가족기능 지원강화, 생애주기별부모교육 등 가족교육 활성화를 장려하고 있다. <표 13-1>은 가족교육 프로그램사업 세부적 내용이다.

한국건강가정진흥원에서 2018 전반기 가족교육 프로그램별 참여인원을 분석한 결과, 가족교육은 크게 남성대상, 부모교육, 가족교육, 자녀대상교육으로 분류하고 있는데 성인기자녀 부모교육에 가장 많이 참여하였고, 초등저학령기자녀 부모교육, 예비부모교육, 영·유아기자녀 부모교육, 청소년기자녀 부모교육, 조부모교육 순으로 참여한 것으로 나타났다. 가족교육 중에서는 노년기가족교육에 가장 많이 참여하였

표 13-1 가족교육 프로그램사업

프로그램 구분	프로그램명	사업내용
공통사업	생애주기별 부모교육	– 예비/신혼기부부, 결혼준비교육 프로그램 포함한 생애주기별 (조)부모교육 – 예비부부·부모대상 고비용 혼례교육 – 연간 센터당 30명 교육
	남성대상교육	– 아버지교육, 찾아가는 아버지교육, 남성대상 자기돌봄교육 등 – 연간 20시간 이상
자유사업	신혼기 가족교육	– 출산준비교실 – 공통사업에 포함되지 않은 신혼기가족 대상으로 교육
	중년기 가족교육	– 중년기 가족생활교육, 가족경영아카데미 – 부부관계증진교육, 의사소통교육 등
	노년기 가족교육	– 노후준비교육, 은퇴설계교육 – 노인대상 자기돌봄강화 프로그램 등
	자녀대상교육	– 독서아카데미, 창의력 교실, 진로교육 – 폭력예방교육, 예절교육 등

출처: 한국건강가정진흥원(2018: 39).

표 13-2 가족교육 프로그램별 참여인원/회기 수 현황(2018 전반기)

(단위: 명, 회기, %)

대 상	세부분류	참여인원			합 계	진행 회기 수
		남	여	비구분		
남성	남성대상교육	13,971	3,000	16,838	33,809	1,152
생애 주기별 부모교육	예비부모교육	3,431	4,116	2,034	9,586	343
	영·유아기자녀 부모교육	1,044	6,058	2,074	9,176	384
	초등저학령자녀 부모교육	769	7,714	3,320	11,803	436
	청소년자녀(중년기) 부모교육	954	6,291	623	7,868	432
	성인기자녀(노년기) 부모교육	1,010	4,022	6,961	11,993	158
	조부모교육	203	2,045	979	3,227	103
	소계	7,411	30,246	15,991	53,648	1,856
가족교육	신혼기 가족교육	838	979	271	2,088	99
	중년기 가족교육	556	1,524	730	2,810	159
	노년기 가족교육	584	5,417	7,886	13,887	511
	소계	1,978	7,920	8,887	18,785	769
자녀	자녀대상교육	3,516	4,009	36,019	43,544	1,130

기타	기타 교육	3,941	8,587	44,278	56,806	1,679
합계		30,817	53,762	122,013	206,592	6,586
비율		14.9	26.0	59.1	100.0	6,586

출처: 한국건강가정진흥원(2018: 40).

고, 중년기, 신혼기 가족교육 순으로 나타났다. 참여인원 남녀비교에서 남성은 남성대상교육, 여성은 생애주기별 부모교육에 최다 참여하였으며, 가족교육 참여자 중 여성은 53,762명(26.0%), 남성은 30,817명(14.9%)으로 여성이 남성보다 11.1% 더 높게 나타났다.

제 2 절 생애주기별 (조)부모교육

사람은 결혼, 출산, 육아, 아이의 성별에 따라 유아기, 학령기, 청소년기, 그리고 성인자녀기 등을 거치고, 중 · 장년기, 노년기, 배우자 사망기 등의 가족생애주기를 경험한다. 그러나 각 가정마다 모든 단계를 거칠 수도, 건너뛸 수도 있다. 건강가정지원센터에서는 이러한 단계에 따라 이미 예측 가능한 가족의 문제에 대해 미리 예방하고 준비할 수 있는 프로그램을 제공하고 있다.

한국건강가정진흥원은 부모교육 세부영역 [그림 13-1]과 같이 가족 내에서 발생하는 문제를 예방하고, 가족구성원의 역량을 강화시키기 위한 부모, 부부, 조부모 등 가족을 대상으로 한 생애주기별 다양한 교육과 결혼을 앞두거나 교제중인 미혼남녀/예비부부 및 신혼기부부를 대상으로 자신과 상대방에 대해 이해할 수 있는 기회를 제공하고 결혼초기 적응을 돕는 생애주기별 부모교육 프로그램을 운용하였다. 조부모교육은 손자녀를 키우는 조부모를 대상으로 손자녀에 대한 이해, 손자녀와의 원만한 관계 적응, 효과적인 대화법, 손자녀의 생활지도 등을 위한 교육 등이 실행되었다.

부모역할지원 및 아버지역할지원 이용 인원은 68,200명으로 아버지역할지원 이용 인원이 23,165명으로 가장 많으며, 아버지역할지원, 자녀학령기부모교육, 영 · 유아

그림 13-1 **부모교육 세부영역**

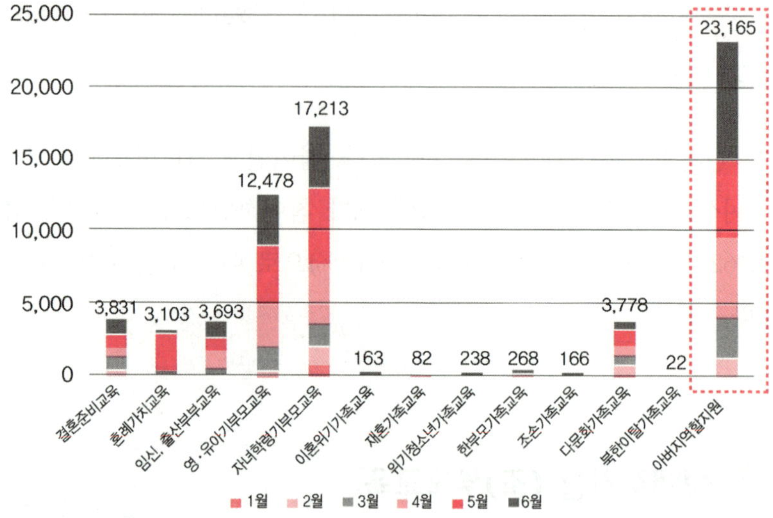

출처: 한국건강가정진흥원(2019).

기부모교육, 결혼준비교육, 다문화가족교육 순으로 많이 이용하였다.

1. 예비부부 및 신혼기부부교육

예비부부 및 신혼기부부교육 프로그램은 결혼을 앞둔 미혼남녀 혹은 신혼기부부를 대상으로 자신과 상대방에 대해 좀 더 이해할 수 있는 기회를 제공하고 결혼초기 적응을 돕는 프로그램이다. 결혼생활이 사회생활 중에서 가장 일상적이고 보편적인 형태임에도 불구하고, 대부분의 사람들은 결혼생활의 실체나 가족의 진정한 의미를 심사숙고하지 않은 채 결혼하고 가족생활에 들어가게 된다. 서로 상대방에 대한 이상적이고 비현실적인 기대를 하게 됨으로써 부부는 결혼생활에서의 역할갈등, 성격 차이, 시댁과 처가와의 관계유지의 어려움 등으로 다양한 문제 상황에 놓이기도 한다. 가족은 오직 두 사람에 의해 만들어지는 것이 아니라 두 사람이 살아온 모든 경험, 특히 자라 온 원가족으로부터의 부모관계, 형제자매관계, 여러 가지 행동양식, 가족가치관 등이 그대로 내면화되어 결합된 구성체이다. 부부는 서로의 특성을 인정하고 차이점을 받아들이며, 자율적이고 성숙한 사람으로 성장할 수 있도록 서로 지지하고 후원해야 한다. 건강한 부부일수록 자녀를 출산하였을 때 일관성 있고 수용적인 양육태도를 유지할 수 있다. 또한 자녀가 성장함에 따라 융통성 있게 대처하고, 효율적 의사소통을 통하여 친밀감을 형성할 뿐만 아니라 적절한 갈등해결방법을 보여주고, 건전한 가치관을 제시하며, 긍정적 세계관을 형성할 수 있게 해 줄 수 있다.

따라서 예비부부교육은 결혼초기의 적응기간 동안 발생할 수 있는 갈등이나 문제를 예측하며 잘 대처할 수 있도록 도와준다. 아울러 예비부부에게 결혼의 중요성, 결혼의 가치, 건강한 부부상 등에 대해 진지하게 생각할 수 있는 기회를 주어 바람직한 결혼문화를 만들어 가도록 돕고, 건강한 결혼과 가족 가치관을 확립하고 결혼생활에서 발생할 수 있는 문제에 대한 대처능력을 향상시키도록 도움을 준다.

서울 송파구 건강가정지원센터에서는 '우리 결혼할까요?'라는 예비부부교육 프로그램을 진행하고 있다. 예비부부를 대상으로 자신과 상대방에 대해 좀 더 이해할 수 있는 기회를 제공하고, 결혼초기 적응을 돕기 위한 이 프로그램의 목적은 건강한 결혼과 가치관을 확립하고 결혼생활에서 발생할 수 있는 문제에 대한 대처능력을 갖는 데 도움을 주고자 하는 것이다. 이 프로그램의 내용은 <표 13-3>과 같다.

표 13-3 예비부부교육 프로그램: '우리 결혼할까요?'

회 기	주 제	내 용
1	서로의 차이 이해하기	DISC를 이용한 서로의 차이 이해하고 적응하기
2	행복한 커플 대화법	갈등이해 및 갈등해결을 위한 바람직한 의사소통 방법 학습
3	결혼의 의미와 결혼 체크리스트	결혼의 의미 및 행복한 결혼을 위한 요건 이해하기 사랑의 관점과 구성요소/원가족, 건강, 자녀와 가사
4	성평등한 동행	성평등한 커플 및 가족관계 형성 및 유지를 위한 관리 성평등한 동행을 위한 성평등 감수성 인지 지금 이 순간

출처: 송파구 건강가정지원센터(2019.10).

서울 구로구 건강가정지원센터에서는 신혼부부교육 프로그램 '신혼, 꽃이 피다'라는 프로그램을 시행하고 있다. 이 프로그램은 4회기로 진행되며, 프로그램의 주제 및 내용은 <표 13-4>와 같다.

표 13-4 신혼부부교육 프로그램: '신혼, 꽃이 피다'

회 기	주 제	내 용
1	서로의 이해와 점검	신혼기부부 관계점검, 부부역할 확립
2	재무교육: 애(愛)너지 통장	신혼기 재무이슈와 갈등, 재무대화 정서통장, 미래계획 설계
3	성교육: 함께 만들어가는 신혼의 성	성인지적 관점 속 부부, 부부의 성적인 대화 부부의 성 패턴 분석, 부부의 즐거운 성생활
4	신혼부부 갈등과 대화법	다름에 대한 수용, 갈등상황 돌아보기 건강한 갈등해결 방법, 효과적인 대화법 체험활동: 드라이플라워 엽서만들기

출처: 구로구 건강가정지원센터(2019.10).

2. 영 · 유아기 부모교육

최근 우리사회는 그 어느 때보다도 부모교육의 필요성이 더욱 절실히 요구된다. 현대사회에서 부모가 될 구체적인 준비나 훈련의 과정을 거치지 않았기 때문에 자녀 양육과 부모역할수행에 상당한 도전을 받고 있다. 부모는 자녀의 성장과 발달에 직접적인 영향을 주는 핵심역할을 수행하는 존재이기 때문에 부모교육이 중요하다. 영아기 부모역할은 양육자로서 수유, 수면, 배설 등 기초적인 욕구를 충족시키며 안전한 환경에서 신뢰감 및 애착형성 조력자로서 양육자와 정서적 유대관계를 형성하고 성장하게 하며, 사회적 관계를 맺는 기초가 되게 하는 보호자의 역할을 한다. 전인적 발달을 위해 적절한 자극을 주는 자극제공자 역할과 돌 이후 자율성이 활발해지므로 지나친 제한이나 간섭을 배제하고 일관성 있고 적절한 기회를 제공해야 하는 자율성 발달 조력자 역할이다. 또한 의사소통 촉진자로서 적절한 자극을 주어 언어발달에 도움을 주는 역할을 해야 한다. 부모가 행복해야 아이도 행복하므로 육아로 인한 스트레스와 피로를 해소하려는 부모자신 돌보기 노력을 해야 한다.

서울 송파구 건강가정지원센터(2019)에서 "내 아이를 위한 사랑의 기술, 감정코칭"을 실시하며, 자녀도 부모도 자존감을 높인다는 주제의 교육을 <표 13-5>와 같이 실시하였다.

표 13-5 부모교육 프로그램: '영 · 유아 발달 이해'

회 기	주 제	내 용
1	내 아이 발달 이해하기	영 · 유아 발달 척도를 활용해 발달 특성을 알아보고 개별적 특성을 이해하고 인식
2	유형에 적합한 놀이방법 안내와 실제	유형(활동반응형, 규칙순응형)에 근거하여 놀이방법을 안내 강점을 강화하고 발달에서의 약점을 끌어올리는 놀이방법
3	특성에 적합한 놀이방법 안내와 실제	자녀의 개별적 특성, 그리고 유형(통합형, 지구력형)에 근거하여 놀이방법을 안내

출처: 신혜원 외(2017).

3. 아동기 부모교육

아동기(8~13세)는 자녀의 인지적, 정서적 발달과 학습 동기, 그리고 자아존중감이 만들어지는 중요한 시기이다. 아이가 초등학교에 들어가면 이제 다 큰 것 같다가도 아이들과 대화가 어려워지고 학교생활에서 공부, 친구관계, 아이들의 진로가 걱정되며 아이들이 하는 행동이 바람직하지 않은데, 어떻게 지도해야 할지 고민되는 경우가 많으므로 부모 역시 자녀의 발달을 돕고 고민을 나누는 상담자로서 성장하는 시기이기도 하다.

아동기 부모교육은 아동기 자녀를 둔 부모의 어려움을 해결할 방법을 찾는 데 도움을 주는 교육 프로그램으로 부모의 역할과 권한이 매우 강하게 부각되므로 부모의 적극적 참여가 필수적인 프로그램이다. 부모에게는 자녀에 대한 책임감과 역할수행을 촉구하는 계획과 교육내용으로 이루어지며, 자녀에 대한 간섭, 지나친 기대, 보호, 편애 등 자녀문제의 원인이 되는 부모의 그릇된 가치관과 태도 및 행동특성을 수정하기 위한 부모교육이다.

아동기에 배움의 즐거움을 느낀 아이는 청소년기와 성인기에도 계속해서 스스로 동기를 찾아가며 주도적으로 공부한다. 아이가 배우는 즐거움을 발견하고, 자신의 미래를 설계하면서 스스로 공부할 수 있도록 적절하게 자극하고 효과적으로 환경을 지원하는 올바른 방법 또한 배울 수 있다. 서울 성동구의 '오! 마이키즈'의 프로그램의 주제와 내용은 <표 13-6>과 같다.

표 13-6	아동기부모교실: '오! 마이키즈'	
회 기	주 제	내 용
1	좋은 부모 되기	현명한 훈육법 자녀와 소통하는 대화비법
2	자존감으로 성장하는 내 아이	자녀의 장점을 찾아서 칭찬해준다. 자녀의 공헌, 개선, 향상된 점을 격려한다.
3	자녀 성교육 및 성평등 교육	성정체성 발달 조력자, 양성평등의식 남·녀 성을 구분하지 말고 아이의 성향에 따라 지도

출처: 성동구 건강가정지원센터(2019. 9).

4. 청소년기 부모교육

청소년기는 급격한 신체적, 정서적, 인지적 변화가 생기고 가족관계, 학교생활 및 진로 등 다양한 스트레스 요인 등 수많은 변화를 겪으며 적응해 가는 과정에서 문제행동이 발생할 가능성이 높은 시기이므로 청소년 자녀를 둔 부모의 역할은 더욱 중요할 수 있다. 청소년기는 환경적, 심리적, 대인관계의 변화를 이해해야 하며, 아동기 때와의 관계가 다르다는 점을 인식하고, 자녀의 특성에 따라 자녀관계에서의 갈등과 다양한 청소년문제에 효과적으로 대처하는 방법과 청소년기 자녀를 이해하고 자녀 간에 생길 수 있는 다양한 갈등과 문제를 해결하며, 부모는 자녀와의 관계변화에 적응해야 한다.

저연령화되고 있는 청소년문제를 예방하기 위하여 청소년기 자녀를 둔 부모를 대상으로 자녀의 효과적인 지지체계 역할을 할 수 있도록 돕는 부모교육 프로그램이 절대적으로 필요하다.

프로그램 구성원리는 다음과 같다. 첫째, 초기 청소년기 자녀의 부모들이 이 시기의 자녀를 이해하도록 돕는다. 둘째, 발달단계로써의 청소년기 전반에 대한 이해뿐만 아니라 청소년기와 밀접하게 관련 있는 몇 가지 영역을 심층적으로 다룸으로써 부모의 양육 효능감을 높인다. 셋째, 후기 청소년기 자녀들이 보일 수 있는 부적응 문제예방을 위해 초기 청소년기 자녀 양육방법 및 대처방법에 대한 부모역할교육을 구성요소로 제공한다. 넷째, 초기 청소년기 자녀에 대한 이해와 더불어 부모 자신에 대한 이해에도 초점을 맞춘다. 다섯째, 부모가 초기 청소년기 자녀와 새로운 관계를 맺는다는 목표를 위해 부모가 할 수 있는 구체적인 양육방식에 대해 알 수 있도록 한다. 서울 동작구 건강가정지원센터에서는 청소년기 자녀를 둔 부모를 대상으로 <표 13-7>과 같이 청소년기 부모교육 '활동형 프로그램'을 진행하고 있다.

표 13-7 청소년기 부모교실: '활동형 프로그램'

회 기	대 상	주요개입 방안 및 내용
8회기	학부모	1. 청소년에 대한 이해 2. 부모-자녀관계의 걸림돌 찾기 3. 힐링프로그램 4. 자녀와의 의사소통 5. 우리 자녀의 진로와 교육가치관

출처: 동작구 건강가정지원센터(2019).

5. 중 · 장년기 가족교육

중 · 장년기는 인생의 나머지 절반의 시작점이자 전환점의 시기라 할 수 있다. 중 · 장년기의 명확한 구분은 어려우나 연령과는 관계없이 막내자녀의 독립으로부터 은퇴까지를 중 · 장년기로 보며, 마지막 자녀가 독립하면서부터 시작하여 배우자 중 한 명이 은퇴하거나 사망하기까지의 기간이다. 그러나 UN에서 청년기를 18~65세, 중 · 장년기를 66~79세라고 공표하였으며, 자녀의 결혼이 늦어지고 평균 수명이 높아짐에 따라 좀 더 중년기를 길게 누릴 수 있게 되었다. 중 · 장년기는 생물학적 · 사회적 · 심리적 변화가 생기기 때문에 한 개인이 그동안 해왔던 역할에도 큰 변화가 일어나는 시기이다. 변화에 대한 지식과 중 · 노년기 부부관계 및 부모자녀관계의 변화에 대한 이해를 통해 이를 지혜롭게 극복해야 한다. 중 · 장년기는 노부모 세대와 성인기에 접어드는 자녀 세대 사이에 낀 세대로 노부모와의 관계에서뿐만 아니라 자녀와의 관계에서도 새로운 역할 및 관계정립이 요구된다.

충주 건강가정지원센터에서는 55세 이상의 베이비부머 세대를 위한 베이비부머 가족교실 '꽃보다 중년'이라는 프로그램을 진행하고 있다. 중 · 장년기에 겪는 가족관계와 여가생활 및 재무교육을 주제로 다룬다. 이는 또한 100세 시대를 맞이한 고령화 사회, 인생 제2막을 위한 베이비부머 세대의 노후생활 설계 및 가족생활교육 및 은퇴 이후의 삶도 준비해 보자는 취지로 진행되고 있다. 이 프로그램의 주제와 내용은 <표 13-8>과 같다.

표 13-8 베이비부머 가족교실: '꽃보다 중년'

회 기	주 제	내 용
1	나를 진단해보기	성격 유형검사
2	새롭게 도전하기	드림리스트 작성, 비전명함 만들기
3	꿈이 있는 나	이미지 메이킹
4	특별한 시간	티 타임, 명함전달식 등

출처: 충주 건강가정지원센터(2017. 11).

6. 은퇴 준비교육

1) 은퇴 준비교육과 필요성

은퇴는 노후생활의 시작을 의미하며, 노년기의 행복한 삶을 위해서는 노후에 대한 만반의 준비가 필요하다. 은퇴란 전일제(full time)의 직업적 자리에서 벗어나 그 지위와 관련된 역할의 수행이 중지된 상태로서 수많은 연구에서 가장 일방적으로 사용되는 정의이다(강동주, 2019). 노화가 생물학적 의미를 많이 담고 있다면, 은퇴는 사회적인 의미를 많이 담고 있다. 은퇴는 사회제도적 관점에서 다루어야 하며, 개인의 수입이 연금으로 대체되며, 성인기의 주된 노동에서 떠나는 것이라고 하였다(김동기 · 김은미 공역, 2006). 이렇게 본다면 은퇴를 사회적 기능의 손실로 이해하고 사회적 관점에서 접근하는 것이 타당하다. 은퇴는 사회적 노화현상이며, 인생주기의 한 부분인 매우 자연스러운 단계로 받아들여야 한다.

은퇴 준비를 한 경우와 못한 경우는 이후의 적응과정에서 차이가 나기 때문에 은퇴에 대한 준비는 행복한 노후생활을 위해 도움이 된다. 힐러와 배로우(Hiller & Barrow, 2006)에 의하면, 재정적인 면과 신체적인 면에서 준비가 잘된 사람, 은퇴에 대한 의지 · 태도가 긍정적인 사람, 은퇴 이후의 삶에 대한 기대치가 높은 사람일수록 은퇴 이후의 삶에 잘 적응할 뿐만 아니라 더 만족스러운 노후생활을 즐기는 것으로 나타났다.

은퇴 이후의 삶에 대해 긍정적으로 인식・대처하는 자세, 재정적・건강 측면을 미리 준비하는 것이야말로 은퇴 이후의 삶의 질을 높이기 위해 갖추어야 할 필수요건이라고 할 수 있다(전선영 외, 2011).

2) 은퇴 준비교육 주요내용과 목적

은퇴 준비교육은 '재취업 회사들'이 해고된 사람들에게 도움을 주기 위한 목적으로 만들어졌으며, 내용은 연금계획이나 은퇴시기의 선택, 그 선택에 따른 혜택의 수준을 설명하는 정도로 제한된 경우가 많다. 힐러와 배로우(Hiller & Barrow, 2006)는 은퇴 준비교육 프로그램들의 내용이 재정적, 신체적, 정신적, 건강, 여가, 주택 등과 같은 주제들을 각각 다루는 식으로 어느 한쪽 면만을 강조하는데, 모두를 포괄적으로 다루어야 한다고 하였다. 배문조・전귀연(2006)은 은퇴 준비교육 내용에 재취업교육, 창업교육, 여가 및 취미활동 관련교육, 건강관리교육, 재정관리 및 재테크 관련교육, 가족 및 인간관계교육, 전원생활교육 등의 일곱 가지를 포함시켰는데, 경제적인 면뿐만 아니라 심리적인 면까지 고려하였다. 또한 은퇴 준비교육은 은퇴당사자뿐만 아니라 부부가 함께 참여해야 한다는 견해도 있는데, 양영순(2009)의 연구에서는 은퇴준비도가 부부 간의 친밀한 관계에 큰 영향력을 미치며, 특히 심리적 은퇴준비가 결혼 만족도에 가장 큰 영향력을 미치는 것으로 나타났다. 따라서 은퇴자 부부가 함께 참여하는 은퇴 준비교육 프로그램이 은퇴자 삶의 질을 높여줄 수 있음을 강조하고 있다.

미국의 노스다코타 주 정부에서는 은퇴 준비교육 프로그램의 목적은 고용인 스스로가 은퇴계획을 하는데 필요한 도구를 제공하는 것이라고 하였다. 은퇴 준비교육의 세 가지 효과는 다음과 같다.

① 고용인은 은퇴 준비교육을 통해 더 많은 정보를 얻고, 더 나은 결정을 하여 훨씬 더 성공적인 은퇴를 할 수 있다.

② 고용주는 노동시간을 줄일 수 있으며, 재정적 문제와 관련된 과도한 설명이나 상담으로 인해 발생하는 추가비용을 절감할 수 있다.

표 13-9 은퇴자 생활설계 프로그램: '성숙한 노년으로 자리하기'

회 기	주 제	내 용
1	나의 미래 스스로 만들기	나 자신을 통해 내 미래를 만들자. 생활방식이나 취미 등 자기계발이 선행되자.
2	건강한 생활 누리기	할 수 있는 한 건강한 삶을 누리자. 건강은 건강할 때 지키자.
3	사랑하는 마음 나누기	가족을 위한 마음을 갖자. 부부만의 사랑대화와 성생활을 하자.
4	성숙한 노년으로 자리하기	'나'를 소중히 여기는 성숙한 노년을 설정하자. 지역사회 사람들과 적극적으로 대화하라.

출처: 최보아 외(2004).

③ 고용주는 고용인들의 개별적인 목표들에 대한 관심을 표현하고, 그것을 돕고자 하는 바람을 표현함으로써 고용인과의 관계개선과 생산성 증대를 경험할 수 있다.

<표 13-9>는 은퇴한 노인들을 위한 생활설계 프로그램으로서 노인들이 삶의 문제를 해결하고 긍정적인 미래 이미지를 설정하는 데 도움을 준다.

7. 노년기 가족교육

우리나라의 경우 만 65세 이상을 보통 노인으로 여긴다. 1889년 독일의 비스마르크(Bismarck)가 노령연금을 받는 노인나이를 65세(당시 평균수명: 49세)로 130년 전에 정했으며, UN에서도 자연스럽게 65세를 기준으로 삼았으나, 2015년 UN에서 재정립한 노년기는 80세부터 99세까지라고 공표하였다. 2018년 한국의 평균수명은 83세(남자 80.5세, 여자 85.7세)로 나타났다.

노년기는 인생에 있어 신체적·경제적으로 많은 변화와 새로운 경험을 하는 시기이다. 미성년자였던 자녀들이 결혼하고 가정을 이루게 되면서 부모의 곁을 떠나고 노부부만이 남는 시기가 되어 은퇴에 따른 수입변동 등 생활조건의 변화와 배우자 질병이나 사망 등의 생활사건 경험으로 가족관계에 적잖은 변화가 나타난다. 뿐만 아니라 손자녀의 출생으로 이전에는 경험하지 못했던 조부모 역할을 수행하는 시기로서, 노년기 가족생활의 변화는 한편으로는 갈등과 불만의 원인이 되며, 가족관계도 변화하고, 경제적 주도권을 갖고 있던 부모가 돌봄을 받게 되면서 노년기의 가족들은 새로운 역할에 적응해야 한다.

건강가정지원센터에서 시행하고 있는 노년기 가족교육 프로그램은 노년기 부부들이 건강하고 신나는 노년기 생활을 하는데 도움을 주고 있다. 프로그램으로 노년기의 가족관계, 건강한 생활, 알뜰한 소비, 죽음준비 등 노년기에 겪게 되는 생활사건에 가족들이 잘 적응할 수 있도록 교육내용이 구성되어 있다.

대전시 건강가정지원센터에서는 '브라보 마이라이프'을 진행하고 있다. 프로그램의 주제와 내용은 <표 13-10>과 같다.

표 13-10 노년기 가족교육 프로그램: '브라보 마이라이프'

회 기	주 제	내 용
1	돈 걱정 없는 노후	죽을 때까지 돈은 있어야 한다. 자산의 연금화 방법
2	인생 후반전 외롭지 않게	부부 간의 의사소통교육 노년기 부부관계, 자녀와의 관계 향상
3	건강수명이 중요하다	우리나라 3대 성인병, 건강하게 오래오래~ 스트레스 해소를 위한 부부 레크리에이션
4	내가 떠난 후 자녀들 다툼 없게	유언장, 들어는 봤는데… 떠난 자리도 아름답게

출처: 대전 건강가정지원센터(2017. 5).

제 3 절 가족성장아카데미

가족성장아카데미는 건강가정지원센터의 브랜드 프로그램으로 개발된 것이다. 이는 사업목적을 반영하여 건강가정을 이루기 위한 가정생활의 여러 영역을 총망라하한 전체적인 틀과 생활의 방향을 인식하여 가정의 사회적 역할까지 인식할 수 있는 포괄적인 교육 프로그램이다. 구체적인 내용은 <표 13-11>과 같다.

표 13-11 가족성장아카데미 프로그램

회 기	프로그램 제목	주 제
1	몸매 가꾸듯, 가정도 가꾸어요.	건강가정과 가족구성원 공통의 사명
2	부부행복지수 높이기	부부관계의 중요성과 특성 이해 부부갈등에 정확한 지식과 건강한 해결 방안
3	부모와 자녀, 함께하는 행복한 가족을 위하여	자녀의 발달과정의 이해와 관계 회복을 위한 눈높이교육 부모-자녀의 성격유형의 차이 이해
4	부모코치 되기!	부모코칭의 개념의 이해
5	부모코칭에도 기술이 필요해요.	부모코칭의 핵심기술(경청, 질문, 인정, 칭찬하기)의 학습 코칭기술의 실습, 부모코칭 능력 항상
6	우리 가족 문화, 현명한 의식주 소비생활	가족생활주기별 의식주 관리 의식주활동을 통해 가족문화 만들기
7	나는 내 생활의 CEO, 시간, 여가자원 관리	가족단위 활동을 증가시키기 위한 시간관리 방법 나와 가족의 재무와 소비관리
8	다양한 가족, 당당한 삶	다양한 가족형태에 대한 이해와 편견의 해소 편견해소를 위한 실천방안
9	일과 가정, 모두 다 소중해요.	맞벌이부부 증가와 가족생활 특성의 이해 일·가정 불균형의 원인과 증상의 탐색 일·가정 균형 잡기 전략과 실천
10	가족과 함께하는 나눔의 행복 가족자원봉사	가족자원봉사에 대한 기초이론 가족자원봉사 효과 및 과정의 이해와 구체화
11	우리 가정, 건강한가요? 컨설팅 해봐요.	가정의 건강성진단 가정운영상의 강점과 약점 인식 가정의 역량강화 방안 컨설팅 가정경영자의 역할이해

출처: 건강가정지원센터(2017).

1. 부부교육

부부교육은 부부를 대상으로 하며 결혼생활의 괴로움이나 붕괴를 예방하기 위한 현실적인 새로운 접근법으로 시도되는 교육으로, 성공적이고 안정된 결혼생활을 만들고 유지하기 위한 방법을 배울 수 있게 한다. 부부는 교육을 통해 결혼생활에서 비롯되는 고통이나 이혼을 부르는 행동은 줄이고 성공적인 결혼을 만드는 행동을 증가시키는 구체적인 방법들을 학습함으로써 행복한 결혼생활을 이루고자 한다. 결혼생활이 행복해야만 건강한 가족의 기능을 할 수 있으며, 행복한 결혼생활이 가지고 있는 이러한 강점들이 삶의 여러 가지 문제를 예방할 수 있는 잠재적인 힘이 되기 때문에 앞으로 부부교육은 건강한 가족의 기능을 강화할 수 있는 예방지향 서비스로서 그 역할이 중요해질 것이다.

부부교육 프로그램은 건강한 결혼생활이 자녀에게 미치는 영향을 강조한다. 건강한 결혼생활의 최대 수혜자가 아동이기 때문에 올바른 자녀양육을 위해서는 건강한 결혼생활이 매우 중요함을 일깨워 주고 교육내용에서도 구체적으로 언급한다. 미국의 가족생활교육기관 중 하나인 Family Strengthen Policy Center(2005)에서 발표한 내용을 보면 건강한 부부에게서 양육된 아동들은 다음과 같은 특징을 지닌다.

- 학교생활을 더 성실히 하며 대학진학률이 더 높다.
- 신체적 · 정신적으로 더 건강하다.
- 약물이나 알코올에 접촉하는 비율이 낮다.
- 양쪽 부모 모두와 좋은 관계를 가진 경험이 더 많다.
- 1년 또는 그 이상 동안 빈곤상태에 놓인 경우가 더 적다.
- 신체적 또는 성적 학대를 겪은 일이 더 적다.
- 건강, 감정, 정신건강 및 문제행동 발생비율이 더 낮다.
- 자살 시도율이 더 낮다.
- 비행청소년 비율이 더 낮다.
- 십대 미혼부모가 되는 비율이 더 낮다.

부부교육의 주요 타깃 계층이 '저소득층 부부'인데 이는 저소득층 부부가 일반 부부들에 비해 결혼위기를 더 많이 겪고 있기 때문이다. 즉, 경제적 어려움으로 인해 스트레스가 커지며, 부부갈등이 깊어지고, 자녀양육의 문제 등이 더해져 부부관계에 위기가 찾아올 가능성이 커진다. <표 13-12>는 결혼생활에서 나타날 수 있는 다양한 갈등상황에 대해 보다 건강한 문제해결방식을 모색할 수 있도록 돕는 집단상담 프로그램으로 구성되었다.

표 13-12 부부교육 프로그램의 예: '부부마음 나누기'

회 기	내 용
1	부부 성격차이 이해하기(MBTI 성격검사)
2	부부의 다양한 욕구 탐색 해보기(욕구강도 프로파일)
3	원활한 의사소통하기
4	행복한 부부되기

출처: 한국가정법률상담소(www.lawhome.or.kr) 재구성.

2. 아버지(남성)대상교육

건강가정지원센터에서는 아이들에게 멋진 아버지, 아내에게 멋진 남편이 되고 싶은 남성들에게 아버지 역할에 보다 충실할 수 있도록 자녀와의 놀이방법을 비롯하여 아이들과 어떻게 어울리고 무엇을 어떻게 해야 하는지, 또한 자녀와의 관계를 회복하고 친밀감을 증진시키는 방법은 무엇인지 알려준다. 일과 가정 사이에서 균형 잡힌 아버지 또는 남편의 역할이 삶에 있어서 얼마나 중요한 의미를 갖는 것인지에 대해 도움을 주고자 다양한 교육을 제공하고 있다.

건강가정지원센터에서 제공하는 남성대상교육 프로그램에는 '남성의 돌봄노동 참여를 위한 아버지교육 프로그램'과 '아버지가 행복한 일터 만들기' 등이 있다. '남성의 돌봄노동 참여를 위한 아버지교육 프로그램'은 아버지 역할에 보다 충실할 수 있도록 자녀와의 놀이방법을 비롯하여 좋은 아버지가 되기 위한 다양한 양육방법을 알려준다. '아버지가 행복한 일터 만들기'는 일과 가정의 역할에서 균형 잡힌 생활이 아버지 개인의 삶에 있어서 얼마나 중요한 의미를 갖는지를 알려주며, 아버지 역할을 보다 강화하고 새롭게 아버지의 역할을 설계할 수 있도록 도와준다. <표 13-13>은 요즘 시대에 요구되는 아버지역할, 남편역할은 다양해지고 있는데, 좋은 아빠, 좋은 남편이 되기 위하여 아버지 자신부터 뒤돌아보고 충전하는 기회를 가지며 진정한 소통으로 행복하고 균형 잡힌 삶을 살도록 만들어진 오산시 프로그램이다.

표 13-13 남성대상교육(아버지교육): '슈퍼맨도 휴식이 필요해'

회 기	주 제	내 용
1	나는 누구인가?	가깝고도 먼 가족, 그리고 나
2	나의 대처방식은 어떠한가?	편안한 대인관계를 위하여
3	나의 내면은 어떤 모습일까?	우리가 미처 몰랐던 원가족의 영향력
4	소중한 나와 더불어 사는 법	새로운 선택, 충만하고 균형 잡힌 삶

출처: 오산시 건강가정지원센터(2017. 11).

3. 국외 부모교육

가장 널리 알려진 부모교육 프로그램으로 미국의 임상심리학자 고든(Thomas Gordon)이 1962년에 만든 부모효율성 훈련(Parent Effectiveness Training: PET)은 자녀들이 가진 정신적·정서적 문제를 병리적인 정신의학적 문제로 취급할 것이 아니라 부모-자녀 간의 인간관계에서 생긴 문제로 보아야 한다고 생각하여, 부모-자녀 간의 관계를 개선시킬 수 있는 방법을 부모들에게 교육하기 위해 만든 프로그램이다. 이 프로그램은 사실 고든이 내담자 치료에 쓰던 기술을 바탕으로 한 것이기 때문에 대부분의 내용이 의사소통기술훈련에 집중되어 있다. PET 프로그램은 자녀와의 의사소통, 문제해결 장면에서 갈등을 극적으로 대처할 수 있게 하는 것이 목적이기 때문에 가정생활에서 일어나는 많은 상황과 대화를 포함하여 부모역할훈련에서 기초가 되는 의사소통기술과 방법을 구체적으로 포함하고 있다.

PET는 일반적으로 의사소통기술, 대화기술을 습득하는 것만으로는 충분하지 않음을 지적하고, 그 근본 원리의 이해가 중요함을 먼저 설명하고 있으며, 문제를 가진 자녀를 돕기 위해 부모가 새로운 통찰을 하도록 돕는다. 대부분의 PET 프로그램들은 이론교육을 포함하여 실제 역할연습과 피드백 주고받기, 강사의 모델링을 관찰하고 문답하기 등의 형식으로 자유롭게 진행되는 형식을 갖추고 있다. 부모교육 프로그램 세부내용은 <표 13-14>와 같다.

표 13-14 국외 부모교육 프로그램

프로그램명 국가	주요개입 내용	핵심요인
Systematic Training for Effective Parenting (STEP) 미국	회기(시간): 8~9회기 대상: 만 1~6세, 만 6~12세, 청소년 자녀를 둔 부모 • 권위적인 양육방식에 대한 결과로 나타나는 자녀와의 문제를 다루기 위한 기술 훈련 – 자녀의 행동에 대한 이해 – 공감적 듣기(positive listening) – 자녀 격려하기 – 새로운 양육태도, 생각과 감정 표현방법 탐색 – 자녀의 책임감 향상을 위한 양육방법 – 자녀에게 자연스럽고 논리적인 결과 적용하기 – 가족 모임 조성하기 – 자녀의 자신감 길러주기	• 자녀의 책임감, 독립심, 자신감 향상 • 의사소통 기술의 향상 • 자연스럽고 논리적인 결과를 경험할 수 있는 환경 조성
Parent Effectiveness Training(PET) 미국	회기(시간): 8회기 대상: 유아~청소년 자녀를 둔 부모 – 수용수준 파악하기 – 문제소유 파악하기 – 반영적인 경청 – 나-전달법 – 가치갈등의 해결(윈-윈 전략)	• 의사소통 기술의 향상
Active Parenting Training(APT)	회기(시간): 10회기 대상: 만 2~12세 자녀를 둔 부모 – 자녀에게 선택의 기회를 주는 방법 – 자녀의 행동 목적을 이해 – 자녀에게 용기와 자아 존중감을 심어주는 방법 – 책임감 발전시키는 방법 – 적극적인 의사소통을 협동심 함양 방법 – 가족모임 형성 및 유지 방법	• 의사소통 기술의 향상
Preparing for the Drug Free Years(PDFY) 미국	회기(시간): 5회기, 10회기 대상: 만 8~14세 자녀를 둔 부모 • 부모의 반응행동과 가족의 상호작용 패턴을 개선시킴으로서 청소년 약물사용의 위험요인 감소 – 가족구성원 간 소통의 기회 증가 – 가족구성원 간 행동적, 인지적, 사회적 기술 학습 – 적절한 행동 강화 – 가족모임 개최 – 약물에 대한 가족의 기준 확립 – 자녀가 또래로부터의 부정적인 영향을 이겨낼 수 있는 기술 강화 – 가족 내 활동에 자녀의 의사반영 – 부모지지 네트워크 구성	• 명확한 규준이 무엇인지에 대한 지속적인 의사소통 • 가족 내의 갈등 감소 • 가족유대감 강화

P-Positive Parenting Program(Triple P) 호주	회기(시간): 단계에 따라, 1~10회기 대상: 출생~16세 자녀를 둔 부모 • 자녀가 자신의 행동을 건설적이고 이로운 방향으로 개발하고 관리할 수 있도록 돕기 – 부모의 관계 전략 – 안정적이고 조화로운 가족 환경 조성하기 – 자녀들에게 타인과 어울리는 기술 가르치기 – 자녀의 문제행동에 대해 긍정적, 일관적, 확고한 태도로 대응하기 – 자녀의 긍정적인 태도 격려하기 – 자녀와 자신에 대한 현실적인 기대 갖기 – 부모로서 나 자신 돌보기	• 부모의 자기 조절능력 향상 – 자기효능감 향상 – 자신감 향상 – 자기관리 도구사용 – 개인적 요소 변화 촉진 – 스스로 문제 해결 촉진
The Incredible Years Parent Training Program(IY) 미국	회기(시간): 나이에 따라, 8~9회기(0~1세), 12회기(1~3세), 18~20회기(3~6세), 12~16회기(6~12세) 대상: 출생~12세 자녀를 둔 부모 • 프로그램의 효과성 및 효율성을 높이기 위해 그룹 역동이 중시되며 그룹 활동은 다음을 포함 – 전체 토의, 파트너끼리 토의 – 목표설정 및 문제해결 – 인지적 사고, 훈련 – 기술훈련 및 연습 – 역할극(행동 연습) – 숙제(연습, 읽기자료 등) – 영상 시청	• 양육 자신감 강화 • 자녀의 발달 단계에 대한 이해 및 자녀의 나이에 맞는 기대수준 수립 • 효과적인 의사소통 기술 • 갈등 다루기

출처: 소수연 외(2013: 18-19).

4. 부부관계향상교육

부부의 상호작용관계는 자녀의 사회화 과정에 많은 영향을 미친다. 그러므로 부부 간 상호작용을 통해 결혼생활을 점검하고 서로 소통하고 공감하는 부부관계를 유지함으로써 부부갈등을 예방해 건강한 가정으로서의 기능을 강화하고자 마련되었다.

'자기 및 배우자 이해, 부부가 소통하는 법, 함께 만들어갈 부부의 미래, 부부사랑 가꾸기' 내용으로 진행되며, '내가 보는 나, 남편(아내)이 보는 나' 등의 미술활동을 통해 자신과 배우자에 대한 이해를 도우며, '서로의 대화 유형 알아보기, 대화법 실습' 등 부부 간 효과적인 의사소통방법 습득을 통해 문제해결 능력을 증진시킨다. 또한 부부가 함께하는 활동으로 '부부의 긍정적인 미래 설계하기 및 커플 스트레칭' 등

표 13-15 부부관계향상교육: '당신은 나의 동반자'

회 기	주 제	내 용
1	종합	사랑하는 힘, 행복은 나에게서 시작한다. 사군자 심리검사(나와 부부이해, 부부텔레파시)
2	의사소통	슬기로운 대화법(부부 의사소통법) 효과적인 의사전달법(자기표현법, 언어 표현법)
3	부부인문학	부부 생활진단, 부부 건강학 부부 여가활동
4	부부성생활	건강한 부부성생활, 부부스킨십 부부 안마법
5	리마인드 웨딩	리마인드 웨딩 화관, 부토니에 만들기 부부사랑 프로포즈 데이(사진 촬영)
6	종합	자아 실현 및 행복지수 향상 내가 바라는 행복한 부부모습(부부 상장 만들기)

출처: 동동부모교육연구소(2019).

을 통해 부부가 함께 나누고 공유함으로써 새로운 출발의 실천 의지를 다지며 부부 간의 친밀감을 향상시키는 기회를 제공하게 된다.

양평군 건강가정지원센터는 '부부행복교실 시즌 2'를 운영하며, 노년기 부부의 과거를 돌아보고, 현재를 점검하며, 미래를 새롭게 다짐한 후 야외데이트를 통해 부부 관계를 더욱 다질 수 있도록 구성해 운영하였다.

제 4 절 성인지교육

1. 성인지교육의 필요성

우리나라 가부장문화를 바탕으로 가족이 인식 못한 채 고정된 성적 편견은 가족 내에서 젠더의 문제로서 가족위계구조, 성 역할, 성적 권력의 불평등 등을 초래하여 최근 중요한 가족상담문제로 다루어지고 있다. 가정 내에서 여성은 가사노동의 전담자이며 가장의 소득과 보호에 의존해서 살아가는, 연약하고 보호받아야 할 존재로 규정되어 왔다. 반면 남성은 가족의 주 부양자로서 사회적 노동을 통해 생계비를 버는 합리적이며 독자적인 성향을 지닌 존재로 간주되어 왔다. 이런 엄격한 성적 역할 구분은 가족 내에서 여성과 아동에 대한 억압과 지나치게 성적 본능을 억압하는 모순을 낳게 하여 가족 내뿐 아니라 사회적으로도 성적 편견과 제도적 불평등을 양산하였다.

1980년대부터 여성적 관점을 가진 이론가들은 '정상적 가족구조' 개념과 가족체계이론이 남성적 시각에서, 성 불평등을 기반으로 하여 규정되어 왔다고 비판하기 시작하였다. 정상가정은 가족구성원이 동등한 권력과 지위를 갖고 있다는 전제에서 가능하지만, 현실적으로 여성과 남성은 가족 내에서 평등하지 않으며, 실제 임상적으로 다루어지는 많은 가족문제는 오히려 정상가족 구조에서 발생한다. 이러한 문제들은 정상가족 구조 내의 권력이, 남성 집중 현상에서 비롯되는 문제들이라고 지적되고 있다. 그러므로 한 사회의 성 역할에 대한 태도와 기대를 규정하는 사회적 · 경제적 · 정치적 환경을 변화시킴으로써, 가족문제에 근원적으로 접근할 수 있다.

따라서 가족문제는 개별가족의 문제가 아니라 사회구성 단위로서 파악되어야 한다. 남성의 외도, 아내학대, 황혼이혼의 증가, 부모에 의한 자녀강간 등은 남성 중심적 사고를 반영하는 가족문제의 사례들이다. 사회적으로 청소년 성매매, 음란 사이트의 증가, 왜곡된 성 문화 역시 잘못된 성인지의 결과들로 보고 있다. 그러므로 '정상적 가족구조'의 범위에서 벗어난 많은 다양한 가족을 지지하고 그들의 법적 권리를 인정해 줄 수 있는 법제도의 개선, 호주제 폐지, 혈통중심주의를 벗어난 광의의 가족범주 해석, 가부장제에서 탈피할 수 있는 사회제도의 대안적 모색, 여성이 전담하고 있는 보살핌노동을 가정-사회-국가가 공동으로 책임지려는 사회화 노력 등이 요구된다. 이런 노력들은 가족을 성인지적 관점에서 평등한 민주적 결합단위로 재규정하는 것과, 젠더(gender)에 대한 재규정이 수반될 때 가능하다.

최근에는 많은 기관이나 단체가 가족문제나 아동과 청소년의 문제에 접근할 때 성인지적 개입을 하고, 이러한 인식을 기반으로 성교육 프로그램, 성희롱, 성폭력예방 교육 등을 실시하고 있다.

2. 성인지교육 프로그램

성인지교육에는 남녀의 성적 특성차이교육, 남녀평등교육, 성폭력 예방교육이 포함된다. 이들 각 영역은 남녀의 관계를 양성의 성적특성에 기초한 차이의 존중을 목표로 하는 사회적 성(gender)의 관계가 전제되어야 한다는 점에서 통합된 성인지교육 프로그램으로 운영하는 것이 더 효과적이다.

교육부에서 매 학년당 6시간 내외의 성인지교육을 교과과정으로 채택함으로써 성역할, 성폭력, 데이트 성폭력 등에 관한 다양한 성교육 프로그램과 사회복지적 개입의 체계적 활성화가 요청되고 있다. 성폭력의 잠재적 피해자로서의 아동과 청소년을 위한 교육뿐 아니라 잠재적 가해자로서의 보육시설 및 유아교육기관과 학교 내의 교사와 종사자를 위한 교육 프로그램이 중요한데, 이 프로그램에서 공통적으로 포함되어야 할 개념은 다음과 같다.

첫째, 남녀 성관계란 매매나 강압이 아닌 사랑과 상호합의를 기반으로 하며, 왜곡된 성 고정관념, 성 문화, 그릇된 통념 등을 타파하고 양성평등한 성문화를 만드는 것에 초점을 둔다.

둘째, 내 몸은 나의 동의 없이 누구도 어떤 권리를 가지고 있지 않음을 가르친다.

셋째, 여아는 착한 소녀 역할이라는 전통적 성 역할의 사회화에 비판적 입장이다.

넷째, 성폭력은 피해자 일생에 심각한 후유증을 초래하는 범죄라는 사실을 알려준다.

다섯째, 폭력문화와 관련하여 포르노, 텔레비전 등의 부정적 효과가 입증되고 있으므로, 폭력문화와 청소년에게 유해한 프로그램을 방송하는 대중매체의 규제 및 보호기준을 마련하며, 아동 · 청소년에게 악영향을 최소화하기 위해서 프로그램에 대한 해설 및 토론의 중요성을 강조한다.

여섯째, 아동 · 청소년 성폭력도 사회문화적 영향을 받는 것이므로, 예방과 아동의 권리 확보를 위한 시민교육, 잘못된 성인식, 그릇된 통념 등을 불식시키는 사회의식, 범시민적 관심과 각성의 활성화를 촉구해야 한다.

참고문헌

[국내 문헌]

강동주(2019). 공무원의 은퇴준비가 직무만족도에 미치는 영향. 칼빈대학교 대학원 박사학위논문.

강은나 · 김혜진 · 김영선(2017). 도시지역 1인가구 중고령자의 여가활동 유형과 우울수준. 『보건사회연구』, 37(2): 184－215.

강은나 · 이민홍(2016). 우리나라 세대별 1인가구 현황과 정책과제. 『보건복지포럼』, 234: 47－56.

고용노동부(2017). 『통계로 보는 우리나라 노동시장의 모습』.

과학기술정보통신부 · 한국정보화진흥원(2018). 『2018년 스마트폰 과의존 실태조사』.

교육천지개벽(2019). 홈페이지, https://neweducation2.tistory.com/3155

국회입법조사처(2019). 『전체학생 다문화가정학생수 변화(2012~2018)』.

권신영 · 공정원 · 김미영 · 방미나(2017). 『가족복지론』. 경기: 어가.

권중돈(1999). 『한국치매가족연구』. 서울: 홍익재.

______(2004). 『노인복지론』. 서울: 학지사.

김경신 · 김경란(2002). 아내 학대 행위자의 특성에 관한 사례 연구. 『한국가족관계학회지』, 7(2): 65－87.

김기원(2000). 『공공부조론』. 서울: 학지사.

김동기 · 김은미 공역(2006). 『노인심리와 사회』. Hiller, S. M. & Barrow, G. M. 서울: 창지사.

김두헌(1969). 『한국가족제도연구』. 서울대학교 출판부.

김명옥(2001). 치매노인의 부양가족의 사회적 지원방안에 관한 연구. 신라대학교 대학원 석사학위논문.

김미곤 외(2007) 『보건사회연구』, 28(2). 한국보건사회연구원.

김민정(2009). 청소년의 가정폭력 경험이 학교폭력 가해행동에 미치는 영향. 대구대학교 대학원 석사학위논문.

김소영(2012). 가족미래 시나리오와 가족정책의 주요 이슈. 『젠더리뷰』, 26: 68－74.

김성천(2000). 한국 가족복지정책의 재조명: 문제점과 개혁방향의 모색. 『한국가족복지학』, 5: 71－102.

______(2001). 청소년 인터넷중독 증후군에 관한 연구. 성균관대학교 교육대학원 석사학위논문.

______(2005). 사회복지관 가족복지실천의 정체성과 방법에 관한 탐색. 『사회과학연구』, 17: 41－67.

김수환(1987). 『가족복지론』. 경기: 공동체.

김승권(2011). 『미래 한국가족의 변화와 정책과제 보건복지포럼』(2011.5).

김승권 외(2013). 『전국출산력 및 가족보건복지 실태조사』. 한국보건사회연구원.

김연옥 외(2005). 『가족복지론』. 서울: 나남.

김영화 · 이진숙 · 이옥희(2016). 『성인지적 가족복지론』. 경기: 양성원.
김유경(2019). 중 · 장년층의 이중부양 부담과 정책과제. 『보건복지포럼』, 271: 74－92. 세종: 한국보건사회연구원.
김유숙(2002). 『가족치료』. 서울: 학지사.
김윤재 · 김순옥 · 김재원 · 강영숙 · 김진환 · 진미화(2015). 『가족복지론』. 경기: 공동체.
김인숙 · 정재훈 · 윤홍식(2004). 『가족정책의 성인지적 관점 강화 방안 연구』. 세종: 보건복지부.
김정진(2008). 『사회복지실천기술론(사회복지사1급)』(EBS). 와이드프로.
김재엽(1998). 한국가정의 폭력실태와 사회계층 변인과의 관계연구. 『한국사회복지학』, 35.
______(2007). 부부폭력가해자의 성장기아동학대경험이 자녀학대에 미치는 영향: 부모역할 만족도를 중심으로. 『한국사회복지연구』, 35: 291－312. 한국사회복지연구회.
김태헌(1994). 『노년학』. 서울: 교문사.
김혜경 · 도미향 · 문혜숙 · 박충성 · 손홍숙 · 오정옥 · 홍달아기(2019). 『가족복지론』. 경기: 공동체.
김혜경 · 여윤경(2011). 개인의 은퇴자산 부족 가능성에 영향을 미치는 요인에 관한 분석적 연구. 『금융연구』, 25(2): 83－111.
김혜숙(2008). 『가족치료 이론과 기법』. 서울: 학지사.
네이버 지식백과(https://terms.naver.com/).
노혜진(2018). 청년 1인가구의 사회적 관계. 『보건사회연구』, 38(2): 71－102.
대전 건강가정지원센터(2019). 홈페이지, https://www.familynet.or.kr/fn_areacenter/main/index.do?center_code=51
동동부모교육연구소(2019). 홈페이지, https://m.blog.naver.com/nam660301/221318075332
동작구 건강가정지원센터(2019). 홈페이지, https://www.familynet.or.kr/fn_areacenter/main/index.do?center_code=10
박미은 · 신희정 · 이혜경 · 이미림(2019). 『가족복지론』. 경기: 공동체.
박옥희(1998). 『장애인복지의 이론과 실제』. 경기: 학문사.
보건복지부(2014). 『2014년 노인실태조사』.
______(2017a). 『정책보고서(2017－37) 출산전 · 후 휴가 및 육아휴직제도 개선방안연구』.
______(2017b). 『장애인실태조사』.
______(2017c). 『출산휴가제도』.
______(2017d). 『부모권보장정책』.
______(2017e). 『2017년 노인실태조사』.
______(2018a). 『국민기초생활보장 수급자 현황』.
______(2018b). 『2018년 음주폐해 예방의 달 심포지움』.
______(2018c). 『2018년 장애인연금 사업안내』.

______(2019a). 『2018년 인구조사실태』.
______(2019b). 『소년소녀 가정 세대 현황』(2018.12.31 현재).
보건복지부(2019). 홈페이지, www.mohw.go.kr
박미은 · 이혜경 · 신희정 · 이미림(2019). 『가족복지론』. 경기: 공동체.
박희숙 · 강월숙 · 김상옥 · 정재필(2019). 『가족복지론』. 경기: 공동체.
배문조 · 전귀연(2006). 『직장인의 은퇴기대가 은퇴준비요구에 미치는 영향』. 한국가족자원경영학회.
법제처(2018). 홈페이지, http://www.law.go.kr 법률 제15204호.
베이직 병원 네이버블로그(blog.naver.com)(2018.6.28). 중독과 탐닉의 사회.
변미리(2010). 『1인가구 증가와 도시정책 수요』. 한국감정원 부동산연구원.
성동구 건강가정지원센터(2019). 홈페이지, https://sdfc.familynet.or.kr/index.jsp
성영혜 · 송주미(1997). 가족복지에 대한 이론적 고찰. 『한국가족복지학』, 2(1): 51-72.
성정현 · 여지영 · 우국회 · 최승희(2011). 『가족복지론』. 경기: 양서원.
소수연 · 안지영 · 양대희 · 김경민(2013). 초기 청소년기 자녀를 둔 부모교육 프로그램 개발. 『청소년상담연구』, 22(1): 247-279.
송다영(2010). 자유선택과 계층화: 한국 보육정책의 형성과 재편을 중심으로. 『한국가족사회복지학회 학술발표논문집』, 2010(2): 33-57.
송성자(2002). 『가족과 가족치료』. 경기: 법문사.
송파구 건강가정지원센터(2019). 홈페이지, http://songpa.familynet.or.kr/index.jsp
시사저널e(2018.9.27).
신혜원 외(2017). 『국민연금이 소득분위별 가계의 저축과 자산구성 선택에 미치는 영향』. 서경대학교 산학협력단.
아산병원 알코올 블로그(2017). http://blog.naver.com/asanmh9851/220954773778
양영순(2009). 은퇴자 아내의 스트레스와 결혼만족: 남편의 은퇴준비도와 아내가 인지하는 자원보존감의 영향을 중심으로. 서울여자대학교 대학원 박사학위논문.
양옥경(2002). 가족주의 가치관에 따른 한국인의 복지의식 연구. 『한국사회복지학』, 51: 229-256.
양옥경 · 김정진 · 서미경 · 김미옥 · 김소희(2010). 『사회복지실천론』(제4판). 경기: 나남 출판.
여성가족부(2016). 『2015년 가정폭력 실태조사 연구』.
______(2017). 『2016년도 가정폭력 실태조사 연구』.
______(2018a). 『2018년 건강가정지원센터 사업안내』.
______(2018b). 『1인가구 실태조사』.
______(2018c). 『제3차(2018~2022) 다문화가족정책 기본계획』.
______(2019a). 『2018 전국 다문화가족실태조사 연구』.
______(2019b). 『다문화가족정책』.

______(2019c). 『2018년 한부모가족 실태조사』.

______(2019d). 홈페이지, www.mogef.go.kr

______(2019e). 『2019년 가족친화 사업』.

오산시 건강가정지원센터(2017.11). 홈페이지, https://www.familynet.or.kr/fn_areacenter/main/index.do?center_code=36

옥선화(1980). 한국 도시가족의 역할 구조분석(1): 서울특별시를 중심으로. 『성심논문집』, 11: 77-91. 성심여자대학교.

우국희(1997). 치매 노인 수발인의 수발 및 사회적 지지에 대한 주관적 경험. 서울대학교 대학원 박사학위논문.

유계숙 · 김혜숙 · 이희배(2008). 『이혼상담과 이혼법』. 서울: 학지사.

유계숙 · 최성일 · 안재희 · 전영주 · 장보현(2007). 『영화로 배우는 가족학』. 서울: 신정.

유영주(1990). 한국가족의 대내적 기능연구 가족의 기능요인 및 수행도를 중심으로. 동국대학교 대학원 박사학위논문.

유영주 · 김순기(2000). 여성노인(女性老人)의 여가활동(餘暇活動)에 관한 연구(硏究): 서울시 거주 재가노인을 대상으로. 『노인복지연구』, 7: 73-95.

유채영 · 김정득(2009). 남성배우자의 부부갈등 대처전략이 아내폭력에 미치는 영향에 관한 연구. 『한국사회복지학』, 61(2): 277-301.

유채영 외 공역(2008). 『가족치료이론과 실제: 가족치료사를 위한 이론기반 치료계획 수립』. Diane, R. Gehart., Amy R., Tuttle. 서울: 시그마프레스.

윤홍식(2006). OECD 21개국의 부모권과 노동권보장수준을 통해 본 가족정책의 비교연구. 『한국사회복지학』, 58(3): 341-370.

윤홍식 · 송다영 · 김인숙(2010). 『가족정책: 복지국가의 새로운 전망』. 경기: 공동체.

이민홍 · 전용호 · 김영선 · 강은나(2015). 『1인가구 증가에 따른 신사회적 위험 대응전략』. 세종: 보건복지부 · 동의대학교.

이선주 · 박선영 · 김은정(2006). 아동수당제도의 국제비교 및 도입방안에 관한 연구. 『한국여성정책연구원 연구보고서』: 67-76.

이영분(2008). 『가족치료: 모델과 사례』. 서울: 학지사.

이영분 · 신영화 · 권진숙 · 박태영 · 최선령 · 최현미(2008). 『가족치료: 모델과 사례』. 서울: 학지사.

이영실 · 윤대중 · 강윤경 · 임정문 · 김성철 · 김지철(2016). 『가족복지론』. 경기: 양서원.

이영주 · 최경화 · 정윤태 김현희 · 오정아(2015). 『가족복지론』. 경기: 양서원.

이옥희(2003). 페미니즘의 관점에서 본 가족복지정책. 『상황과 복지』, 16: 47-93.

이원숙(2012). 『가족복지론』. 서울: 학지사.

이윤정 · 박수선 · 이무영 · 강기정(2019). 『가정복지론』. 경기: 공동체.

이인정(2005). 한국 가족복지의 현황에 관한 연구. 『사회과학연구』, 10: 125-142.
이정균(1990). 노인성순화기병. 『월간 약국』, 195: 52-56.
이진숙·주은선·신지연·윤나리·노승택(2009). 『사회복지정책론』. 경기: 양서원.
이진영(2017). 『복지지출이 빈곤에 미치는 영향 분석: 유럽연합과 미국을 중심으로』. KERI 한국경제연구원.
이화여자대학교 사회복지연구회 역(2001). 『가족복지실천론』. Collins, D., Jordan, C., & Coleman, H. 나눔의 집.
이화여자대학교 사회복지연구회(2003). 『사회과학의 이해』. 이화여자대학교 출판부.
이효재(1983). 『가족과 사회』. 서울: 경문사.
인사이트(2015). 『1인가구, 비즈니스 개념을 바꾼다』. http://www.economyinsight.co.kr/news/articleView.html?idxno=2696
임정문·김숙경·나직균·이승현·한현지(2018). 『가족복지론』. 서울: 동문사.
장수미·최정숙·박형원·김주현·홍현미라·이혜경·이영선·한인영(2010). 『사회복지실천기술론』. 서울: 학지사.
장혜경·손정남·차보경(2004). 노인의 자아통합감에 영향을 미치는 요인. 『정신간호학회지』, 33(8). 한국정신간호학회.
장휘숙(1995). 『어머니의 역할』. 서울: 창지사.
전선영 외(2011). 『가족복지론』. 인천: 신정.
정문자 외(2012). 『가족치료의 이해』. 서울: 학지사.
정 은(2009). 『가족상담. 모델과 사례』. 서울: 창지사.
정현숙·유계숙(2001). 『가족관계』. 인천: 신정.
조기제(2006). 아동인권과 학교폭력. 한국초등도덕교육학회. 『초등도덕교육』, 20.
조은정·이기학(2004). 아동기의 정서적 학대경험이 대인관계 문제해결능력에 미치는 영향: 자기효능감과 통제소재를 매개변인으로. 『상담학연구』, 5(3): 583-595.
조흥식·김인숙·김혜란·김혜련·신은주(2011). 『가족복지학』. 서울: 학지사.
조희연(2011). 저출산과 프랑스 영·유아 교육. 보육협력사례연구. 『여성연구』, 81(2).
채강숙(2008). 독거노인의 사회적 지지망 실태에 관한 연구: 태백시를 중심으로. 상지대학교 대학원 석사학위논문.
최경석·김양희·김성천·김진희·박정윤·윤정향(2006). 『한국 가족복지의 이해』. 서울: 인간과복지.
최보아·지영숙(2004). 은퇴자 생활설계프로그램. 『한국가정관리학회지』, 22(6).
최성재·장인협(2010). 『고령화사회의 노인 복지학』. 서울대학교 출판문화원.
최재석(1982). 『현대가족연구』. 경기도: 일지사.

최혜지 · 김경미 · 박선영 · 장수미 · 정순둘(2013). 『사회복지실천론』. 서울: 학지사.
충주 건강가정지원센터(2019). 홈페이지, http://www.familynet.or.kr/fn_areacenter/main/index.do?center_code=146
한국가정법률상담소(www.lawhome.or.kr).
한국가족학회(1995). 『복지국가와 가족정책』. 한국가족학회 편.
한국건강가정진흥원(2018). 『2017 가족지원사업 연간실적보고서』.
한국건강가정진흥원(2019). 홈페이지, http://www.kihf.or.kr/
한국보건사회연구원(2011). 『장애인 실태조사』.
______(2016). 『2015연차보고서』.
한국알코올과학회 학술부(2000). 『술을 마시는 이유』.
한국여성복지연구회(2008). 『가족복지론』. 서울: 청록출판사.
한국형사정책연구원(1992). 『가정폭력의 실태와 대책에 관한 연구』.
한인영 외(2015). 『가족복지론』. 서울: 학지사.
홍봉수 · 강해자 · 배재덕 · 윤은영 · 조웅 · 김영호 · 김미연 · 전경란 · 이순자 · 박명옥 · 배진서(2018). 『가족복지론』. 경기: 공동체.
통계청(2016). 『사회조사』.
______(2017a). 『출산율』.
______(2017b). 『사회조사』.
______(2018a). 『2017년 인구주택총조사』.
______(2018b). 『고령자통계(2018)』.
______(2019a). 『2018년 인구동향』.
______(2019b). 『자녀연령별 보육시설이용 및 가정양육 아동 수』.
______(2019c). 『2019년 혼인 · 이혼 통계』.
KB금융지주 경영연구소(2019). 『2019 한국 1인가구 보고서』.

[국외 문헌]

Bandura, A.(1973). *Aggression: a social learning analysis.* Englewood Cliffs, N.J.: Prentice-Hall.
Bowen, M.(1978). *Family Therapy in Clinical Practice.* New York: Jason Aronson.
Brady, D.(2003). The Politics of Poverty: Left Political Institutions, the Welfare State, and Poverty. *Social Forces*, 82(2): 557-588.
Burgess, R. & Conger, R.(1978). Family Interaction in Abusive, Neglectful, and Normal Families. *Child Development*, 49(4): 1163-1173.
Carter, B. & McGoldrick, M.(1999). *The Expanded Family Life Cycle: Individual, Family, and*

Social Perspectives. MA: Allyn & Bacon.

Carter, E. A. & McGoldrick, M.(1980). *The family life cycle: A framework for family therapy*. London and New York: Gardner Press.

Collins, N. et al.(2009). *An introduction to Family Social Work*(3rd ed.). CA: Brooks/Cole.

Dibble, U. & Straus, M. A.(1980). Some social structure determinants of inconsistency between attitudes and behavior: the case of family violence. *Journal of Marriage and the Family*, 42: 71－80.

Dominelli, Lrave(2002). *Feminist Social Work Theory and Practice*. New York: Palgrave.

Dobash, R. E. & Dobash, R.(1979). *Violence Against Wives: A Case Against the Patriarchy*. New York: Free Press.

Duvall, E. M.(1977). *Marriage and family development*. Philadelphia: Lippincott.

______(1985). *Marriage and family development*. New York: Harper & Row.

Ehrensaft, M. K. et al.(2003). Intergenerational transmission of partner violence: A 20 year prospective study. *Journal of Consulting and Clinical Psychology*, 71: 741－753.

Esping－Andersen, G.(1999). *Social Foundations of Postindustrial Economics*. New York: Oxford.

Family Strengthen Policy Center(2005). Marriage & Relationship Education Will it Reduce Poverty and Strengthen Families? National Human Services Assembly. *Policy Brief*, 12.

Feldman, F. L.. & Scherz, F. H.(1968). *Family Social Welfare: Helping Troubled Families*. New York: Atherton Press.

Garbarino, J.(1977). The price of privacy in the social dynamics of child abuse. *Child Welfare*, 56: 565－575.

Gauthier, A. H.(1996). The State and the Family: A Comparative Analysis of Family Policies in Industrialized Countries. Oxford: Clarendon Press.

Giddens, A.(1992). *Human societies: An introductory reader in sociology*. Cambridge: Polity Press.

Goldenberg, B. & Goldenberg, I.(2002). *Counseling Today's Families*. CA: Brooks/Cole.

______(2004). *Family Therapy: An Overview*(6th ed.). CA: Brooks/Cole.

Goode, W.(1982). Why Men Resist, in B, Throne with M. Yalom, *Rethinking the Family: Some Feminist Questions*. New York: Longman.

______(2003). Family change over the long term: A sociological commentary. *Journal of Family History*, 28(1): 15－30.

Hartman, A. & Laird, J.(1983). *Family－centered social work practice*. New York: Free Press.

Hepworth, D. et al.(2010). *Direct Social Work Practice: Theory and Skills*(8th ed.). CA: Brooks/Cole.

Holman, A. M.(1983). *Family Assessment: Tools for Understanding and Intervention*. CA: Sage Publications.

Hotaling, G. T. & Sugarman, D. B.(1986). An analysis of risk markers in husband to wife violence: The current state of knowledge. *Violence and Victims*, 1: 101–124.

Johnson, L. C. & Yanca, S. J.(2001). *Social Work Practice*. CA: Brooks/Cole.

Kamerman, S. B., & Kahn, A. I.(1978). *Family Policy, Government and Families in Fourteen Countries*. New York: Columbia University Press.

Kempe, Henry(1962). *The Battered Child Syndrome*. University of Chicago Press.

Kirst–Ashman, K. & Hull, G.(2006). *Understanding Generalist Practice*. Pacific Grove, CA: Books/Cole.

Korpi, W.(2000). Faces of inequality: Gender, classes and patterns of inequalities in different types of welfare states. *Luxembourg Income Study working paper*, No.224. Maxwell School of Citizenship and Public Affairs, Syracuse, New York.

Levi–Strauss, C.(1956). The Family' in H. L. Shapiro.

______(1969). *The Elementary Structure of Kinship*. Taylor & Francis.

Madanes, C.(1981). *Strategic family Therapy*, San Francisco: Jossy–Bass.

Maffli, E. & Zumbrunn, A.(2003). Alcohol and domestic violence in a sample of incidents reported to the police of Zurich in Substance use and Misuse, *Journal Substance Use & Misuse*, 38(7): 881–893.

Minuchin, S.(1974). *Families and family Therapy*. Cambridge: Harvard University Press.

Minuchin, P.(1988). *Relationships within the family*. Oxford: Oxford University Press.

Murdock, George P.(1949). *Social Structure*. New York: Macmillan.

Munson, C. E.(1980). *Social work with Families: Theory and Practice*. New York: The Free Press.

NASW(1982). *Encyclopedia of Social Work*. Washington, DC: NASW Press.

Nichols, M. & Schwartz, R.(2006). *The Essentials of Family Therapy*. MA: Pearson/Allyn & Bacon.

Olson, D. & DeFrain, J.(1997). *Marriage and the family: Diversity and strength*(2nd ed.). Mountain View, CA: Mayfield.

Orloff, A. S.(1993). Gender and the Social Rights of Citizenship: The Comprehensive Analysis of Gender Relations and Welfare States. *American Sociological Review*, 58(3): 303–328.

Satir, V.(1967). *Conjoint Family Therapy*. Palo Alto, CA: Science and Behavior Books.

______(1983). *Conjoint Family Therapy*(3rd ed.). Palo Alto, CA: Science and Behavior Books.

Sheafor, B. W. & Horejsi, C. R.(2006). *Techniques and Guidelines for Social Work Practice* (6th ed.). Pearson Education, MA: Allyn & Bacon.

Sleebos, J.(2003). *Low Fertility Rates in OECD Countries: Facts and Policy Responses*. OECD Social. Employment and Migration Working Paper.

Smith, G. T. & Allen, K. B.(2004). *Assessment of mindfulness by self report*: The kenturky Inventory of Mindfulness Skills. *American Psychological Association*, 11(3): 191–206.

Steinmetz, S. K.(1977). The Battered Husband Syndrome. *Victimology*: An *International Journal*, 2(3/4): 499–509.

Strong, B. & DeVault, C.(1992). *Study Guide to Accompany the Marriage and Family Experience*(5th ed.). St. Paul: West.

WHO: World Health Organization(2011). *Global Status Report on Alcohol and Health*.

Young, K. S.(1996). Internet addiction.: The emergence of a new clinical disorder. *Cyber Psychology and Behavior*, 1(3): 237–249.

Zhang, X. et al.(2000). *How It Might impact the TCP Performance and How we can detect it*. 2000 International conference on Network Protocols, Osaka, Japan: 263–272.

Zimmerman, S. L.(1995). *Understanding Family Policy: Theories & Applications*. CA: Sage pub.

찾아보기

저자 소개

강마리아

현 서정대학교 사회복지행정과 교수
숭실대학교 대학원졸업(교육학박사)
숭실대학교 대학원졸업(교육학석사)
진 한국지식경제진흥원 교수
전 숭실대학교 초빙교수

김명선

현 한국열린사이버대학교 사회복지학과 겸임교수
현 서경대학교 산학협력단 연구원
현 한국산학기술학회 이사
단국대학교 일반대학원(행정학박사)
연세대학교 정경대학원(교육학석사)

현영렬

현 서정대학교 평생직업교육처장
서울시립대학교 대학원졸업(사회복지학박사)
동경도립대학교 대학원졸업(사회복지학석사)
연세대학교 사회사업학과 졸업
전 서울시 사회복지직 공무원

가족복지론

펴낸날 제1판 제1쇄 2020년 2월 25일
지은이 강마리아 · 김명선 · 현영렬
펴낸이 임춘환
펴낸곳 도서출판 대영문화사
주소 (본사) 사무실: 경기도 고양시 일산서구 주화로 70
우신프라자 307호 (㊐ 10387)
(본사) 물류센터: 경기도 고양시 일산서구 덕산로
107번길 68-50 (㊐ 10205)
등록 1975년 12월 26일 제3-16호
전화 (031) 913-3062, (031) 914-3884~5
팩스 (031) 913-3839
홈페이지 http://www.dymbook.co.kr

ⓒ 강마리아 · 김명선 · 현영렬, 2020
ISBN 978-89-7644-761-6
값 20,000원

* 잘못된 책은 바꾸어 드립니다.
* 이 책의 내용은 저작권법의 보호를 받습니다.